소요태능선사를 다시 노래하다

소요태능
선사를
다시
노래하다

소요태능선사선게집 逍遙太能禪師禪偈集 ─

학담평창 鶴潭評唱

푼다리카

소요태능선사의 선계집을 발간하며

　소요태능선사(逍遙太能禪師)는 조선조 불교의 높은 산맥인 서산청허조사(西山淸虛祖師)의 제자로, 한국불교 많은 승도들의 뇌리에는 그 이름자 정도는 널리 알려진 선사이다. 서산(西山)·사명(四溟) 양대사는 선교(禪敎)의 높은 안목을 갖춘 대종사로서 뿐만 아니고, 임진전쟁에서 나라를 지킨 애국성사·자비보살로 기억된다.

　또 허응보우(虛應普雨)대사의 순교 이후 불교중흥의 호법성사로 기억되며, 서산 문하 편양언기(鞭羊彦機)·소요태능(逍遙太能)·청매인오(靑梅印悟) 선사들의 이름이 불조의 혜명을 이은 대선사로 알려져 왔다.

　특히 우리가 지금 그 문집을 발간하고자 하는 소요태능선사는, 서산조사의 스승 부용영관(芙蓉靈觀) 대사의 양대 제자 중 한 분인 부휴선수(浮休善修) 대사를 거쳐 서산께 귀의하여, 부휴·서산을 모두 모신 선사다.

　소요태능선사에 관한 이야기로 우리가 알고 있는 것은 대개 선방 지대방에서 전승되어온 이야기 정도이다. 『소요당집(逍遙堂集)』의 평창자인 학담(鶴潭) 또한 이 틀을 크게 벗어나지 못한다. 소요태능선사를 그 문집의 발간에 관심을 가지고 다시 접하게 된 것은 학담 또한 60대 중반을 넘어서였으니, 그것은 오직 필자와 연곡사 주지 원묵사(元默師)와의 인연에서 비롯되었다.

　원묵은, 필자의 도반 명진(明盡)화상과 그 뒤 진화사(眞和師, 현 조계총림 송광사주지)가 봉은사 주지로 재직할 때 소임을 맡아 같이 봉은사에 머물며, 진화사와 더불어 허응당보우대사 봉은탑(虛應堂普

雨大師奉恩塔)과 보우대사 동상 건립불사를 함께하며 허응보우대사에 관한 학계의 책자를 발간한 바 있다.

그 뒤 얼마간의 선원 생활을 거쳐 연곡사 주지로 부임해서는 바로 소요태능선사의 선계집과 청매인오선사의 선계집 발간의 원을 세웠다.

그는 주지로서 도량불사에 전념하면서도 그 도량의 사상사적 연원에 관심을 가지고, 그 도량에 관계가 있는 옛 조사들의 문집 발간의 원을 세우니, 학담 또한 원력의 열정에 감동하여 발간불사에 함께하게 된 것이다.

조선조 불교는 억불숭유(抑佛崇儒)의 처참한 역사의 질곡 속에서, 많은 조사들과 승도들이 불조의 혜명을 잇고 법의 등불을 만대에 전승하기 위해 목숨을 걸고 승단을 지켜온 아픔의 역사이다. 출가 승가 대중을 팔천(八賤)으로 전락시킨 조선사대부 지배세력의 신분적 억압 속에서도 나라가 외적의 침입으로 위태로운 때는 앞장서서 나라와 민중을 구하고, 불전의 기도로 천하태평을 발원하였다. 심지어 허응보우(虛應普雨)·환성지안(喚醒志安) 같은 조사들은 불법과 교단을 지키다 조선조 지배세력의 무고와 모함으로 제주도 유배지에서 옥중처형되는 비운을 맞기도 했다.

자기 역사의 이와 같이 장엄한 인욕파라미타의 정진을, 우리는 그간 너무 나 몰라라 하고 고작 중국 조사선(祖師禪) 불교의 종파 타령이나 하고 지냈으며, 경허(鏡虛) 이후 한국불교 문파중심 선불교의 법맥 타령이나 하고 지냈다.

근세 우리가 도인이라 모시는 분들 가운데 시대의 아픔과 역사의 고난과 함께하며 시대대중에 대한 자비의 원을 가졌던 분들이 얼마나 있었던가. 이른바 도인도 도인이 아닌 것이다. 전통적 이름의 도인도 시대의 아픔을 함께 껴안을 수 있을 때, 그 도인에 참선 도인의 이름을 붙이는 것이다. 고조사(古祖師)에 비하면 반쪽도 안 되는 참선의 작은 견처를 가지고 도인의 문정(門庭)을 세워서 세력 확장에만 급급하다면, 그를 어찌 불조의 혜명을 잇는 참된 수행자라 할 것인가.

학담 또한 원묵사의 격발로 인해 이런 생각을 하면서, 과거 우리 불교 조사들의 유산을 이어받은 후학으로서, 조선조 불교에서는 적어도 순교성사인 허응보우선사·환성지안선사의 문집은 발간해야 된다는 뜻을 내게 되었다. 또한 청허선사의 앞뒤 스승과 제자들의 문집, 근세 불교 대흥사에서 일어난 불교중흥운동의 중심에 서 있었던 초의의순선사(草衣意恂禪師)의 저작, 일제강점기 선사로서 민족운동에 함께했던 용성선사(龍城禪師)의 저술을 발간해야 된다는 원을 내게 되었다.

소요집과 청매인오선사의 문집 발간이 그 시작이 된다. '도서출판 푼다리카'를 설립하여 연곡사 중창 공덕의 인연을 쌓고 있는 원묵사가 발행인을 맡고, 학담 등이 저술의 불사에 함께하려 한다. 뜻 있는 사부대중의 수희동참을 바란다.

2017년 3월
화순 오성산(烏城山) 토굴에서
학담(鶴潭) 합장

『소요집』의 재판을 발간하며

　소요태능선사(逍遙太能禪師)의 선게송집에 해당하는 본 『소요집』의 발간은 전적으로 연곡사(燕谷寺) 도량중창불사의 인연과 관계된다. 연곡사는 소요선사께서 임진 병자 왜국과의 전쟁시기 병란의 참화 속에서 불조(佛祖)의 법등(法燈)을 지켜내며 도량 호지(護持)의 인연으로 나라를 위기에서 건져내고 도탄에 빠진 중생을 건져내는 데 한 생을 바쳤던 도량이다. 선사께서는 전쟁이후에도 무너진 도량을 중건하시고 의신난야(義神蘭若)를 복원하시며 이 도량에 총림을 꾸리시어 사부대중을 법의 깃발아래 모이게 하고, 이 청구의 땅에 붇다의 법의 음성이 끊이지 않게 하셨다.

　그러나 불조의 법을 호지하려는 시절인연의 힘이 쇠미해지고 한말 의병운동, 일제강점기의 엄혹한 시기를 거치며 도량은 피폐해지고, 한국전쟁 동족상잔의 참화를 거치며 도량은 많이 소진되었다. 이에 도량에 주석했던 많은 대화상들이 각고의 노력으로 도량불사를 진행했으나 소요대선사의 원력을 오늘의 시대에 되살리기에는 미흡하였다.

　여기에 원묵(元默) 화상이 연곡사주지로 부임하여 도량중창 불사와 임진전쟁시기 이 도량에 인연 깊은 소요(逍遙)·청매(靑梅) 두 조사의 문집 발간의 원력을 세웠다. 이러한 원묵화상의 원력에 불초 학담 또한 소요 청매 두 조사의 어록을 번역하고 평창하는데 그 인연의 힘을 더하게 되었다.

　소요선사는 임제일종(臨濟一宗)의 법통주의가 성행하는 시기 그런 종파주의와 법통주의의 편협성에서 벗어나도록 우리 종도들을 깨우쳐주신 분이다. 필자 또한 중생회향(衆生廻向)이 없는 불교를 조사선(祖師禪)의 최상승(最上乘) 가풍이라 떠받드는 선문(禪門)의 풍조를 비판해왔으며, 문정주의(門庭主義) 법통주의(法統主義)에 가린 불교를 비판해왔다.

  이제 연곡사 도량불사가 많은 뜻있는 단월들의 정성, 나라의 지원과 도움, 산중 대덕스님들의 호념(護念)으로 마무리되어 연곡사 도량 언덕에 그 사적비를 세우게 되었다. 조계총림(曹溪叢林) 송광사(松廣寺) 방장(方丈) 현봉선사(玄鋒禪師)의 웅혼한 필치의 문장이, 돌 위에 새겨져 도량에 인연 있는 옛 조사의 뜻과 지금 도량을 지키고 호지하는 사부대중의 다짐이 천추만대 불후의 언약이 되어 우리를 지켜볼 것이다. 학담 또한 『소요집』 초판의 오자(誤字) 탈자(脫字) 번역의 오류 등을 수정하여 재판을 발간함으로써 사적비문의 뜻에 수희 동참한다.

불기 2565년 신축(辛丑) 11월 10일
소요집 평창자 학담 합장

효종 때 소요선사께 '혜감선사(慧鑑禪師)'의 호를 드린 뒤 금산사에 세운 비

임진전쟁 한국전쟁 등 역사의 상처를 안고 있는 연곡사 주변 지리산 피아골 전경

소요선사 중창 이후 중창불사가 이루어지고 있는 연곡사 조감 전경

연곡사 경내

의신난야 신흥사 옛터의 모습(현재는 다인들의 모임 '명원재단'의 소유지)

신흥사 옛터 부도

중창 및 총림 개설 인연도량 연곡사 소요선사 승탑

출가 인연지 백양사 소요선사 승탑

육신의 고향 담양의 법당 중창 인연도량 용추사 소요선사 승탑

차례

소요태능선사의 선게집을 발간하며 • 5
『소요집』의 재판을 발간하며 • 8

□ 소요태능선사를 다시 생각한다 • 29
1. 소요선사의 생애 개관 • 29
2. 소요선사의 선풍을 살핀다 • 46
3. 소요선사의 선관(禪觀)과 시대불교의 과제 • 61

1장 소요태능선사 선게(禪偈)

1. 홀로 서쪽 정자 달빛 아래 잠자노니 • 68
2. 소림의 소식은 끊어졌는데 • 70
   나를 잊고 또 세상 잊으니 • 73
   발우 씻고 향 사르며 • 75
   구름과 달 한가하니 • 77
3. 늙으면 가까운 이도 멀어지네 • 79
   한 그루 그림자 없는 나무 • 81
   한 물건은 늘 빛을 놓나니 • 83
   줄 없는 거문고 가락 • 85
   우습다 소 타고 소 찾는 자여 • 87
4. 깊은 밤 밝은 달은 신령한 대를 비추네 • 89
5. 두류산의 방장은 참으로 신선의 세계인데 • 91
6. 도에 드는 첫 글은 들음을 돌이킴이니 • 93
7. 한 줄기 긴 대로 깨끗한 가람을 세우니 • 95
   하늘의 달을 보아야 하리 • 97
8. 진흙소 가는 곳 돌염소 따르네 • 99
   추위 더위 가고 옴이 한 맛이니 • 102
   햇빛 속에서 산을 본다 • 104

한 알의 신묘한 구슬 • 106
　　　한 길의 차가운 빛 잡을 수 없으니 • 108
9. 그대 가만히 보낸 먼 소식에 감사하네 • 110
10. 고요한 바탕 맑고 비어 • 113
　　　백 가지 풀잎 끝에 조사의 뜻 밝으니 • 115
　　　밝은 달 긴 하늘에 비추니 • 117
　　　옛 거울이 움직여 씀에 떨어졌나니 • 119
　　　겁이 옮겨감 가운데 홀로 서있으니 • 121
　　　쇠나무에 꽃이 피면 • 123
　　　문자불교(文字佛教)와 암증선(暗證禪)을 넘어 • 125
11. 어느 고개 잔나비는 쉬지 않고 우는가 • 128
12. 달빛 아래 산 개울소리 고요히 듣네 • 130
13. 성긴 비 내리는 밤 창에 외로운 등 돋우네 • 132
14. 묘향의 구름과 물에 옛날 같이 노닐었는데 • 134
15. 찬 종소리 새벽하늘 울림을 앉아서 듣네 • 136
16. 밝은 달 빈 산에 두견새 있네 • 138
17. 산새들 지는 해에 사람 보고 우나니 • 140
18. 아이들 홀연히 봄빛 다함 알려주니 • 142
19. 오늘날 세상길은 거친 물결 천 층이니 • 144
20. 지는 해에 새는 우짖고 봄은 저무네 • 146
21. 풀이 푸른 강남땅에 봄날은 더디고 • 148
22. 몇 소리 맑은 경쇠에 천 산이 저무는데 • 150
23. 참됨 찾는 나그네 멀리서 오네 • 152
　　　개울 다리에서 헤어지며 • 154
24. 그대 죽음에 슬피 흐르는 눈물 수건 적시네 • 156
25. 그대 세 가사만 시렁 끝에 걸렸네 • 158
26. 서풍에 시름 띄워 보내네 • 161
　　　책을 보며 편안히 잠을 달게 자리 • 163
27. 꽃 지는 곳에서 문을 닫고 • 165
　　　밝은 달에 잔나비소리 들리니 • 167

28. 오동나무 한 잎에 가만히 가을인 줄 알았으니 • 169
29. 강성 어느 곳에서 가을바람 일으키나 • 171
30. 꿈 속 사람 일으키니 • 173
    이름 난 곳 모두 가보고서 • 175
31. 마음 잡아 스스로 그러함에 합하라 • 177
    거친 마을 흘러 구른 지 몇 해런가 • 179
32. 누각의 구름을 쓰니 • 181
33. 산 가운데 빼어난 경치 찾으려면 • 183
    백년의 몸 부평초와 같으니 • 185
34. 한 화살로 한 무리 사슴 쏘는 것 배우라 • 187
35. 힘들게 산들 어찌 쉼이 있으리 • 190
    흰 구름의 값이 얼마이리 • 192
36. 두류산에 이름난 가람 있으니 • 195
    병든 소요가 이 절 꾸려왔으니 • 197
37. 조주의 공안 위에서 몸을 뒤집으라 • 199
    공왕의 참 얼굴을 알려하는가 • 201
38. 먹물 입고 머리 깎음 까닭 있으니 • 203
    그대 놓아두고 이 법 누가 이을까 • 205
39. 우뚝하여 비어 고요하고 신령한데 • 208
    두렷한 깨침의 집 가운데 • 210
40. 저 허공이 몸 갖출 곳 아니니 • 212
    소나무 그늘에 기대 잠자니 • 214
41. 몇몇의 장부들이 이 세간 벗어날까 • 216
    이 세상의 몸 흰 구름 사이 있으니 • 218
42. 달 밝은 빈 산에 계수꽃 지네 • 220
43. 등심지를 돋아 밤늦도록 맑은 이야기 나누리 • 223
44. 한 떨기 국화 서리 띠어 곱나니 • 225
45. 매화향기 달빛 타고 오노라 • 227
46. 이 세상의 몸 강과 산에 맡겼네 • 229
47. 구십 일 안거에 무슨 일 이루었나 • 231

48. 강과 산 어느 곳이 도량 아니리 • 233
49. 목란 꽃은 피고 물은 졸졸 흐르리 • 235
　　마른 나무에 꽃이 피어 • 237
50. 드러나 이루어진 공안 누가 알리 • 239
51. 백장선사 사흘 동안 귀먹었으니 • 241
　　임제 덕산이 상에 오줌 누는 귀신이니 • 243
52. 이 생에서 조계의 길 밟지 않는다면 • 245
53. 진흙소는 못의 안개 깨뜨리고 • 247
54. 한강 물가 외로운 그림자 휘날리네 • 249
55. 그림자 없는 나무의 싹트지 않는 가지 • 251
　　열두 가닥 길 머리에 달이 밝으니 • 253
56. 붇다의 법 원래 글자 아님을 알고 • 255
　　뿔 부러진 진흙소 눈 가운데 달리네 • 257
57. 종지의 가풍 음계에 떨어지지 않으니 • 259
58. 두렷이 깨친 큰 가람을 널리 찾으니 • 261
　　홀로 서쪽 바위 건너 맑은 경쇠 소리 듣나니 • 263
　　가는 티끌 속을 잡아 가람 세우니 • 265
59. 규산의 종밀대사 큰 자비의 은혜여 • 267
60. 달이 천 강을 비추되 한 빛에 있네 • 269
　　세계의 티끌 서로 들어가 정해진 방위 없네 • 271
61. 눈앞의 티끌 세계가 바로 옛 때 사람이네 • 273
62. 몸은 길고 짧음 아니고 빛깔은 노랑 아니네 • 275
　　가지와 잎 내지 말고 다만 불성 없음만 들라 • 277
63. 시냇가 돌 여인이 웃고 또 웃네 • 279
　　집집마다 문 밖은 장안 길이요 • 281
64. 만 가지 법은 원래 두렷이 통했으니 • 283
　　툭 트여 두렷이 통한 문이 열리면 • 285
65. 푸른 버들 향기로운 풀에 물은 졸졸 흐르네 • 287
　　가을 달과 봄 꽃이 끝없는 뜻이니 • 289
66. 앉아서 솔 그늘 보며 한 세상 보내리 • 291

67. 뿔 없는 쇠소가 허공을 밟아 올라 • 293
    마른 나무에 꽃이 피어 또 다른 봄이니 • 295
68. 연 따는 가락 끝나 다른 일이 없으니 • 297
69. 우뚝한 위풍 온 세상에 가득하니 • 299
    산호와 밝은 달이 서로 비추니 • 301
70. 진흙소가 대천에 달림을 누워서 보네 • 303
71. 배꽃이 달 비치는 밤 두견새 소리 듣네 • 305
    앞개울 버들 빛은 황금색깔 부드럽고 • 307
    나의 벗 푸른 연과 비바람 소리네 • 309
72. 도는 말 앞에 있어 • 311
    연꽃 필 때 물 향내를 맡나니 • 314
73. 방위 없음으로 방위 있음에 들리라 • 316
    꽃 붉고 잎 푸름은 누구 집의 물건인가 • 319
74. 사람사람 다리 밑에 맑은 바람 부네 • 321
75. 산과 내가 법왕의 몸에 돌아가니 • 323
76. 홀로 무늬 없는 도장을 차고 • 325
    겁 밖의 봄의 신은 다른 모습의 봄빛이네 • 327
77. 황벽은 몸을 뒤쳐 혀를 빼물었으니 • 329
78. 강물소리와 달빛 빈 누각에 스미고 • 332
79. 인도스님 한 가락은 줄 없는 거문고 소리인데 • 334
80. 밤 깊자 달이 빈 창에 들어오네 • 336
81. 몇 사람이나 말 아래 조사의 뜰에 들어갔나 • 338
    겁 밖의 가풍 오늘까지 이르니 • 340
82. 우레 떨쳐 하늘과 땅 뒤엎으니 • 342
    날랜 도적의 수단과 모습 ㅡ내가 짊어졌네 • 344
83. 귀에 가득한 것 소리 아니라 살 길을 여니 • 346
    큰 스승의 들음을 듣게 하는 가르침 따라 • 348
84. 귓속에 밝고 밝은데 듣는 자 누구인가 • 350
    툭 트여 고요하되 온갖 기틀에 응하나니 • 352

85. 한밤의 저 개구리가 남산의 자라코뱀이니 • 354
86. 푸른 풀 못 둑에는 곳곳마다 개구리네 • 357
87. 강서의 한 화살 사슴떼를 다 맞추니 • 359
88. 사물에 응하되 비어 신령한 주인이여 • 361
89. 맷돌 중심대는 움직일 수 없으니 • 363
90. 붉은 연꽃 가운데 금빛의 몸이 • 365
　　넓게 툭 트여 두렷 통한 문이 열리면 • 367
91. 들음을 듣는 사마디가 맑고 고요하니 • 369
92. 오늘에야 법왕의 땅을 밟았나니 • 371
93. 이름 없는 한 글자가 두 머리 드리우니 • 373
　　빈 손에 쥔 호미자루 늘 손에 있으니 • 375
94. 어찌 꼭 고삐 줄 굳게 잡을 건가 • 377
95. 아미타바 큰 원의 바람에 돛을 걸리 • 379
96. 아는 뿌리 티끌 경계가 니르바나 성인데 • 381
97. 밤 달빛 속에 누워 개울 소리 듣나니 • 383
98. 끊긴 구름 성긴 비에 갈매기들 둘이 나네 • 385
99. 겁 밖의 어진 나그네 눈에 늘 닿음이여 • 387
100. 한 줄기 붉은 연은 불 속의 꽃이로다 • 389
101. 석자 용천의 칼이 손에 놓여있어 • 391
102. 함께 앉고 같이 걸으나 세간은 알지 못하니 • 393
103. 노란 꾀꼬리 울음이 푸른 버들의 봄에 있네 • 396
104. 주리면 솔꽃을 먹고 목마르면 샘물 마셔 • 398
　　장대 끝에서 넓게 걸으니 • 400
105. 안타깝다. 남전의 꿈같다고 함이여 • 402
106. 여름의 밥을 구멍 뚫린 발우에 담고 • 404
107. 푸른 하늘 구름 흩어지니 달이 처음 돋음 같네 • 406
108. 겁 밖의 맑은 바람 얼굴에 떨쳐오네 • 408
109. 장대 끝에서 한 걸음 나아가 몸을 뒤쳐 오라 • 410
　　고요히 삼천계를 홀로 걸으니 • 412
　　그대 아니면 누가 참된 장부 지으리 • 414

110. 그대 지금 고향 가는 길 알려는가 • 416
111. 선과 교는 근원 같이해 한 맛인데 • 418
    싹트지 않는 가지에서 봄꽃을 감상하리 • 420
112. 바람이 치우침과 맞아 시방에 두루하네 • 422
113. 차가운 빛 환히 빛나 티끌 겁에 통했는데 • 427
    푸른 산은 흰 구름 가운데 높이 꽂혔네 • 429
114. 하늘땅을 밟아 넘어뜨리니 외짝눈 열리고 • 431
115. 인도스님 세상 응해 오셨으나 입이 없으니 • 433
116. 해가 물결 가운데를 비치어 위아래가 밝나니 • 435
117. 비어 사무치고 신령히 통한 옛 주인이여 • 437
118. 산 집의 경치에 무슨 기이함 있으리 • 439
119. 안과 밖이 환히 빛나 찬 빛이 넘치네 • 441
120. 푸른 구름 찬 대에 몸을 편히 쉴 만하네 • 443
121. 한 소리 외로운 학 구름 밀치고 날아가네 • 445
122. 물 위의 진흙소는 달빛을 갈고 • 447
123. 흰 구름 천년에 그 누구 사람이 있는가 • 449
    그대는 푸른 구름에 한 학의 자태였는데 • 451
124. 잠자코 붇다와 조사의 명령 온전히 잡아끄니 • 453
125. 눈에 가득 가을빛이 한 모습으로 기이하네 • 455
126. 달 비치는 창가 성긴 그림자는 한 줄기 매화로다 • 457
127. 옥 같은 물 골짜기에 바람 일어 옥비파를 울리고 • 459
128. 내 소리 알아주는 그대 지금 이미 멀지만 • 461
129. 소실의 선의 등불 싱그럽게 이미 계합했는데 • 463
130. 사물 밖에서 편히 노니니 정한 자취 없도다 • 465
131. 땅에 가득 지는 꽃을 쓰는 사람 없는데 • 467
132. 먼 곳 기러기는 울어대며 산승의 시름 보내네 • 469
133. 항아리 속 바람과 빛 참으로 아는가 • 471
134. 방장산 두류산의 나무가 가을을 떨어뜨리니 • 473
    아득한 산천 먼 기러기 와서 머무네 • 475

135. 서쪽 인도 붇다와 상가 베어 다했으니 • 477
136. 위음왕불의 저쪽 다시 저쪽 가운데 • 479
137. 겁의 항아리 넓게 툭트여 가는 먼지 끊겼으니 • 481
138. 멀리서 시를 지어 부친 젊은 언스님이여 • 483
    그윽한 기틀은 무쇠가지를 꺾도다 • 485
    누가 대통 같은 견해로 이 몸이 시든다 하리 • 487
139. 홀로 자란 소나무 그늘에 잠자노니 • 489
140. 기러기는 아득한 곳 달을 향해 가고 • 491
141. 사신 임무 받들어 먼 나라 하늘에 가셨으니 • 493

2장 뒤에 기록한 선게 [追錄]

1. 흰옷 입은 관세음 넓은 문의 얼굴이여 • 496
2. 보디나무 그늘 가운데 보배의 땅 그윽하네 • 498
3. 나이 아흔에 할 수 있음이 없네 • 500
    시드는 뼈를 가져와 금강에 던지러니 • 502
    마침내 고요함에 고요함마저 없으니 • 504
    나고 죽음의 물결 머리에 자재한 몸이로다 • 506
    아흔 해를 오면서 홀로 빗장 닫고 지내니 • 508
    일찍이 서산 문하의 나그네 되었으나 • 510
    밝은 달 갈대꽃은 한 모습 가을이네 • 512
    날 저문 사라나무 숲 슬픈 빛이 넘치는데 • 514
4. 모든 조사 선의 등불 툭 트여 밝으니 • 516
    푸른 버들 꾀꼬리 지저귐이 두 줄의 경이네 • 518
    공자와 샤카무니는 두 마음이 아니네 • 520
    밑 없는 바구니 가운데 산 뱀을 잡았네 • 522
    큰 땅과 산과 내가 나의 집인데 • 524
    달 아래 배꽃이 자규소리 듣나니 • 526

나고 죽음의 물결 끝에 지혜의 달 밝으리 • 528
　　추위 더위 봄 가을에 바뀌지 않는 경이니 • 530
　　듣고 보는 물결 끝에 붇다 마음 보나니 • 532
　　물든 들음을 버리고 들음을 돌이킴이 • 534
　　곧장 집 가운데 길을 밟아 걸으니 • 536
　　깊고 깊은 성품 바다 원래 걸림 없으니 • 538
　　나루를 헤매어 꿈에 모래 밟음 뉘라서 알리 • 540
　　보배칼을 하늘 끝 놀에 가로 비끼어 • 542
　　산승의 주장자를 다시 떨쳐 흔드니 • 544
　　한 꺼풀 항상한 몸이 시방에 두루하네 • 546
　　가는 티끌 움직이지 않고 곧 서방정토니 • 548
　　큰 일은 신령하여 나고 죽음 밖이니 • 550
 5. 달은 산의 앞뒤 환히 비추나니 • 552
　　어찌 반드시 묘한 뜻을 찾으리 • 554
　　닿는 곳마다 스스로 공하고 공하네 • 556
　　솔의 울림 맑은 소리 보내네 • 558
　　어찌 구차하게 이 세간의 뜻 따르리 • 560
　　줄이 없이 스스로 묶인 사람이네 • 562
　　허공의 뼈를 때려 깨뜨리니 • 564
　　숲에 들어도 풀을 움직이지 않으니 • 566
　　산집은 말을 끊고 미묘하니 • 568
　　시냇물 소리 지게문에 들어와 울리니 • 570
　　뜻 가운데 구슬도 버려버리라 • 572
　　사람이 마음 없으면 도에 합하네 • 574
　　구름은 만 권의 경전이니 • 576
　　천하가 산승의 한 주장자 끝이니 • 578
　　꽃 지는데 산승은 오래 문을 닫고 • 580
 6. 니르바나가 어찌 고향이리 • 582
 7. 천리 길에 진귀한 나그네 만났나니 • 584

8. 본래 머무는 곳 없으니 • 586
   잔나비 우니 서리 내린 밤달은 밝고 • 588
   오늘 홀연히 산 채로 잡았나니 • 590
   만약 싯구로 알려고 한다면 • 592
   마라와 붇다 스스로 갈 길을 잃네 • 594
   우습다, 남으로 선지식을 찾는 이여 • 596
   집의 산에서 소등에 누웠으니 • 598
9. 그림자 없는 나무를 찍어 와서 • 600

3장 뒤에 붙인 기록들 [付錄]

☐ 소요선사 관계 연보 • 604
1. 소요선사 행장 • 606
   소요대선사행장 (逍遙大禪師行狀) - 11세 법손 예운혜근 • 606
2. 소요집 서문과 발문 • 611
   소요집을 거듭 간행하며 쓴 서문 [重刊逍遙集序] - 항양거사 여규형 • 611
   소요대사시집 서문 [逍遙大師詩集序] - 해좌산인 정범조 • 614
   소요당집 서 [逍遙集序] - 사남거사 이윤상 • 617
   뒤에 붙인 글 [跋] - 이면휘 • 621
3. 비문과 그 밖의 기록 • 622
   소요비명과 서문 [逍遙碑銘幷序] - 백헌 이경석 • 622
   소요선사찬 : 대사의 손은 하나인가 백인가 - 홍문관 교리 유하원 • 626
   대사께 호 드린 일을 말한다 - 통주거사 유사형 • 627
   용추사 법당을 다시 지은 기록 [龍秋寺法堂重創記] • 628
   소요대사의 모습을 기린다 [像贊] • 631

□ 소요태능선사를 다시 생각한다

1. 소요선사의 생애 개관

본 선게집의 저자 소요태능선사에 대해서는 알려진 내용이 그리 많지 않다. 후학들이 쓴 행장·비문, 후대 발간된 『소요당집』의 서문과 발문의 내용으로 선사의 삶을 미루어 볼 수 있을 뿐이다.
절집 지대방에서 전해 내려오는 소요태능선사의 이야기는 대개 다음과 같은 이야기다.

"소요선사는 서산대사 당시 이미 한 곳의 좌주(座主)가 되어 경을 강설하는 대강백이었다. 뒤늦게 참선에 발심하여 서산대사를 찾았다. 서산대사는 이미 일방의 종주가 되어 능엄경을 강설하던 소요대사에게 능엄경을 가르쳤다. 하루에 몇 줄 씩 능엄경을 가르치니, 소요대사가 하루는 말했다.
'대사께 도를 배우러 왔는데 경만 가르치니, 이제 떠나야겠습니다.'
그런데 소요대사가 서산대사를 찾을 때마다 서산대사는 무슨 작은 쪽지를 보다가 얼른 소매에 감추었다.
소요가 떠날 때 서산대사가 그 쪽지를 봉해 주면서 말했다.
'이 안의 글을 가면서 보지 말고, 아무 아무 날 다음 머물 곳에 이르러 열어보라.'
소요대사가 잔뜩 그 안의 내용에 궁금증을 가졌다가 나중 머물 곳에 이르러 봉해진 글을 뜯어보니, 다음 글귀가 쓰여 있었다.
'우습다 소 탄 자여, 소를 타고 소를 찾는구나〔可笑騎牛者 騎牛更覓牛〕.'

이 글을 접하고 소요가 활연대오하였다."

이 이야기는 소요대사의 생애의 실제 이야기와는 부합되지 않는다. 경을 보아서는 깨치지 못하고 참선해야 깨칠 수 있음을 가르치려는 옛 선사들의 교훈이, 소요대사의 생애 가운데 일부 사실을 예로 들어 뒷사람에게 전해주면서 새롭게 각색되어 내려온 이야기다. 소요대사는 20대에 이미 부휴선수선사 문하의 준족으로 서산을 만나 한 게송을 받고 남방의 여러 대사들께 묻고 다녔으며, 서산에게서 그 깊은 뜻을 깨우치고, 다시 40대에 서산을 만나 크게 깨쳤다.

필자는 20대 중후반 강진 백련사(白蓮寺) 선방에서 2년 정도 머물며 좌선수행했는데, 그때 전강선사(田岡禪師)만을 선지식으로 신봉했던 지웅화상을 모시고 지냈다. 지웅화상은 당시 입승이었으며, 뒤 토굴에는 용성선사(龍城禪師)의 수법제자 가운데 한 분인 대하선사(大廈禪師)의 제자인 월인명준선사(月印明俊禪師)가 머물고 계셨다.

지웅화상께서는 매일 아침 공양이 끝나고 오전 입선 전까지 백 개 정도의 전강선사 법문 녹음테이프를 하루 1개 씩 틀며 정진대중이 의무적으로 듣게 하였다. 전강선사의 녹음 법문을 2년 기간에 댓 바퀴를 돌아가며 들으며, 위에 요약된 바와 같은 내용이 사교입선(捨敎入禪)의 대명사로서의 소요대사의 얼굴로 나에게 남아 있다. 또한 오랜 세월 각색되어 내려온 그 이야기가 한국불교 승가선류들에게 널리 각인되어 있다.

이번 소요집의 선게(禪偈)들을 번역하면서, 일부 제한된 내용을 내놓고는 많은 것이 사실과 무관함을 알게 되었다. 소요선사는 경의 문자에 대한 집착을 경계했지만 한 번도 경의 가르침을 버리도록 가르친 일이 없다. 소요는 문자에 집착하는 문자법사(文字法師)와 앉음에 집착하는 눈 먼 선사〔暗證禪師〕를 모두 부정하고, 비록 공안선(公案禪)의 활구를 주장했지만 원각·능엄·천태·화엄의 법문으로 선의 나침반을 삼고 수행의 요점을 삼도록 하였다.

이제 소요선사의 주요게송을 통해 선사의 생애를 개관해보기로 한다.

1) 탄생과 출가

선사는 법명이 태능(太能)이고 소요(逍遙)는 호다. 호남 담양 사람으로 세속 성은 오(吳)씨다.

나이 열셋에 백양산에 놀러갔다 출가하였다. 진대사(眞大師)를 의지해 출가해 수행할 때는 부휴선사를 따라 해인사에서 화엄대경(華嚴大經)을 공부하였고, 묘향산으로 서산대사를 찾았다.

전쟁 시기를 포함하여 오랜 기간 주로 지리산 연곡사·쌍계사·신흥사 일대에 많이 머물렀다.

출가지인 백양산에서 쓴 시를 보면 다음과 같다.

> 호수 남쪽 백양산에 높이 누워서
> 찬 개울 달 아래 물 흐름 고요히 듣네
> 붉은 계수 그늘 가운데 반쯤 문을 닫았는데
> 푸른 구름 사이에서 한 지팡이 짚은 이 오네

> 湘南高臥白羊山　靜聽寒溪月下潺
> 丹桂陰中門半掩　一筇來自碧雲間

2) 화엄대경을 배우며

열셋에 출가하여 여러 곳 아란야에 머물던 소요선사는, 20대 전에 부휴선수선사가 화엄을 강설하던 해인사에 가서 부휴선사로부터 화엄을 배운다. 그곳에서 명나라 장수 이여송이 소요대사의 인물됨을 크게 알아본 기록이 나온다.

뒤에 소요대사는 화엄경의 문자에 한 글자도 없음을 보면 곧 법계가 화엄경이 되는 뜻을 다음 같이 노래한다.

> 나라는 사람 본래는 가에 치우친 사람이었으나
> 스스로 사람 가운데 틀 벗어난 이라 인정하네
> 꿰미의 꽃 씹어 보니 한 글자도 없지만
> 눈앞의 티끌 세계가 바로 옛 때 사람이네
>
> 吾人素是卽邊人　自許人中出格人
> 咀嚼貫花無一字　眼前塵刹舊時人

3) 서산조사를 찾아

부휴선사에게 화엄을 배우고 서산대사가 묘향산에서 크게 종풍을 떨친다는 말을 듣고 찾아뵈니, 서산대사는 소요에게 '그림자 없는 나무 찍어오라'는 공안을 주고 다음 게송으로 공부를 일깨운다.

> 그림자 없는 나무를 찍어와서
> 물 가운데 거품을 녹여 다하네
> 우습다, 소 탄 자여
> 소를 타고 다시 소를 찾네

  斫來無影樹　銷盡水中漚
  可笑騎牛者　騎牛更覓牛

 이 게송을 들고 와 호남의 여러 종장들께 물었으나 뜻을 얻지 못했다. 나중 나이 40에 이르러 다시 서산을 뵙고 공안을 깨쳤다. 그 가운데 사정을 소요선사는 다음 같이 말한다.

 "나이 스물일 때 청허조사의 방 가운데서 모시고 지냈다. 그때 대사께서 이 게송을 써서 주었다. 이 송을 지니고 호남에 와서 여러 종장들께 물었으나 다 답하지 못했고, 한 사람도 뜻을 알아 풀이해주지 못했다. 이 늙은이가 나이 마흔이 되어 곧장 묘향산에 이르러 대사께 물어 '남이 없음〔無生〕'을 알았다."

 서산조사를 만나 깨친 인연을 소요선사는 다음 같이 노래한다.

  한 사람이 두 입을 내니
  자주 서서 몇 번이나 이뤘던가
  천리 길에 진귀한 나그네 만났나니
  뜰 앞 마른 나무가 우거지네

  一人生二口　數立幾番成
  千里逢金客　庭前枯木榮

 소요대사의 오도(悟道)의 노래를 무슨 뜻으로 보아야 할까. 필자는 그에 상응한 노래를 다음 두 편의 노래로 본다.

  나그네 집 하늘땅에서 꼴을 빌어 왔으니

부끄러워라 오랜 생에 더러운 태에 의탁했음이여
옥의 티끌 한 소리에 산 눈을 여니
깊은 밤 밝은 달은 신령한 대를 비추네

蘧廬天地假形來　慚愧多生托累胎
玉塵一聲開活眼　夜深明月照靈臺

꽃이 피니 산의 붉은 얼굴이요
바람 부드러우니 새의 어지러운 마음이네
평생 동안 잡으려는 놈인데
오늘 홀연히 산 채로 잡았네

花發山紅面　風柔鳥亂心
平生求捉漢　今日忽生禽

4) 지리산에 머물며

　지리산은 소요선사의 시에서 방장산(方丈山) 두류산(頭流山)으로 불리고 있는데, 쌍계(雙溪)·석문(石門)·방장(方丈)이 한 묶음으로 나타나는 것으로 보면 쌍계사가 있는 하동쪽 산줄기를 방장산이라 한 것 같다. 정유재란 이후 불탄 연곡사를 중건하고 하동에 신흥사를 새로 지어 그곳에 머물며 썼던 많은 시가 있는 것으로 보아, 임진전쟁 시기 진주성이 함락되기 전 아직 왜군의 수중에 들어가지 않은 지리산에서 산사를 지키며 도량과 국토를 지키며 수행하였음을 알 수 있다.
　나중 전쟁이 끝난 뒤에는 왜군에 의해 불타버린 연곡사와 신흥사를 중창하고 그 도량에 머물며 총림을 세워 여러 출가대중을 이끌고 선정을 닦고 후학들을 가르친 듯하다.

방장산에 머문 몇 편의 시를 살펴보자.

두류산의 방장은 참으로 신선의 세계인데
날개치는 맑은 노래 돌문에 부쳤어라
돌문에 글씨 자취 사람 세상 보배인데
황금단에 노닐다가 흰 구름에 갇혔도다

頭流方丈眞仙界　鼓翼淸吟付石門
石門筆迹人間寶　遊戱金壇鏁白雲

두류산에서 날개 말고 한 골짜기에 숨었으니
푸른 구름 찬 대에 몸을 편히 쉴 만하네
지금부터 여러 곳에 노닐 계획 길이 끊고서
안개와 놀 거두어 모아 참됨 스스로 기르리

卷翼頭流藏一壑　碧雲寒竹可安身
從今永斷游方計　收拾煙霞自養眞

방장산 두류산의 나무가 가을을 떨어뜨려서
병과 쇠지팡이 휘날리며 남을 향해 가도다
가슴 속 법의 바다 깊어 헤아릴 수 없는데
책 안의 그윽한 뜻은 멀어서 대꾸할 수 없네

方丈頭流木落秋　飄然甁錫向南投
胸中法海幽難測　篇內玄樞遠莫酬

한 줄기 꽃가지를 영축산에서 꺾었고
아홉 해의 우렛소리가 소림에서 어지러웠는데
지금 다행히 지혜로운 나그네 있어서

앞으로 올 뒷사람들의 시름을 잊게 했네

一脉花枝靈岳折　九年雷震少林搜
如今賴有仙陁客　忘却當來後裔愁

5) 연곡사와 의신사

연곡사가 있는 지리산 '피아골'의 어원에 대해서는 몇 가지 설이 있다. 밭에 피농사를 지어 먹고 사는 골이라는 뜻의 '피밭골'이 변해 피아골이 되었다는 설이 있다. 전국에 피아골이라는 이름을 가진 지명 몇 십 군데가 모두 밭농사만 되는 우리나라 북부지역 산간마을에 있으며, 연곡사 골짜기에 피농사 짓는 마을이라는 뜻의 직전(稷田)이라는 동네가 있으니, 피아골이 피농사와 관계 있는 곳인 것은 분명한 듯하다.

한편 피아골은 곧 피가 내처럼 흘러 적신 골짜기라는 이야기가 있는데, 그것은 정유재란 시 진주성을 함락하고 남원성을 공격했던 일본군이 지리산을 넘던 골짜기가 피아골이기 때문에 내려온 이야기다.

당시 지방 농민, 산중의 수도하던 스님들이 이 골짜기에서 왜군과 싸우다 흘린 피가 골을 적셨다 해서 골짜기를 피아골이라 했다고도 한다.

아마 소요대사는 임진전쟁 시기 지리산 일대 산사에서 지내다 정유재란 시 불타버린 연곡사를 중창하고 하동 신흥사를 새로 지어 전쟁 이후 그곳에 총림을 세워 도량을 지키며 만년의 삶을 연곡사 도량에 머문 것 같다.

연곡사와 신흥사에 관계된 몇 편의 게송을 살펴보자.

▶ 연곡사(燕谷寺)

한 줄기 긴 대로 깨끗한 가람을 세우니
맑은 기운 좋은 구름 돌탑을 감싸네
불단에 향과 불로 공경을 다함이여
몸과 마음 고요하니 어찌 탐욕 싹트게 하리

一竿脩竹建精藍　瑞氣祥雲擁石龕
香火金壇修敬盡　身心寂滅豈萌貪

백천의 경전은 가리키는 손가락 같으니
손가락으로 달이 하늘에 있음 살펴야 하네
달이 져서 손가락 잊으면 한 일도 없으니
배고프면 밥을 먹고 지치면 잠자네

百千經卷如標指　因指當觀月在天
月落指忘無一事　飢來喫飯困來眠

두류산 밑에 이름난 가람이 있어
해마다 소나무의 달이 돌못에 출렁이네
시골 늙은이 올라가서 즐기는 흥 많으니
꿈 가운데 학을 타고 푸른 구름 더듬네

頭流山下有名藍　松月年年漾石潭
野老登臨多逸興　夢中乘鶴碧雲探

연기조사가 처음 이 절을 짓고 간 뒤
병든 늙은이 소요가 또 경영해 왔네
슬프다 그 옛날 사람의 일은 다했는데

앞산은 옛과 같이 푸른 눈썹을 여네

緣起祖師初創去　逍遙病老又營來
怊悵昔年人事盡　案山依舊翠眉開

물 위의 진흙소는 달빛을 갈고
구름 속 나무말은 바람빛 끌고 가네
위음왕의 옛가락 허공의 뼈인데
외로운 학 한 소리는 하늘 밖에 길도다

水上泥牛耕月色　雲中木馬掣風光
威音古調虛空骨　孤鶴一聲天外長

▸ 의신사(義神寺)

마흔 해 전에는 배워 앎에 노닐어서
허기 채우는 남은 국물로써 할 수 있음 삼았네
붇다의 법이 원래 글자 아님을 이제 알고
서에서 온 눈 푸른 스님께 부끄러워 하네

四十年前閑學解　滿失殘簽以爲能
始知佛法元非字　慚愧西來碧眼僧

옛 길이 환하게 발 밑에 통했는데
스스로 헤매 오랜 겁 더욱 휘돌아 다녔도다
몸을 한번 뒤집어 위음왕 밖으로 내던지니
뿔 부러진 진흙소가 눈 가운데 달리도다

古路分明脚下通　自迷多劫轉飄蓬
翻身一擲威音外　折角泥牛走雪中

6) 서산(西山)과 사명(四溟)을 추모하며

임진전쟁 시기 기허영규(騎虛靈圭) 뇌묵처영(雷默處英) 등 많은 승군장과 불교의 승도들이 외적과 맞서 싸워 목숨을 바쳤지만, 승군 전체를 진두에서 이끌었던 분은 서산대사와 사명대사이다. 평양성 탈환에 승군이 큰 공로를 세웠으나 그 당시 직접적 전투보다는, 왜군의 보급로를 막아 식량 등의 보급을 끊고 후방에서 지원하는 역할을 통해 전쟁을 승리로 이끄는 데 크게 기여한 것으로 보인다. 서산 사명 양 대사는 선교 양면에 대종사이지만, 중생이 전쟁의 어지러움 속에서 고통받을 때 자비의 칼을 들어 파사현정의 보살행을 나툰 것이다.

소요선사는 아직 왜적이 들어오지 못한 산중 아란야를 지키며 불전에 민중의 안녕을 기원하고 유사시 도량과 국토를 지켜내는 역할을 수행했던 것 같다. 소요선사는 스승 서산대사에 대한 존경심이 참으로 깊었으며, 그 호법의 원력에 함께하는 뜻 또한 깊었다.

서산·사명 양 대사에 대한 소요선사의 추모의 뜻을 담은 시를 살펴보자.

▸ 서산

서산에 달 비치니 금봉의 뒤이고
눈 속 대에 바람이 이니 물러서 숨음의 먼저네
잘 비춰내는 진나라 때 거울 일찍이 받으니
진흙소가 대천에 달림을 누워서 보네

西山月暎金峯後　雪竹風生退隱先
曾蒙點出秦時鏡　臥看泥牛走大千

일찍이 용문에서 헤어졌는데
이제 어느덧 열 해가 되었어라
넋이 깜짝 놀라니 밤 창의 빗소리요
애가 끊어지듯 하니 바다와 산은 가을이네
기러기는 아득한 곳 달을 향해 가고
구름은 저 강물의 가을에 돌아오네
우리 스승 높은 자취 가까우니
지팡이 짚고 가 맑은 가을에 절하리

曾作龍門別　如今已十秋
魂驚夜窓雨　腸斷海山秋
鴈去吳州月　雲歸渭水秋
吾師高躅近　杖錫拜淸秋

일찍이 서산 문하의 나그네 되었으나
당에 오르고 방에 드는 것 누가 할 수 있으리
사람 맞아 방편 써서 많이 죽이고 살리니
푸른 하늘 구름 밖에 몇 사람이나 오르는가

曾作西山門下客　昇堂入室有誰能
接物行權多殺活　碧天雲外幾人登

▸ 사명

하늘이 낸 남쪽 끝 살아있는 사자가
잠부드비파 삿된 무리 얼마나 밟아 죽였는가

참된 모습 툭트여 맑은 허공의 뼈인데
한 줄기 붉은 연은 불 속의 꽃이로다

天出終南活獅子　閻浮踏殺幾群邪
眞儀廓落淸虛骨　一朶紅蓮火裡葩

사신 임무 받들어 먼 나라 하늘에 가셨으니
푸른 물결 아득하여 분별할 수 없어라
꿈은 옛 산과 달에 돌아가는데
옷은 다른 고을 구름에 젖도다

奉使胡天去　滄波杳不分
夢歸故山月　衣濕異鄕雲

서리 겹치고 밤 종소리 사무쳤는데
가벼운 바람결에 새벽 물시계 소리 들리네
외로운 배는 천리나 떨어졌는데
비처럼 슬픈 눈물은 흩날리도다

霜重宵鍾徹　風輕曉漏聞
孤舟千里別　如雨淚紛紛

7) 소요선사의 열반송

　소요선사가 입적하신 뒤에 부도를 세워 모신 곳이 구례 연곡사(鷰谷寺)와 담양 용추사(龍湫寺) 백양사(白羊寺)이며, 나라에서 호를 드린 뒤 소요당 혜감선사비를 세운 곳은 김제 금산사(金山寺)이다. 부도를 모신 곳은 소요선사가 출가한 곳, 만년에 머물던 곳이거나 중창 등의 인연으로 그 제자들이 살면서 소요대사를 추모하기 위해 탑을 세운 곳이리라.

　소요선사의 입적 때 남긴 마지막 깨우침은 다음 게송 속에 담겨 있다.

　　해탈이 해탈이 아니니
　　니르바나가 어찌 고향이리
　　털 베는 칼빛이 환히 빛나니
　　혀 움직여 말하면 칼날에 베이리

　　解脫非解脫　涅槃豈故鄕
　　吹毛光爍爍　口舌犯鋒鋩

　소요선사의 깨친 경계에서는 중생의 나고 죽음이 본래 나고 죽음이 아니고, 중생의 번뇌가 본래 공해 이미 니르바나되어 있다면 끊어야 할 번뇌는 무엇이며 번뇌의 묶임을 끊고 얻을 해탈이 어디 있겠는가. 지금 나고 죽음의 땅이 해탈의 땅이고 니르바나의 처소이니, 다시 돌아가야 할 고향이 없는 것이다.

　마음과 경계가 공한 곳에 원각의 큰 지혜가 늘 밝으니, 거기에 무슨 분별이 붙을 것인가. 다음 몇 수 게송들도 소요대사가 만년에 세간을 하직하면서 지은, 본분종사로서 해탈의 경계를 노래한 것이다.

　　큰 땅과 산과 내가 나의 집인데
　　다시 어디에서 고향집을 찾으리
　　산만 보고 도를 잊은 미친 나그네여
　　날이 다하도록 가도 집에 이르지 못하리

大地山河是我家　更於何處覓鄉家
見山忘道狂迷客　終日行行不到家

강 북쪽에서는 그림자 없는 나무에 몸을 편히 하고
하늘 남쪽에서는 싹트지 않는 가지에 목숨 세우네
백 년의 살림살이 여러 가지 것이 없으니
깊은 밤 달 아래 배꽃이 자규소리 듣도다

河北安身無影木　天南立命不萌枝
百年活計無多字　夜月梨花聽子規

산과 강 큰 땅이 이미 공함을 이루었으니
한바탕 꿈 오늘의 이 몸이 다만 이름만 있네
큰 일은 신령하고 신령하여 나고 죽음 밖이니
아는 뿌리 티끌경계 없애면 곧 편안한 곳이리

山河大地已成空　一夢今身但有名
大事靈靈生死外　抹却根塵乃安方

붇다가 가르친 깨달음의 눈에서는 안의 아는 뿌리〔根〕와 밖의 티끌경계〔境〕가 공하고, 사바의 물든 땅과 서방의 깨끗한 땅이 본래 공하다. 그렇다면 안과 밖이 공한 진리의 땅이 서방정토 아미타불의 법계의 몸〔法界身〕이고, 늘 고요하고 밝은 법성의 땅〔常寂光土〕이라. 지금 이곳이 한 걸음도 서방정토를 떠나지 않는다. 이러한 깨달음의 경계에서 어찌 한 티끌이라도 움직여서 저 정토에 감이 있을 것인가.

선사는 다음 같이 노래한다.

옛 성인 살핌 가운데 세계가 공하여
하늘 앞 땅 뒤인데 오히려 이름 남겼네
서쪽 창의 달을 한 소리 불러 웃으니
가는 티끌 움직이지 않고 곧 서방정토로다

古聖觀中世界空　先天後地尙留名
一聲喚笑西窓月　不動纖毫卽淨方

8) 환성지안선사가 소요탑 앞에서 노래하다

잠자코 붇다와 조사의 명령 온전히 잡아끄니
달마남종 참된 맥이 다시 빛을 냈도다
종문의 바람 아주 높아 사람 이르기 어려우니
쓸쓸한 빈 뜨락에 가을 풀만 자랐도다

默默全提佛祖令　南宗眞脉更生光
門風高峻人難到　寂莫空庭秋草長

위 소요대사에 대한 추모의 게송을 지은 환성지안선사(喚醒志安禪師)는 선교(禪敎)를 겸통한 대종장으로 금산사에서 화엄경을 강설하니, 천사백 명 승도가 모여 대법석을 이루었다. 왜란과 호란 이후 승도가 가장 많이 운집한 대법회였을 것이니, 그 법회의 종주로서 환성선사의 법력을 가늠해 볼 수 있다.

그리고 그 법석은 조선왕조 수립 이후 도성 입성이 금지되고 사대부 지배 사회에서 팔천으로 규정된 당대 조선 승가사회가, 환성대사의 화엄경강설을 통해 광대무변한 불법진리 안에서 자기 자긍심을 확인하였던 모임이었을 것이다. 또한 그 자리는 성리학 지배의 조선 사회에서 불교와 교단의 정체성을 함께 논의했던 자리가 아니었던가 싶다. 조선 지배권력이 1,400명 승도를 모은 이 대법석을 계기로 환성지안대사를 역적모의의 주범으로 지목하자, 선사는 지리산에 피신했다가 그곳에서 체포되어 제주도로 유배 가 옥중 처형되었다.

근세 용성선사(龍城禪師)는 선율병운(禪律竝運)으로 전승되어 온 우리 불교 종풍의 바른 흐름이 환성지안대사의 순교로 단절된 것으로 보고, 자신의 선(禪)이 환성지안선사를 원사(遠嗣)한다고 선언하였으며, 이를 만해 한용운선사(萬海 韓龍雲禪師)가 해인사 용성선사의 사리탑 비명에 기록하였다.

위 게송은 불조의 혜명을 바로 잇고 그 강령을 온전히 천명한 소요대사를 추모하면서 소요선사의 종풍을 바로 잇지 못해 쓸쓸해진 불교현실을 안타까워하는 게송이다. 이것은 아마 환성지안선사가 금산사에서 화엄경을 강설하면서 금산사에 모셔진 소요선사의 비 앞에서 그 감회를 읊은 시일 것이다.

2. 소요선사의 선풍을 살핀다

1) 선교일치(禪敎一致)의 수행관

소요선사는 후대 불교대중에게 오도에 관한 설화를 통해 사교입선(捨敎入禪)의 실천관을 보여준 전형적 수행자 상으로 기억되어져 왔다.

선교교판(禪敎敎判)에서 '가르침을 버리고 선에 들어간다[捨敎入禪]'고 하는 입장이나, '선의 정법안장은 가르침 밖에 따로 전한다[敎外別傳]'는 입장은 붇다의 가르침[敎]을 선(禪)의 수단으로 보거나 가르침의 무용론을 주장하는 실천관이다.

그에 비해 선종이 뚜렷이 종파화되기 전 초기선사들은 교(敎)의 효용성을 강조해서 '가르침을 의거해서 종지를 깨닫는다[藏敎悟宗]'고 말하는데, 중국 명말 우익지욱선사(藕益智旭禪師)는 '가르침 안에 전한 참된 실천적 내용이 바로 가르침 밖에 따로 전함[敎內眞傳 敎外別傳]'이라고 말한다.

지욱선사의 입장과 같이 소요선사는, 여래의 깨친 지혜가 언어적으로 발현된 것이 경전의 가르침이므로, 선과 교는 근원이 하나라고 말한다. 그래서 선사는 가르침에 부합되지 않는 눈 먼 선사[暗證禪師]와 문자만을 따지는 불교[文字法師]를 모두 바른 눈을 멀게 하는 치우친 길이라 주장한다.

소요선사는 다음 같이 노래한다.

  선과 교는 근원 같이해 오직 한 맛인데
  마음 알음알이 가지고 달고 매움 가리지 말라
  만약 물결 따르고 이랑 좇아 달리면

남에게 다시 나루 물음을 면치 못하리

禪敎同源唯一味　莫將心識辨甘辛
若也隨波逐浪走　未免從他更問津

글 줄 찾는 좌주와 껍데기 선 뿐이니
두 틀어막는 금침에 바른 눈이 멀었네
쇠가죽을 꿰뚫어서 얼굴을 바로 세우나
그대의 바람과 달에 다시 무슨 글 필요하리

尋行座主正皮禪　雙鎖金針正眼盲
穿透牛皮如立面　大家風月更何章

　불교의 세계관에서 지금 인연으로 일어나는 현실의 영역 밖에 진리는 없다. 인연으로 일어나는 현실의 세계가 실로 없음이 아님을 보이기 위해 속제(俗諦)를 말하고, 실로 있음이 아님을 보이기 위해 진제(眞諦)를 말한 것이다. 그러므로 진제와 속제를 둘로 보지 않을 때 현실 그대로 진리바다에서 자재히 노닐 수 있으며, 배꽃이 두견새 소리에서 진여의 소식을 들을 수 있는 것이다.
　선사는 노래한다.

진제 속제 같이 밝아 눈앞에 있는데
불 가운데 연꽃이라 말할 줄 아는 이 없네
이 늙은 신승이 일찍이 칼 놀림 알았으니
달 비치는 밤 배꽃이 두견새 소리 듣네

眞俗雙明在眼前　無人知道火中蓮
老僧慣得嘗游刃　夜月梨花聽杜鵑

우리가 교(敎)라고 말하는 문자로 된 경전은 여래의 지혜로 깨친 바 지혜인 진리가 말로 표현된 것이다. 그러므로 참된 경은 곧 세계의 실상이니, 중생의 망상을 돌려 지혜에 돌아갈 때 참된 경을 읽을 수 있다.

소요선사는 노래한다.

> 허공 가운데 여덟 자 보문경이여
> 틀 밖의 진리 수레 헤아림이 없는 경이네
> 하나 둘 셋 넷 다섯 여섯 일곱이여
> 푸른 버들 꾀꼬리 지저귐이 두 줄의 경이네
>
> 空中八字普門經　格外宗乘沒量經
> 一二三四五六七　綠楊鸚囀兩行經

> 도 배움은 먼저 거룩한 경을 연구해야 하는데
> 거룩한 경은 다만 내 마음 머리에 있네
> 갑자기 집 가운데 길을 밟아 걸으니
> 머리 돌림에 긴 하늘이 기러기의 가을 떨어뜨리네
>
> 學道先須究聖經　聖經只在我心頭
> 驀然踏著家中路　回首長空落雁秋

문자로 된 경의 원본이 저 세계의 실상이고 나의 존재의 진실이다. 그러므로 문자로 된 경을 통해 실상에 돌아가면 눈에 보이는 물과 산이 나의 진실 그대로이고 붇다의 참몸이며, 달과 구름이 곧 진리의 경전 그 자체가 될 것이다.

선사는 다시 노래한다.

물은 산승 눈의 푸르름이요
산은 붇다의 머리가 푸름이네
달은 한 마음의 도장이요
구름은 만 권의 경전이네

水也僧眼碧　山也佛頭靑
月也一心印　雲也萬卷經

2) 본래 깨친 원각의 도량에서 닦음 없이 닦기를 권함

깨달음의 세계에 나아가는데 지금 끊어야 할 망상이 있고 얻어야 할 니르바나가 있다면 중생의 깨달음의 세계를 향한 도정은 다 할 날이 없을 것이고, 보디와 니르바나는 마침내 완성의 때가 없을 것이다.

중생의 나고 죽음과 중생의 번뇌가 본래 공해 니르바나 되어있는 줄 알며, 중생이 발 딛고 있는 이 땅이 큰 깨달음의 땅인 줄 알 때 깨달음의 언덕을 향해가는 중생의 실천적 도정은 가되 감이 없고 얻되 얻음 없는 길이 될 것이다.

그러므로 소요선사는 먼저 중생의 나고 죽음의 땅이 원각의 도량임을 이렇게 가르친다.

구름 그물 겹치고 겹친 큰 깨달음의 도량이여
세계와 티끌 서로 들어가 정해진 곳이 없네
같되 다르고 다르되 같음이 하나로 꿰뚫어져
불꽃처럼 늘 설법해 빛 줄기를 놓도다

雲網重重大覺場　刹塵相入定無方
同異異同爲一貫　熾然常說放絲光

두렷이 깨친 큰 가람을 널리 찾으니
이 땅 안이 어찌 일찍이 둘째 셋째에 떨어지리
다섯 호수 안개와 달이 다 엎드려 따르는데
다시 잔나비의 울음 뒷산 바위에 있네

遍探圓覺大伽藍　彊城何曾落二三
五湖烟月皆賓服　更有啼猿在後巖

시방의 티끌 세계가 한 가람이니
앞의 셋 뒤의 셋을 묻지 말아라
오직 한 주인 있어 길이 잠자지 않고
홀로 서쪽 바위 건너 맑은 경쇠 소리 듣네

十方塵界一精藍　莫問前三與後三
唯有主人長不夢　獨聞淸磬隔西巖

　중생의 나고 죽음의 땅이 본래 두렷이 깨쳐 있는 도량이라면, 중생이 자기진실을 돌이켜 보고 자기진실을 실현하는 것 밖에 해탈의 길은 없다. 선사는 이렇게 노래한다.

두렷한 깨침의 집 가운데 시방 중생 모이어
형이니 아우이니 하며 남이 없음 배우네
낱낱 마다 나는 연이 다만 이와 같을 뿐인데
어찌 번거롭게 나에게 앞길을 꼭 물어야 하나

圓覺堂中聚十方　兄乎弟耶學無生
箇箇生緣只如此　何須煩我問前程

3) 자비의 수행관

관세음보살은 자비의 상징이다. 관세음보살이 서방정토 아미타불을 '왼쪽에서 모시는 보디사트바〔左補處〕'라고 말할 때는 네 가지 한량없는 마음〔四無量心〕의 인격적 표현이 아미타불이 되고, 관세음보살은 자비(慈悲)를 나타내고 대세지보살은 희사(喜捨)를 나타낸다고 보아야 한다.

곧 아미타불이 가운데 있고 왼쪽과 오른쪽에 관세음과 대세지를 배치한 것은 큰 사랑과 세상에 대한 가엾이 여김〔大慈悲〕은 사랑을 실천할 수 있는 큰 힘이 이르러〔大勢至〕 함께해야 헤아릴 수 없는 마음〔無量心〕이 실현될 수 있음을 보인 것이다.

다시 법화경 보문품(法華經 普門品)에서 관세음보살은 아파하는 중생의 소리를 살펴〔觀其音聲〕 그 중생의 요구에 따라 서른두 가지 응화의 몸을 나타내는 보디사트바의 얼굴이다. 그에 비해 슈랑가마수트라〔首楞嚴經〕에서 관세음은 소리 들음의 사마디〔聲聞三昧〕로, 들음〔聞〕과 듣는 바〔所聞〕가 두렷이 통한 경계〔圓通境界〕를 깨치는 사마디(samādhi; 三昧)의 실천자로서 관세음의 얼굴이다.

이 두 모습은 둘이 아니니, 듣는 자와 듣는 바가 공하고 들음에 들음 없음을 살피는 사마디가 듣되 들음 없이 세간의 소리를 듣는 지혜가 되고, 지혜가 다시 중생을 건지는 파라미타(pāramitā)의 행으로 발현되기 때문이다. 곧 지혜에는 듣는 지와 듣는 비기 공하되 공에도 머물 것이 없으므로 그 지혜는 머묾 없는 행〔無住行〕이 되고, 행하되 행함 없는 보디사트바의 넓고 큰 행〔廣大行〕이 되는 것이다.

소요선사의 게문집에 관세음의 자비행(慈悲行)과 중생을 보살피는 가피력(加被力)이 강조되는 것은 왜일까. 그것은 오랜 전란으로 파괴된 산하, 피 흘리며 죽어간 백성들의 참상, 전쟁에 동원되어 광기어린 살육을 자행하는 군사들의 모습을 보고 관세음의 자비의 가피를 바라는 선사의 마음을 나타냄이리라.

그러나 선사의 깨친 눈에 저 관세음의 '더해 입혀주는 힘[加被力]'은 곧 중생 자신 속 여래공덕의 곳간[如來藏] 진여의 씀[眞如用]인 것이니, 중생 스스로 관세음을 부르고 자비의 마음을 내면 관세음의 가호가 함께하는 것이리라.

소요선사의 관세음에 대한 노래를 살펴보자.

    포타락카 바위 위 푸른 버들 가
    붉은 연꽃 가운데 금빛의 몸이
    법 바다 맑고 시원한 달을 가져다
    성인이 중생 끼쳐주심을 들어서 믿는
    이 세간 길 위 사람 널리 비치네

    寶陀巖上綠楊邊　紅藕花中金色身
    却將法海淸涼月　普照聞熏路上人

    넓게 툭트여 두렷 통한 문이 열리면
    백천의 사마디를 모두 열 수 있도다
    자비 일으키고 지혜를 움직이는
    관세음보살 붉은 연꽃과 같은 혀가
    끝없는 맑은 바람 나를 위해 불어주리

    廓落圓通門始開　百千三昧總能開
    與悲運智紅蓮舌　無限淸風爲我開

흰 옷 입은 관세음 넓은 문의 얼굴이여
죽이고 살리는 그 풍류 겁 밖의 얼굴이네
비어 고요한 한 몸이 만 가지 것 감싸니
연을 따라 부름에 나아가 어진 얼굴 나타내네

白衣觀音普門容　殺活風流劫外容
虛寂一身包萬有　隨緣赴感顯慈容

4) 종파주의를 넘어선 수행관

고려불교는 양종오교(兩宗五敎)의 불교로 정의되다시피 조계·천태 양종의 선〔兩宗禪〕, 화엄·법상 등 오교(五敎)가 각기 자기 문정을 세워 내려온 불교이다. 그러다가 성리학을 지배이념으로 채택한 조선조 초엽에 불교는 조선 지배세력의 주도에 의해 선교양종(禪敎兩宗)으로 통합되니, 이는 불교의 세력을 약화시키기 위한 정치적 목적에 의해 이루어진 것이다.

일반적으로 지금 선류들이 선종을 오직 조계 문하만으로 알고 있는 것과 달리, 고려의 천태(天台)·조계(曹溪)·밀(密)이 선종(禪宗)이 되고, 그 밖 화엄·법상 등 경전에 의거한 여러 종파는 교종(敎宗)이 된다.

조선조에서 초기 선종판사는 고려 천태 계열의 선사들이 주로 맡아 했다. 그러다가 차츰 임제 태고 법통설과 교외별전의 교판론이 지배하게 되자 선종은 조계의 이름으로 표방하게 되었으니, 조계(曹溪)라는 선의 대명사는 고려의 조계업(曹溪業)과 조선조 초기의 조계(曹溪)와 나중 선교양종을 모두 거두는 뜻의 조선조 중말엽의 조계는 그 의미가 다른 것이다.

소요선사가 살았던 당대는 교외별전 임제태고 법통설이 이미 일반화되었으며, 경전 연찬은 화엄경·금강경·원각경·능엄경이 주로 학습되었으며, 벽송지엄선사 이후 승가의 선학의 교과서는 도서·선요·서장으로 차츰 규정되어 내려오고 있었다.

앞에서 살핀 바처럼 소요선사는 경직화된 조선조 불교의 교외별전의 교판과 임제 법통설의 분위기에서 일정한 한계를 안고 있었지만 선교의 근원이 다르지 않음을 강조하였다. 그리고 법화·화엄·능엄·원각의 경교를 배우도록 하고, 임제 일변도의 종풍 속에서도 조동오위설(曹洞五位說)로 법문을 제창하고, 천태선의 삼관〔天台三觀〕으로 법을 쓰기도 하며 능엄경의 들음을 반조하는 관행을 상승선법으로 제시하고 있다.

몇 편의 게송으로 소요선사의 수행관을 개관해보기로 한다.

▸ 천태 화엄 원각

산과 내가 거짓 있음 따라 공에 드는 문이니
모두 놓고 모두 거두면 죽이고 살리는 기틀이네
둘째의 만주쓰리 찾으면 찾을 수 없으니
한 소리 외로운 학 구름 밀치고 날아가네

山川從假入空門　雙放雙收殺活機
第二文殊覓無覓　一聲孤鶴拂雲飛

규산의 종밀대사 큰 자비의 은혜여
금선이신 샤카세존의 뜻 그대로이네
뜻을 풀고 살핌에 들어감 촛불처럼 밝으니
몇 번이나 채찍질 해 후손을 일으켰나

圭山大士大悲恩　不下金仙釋世尊
釋義入觀明若燭　幾多鞭起後兒孫

▸ 능엄경 이근원통장의 들음을 듣는 관행

물든 들음을 버리고 들음을 돌이킴이
도에 드는 뜻의 처음이니
어머니 태 나오기 전
허공과 겁의 처음이로다
이것이 선가의 정수리 눈이니
그윽하고 그윽하며 비밀하고 비밀해
다시 처음이 있음이 없네

遣聞反聽道情初　未出母胎空劫初
此是禪家頂門眼　玄玄密密更無初

들음을 돌이켜 성품을 들으면 두렷이 통함을 보아
죽이고 살리는 온전한 기틀 벼락처럼 달리리
쇠나무에 꽃이 피어 봄 빛깔 저무는데
오경에 시드는 달 그림자 더디고 더디네

返聞聞性見圓通　殺活全機霹靂馳
鐵樹花開春色晚　五更殘月影遲遲

툭 트여 두렷 동한 문이 열리면
듣는 자 세우지 않으니 무슨 티끌 있으리
맑은 물 돌에 닿아 그 울림 차가워서
여러 생 꿈 속 사람 불러 일으키네

廓落圓通門戶開　能聞不立有何塵
淸流觸石冷冷響　喚起多生夢裡人

▸ 조동과 운문 등 여래종풍의 수용

물이 맑으니 늙은 조개 태를 품은 뒤요
구름이 겹치니 푸른 용이 뼈를 벗는 때로다
바름이 가고 치우침이 오며 또 겸해 다다름이여
진흙소 가는 곳에 돌염소가 따름이네

水明老蚌懷胎後　雲重蒼龍退骨時
正去偏來又兼到　泥牛行處石羊隨

치우침이 오고 바름이 가나 응함에 방위 없으니
바름이 치우침과 맞아 시방에 두루하네
바름 가운데서 오는 위에 겸함 가운데 이르니
한 구절이 밝게 빛나 방위에 떨어지지 않도다

偏來正去應無方　正與偏投遍十方
正中來上兼中到　一句玲瓏不落方

소양의 햇빛 속에서 산을 본다는 구절이여
새 소리 원숭이 읊조림에 하늘땅이 드넓도다
이것이 공왕의 위를 향한 말씀이니
맑은 밤바람은 푸른 옥을 뒤흔드네

昭陽日裏看山句　鳥語猿吟天地寬
此是空王向上訣　淸霄風撼碧琅玕

‣ 정토(淨土) 법문

몸이 비록 사바의 물든 땅에 있어도
마음은 안양의 아홉 연못 붉은 꽃에 노니네
다른 해에 가죽 푸대 벗어버리고
아미타바 큰 원의 바람에 돛을 걸리라

身在娑婆一界中　心游安養九蓮紅
他年脫却皮袋子　帆掛彌陀大願風

옛 성인 살핌 가운데 세계가 공하여
하늘 앞 땅 뒤인데 오히려 이름 남겼네
서쪽 창의 달을 한 소리 불러 웃으니
가는 티끌 움직이지 않고 곧 서방정토로다

古聖觀中世界空　先天後地尙留名
一聲喚笑西窓月　不動纖毫卽淨方

5) 현전의 한 생각[現前一念]에서 들음을 듣는 수행관

　소요선사는 서산대사 문하의 뛰어난 종장으로 선사 스스로 여러 조사들의 공안법문을 통과한 대선사이므로 대중을 교화할 때 '조주의 개에게 불성 없다[趙州無字]' 등의 공안을 수행의 방편으로 제시한다. 그리고 임제·운문·덕산·위앙 등 선문 여러 종장들의 공안법문을 제창하여 교화하기도 한다.
　그러나 그러한 방법론이 소요선사가 일반대중을 상대해서 널리 법의 눈을 열어주는 방법론은 아니었던 것 같다. 가장 많이 제자들과 대중에 가르치는 법문은 바로 능엄경 이근원통장(耳根圓通章)의 '들음을 다시 돌이켜 듣는 관행'이다. 들음을 다시 돌이켜 들

음이란 지금 보고 듣는 현전일념(現前一念)을 돌이켜, 생각에서 생각 떠나 무념(無念)을 체달하는 방법론의 한 가지이다.

지금 소리 듣는 들음〔聞〕을 다시 돌이켜 들으면, 소리 듣되 듣는 자와 듣는 소리가 공하고 들음이 곧 공해 들되 들음 없음을 체달한다. 이때 들음 없음의 공에 머물지 않으면, 듣되 들음 없고 들음 없되 들음 없음도 없는 행이 나오게 된다.

들음〔聞〕에 듣는 자〔聞者〕와 듣는 소리〔聲〕가 공한 줄 깨치면 이것이 두렷이 통한 경계이며, 두렷이 통한 경계에서 생각 없되 생각 없음도 없고 들음 없되 들음 없음도 없으면, 지혜가 자비가 되고 지혜가 파라미타의 행이 되는 것이니, 이 법을 소요선사는 대중교화의 일반적 방법론으로 제시하고 있다.

선게집에 실린 게송들을 살펴보자.

들음을 돌려 듣고 봄을 보아 늘 사마디이면
나고 죽음의 물결 끝에 지혜의 달 밝으리
온 세상에 이 길 밟는 이가 없지만
늙은 선객 가슴은 다시 스스로 비어 밝도다
聞聞見見常三昧　生死波頭慧月明
擧世無人踏此路　老禪胸次自虛明

도에 드는 첫 글은 곧 들음을 돌이킴이니
일찍이 채찍질해 들음을 스스로 들어야 하리
그렇게 하면 많은 공을 헛되이 쓰지 않고도
아득히 넓은 소리 속 들음에 떨어지지 않으리
入道初章是返聞　曾須鞭策自聞聞

其然莫費多功用　浩浩聲中不落聞

듣고 보는 물결 끝에 붙다 마음 보나니
어찌 반드시 밖을 향해 애써 따라 찾는가
하늘 땅 해와 달을 모두 빼앗으면
태백이 꽃을 피워 한림에 들어가리

聞見波頭見佛心　何須向外苦追尋
乾坤日月兩俱奪　太白生花入翰林

꽃이 환히 웃으니 섬돌 앞 빗방울이요
솔이 우니 난간 밖의 바람이로다
어찌 반드시 묘한 뜻을 찾으리
이것이 곧 두렷이 통함이네

花笑階前雨　松鳴檻外風
何須窮妙旨　這箇是圓通

소리 소리 돌이켜 비춤은 어떤 이의 자태인가
쇠를 끊는 맑은 모습 물 속 달의 자태로다
이루고 무너지며 겁이 비록 옮겨가도
언제나 무너짐 없이 홀로 서 있으니
뉘라서 이 자태 보는지 알 수 없어라

聲聲返照那人姿　截鐵淸標水月姿
成壞劫遷常獨立　不知誰是見伊姿

두렷 통한 참된 경계 고요하여 들음 없는데
참새 지저귀고 까마귀 울어 나의 들음 일으키네

귀에 가득한 것 소리 아니라 살길을 여니
하늘 궁전 맑은 경쇠 듣지 않고 듣도다

圓通眞境寂無聞　雀噪鴉鳴起予聞
滿耳非音開活路　梵宮淸磬不聞聞

큰 스승의 들음을 듣게 하는 가르침 따라
두렷 통해 본래 고요한 문에 일찍이 들었네
오랜 생 흘러 돌아다닌 날 따라 생각해보니
길 가운데서 꼬리 끌며 그 얼마나 어두웠던가

曾從大士聞聞敎　早入圓通本寂門
追憶多生流浪日　途中曳尾幾昏昏

귓속에 밝고 밝은데 듣는 자 누구인가
소리 없고 냄새 없으니 아주 알기 어려워라
거두어 오고 놓아 가며 펴고 맒에 맡기니
범부에 있든 성인에 있든 길이 서로 따르네

耳裡明明聽者誰　無聲無臭卒難知
收來放去任舒卷　在凡在聖長相隨

한 밤의 종소리가 목침 머리 흔드니
들음을 듣는 사마디가 맑고 고요하여라
잎을 만 듯한 귀가 비어 툭 트였으니
서늘한 바람 소리 한가히 들음 거리낌 없네

夜半鍾聲枕上搖　聞聞三昧更淸寥
卷葉耳門虛豁豁　不妨閑聽帶涼飇

3. 소요선사의 선관(禪觀)과 시대불교의 과제

　지금 인류사회는 과거 농경시대와 달리 고도 과학기술문명사회이고, 정보의 소통이 지구촌화되어 있는 사회이다. 세계의 실상을 깨달아 생활에 평화와 안정을 주고 지혜의 눈을 열게 하는 실천의 근본 방향에서는 과거 시대와 지금 시대를 따라 달라질 수 없지만, 중생을 해탈행에 이끄는 방편은 시대 대중의 요구와 시대가 안고 있는 병통에 따라 달라져야 한다.
　앞에서 간략히 살핀 바처럼 조선조 성리학 지배의 사회에서는 임제법통주의, 선교(禪敎)의 이분법적 교판이 지배적인 수행관이 되어, 선(禪)이 중생구제의 파라미타행으로 발현되지 못하는 닫힌 선풍으로 전승되었다.
　소요선사 또한 불교의 사회적 진출, 불교의 세계관과 실천관을 통한 대중교화가 원천적으로 봉쇄되어 있었던 시대 상황을 온전히 벗어나지는 못한다. 그러나 소요선사는 경전의 가르침과 선의 참구를 둘로 보지 않도록 가르치고, 그 스스로 세상에 대한 자비행을 실천하며 선풍 또한 조사선 지상주의 임제선 법통주의를 넘어선 개방적 선풍을 가르쳤다.
　소요대사의 이러한 선적 실천의 입장이 오늘의 시대에 어떤 유용한 시대 구원의 방편을 제공할 수 있을까.
　필자는, 소요선사가 '현전의 한 생각[現前一念]'에서 바로 들음을 돌이켜서 지혜를 드러나게 하는 선관을 강조한 것이 오늘 이 시대에 반드시 필요한 선적 실천의 입장이라 생각한다. 조사선 지상주의적인 선사들은 경전이 말하는 여섯 파라미타는 오랜 겁을 닦아야 하는 점차선(漸次禪)이고, 단박 깨쳐서 성불하는[頓悟成

佛〕 선은 조사의 선〔祖師禪〕에만 있다고 말한다.

그러나 이는 그렇지 않다. 들음을 돌이켜서 들음에 들음 없고 들음 없되 들음 없음도 없음을 통달하면 들음 없이 듣는 지혜가 곧 반야이다. 이때 반야는 바로 있음과 없음에 머물지 않으므로 해탈의 행으로 발현되니, 이것이 프라즈냐파라미타(prajñā-pāramitā; 智慧波羅蜜)이고 프라즈냐파라미타일 때 여섯 파라미타가 한 생각에 드러나는 것이다.

연기론적 세계관에서 지금 중생이 쓰는 한 생각 밖에 자아가 없고 세계가 없다. 그러므로 생각을 생각 없는 생각으로 현발시킬 때 우리는 사유와 지식 운동의 흐름 속에서 생각 없음을 체달하고, 생각 없음에도 머묾 없을 때 모든 지식을 생각 없는 생각〔無念之念〕으로 쓸 수 있다. 일부 치우친 선사들이 생각을 끊고 구경각(究竟覺)을 얻는다고 주장하는 것은 연기론적 실천관이 아니다.

생각을 돌이켜 살펴 '생각에 일어나는 첫 모습〔念無初相〕'이 없음을 알아 생각을 생각 아닌 생각으로 굴려 쓰는 것이 '사마타와 비파사나의 하나됨〔止觀俱行〕'이다. 생각에 생각 없음이 사마타(śamatha)이고 생각 없음에 머묾 없이 생각 없는 생각을 굴려 쓰는 것이 비파사나(vipaśyana)이다. 사마타인 비파사나일 때 지식과 정보의 흐름에 오염됨이 없이 노동과 휴식을 하나되게 하고, 자기 해탈을 역사구원과 하나되게 하는 행이 현전할 수 있다.

지금 현전의 보고 듣는 경험활동 안에서 봄을 돌이키고 들음을 돌이키면, 보고 들음에 떨어지지 않는 삶의 휴식을 성취하고, 그 휴식을 무너뜨림이 없이 봄이 없는 봄과 생각 없는 생각으로 세계의 새로운 변화와 역사운동을 살필 수 있게 된다. 그러한 선적 실천은, 소요선사의 다음 게송에 그 뜻이 분명히 드러나고 있다.

종소리 일어나는 곳에서 들음을 들어 돌이키고
　　노란 잎 날아갈 때 봄을 다시 보아 쉬도다
　　다시 밤이 되자 밝음이 발 밖에 구르니
　　강물소리와 달빛 빈 누각에 스며드네
　　鍾聲起處聞聞復　黃葉飛時見見休
　　更向夜明簾外轉　江聲月色侵虛樓

　지금 한국불교의 선의 문제점〔禪病〕은 선의 깨달음이 내면의 닫혀진 개아의 휴식을 완결점으로 하는 데 있다. 고요하되 밝음을 내면의 경지로 보존하는 선풍은 과학문명시대 미래사회를 이끌어 시대대중을 구원할 선관이 될 수 없다.

　사마타에서 고요함은 아는 자와 아는바 세계, 앎활동이 있되 공함을 의지해서 발현되는 고요함이고, 비파사나의 밝음은 아는 자〔根〕와 아는바 세계〔境〕, 앎활동〔識〕이 공하되 있음을 의지해서 발현되는 밝음이다. 그러므로 밝음에 밝음 없고 고요함에 고요함 없는, 사마타인 비파사나 비파사나인 사마타를 통해서만 함이 있음〔有爲〕을 다하지 않고 함이 없음〔無爲〕에 머물지 않는 역동적 활동으로서의 선정이 나올 수 있고, 노동과 휴식이 하나된 파라미타의 선정이 나올 수 있다.

　들음을 돌이켜 들음에, 들음 없되 들음 없음에 머물지 않고, 생각에서 생각 떠나되 생각 없음에서 생각 없음을 떠나는 것이 프라즈냐이니, 프라즈냐가 곧 모든 파라미타의 어머니가 되는 것이다. 이 뜻을 『팔천송반야경』에서 살펴보기로 한다.

이때 샤크라인드라하늘왕이 붇다께 말씀드렸다.

"세존이시여, 만약 어떤 사람이 프라즈냐파라미타를 듣기만 하여도 그는 이미 일찍이 여러 붇다를 가까이 보셨던 것이라, 이것도 적은 공덕으로부터 온 것이 아닌데, 하물며 이를 받아 지녀 읽고 외우며 설한 대로 배우며 설한 대로 행하는 것이겠습니까?

왜냐하면 세존이시여, 모든 보디사트바의 사르바즈냐나는 바로 이 프라즈냐파라미타 가운데서 구해야 하기 때문입니다.

세존이시여, 비유하면 이는 마치 큰 보물은 큰 바다 속에서 구해야 하는 것과 같으니, 세존이시여, 모든 붇다의 사르바즈냐나(sarvajñāna; 一切智)라는 큰 보물은 반드시 프라즈냐파라미타 가운데서 구해야 합니다."

붇다께서 말씀하셨다.

"그렇고 그렇다, 카우시카여. 모든 붇다의 사르바즈냐나는 모두 프라즈냐파라미타 가운데에서 생겨난다."

그때 아난다가 붇다께 말씀드렸다.

"세존이시여, 세존께서는 다나(dāna; 布施)파라미타의 이름을 찬탄하여 말씀하지 않으시고, 실라(śīla; 持戒)파라미타, 챤티(kṣānti; 忍辱)파라미타, 비리야(vīrya; 精進)파라미타, 디야나(dhyāna; 禪定)파라미타의 이름을 찬탄하여 말씀하지 않으시고, 무슨 까닭에 프라즈냐파라미타의 이름만을 찬탄하여 말씀하십니까?"

붇다께서 아난다에게 말씀하셨다.

"프라즈냐파라미타가 나머지 다섯 파라미타를 이끌기 때문이다. 아난다여, 네 생각은 어떠한가? 만약 보시를 사르바즈냐나에 회향하지 않는다면 보시파라미타를 이룰 수 있겠느냐, 없겠느냐?"

아난다가 말씀드렸다.

"이룰 수 없습니다, 세존이시여."

"만약 지계와 인욕과 정진과 선정과 지혜를 사르바즈냐나에 회향하지 않는다면, 지계와 나아가서 프라즈냐파라미타를 이룰 수 있겠느냐, 없겠느냐?"

아난다가 말씀드렸다.

"이룰 수 없습니다, 세존이시여."

"아난다여, 이러하므로 프라즈냐파라미타는 다섯 파라미타의 인도자가 되는 것이다. 아난다여, 비유하면 큰 땅 가운데 씨앗을 뿌려 인연이 화합하면 바로 싹이 트고 자라나되, 이 땅에 의지하지 않고서는 끝내 싹이 틀 수 없는 것과 같다. 아난다여, 이와 같이 다섯 파라미타는 프라즈냐파라미타 가운데 머물러서 자라날 수 있으며, 프라즈냐파라미타가 이들을 보살펴 주므로 사르바즈냐나에 향할 수 있는 것이다. 그러므로 아난다여, 프라즈냐파라미타가 다섯 파라미타의 인도자가 되는 것이다."

선정인 지혜가 다시 다섯 파라미타 이끄는 것은 곧 현전의 한 생각에서 생각 없음을 체득할 때 생각 없는 생각이 바로 여섯 파라미타로 현전함을 말하니, 영가선사(永嘉禪師)는 이렇게 노래한다.

> 여래의 선을 단박 깨치니
> 여섯 파라미타 만행이 바탕 가운데 두렷하네
> 꿈 가운데 밝고 밝게 여섯 갈래 길 문녕터니
> 깨친 뒤에 비고 비어 대천세계가 없도다
>
> 頓覺了 如來禪 六度萬行體中圓
> 夢裏明明有六趣 覺後空空無大千

종지도 통하고 설법 또한 통하니
선정 지혜 두렷이 밝아 공에 막히지 않네
다만 나만 홀로 통달함이 아니라
강가강 모래수 모든 붇다 바탕이 다 같도다

宗亦通　說亦通　定慧圓明不滯空
非但我今獨達了　恒沙諸佛體皆同

다만 근본 얻었으면 끝을 걱정 말아라
맑은 유리가 보배달을 머금음과 같아서
이 뜻대로 되는 구슬을 알 수만 있으면
스스로와 남을 이롭게 함 끝내 다하지 않으리

但得本　莫愁末　如淨琉璃含寶月
旣能解此如意珠　自利利他終不竭

잠잠할 때 말하고 말할 때 잠잠함이여
큰 보시의 문이 열려 막혀 좁음 없도다
어떤 사람이 무슨 종지 아느냐 물으면
마하 반야의 힘이라 대답하리라

默時說　說時默　大施門開無壅塞
有人問我解何宗　報道摩訶般若力

1장

소요태능선사 선게(禪偈)

1.
홀로 서쪽 정자 달빛 아래 잠자노니
- 서쪽 정자에 자면서 [宿西亭]

밤이 차니 서리 기운 무겁고
하늘이 머니 기러기 소리 드높아라
홀로 서쪽 정자 달빛 아래 잠자노니
산에 돌아오는 가을 꿈이 힘겨워라

夜寒霜氣重　天遠雁聲高
獨宿西亭月　還山秋夢勞

해설

연기법에서 마음은 마음이 아니고 모습은 모습이 아니다. 마음은 마음 아니되 마음 아님도 아니고, 모습은 모습 아니되 모습 아님도 없으니 마음 떠나 저 경계가 없고 세간의 모습 떠나 마음 없다.

모습에 모습 없되 모습 없음도 없음이여. 봄비 그치자 강둑의 풀꽃은 더욱 푸르러지고, 가을 하늘 멀어지니 기러기 소리 더욱 드높도다.

마음[心]과 경계[境] 꿈[夢]과 깸[覺]이 둘이 없음이여. 외적의 난에 산과 내가 피로 물드니 산중 도인의 마음 또한 피눈물로 아프고, 한낮의 하늘땅이 서글프니 보디사트바(bodhisattva; 菩薩)의 서쪽 정자 아래 꿈도 또한 애달프다.

옛 선사[石門易]의 한 노래를 들어보자.

앉아서 흰 구름 덮인 뭇 봉우리 품으니
꾀꼬리 울음 깊은 골에 봄을 알지 못하네
바위 앞에 꽃잎 비 펄펄 날려 떨어지는데
꿈에서 깨어 머리 돌리자 옛 벗을 알아보네

坐擁群峯覆白雲　鸎啼深谷不知春
巖前花雨紛紛落　夢覺初廻識故人

학담(鶴潭)도 한 노래를 붙이리라.

밤 깊자 산 달빛은 환히 밝고
바람 맑으니 물 소리 시원하네
서쪽 정자 달 아래 잠자노니
꿈 가운데 단풍 빛은 붉어라

夜深山月明　風淸水聲凉
西亭月下宿　夢中楓葉紅

2.
소림의 소식은 끊어졌는데
- 기축년 여름 아흔에 보영준대사에게 답함[寶英俊師 己丑夏時年九十] 1

소림의 소식은 끊어졌는데
아득히 널리 통한 그 때를 생각하네
부질없이 쌓인 눈 석자인데
자손들의 두 팔은 온전하도다

少林消息斷　緬想普通年
積雪空三尺　兒孫兩臂全

해설

이 법이 법자리에 머물러[是法住法位] 나고 사라지는 세간법의 모습이 늘 머물러[世間相常住] 실로 나지 않고 사라지지 않으니, 한 빛깔 한 냄새도 중도실상 아님이 없다.

법의 진실이 한 풀 한 냄새에 온전히 드러나 있는데, 누군가 이 법을 가져와 실로 전해줌이 있고 이 법에 끊어짐이 있다 말하는가. 새로 깨침에 선지식의 인연이 없지 않으나 선지식의 인연도 쥘 코뚜레가 없으니[沒把鼻], 이 법은 본래 '스승 없는 지혜[無師智]' '스스로 그러한 지혜[自然智]'이다.

법이 이미 늘 그러한데 조사가 서에서 와 비밀한 뜻[西來密旨], 가르침 밖의 뜻[敎外別傳旨] 전했다 함도 중생을 위한 방편의 말인 줄 알아야 한다.

달마선종 이조(二祖) 혜가선사(慧可禪師)가 눈 쌓인 소림굴에서 팔을 끊어 믿음을 보이고 법을 받았다 하나, 실로 전함이 있고 받음이 있다 하면 조사의 뜻 또한 땅에 파묻는 일이리라.

옛 조사들의 몇 수 게송을 들어보자.

죽암규(竹庵珪)선사는 이렇게 노래했다〔頌〕.

　　이조가 그때 소림에 서있으니
　　뜰에 가득 쌓인 눈이 허리까지 깊었네
　　가슴에 손 모으고 하나의 일도 없었으니
　　구해 찾지 않았고 마음도 편안케 안 했네

　　二祖當年立少林　滿庭積雪到腰深
　　叉手當胸無一事　不求不覓不安心

운문고(雲門杲)선사가 노래했다.

　　마음 찾을 곳 없는데 다시 어찌 편안케 하리
　　온통 붉은 무쇠 한 덩이 씹어 부수었네
　　비록 눈을 열어 뜻과 기운을 펼친다 한들
　　어찌 늙은 인도스님의 속임 받지 않는 것만 같으리

　　覓心無處更何安　嚼碎通紅鐵一團
　　縱使眼開張意氣　爭如不受老胡謾

무진거사(無盡居士)는 노래했다.

　　마음 찾아 얻지 않으면 이미 마음 편케 함이니
　　도살장과 거리 여인의 집이 소림을 잇네

그러나 어찌 그 자손들은 바로 끊는 길 싫어하여
여러 곳 다섯 가지 맛을 괴롭게 찾는가

覓心不得已安心　屠肆婬坊嗣小林
爭奈子孫嫌直截　諸方五味苦叅尋

학담도 한 노래를 붙이리라.

소림의 스승과 제자 얼굴 맞댐 없었으니
어찌 전해주고 끊어질 소식이 있으리
두 팔이 본래 공해 온 바탕이 살았으니
쌓인 눈 깊은 곳에 봄 소식이 있어라

少林師資無對面　何有消息傳與斷
兩臂本空全體活　積雪深處有春信

나를 잊고 또 세상 잊으니
- 보영준대사에게 답함 2

나를 잊고 또 세상 잊으니
시들고 시들어 다만 한 몸뿐이네
밤은 깊어 바람 움직이지 않는데
소나무 달 그림자만 사람에게 스미네

忘我兼忘世　頹然只一身
夜深風不動　松月影侵人

해설

　세상사 허망하여 덧없음의 흙바람은 빠르고 빨라 시들어가는 이 한 몸 남았네. 그러나 시드는 몸이 금강처럼 무너지지 않는 몸인 줄 알아야 하니, 흘러가고 흘러가는 세간의 바람이 흘러감이 없는 줄 아는 자가 금강의 몸을 보는 자인가.
　소나무 사이 달 그림자가 내몸에 비침이여. 등롱(燈籠)과 돌기둥〔露柱〕이 서로 사귀는 소식인가. 달 비친 도량 누각에 기대어 먼 산 그림자 바라보고 또 개울물 소리를 듣도다.
　옛 선사〔盤山寶寂〕의 한 노래 들어보자.

　　마음달이 홀로 두렷하니
　　빛이 만상을 삼켰네
　　빛이 경계를 비춤 아니오

경계 또한 있지 않으니
빛과 경계 모두 없어짐에
다시 이 무슨 물건인가

心月孤圓　光吞萬象
光非照境　境亦非存
光境俱亡　復是何物

여기에 대해 동산(洞山)선사가 말했다〔云〕.

빛과 경계 없어지지 않으니
다시 이 무슨 물건인가

光境未亡　復是何物

학담도 한 노래를 붙이리라.

나도 공하고 세상도 공하며
앎과 아는 바도 고요하네
비록 그러나 고요한 앎이 밝으니
소리를 듣고 또 빛깔을 보도다

我空世間空　能知所知寂
雖然寂知明　聞聲又見色

발우 씻고 향 사르며
- 보영준대사에게 답함 3

발우 씻고 향 사르는 일 밖에
사람 사이의 일 알지 못하네
스님께서 쉬시는 곳 생각해 보니
솔과 회나무 흔드는 바람 서늘하리

洗鉢焚香外　人間事不知
想師捿息處　松檜聒涼思

해설

밥 먹고서 발우 씻는 일 밖에 다른 구해야 할 무슨 법이 있으리. 지금 드러난 한 생각 밖에 만 가지 법 세간의 온갖 일이 없으나, 세간법은 없음이 아니고 마음도 있음이 아니네. 세간 일이 있음이 아니므로 취해 알 것이 없지만 마음도 있음이 아니므로 저 세간을 버리지 않네.

솔바람 부는 그대 사는 곳 생각함에 그리운 정 없지 않고 도병겁(刀兵劫) 속 중생의 아픔 생각하니, 보디사트바의 흐르는 눈물 그침 없도다.

세간을 벗어나야 세간을 비로소 잘 걸어갈 수 있으며, 함이 없으면 하지 않음도 없음인가.

옛 사람〔悅齋居士〕의 한 노래를 들어보자.

가죽도 없고 북도 없고 또한 소리도 없는데
한밤 삼경에 오경의 북 칠 줄 알도다
이 가락은 다만 하늘 위에 있는 소리 따름이니
사람 사이에서는 몇 번이나 들을 수 있겠는가

無皮無鼓亦無聲　解却三更打五更
此曲秖應天上有　人間那得幾回聽

학담도 한 노래를 붙이리라.

세간의 일 도무지 알 수 없으니
세속을 벗어나 또 세간에 드네
소나무 소리에 밤 달은 밝은데
세간 건질 자비는 헤아릴 수 없네

世間都不知　脫俗又入世
松聲夜月明　濟世悲無量

구름과 달 한가하니
- 보영준대사에게 답함 4

풀뿌리 캐고 갈 옷 누더기 걸치니
꿈에라도 사람 세상 이르지 않네
긴 소나무 아래 높이 누웠으니
구름도 한가하고 달 또한 한가하네

茱根兼葛衲　夢不到人間
高臥長松下　雲閑月亦閑

> 해설

　천지개벽의 바람이 들이쳐 큰 산이 무너지고 땅이 갈라져도 하늘땅이 늘 고요하고, 흐르고 흐르는 저 물도 실로 감이 없다. 온갖 나고 사라짐이 진여(眞如)인 줄 아는 이가 참으로 고요해 아란야(araṇya)행을 닦는 자이고, 온갖 있음이 실로 있지 않음을 깨친 이가 두타(dhūta)의 행을 행하는 자이다.
　그러나 진여가 나고 사라짐 떠나지 않은 줄 알아 고요함에 머물지 않는 자가 참으로 한가하되 잘 일하는 자이며, 디야나(dhyāna; 禪定)의 고요함을 움직여 일으키지 않고 비리야파라미타(vīrya-pāramitā; 精進波羅蜜) 닦아 쉼이 없는 이가 질 아란야행 닦는 자이다.
　누가 그런 사람인가, 우리 소요선사가 그 분이다.
　진여법계에 움직임과 고요함이 둘이 아니니 참으로 잘 숨을 수 있는 사람이 잘 나타낼 수 있으며, 일 없는 사람이 잘 일할 수 있다. 옛 선사〔心聞賁〕의 한 노래를 들어보자.

　　없고 없으면 특별히 쓸쓸해지고
　　있고 있으면 또렷이 뒤얽힘에 떨어진다
　　반쯤 귀머거리 되고 벙어리 되지 않으면
　　어떻게 큰 집의 어른이 되리

　　無無特地成蕭洒　有有分明落混同
　　不是半聾兼半啞　如何作得大家公

학담도 한 노래를 붙이리라.

　　아란야행과 두타행이여
　　풀을 벗어나 또 풀에 들도다
　　푸른 산 흰 구름은 한가한데
　　개울 물은 스스로 바쁘고 바쁘네

　　蘭若頭陀行　出草又入草
　　靑山白雲閑　溪水自忙忙

3.
늙으면 가까운 이도 멀어지네
- 수일선객이 이름 구함에 답함, 호는 제월 [賽一禪和之求名守一 號霽月] 1

늙어 가면 사람이 천해지고
병이 옴에 가까운 이도 멀어지네
평생의 은혜와 의로움도
여기 이르면 다 헛됨이 되리

老去人之賤　病來親也踈
平生恩與義　到此盡歸虛

해설

우거진 꽃도 시들고 젊어 아름답고 고운 얼굴도 쭈그러들며, 가진 것 잃고 늙어 병들면 반갑게 찾던 벗도 오지 않는다.
　그러나 덧없는 세간 흐름이 공한 줄 알아 실로 우거지고 시듦이 없고 나고 늙고 병들어 죽는 모습에 뿌리가 없는 줄 알면, 그가 바로 늙지 않고 긴 목숨 누리는 자일 것이다.
　늙고 늙어가되 흐름 없음을 알면 천하고 귀함 멀고 가까움을 무엇으로 말하리. 위산선사(潙山禪師)가 앙산(仰山)에게 '남산에 같이 밭 매는 이 몇인가'고 물으니, 괭이 꽂고 홀로 선 앙산의 모습이 참으로 홀로 있어야 같이 있을 수 있음을 보인 것인가.
　옛 선사[天童覺]의 한 노래 들어보자.

　　늙어서 정이 많아 자손을 생각하여

가문을 일으킨 것 지금에야 뉘우치네
남산에서 위산과 앙산의 말 기억하여
뼈에 새기고 가슴에 새겨 은혜에 보답하라

老覺情多念子孫　如今慙愧起家門
是須記取南山語　鏤骨銘心共報恩

학담도 한 노래를 붙이리라.

하늘은 늙되 사람은 늙지 않고
다리는 흐르고 물은 흐르지 않네
만약 모습에 모습 없음 깨치면
가깝고 성김 모두 꿈이리라

天老人不老　橋流水不流
若了相無相　親疏都是夢

한 그루 그림자 없는 나무
- 수일선객이 이름 구함에 답함 2

병술년 가을 여든다섯에 노래하다〔又丙戌秋八十五〕.

한 그루 그림자 없는 나무를
불 가운데 옮겨 심으니
석 달 봄비를 빌지 않아도
붉은 꽃이 환하게 피어나네

一株無影木　移就火中栽
不假三春雨　紅花爛熳開

해설

빛과 그림자 물과 불이 모두 공하되 그 공함에도 머물 공이 없는 줄 아는 자가, 때와 철의 인연 속〔時節因緣〕에서 불성의 뜻〔佛性義〕을 아는 자인가. 그리고 그가 활활 타는 화로 속의 붉은 연꽃〔火裏紅蓮〕을 보고 그림자 없는 나무〔無影樹〕가 만 겁에 시들지 않음을 보는 자인가.

그림자 없는 나무여, 가고 오는 그 가운데 이미 드러나 있고 모습에 모습 없는 사물의 진실 속에 이미 드러나 있는 것인가.

개암붕(介庵朋)의 한 노래 들어보자.

들어 보이기 전에 먼저 아니

그대는 동으로 나는 또한 서쪽이네
붉은 놀이 푸른 하늘 뚫고 떨어지니
환한 해는 수메루산을 돌도다.

　　未擧便先知　君東我亦西
　　紅霞穿碧落　白日繞須彌

학담도 한 노래를 붙이리라.

불 속에 한 붉은 연꽃은
연못의 물을 빌지 않아서
물이 없어도 꽃은 열매 맺으니
그 은덕은 온갖 나라를 싸네

　　火裏一紅蓮　不假蓮池水
　　無水花結實　恩德包萬邦

한 물건은 늘 빛을 놓나니
- 수일선객이 이름 구함에 답함 3

낮밤으로 하늘은 열리고 닫히며
봄 가을로 땅은 죽었다 사는데
기이하여라 이 한 물건이여
늘 크고 밝은 빛을 놓도다

晝夜天開闔　春秋地死生
奇哉這一物　常放大光明

해설

하늘이 열리고 닫힌다 하나 실로 열리고 닫힘 없고 하늘땅이 죽고 산다 하나 실로 죽고 삶이 없다. 그러니 어찌 죽고 삶이 없는 한 물건을 지금 저 죽고 사는 사물 밖에서 구하리. 저 움직이는 모습에 실로 움직임이 없고 고요함에 얻을 고요함도 없는 줄 알면, 그가 곧 모습 있음에도 막히지 않고 모습 없음에 머물지 않아 마음과 경계(心境)를 모두 막고 모두 살리는(雙遮雙照) 걸림 없는 대장부일 것이다.

옮기고 옮겨가되 옮겨가지 않는 뜻을 어떻다고 말할 것인가.
옛 선사(崑山元)는 다음 같이 노래한다.

　사물 사물이 옮겨가지 않는 뜻 알려 하면
　앞의 봄 가는 해와 올 해이니

이미 지금을 가져다 옛을 짓지 않는다면
어찌 기꺼이 땅을 이름하여 하늘이라 하리
샤카무니는 방편으로 노란 잎을 가리켰고
공자는 위수 흐르는 물가에서
가는 것이 이 물과 같아서
밤낮으로 그치지 않는다 탄식했네
앞의 덕 높은 이가 가셨다고 말하지 말라
요즈음도 옛 스님을 몸소 뵙도다
(쯧쯧)

要知物物不遷　前春去歲今年
旣不將今作古　焉肯名地爲天
釋迦權指黃葉　仲尼徒嗟逝川
無謂先德隱沒　適間親見南泉 (咄)

학담도 한 노래를 붙이리라.

추위와 더위 바뀌어 옮김이 없고
죽었다 사나 늘 한결 같아라
밤 길 가지만 눈앞이 밝으니
그가 반야의 크나큰 장부로다

寒暑無迭遷　死生常一如
夜行眼前明　般若大丈夫

줄 없는 거문고 가락
- 수일선객이 이름 구함에 답함 4

모든 붓다 혀끝은 짧으시고
누더기 스님 콧구멍은 길어라
서쪽에서 오신 이가 타신 가락
그 줄 없는 거문고의 가락이여
소나무에 비친 달 연못에 스미네

諸佛舌頭短　衲僧鼻孔長
西來沒絃曲　松月浸方塘

해설

붓다(Buddha)의 몸은 여기 내 앞에 있되 법계에 두루하다. 지금 이렇게 말하되 실로 말함이 없고, 한 법도 말함이 없되 가르침이 장경(藏經)에 가득하고 주석서가 산처럼 쌓인다.

그러나 어찌 붓다만 그러실 것인가. 여기 가난한 누더기 스님의 삶도 여래의 공덕의 곳간 그대로이니, 그 콧구멍은 저 허공과 같고 그 가는 털이 큰 땅과 산과 들을 싸안는다.

서에서 오신 조사의 법이 따로 있다 말하지 말라. 밝고 밝은 풀 끝에 조사의 뜻이 있고, 졸졸 흐르는 냇물소리가 줄 없는 거문고의 가락을 탐이로다.

말에 말 없되 말 없음도 없어야 줄 없는 거문고 소리 들으며, 게으름과 조급함이 없이 해탈의 길을 가는가.

옛 사람〔知非子〕의 한 노래 들어보자.

    늦추면 소리 없고 급하면 바빠지니
    소리 알아주는 이가 죽음에
    소리 잘하는 이가 슬피 울었으나
    어찌 줄 없는 거문고의 한 가락이
    궁상각치 모든 소리 갖춤과 같으리

    緩卽無聲急卽促　子期云亡伯牙哭
    爭似無絃彈一曲　宮商角徵諸音足

학담도 한 노래를 붙이리라.

    모든 붇다 말함에 말함 없으니
    거북털이 허공에 가득하네
    누더기 스님 줄 없는 거문고 가락이여
    붇다를 기리는 노래 다함없어라

    諸佛說無說　龜毛滿虛空
    衲僧沒絃曲　讚佛歌無盡

우습다 소 타고 소 찾는 자여
- 수일선객이 이름 구함에 답함 5

그림자 없는 나무를 찍어 옴이여
바다 가운데 거품 녹여 다하네
우습다 소를 탄 이여
소를 타고 다시 소를 찾네

斫來無影樹　銷盡海中漚
可笑騎牛者　騎牛更覓牛

> 해설

중생의 망상을 끊고 붇다의 보디(bodhi)를 찾으려 하면, 그 사람이 중생이요 중생 망상의 남이 없는 진실을 알면 그것이 붇다의 보디이다. 드러나 있는 한 생각을 돌이켜 생각[念]에 생각 없음[無念]을 바로 알면 이 곳이 여래 공덕의 곳간이나, 생각을 일으켜 보디를 구하면 소를 타고 소를 찾는 꼴이다.

그림자 없는 나무여, 빛과 그늘 없는 땅속에서 자라니 빛과 그늘 없는 땅이 어디 있는가. 뜰 앞 한 그루 잣나무의 모습에 모습 없음을 바로 알면, 뜰 앞 잣나무가 곧 빛과 그늘 없는 땅 속 그림자 없는 나무인가. 모습에 모습 없음을 깨달으면 곧 생각에 생각 없음이니, 생각 일으켜 보디를 구하고 니르바나를 찾으면 그가 바른 법의 마루를 잃는 자이다.

그림자 없는 나무를 어찌 빛과 그늘 따르는 저 뜰 앞 잣나무 밖에 구할 것인가. 뜰 앞 잣나무에 그림자 없어 법계에 두루함을 본 자가 지금 한 생각에서 겁 밖의 소식〔劫外消息〕 쓰는 자이리라.

옛 선사〔投子靑〕의 한 노래 들어보자.

  흰 구름은 옥의 봉새 감추고
  붉은 해의 비춤은 끝이 없도다
  은은한 별빛 모이는 곳이
  사사로움 없이 아홉 하늘 누르네

  白雲藏玉鳳 紅日照無遼
  隱隱星攢處 無私鎭九霄

학담도 한 노래를 붙이리라.

  비춤을 따르면 마루를 잃음이여
  뿌리에 돌아가면 뜻을 얻도다
  모습에서 모습을 떠남이여
  망상 다해 곧 근원에 돌아감이네

  隨照失宗兮 歸根卽得旨
  於相離相兮 妄盡卽還源

4.
깊은 밤 밝은 달은 신령한 대를 비추네
- 도 깨침을 말함 [悟道]

나그네 집 하늘땅에서 꼴을 빌어 왔으니
부끄러워라 오랜 생에 더러운 태에 의탁했음이여
옥의 티끌 한 소리에 산 눈을 여니
깊은 밤 밝은 달은 신령한 대를 비추네

蘧廬天地假形來　慚愧多生托累胎
玉塵一聲開活眼　夜深明月照靈臺

해설

이 몸은 땅·물·불·바람 네 큰 요인[四大]의 쌓여짐이고, 어버이의 인연으로 이 몸을 받았다. 그러니 중생이 의탁하고 있는 하늘땅은 나그네의 큰 집이고, 이 몸과 마음은 길고 먼 나고 죽음의 길 고달픈 나그네의 모습이다.

그러나 땅·물·불·바람도 뿌리가 없어 쌓여도 쌓여짐이 없고 흩어져도 흩어짐이 없는 줄 알면, 머무는 이 몸은 무엇이고 머무는 곳 하늘땅은 무엇인가.

저 물질이 마음인 물질이고 마음과 물질이 공하되 공함도 공한 줄 알면 나의 아는 마음이 곧 만주쓰리의 눈[文殊眼]이고, 보는 바 하늘땅이 사만타바드라의 진리[普賢理]이다. 이와 같이 보고 이와 같이 알면 나의 한 생각이 여래 공덕의 곳간이고, 저 하늘의 밝은 달빛이 바이로차나(Vairocana)의 환한 빛[毘盧光明]이리라.

네 물질의 요인이 이룬 허깨비 몸을 집착해 기나긴 겁 흘러 굴렀으나, 만주쓰리의 눈으로 저 허깨비 몸이 허깨비인 줄 알면 업을 따라 구르는 몸이 보디사트바의 자재한 몸인가.

옛 선사〔蔣山泉〕는 이렇게 노래한다.

다른 무리 가운데 가되 자유로우니
콧구멍 꿰어 끌기 아주 어렵네
풀 가지 물고 와 서로 만나는 곳에
흰 머리 채 그대로 깊은 구름에 높이 누웠네

異類中行得自由　拽穿鼻孔卒難收
草枝含得相逢處　高臥深雲任白頭

학담도 한 노래를 붙이리라.

네 큰 요인 빌어서 허깨비 몸을 이루나
네 큰 요인 본래 공하고 공도 또한 공하네
만약 저 네 큰 요인이 여래장인 줄 알면
하늘 가운데 밝은 달이 바이로차나 빛이리

假託四大成幻身　四大本空空亦空
若了四大如來藏　中天明月毘盧光

5.
두류산의 방장은 참으로 신선의 세계인데
- 쌍계사 최고운이 쓴 석문의 필적에 붙임 [題雙溪寺崔孤雲石門筆迹]

순치 4년 정해 오월 보름 뒤에〔順治四年丁亥九月望後〕.

두류산의 방장은 참으로 신선의 세계인데
날개치는 맑은 노래 돌문에 부쳤어라
돌문에 글씨 자취 사람 세상 보배인데
황금단에 노닐다가 흰 구름에 갇혔도다

頭流方丈眞仙界　鼓翼淸吟付石門
石門筆迹人間寶　遊戱金壇鏁白雲

해설

두류산과 방장산은 다 지리산의 다른 이름이니, 쌍계사가 있는 산줄기를 특히 방장으로 이름한 듯하다. 이곳은 나말(羅末) 고운 최치원 선생이 진감선사(眞鑑禪師)의 비문을 짓고 그 비문을 쓴 곳이니, 돌문에 또한 쌍계석문(雙溪石門)이라는 최고운의 글씨가 남아있다.

후삼국 정치적 소용돌이 속에서 화엄종을 모셨던 최고운이, 화엄북악파인 희랑대사와 함께 왕건을 돕고 가야산에 숨어 살다 어디로 간 곳을 알지 못한다고 전한다. 방장산 석문 고운선생의 글씨는 인간세상 보배이나, 글씨 쓴 어진 이는 신선경계에 갇혀 참으로 세상 일에 돌아오지 못함을, 소요대사가 안타까워한 시인가. 세간 티끌과 신선의 황금단에 모두 머물지 않아야 참사람의 머묾 없이 머묾인 것인가. 소요선사의 이 게송은 최고운의 글씨를 들어 '붇다 있는 곳 급히 지나가고, 붇다 없는 곳도 머물지 말라'는 조주선사의 공안을 다시 보임이리라.

옛 사람〔知非子〕의 한 노래 들어보자.

    문 밖 천산의 길에서
    조주의 구절을 몸소 들었네
    붇다 있는 곳 급히 지나가고
    붇다 없는 곳 머물지 말라니
    만약 눈 밝은 사람 만나거든
    분명히 들어 말해보라
    관음원의 마이트레야께
    물어도 말하지 않으리라

    門外千山路　親聞趙州句
    有佛急走過　無佛不得住
    若遇明眼人　分明擧似去
    觀音院彌勒　問着詞不措

학담도 한 노래를 붙이리라.

    황금단 신선세계 급히 지나 달리고
    길 가운데 사람 만나도 서로 말하지 말라
    산을 내려오다 홀연히 개울 물소리 들으면
    사람 세상 무너지지 않는 보배 비로소 알리

    金壇仙界急過走　路上逢人莫相語
    下山忽聞溪流聲　始知人間不壞寶

6.
도에 드는 첫 글은 들음을 돌이킴이니
- 배우는 이에게 보임 [示學人]

도에 드는 첫 글은 곧 들음을 돌이킴이니
일찍이 채찍질해 들음을 스스로 들어야 하리
그렇게 하면 많은 공을 헛되이 쓰지 않고도
아득히 넓은 소리 속 들음에 떨어지지 않으리

入道初章是返聞　曾須鞭策自聞聞
其然莫費多功用　浩浩聲中不落聞

해설

우리는 '눈이 빛깔을 본다고 말하고 귀가 소리를 듣는다' 말한다. 그러나 눈이 보는 것이 아니고 귀가 듣는 것이 아니니, 뜻뿌리가 눈과 귀를 조건으로 해서 빛깔과 소리를 안고 앎으로 드러나는 것이다. 왜 마음이 빛깔을 알고 소리를 들을 수 있는가. 마음이 마음이 아니고 저 빛깔과 소리가 빛깔과 소리가 아니기 때문에, 빛깔 보는 앎[眼識]과 소리 듣는 앎[耳識]이 일어나는 것이다. 그러므로 소리 들을 때 소리 듣는 앎에 소리도 없고 귀도 없으나, 소리와 귀를 떠나지 않고 저 밖의 소리를 듣고 듣는 것이다.

소리 들음을 돌이켜 듣는 마음에 마음 없음을 살피면, 생가에서 생각 떠나 진여의 문에 드는 것이니, 들되 들음 없음을 보는 것이 듣는 성품을 듣는 것이고, 들음 없되 들음 없음도 없음을 살피는 것이 고요함을 무너뜨리지 않고 들음 없이 세간 소리 듣는 것이다.

만승(萬乘)의 천자의 권세를 누리더라도 소리에서 소리를 떠나지 못하면 그의 삶이 어찌 편안하고 그를 어찌 많이 가진 자라 할 것인가. 풀숲의 한 산승이라도 소리에서 소리 떠나면 만 가지 소리를 쓰는 자이니, 그가 참으로 넉넉한 자이다.

옛 선사〔竹庵珪〕의 한 노래 들어보자.

> 천자는 시끄러운 저자 속에 살고
> 노승은 백 가지 풀 끝에 있다
> 손을 흔들며 천자의 길 오고 가니
> 순라꾼 밤불도 두려워하지 않네
>
> 天子居鬧市裏　老僧在百草頭
> 擺手御街來往　不怕巡火所由

학담도 한 노래를 붙이리라.

> 들음을 돌이켜 듣는 성품 듣는 것이
> 보디의 도에 드는 비결인데
> 세상 사람들 날이 다하도록
> 세간 소리의 흐름 따라 사네
> 마음 머리 굳세게 잡아
> 스스로 들음을 다시 들으면
> 들음에 떨어지지 않는 곳에서
> 줄 없는 거문고 소리 들으리
>
> 返聞聞性入道訣　世人終日隨聲流
> 緊把心頭自聞聞　不落聞處聞沒絃

7.
한 줄기 긴 대로 깨끗한 가람을 세우니
- 연곡사 향각에 붙임 [題燕谷寺香閣] 1

한 줄기 긴 대로 깨끗한 가람을 세우니
맑은 기운 좋은 구름 돌탑을 감싸네
불단에 향과 불로 공경을 다함이여
몸과 마음 고요하니 어찌 탐욕 싹트게 하리

一竿脩竹建精藍　瑞氣祥雲擁石龕
香火金壇修敬盡　身心寂滅豈萌貪

해설

연곡사의 가람은 피아골로 알려진 지리산 깊은 골 밤꽃 향기 짙은 밤숲 속에 자리 잡고 있다. 고요하고 맑은 그곳에 다시 도량 터를 다듬어 삼보를 모시는 거룩한 곳을 만드니, 한 줄기 풀을 뽑아 땅에 꽂고서 세존께 '범찰을 지어 마쳤다'고 말한 하늘왕의 도량 세운 뜻이 바로 이것이리라.

법계가 온통 '바이로차나의 빛'인 곳에서 다시 풀을 꽂아 도량 세우니, 깨끗함과 더러움이 없는 곳에서 다시 깨끗한 곳 거룩한 곳을 짐짓 세워 보임인가.

연곡의 가람 세움이 바이로차나 붓다의 땅에 나시 붓다의 도량을 세움 없이 세움이니, 이 곳을 떠나 따로 우리 중생 이끌 만주쓰리보디사트바〔文殊菩薩〕를 찾지 말라.

옛 선사〔明招〕의 한 노래 들어보자.

툭 트여 두루한 티끌 세계 거룩한 상가라마에
눈에 가득 만주쓰리와 만나 말을 나누네
말 아래 붇다의 눈을 열 줄 알지 못하고
머리 돌려 푸른 산 바위만을 쳐다보네

廓周沙界聖伽藍　滿目文殊接話談
言下不知開佛眼　迴頭只見翠山巖

학담도 한 노래를 붙이리라.

두류산 개울 골짜기 한 아름다운 절이여
하늘 왕이 절을 세워 뒷세상 위함이네
눈앞의 대줄기는 바이로차나 빛이요
귓속의 개울물소리 세존의 말씀이네

頭流溪谷一梵刹　天王建刹爲後世
眼前脩竹毘盧光　耳中溪聲世尊說

하늘의 달을 보아야 하리
- 연곡사 향각에 붙임 2

백천의 경전은 가리키는 손가락 같으니
손가락으로 달이 하늘에 있음 살펴야 하네
달이 져서 손가락 잊으면 한 일도 없으니
배고프면 밥을 먹고 지치면 잠자네

百千經卷如標指　因指當觀月在天
月落指忘無一事　飢來喫飯困來眠

해설

경의 가르침이라는 이정표와 나침반이 없이 길 가는 것은 위태롭고, 가르침을 집착하고 따져 길 가는 실천이 없는 것은 아무런 실천의 내용이 없고 전할 것이 없는 헛된 행이다. 가르침〔教〕없는 어두운 선정〔暗證〕과 선정이 없이 글만 따지는 것〔文字〕이 모두 바른 해탈의 행이 아니다.

경이 달 가리키는 손가락이라 함은 경의 문자를 집착해 그 뜻이 돌아가는 곳〔旨歸〕을 모르는 집착을 깨기 위함이지, 경의 가르침을 떠나 따로 법을 구하라는 말이 아니다.

경의 문자를 버리지도 않고 취하지도 않는 곳에 문자기 곧 해탈이 되는 길이 있으니, 옛 조사는 이렇게 말한다.

　　경의 한 글자라도 떠나면 마라의 말과 같고

경을 의지해 뜻을 푸는 것은 삼세 붇다의 원수이다.

離經一字卽同魔說　依經解義三世佛怨

여기에 대해 옛 선사〔丹霞淳〕는 다음 같이 노래했다.

구름은 저절로 높이 날고 물은 절로 흐르는데
바다와 하늘 비고 넓어 외로운 배 떠있네
밤 깊어도 갈대밭에 가 자지 않고
가운데 사이 두 머리를 아주 벗어났네

雲自高飛水自流　海天空闊漾孤舟
夜深不向蘆灣宿　逈出中間與兩頭

학담 또한 한 노래를 보이리라.

경을 듣고 사유하여 닦아 도에 드나
경 가운데 말씀은 말에 떨어지지 않네
방편 가운데 방편을 짓지 않아야
크나큰 보디의 도에 곧장 나아가고
생각에서 생각 떠나야 보배곳간을 열리

聞經思修卽入道　經中言說不落言
不作方便趣大道　於念離念開寶藏

8.
진흙소 가는 곳 돌염소 따르네
- 우연히 노래함 [偶題] 1

물이 맑으니 늙은 조개 태를 품은 뒤요
구름이 겹치니 푸른 용이 뼈를 벗는 때로다
바름이 가고 치우침이 오며 또 겸해 다다름이여
진흙소 가는 곳에 돌염소가 따름이네

水明老蚌懷胎後　雲重蒼龍退骨時
正去偏來又兼到　泥牛行處石羊隨

해설

옛 조사가 쓰는 법은 말 따라 그 뜻이 다른 것이 아니다. 임제가 '바탕 가운데 그윽함〔體中玄〕'을 말하면 이것이 천태의 '거짓 있음 그대로의 공함 살핌〔空觀〕'이요, '구절 가운데 그윽함〔句中玄〕'을 말하면 이것이 천태의 '공함 그대로의 거짓 있음 살핌〔假觀〕'이며, '그윽함 가운데 그윽함〔玄中玄〕'을 말하면 이것이 천태의 '공함과 거짓 있음의 자취 넘어선 중도의 살핌〔中觀〕'이다.

조동이 바름〔正〕을 말하면 '거짓 있음 가운데 공함'이요, 조동이 치우침〔偏〕을 말하면 '공함 가운데 거짓 있음'이며, 바름과 치우침이 합함을 보이면 '있음과 공함의 분별이 다한 중도의 길'이다.

다섯 지위 치우침과 바름〔五位偏正〕에 관한 조동종 굉지선사의 법문을 들어보자.

소참(小參)에 어떤 승려가 물었다.
"어떤 것이 바름 가운데 치우침〔正中偏〕입니까."
선사가 말했다.
"하늘이 흰 구름과 함께 밝았다〔天共白雲曉〕."
말씀드렸다.
"어떤 것이 치우침 가운데 바름〔偏中正〕입니까."
선사가 말했다.
"물이 밝은 달과 어울려 흐른다〔水和明月流〕."
말씀드렸다.
"어떤 것이 바름 가운데 옴〔正中來〕입니까."
선사가 말했다.

> 큰 곤새가 날개 없다고 말하지 마라
> 오늘 몸소 새의 길을 따라 휘돈다
>
> 莫道鯤鯨無羽翼　今日親從鳥道迴

말씀드렸다.
"어떤 것이 치우침 가운데 이르름〔偏中至〕입니까"
선사가 말했다.

> 기틀을 맞아 서로 돌이키지 않으니
> 얼굴을 마주해 뒤와 앞이 없네
>
> 當機不迴互　覿面無後先"

말씀드렸다.
"어떤 것이 겸함 가운데 다다름〔兼中到〕입니까."
선사가 말했다.

보배궁전에는 모시지 않는 사람이 없으나
오동씨앗 뿌리지 않으면 봉새가 오지 않네

寶殿無人不侍立　不種梧桐免鳳來

학담도 한 노래를 더하리라.

어두움 가운데 꽃이 있어 밤새 피어나고
환한 대낮에 서로 만나나 서로 알지 못하네
바름과 치우침이 합함이여 겸함 가운데 이르니
진흙 소와 돌 염소가 서로 따라가네

暗中有花連夜發　白晝相逢不相識
正偏合兮兼中到　泥牛石羊相隨去

추위 더위 가고 옴이 한 맛이니
- 우연히 노래함 2

추울 때는 죽도록 사리를 춥게 해가고
더울 때는 사리를 몹시 덥게 해오네
더위와 추위 가고 옴이 한 맛이니
맑은 향내 불어 떨침이여, 눈 속에 매화로다

寒時寒殺闍梨去　熱時熱殺闍梨來
寒熱去來惟一味　淸香飄拂雪中梅

해설

추위와 더위가 엇바뀌고 낮과 밤이 서로 돌고 돌지만 실로 가고 오며 바뀜이 있는 것이 아니다. 사물은 옮기되 옮기지 않고 옮기지 않되 옮긴다〔物遷而不遷 不遷而遷〕. 그리고 온갖 법의 나고 사라짐은 연을 따라 움직이되 실로 변하지 않고 변하지 않되 연을 따라 움직인다〔隨緣不變 不變隨緣〕.

내리쏟는 강물이 흘러갈 때 여기 있는 물이 저기로 실로 간 것인가. 여기 있는 물이 저기 있을 때 앞의 여기 물을 떠나 뒤의 저기 물이 있는 것이 아니지만, 이미 저기 물은 앞의 여기 물이 아니다. 여기 물은 여기의 인연으로 있는 물의 움직임이고, 저기 물은 저기의 원인과 조건이 만든 물의 움직임이다. 옮기되 옮김이 없으니 추위 더위 낮과 밤의 엇바뀜도 또한 마찬가지다.

추위 더위 속에서 추위 더위에 움직이지 않는 한 맛은 무엇인가.

시절인연에서 인연의 모습 떠나야 한결같음인가.
 옛 선사〔投子靑〕의 한 노래 들어보자.

   달 속에 뿌리 없는 풀이요
   산 앞 마른 나무의 꽃이로다
   기러기가 모래 땅 끝에 돌아간 뒤
   다듬이 소리는 누구 집에 떨어지는가

   月裏無根草　山前枯木花
   鴈回沙塞後　砧杵落誰家

소요선사의 뜻을 받들어 학담도 한 노래를 보이리라.

   춥고 뜨거움 바꿔 옮겨 춥고 뜨거움 분명하니
   추울 때는 아주 추움이여 뜨거울 때 뜨겁네
   춥고 뜨거움 가고 오나 본래 움직인 바 없으니
   눈 가운데 매화꽃 향기 바람에 나부끼네

   寒熱迭遷寒熱明　寒時寒兮熱時熱
   寒熱去來無所動　雪中梅花香飄飄

햇빛 속에서 산을 본다
- 우연히 노래함 3

소양의 햇빛 속에서 산을 본다는 구절이여
새 소리 원숭이 읊조림에 하늘땅이 드넓도다
이것이 공왕의 위를 향한 말씀이니
맑은 밤바람은 푸른 옥을 뒤흔드네

昭陽日裏看山句　鳥語猿吟天地寬
此是空王向上訣　淸霄風撼碧琅玕

> 해설

소양(昭陽)은 운문선사(雲門禪師)이다. 운문선사에게 어느 날 어떤 승려가 물었다. "어떤 것이 조사가 서에서 오신 뜻입니까."
운문선사가 말했다. "햇빛 속에서 산을 본다〔日裏看山〕."
보고 듣는 것이 중생이 날마다 쓰는 일인데 '햇빛 속에서 산을 본다'는 것이 조사의 뜻이라 함은 무슨 말인가.
운문의 이 한 구절이 붇다께서 아함경에서 온갖 법〔一切〕을 묻는 제자에게 '안의 여섯 뿌리〔六根〕와 밖의 여섯 경계〔六境〕로 답한 열두 곳〔十二處〕의 가르침과 같은가 다른가. 여래의 뜻 밖에 조사의 뜻이 있을 수 없지만, 법은 묻는 중생 따라 세워지는 것이니, 소양의 한 구절이 여래의 뜻을 밝히는 참으로 요긴한 한 구절 법문이다.
햇빛 속에서 산을 봄이여, 보는 나와 보는 바 산을 모두 막고 모두 살려야 조사의 뜻을 알 수 있다는 말인가.
운문의 이 공안에 옛 선사〔崇勝珙〕는 이렇게 노래한다.

소양이 햇빛 속에서 산 보기 좋아함이여
새 지저귐 잔나비 읊조림에 하늘땅이 넓네
숲어귀에 소리 있는 것은 비록 들을 수 있으나
돌머리에 꿰맴 없으니 어떻게 뚫으랴
꽃관 쓴 무당은 쇠방울을 흔들고
나무칼 든 신선은 제단에 오르네
참선하는 무리들이 멍청한 짓 그치지 않으면
양주의 나룻배는 개울로 내려가리

韶陽日裏好看山　鳥話猿吟天地寬
林口有聲雖可聽　石頭無縫若爲鑽
花冠巫祝搖金鐸　木劒仙生上醮壇
禪客顢頇如未止　楊州船子下溪灘

학담 또한 한 노래를 보이리라.

햇빛 속에 산을 보는 조사의 뜻이여
소양선사 살림살이 크고 넓어 툭 트였네
눈은 곧 넓고 커서 법계와 같으니
뭇 봉우리 구름 띠어 만 가지 것 맑고 맑네

日裏看山祖師意　昭陽活計浩豁豁
眼是廣大如法界　群峰帶雲萬像淸

한 알의 신묘한 구슬
- 우연히 노래함 4

한 알의 신묘한 구슬 한 덩이 빛이여
때 가운데 스스로 살펴 바쁘고 바쁘네
갑자기 아가씨의 눈을 활짝 여니
헛된 이름 덮어 감출 수 없음 믿게 되네

一顆神珠一段光　時中自撿着忙忙
驀然開豁娘生眼　方信虛名不覆藏

해설

신묘한 둥근 구슬은 반야를 비유함이니, 반야의 눈은 중생의 눈을 떠난 신묘한 눈이 아니라 나무꾼 총각 나물 캐는 아가씨가 눈에 미망의 꺼풀을 버리면 그 눈이 바로 반야의 눈이다.

반야는 안에도 없고 밖에도 없으며 가운데도 없으나 안과 밖을 떠나지 않는다. 반야의 눈을 뜰 때 만상의 있되 공하고 공하되 있는 진실이 드러나니, 만상은 드러나 있되 진여에 몸을 감추고 진여의 땅에 감추고 감추되 빛깔 소리로 몸을 이미 드러낸다. 그러니 헛된 이름인들 어찌 감출 수 있으리.

중생의 눈[肉眼] 밖에 여래의 눈[佛眼]이 없으니, 신묘한 구슬의 빛을 어찌 멀리서 찾고 모든 붇다의 지혜의 바탕을 중생의 앎 밖에서 찾으리.

옛선사[法眞一]의 한 노래 들어보자.

가림 생긴 병든 눈이 허공의 꽃을 보고
가림 병이 나아 꽃이 없어지면 티도 끊어지네
암자 안에서 암자 밖의 일을 알지 않으니
밥을 먹고 난 뒤 한 잔의 차를 마신다

翳生病眼見空花　翳瘥花亡絶點瑕
庵內不知庵外事　齋餘時酌一甌茶

학담도 한 노래로 소요대사의 뜻에 화답하리라.

신묘한 구슬 밝은 빛은 머무는 곳이 없으니
안도 아니고 밖도 아니며 가운데도 있지 않네
비록 그러나 안과 밖과 가운데를 떠나지 않으니
눈이 산 빛깔 볼 때 그 구슬빛 또렷하네

神珠光明無所住　非內非外不在中
雖然不離內外中　眼見山色光歷然

한 길의 차가운 빛 잡을 수 없으니
- 우연히 노래함 5

한 길의 차가운 빛 잡을 코가 없으니
우리집 스스로의 살림 바로 그러하여라
만약 긴 밤의 꿈을 불러 돌이키면
머리 들자 옛 주인을 바야흐로 보리라

一道寒光沒巴鼻　儂家自分政如然
若也喚廻長夜夢　擧頭方見舊主人

해설

보는 바 모습에 모습 없음을 통달해 마음에 마음 없되 마음 없음도 없으면 보고 듣는 그 빛이 법계에 두루한 것이다. 본래 깨쳐 있는 마음에 마음 없는데 실로 보는 마음이 일어나면 그것이 밝음 없음[無明]이고, 못 깨침이 일어남이며, 보는 마음을 돌이켜 일어난 첫 모습이 없음[念無初相]을 통달하면 새로 깨침이다.

마음에 일어난 첫 모습이 없으니 마음과 보는 바 경계에 잡을 끝코가 없는 것이니, 낱낱 것 있는 것마다 바이로차나의 빛이고 한 빛깔 한 냄새도 중도실상 아님이 없다[一色一香無非中道].

반야의 밝은 빛이 머묾 없어 산과 물에 드러났다 하지만 산과 물이 곧 반야라 해서는 안 되니, 저 사물의 차별을 봄에서 봄을 떠나되 봄 없음도 없어야 곧 그것인가.

옛 선사[法眞一]는 이렇게 말한다.

천 봉우리 찬 빛깔 싸늘히 쌓여 푸르고
비 떨어지는 바위의 꽃 눈을 비추어 밝도다
만약 그 가운데 분명한 뜻 물으면
학의 울음을 꾀꼬리 소리라 여김을 쉬라

千峯寒色冷堆靑　雨滴巖花照眼明
若問个中端的意　休將鶴唳作鸎聲

학담도 한 노래로 선사의 송에 화답하리라.

밝은 빛이 고요히 비춰 모래수 세계 두루하나
찾으려 하면 곧 원래 붙잡을 수 없어라
생각에서 생각 떠나면 봄이 곧 이 빛이니
바람 맑고 달 밝은데 물은 절로 흐르네

光明寂照遍河沙　覓卽元來沒可把
於念離念見卽是　風淸月朗水自流

9.
그대 가만히 보낸 먼 소식에 감사하네
- 영공(英公) 젊은 스님이 백세 뒤의 참면목 기억함에 감사함 [謝英公少師以記百歲後眞面目也]

추석 때 무덤에 가 제사 지내는 날은
만 가지 진기한 맛 조상께 드리는데
나이 아흔에 올라 뜻을 갚기 어렵지만
그대 가만히 보낸 먼 소식에 감사하네

秋夕墳山行祭日　萬般珍味薦先靈
年登九十情難報　謝子慇懃寄遠聲

(소요 늙은이 백세 뒤의 일은 오롯이 그대에게 맡긴다.
월산 아래 닷 마지기 논 그대가 지니고서
향과 불의 도를 끊이지 않게 하는 것이 어떠하고 어떠한가.
이때 이 늙은이 여든넷으로,
해는 을유 동짓달 스무이레 날이다.)

(逍遙老漢百歲後事　專付於汝也
月山下坪五斗落只畓　汝當執持
以爲不絶香火之道　如何如何
時者漢八十四歲乙酉冬至月二十七日也)

해설

삶에 실로 사는 뿌리 없는 줄 알 때 죽음에 죽음 없는 줄 아는 것이다. 지금 젊은 스님이 백 년 뒤 소요의 일을 기억하니, 그에게 감사 뜻을 말하며, 닷 마지기 땅으로 향불 공양 그치지 않기를 당부한다.

지금 산 자가 산 자인가, 이미 가신 이가 죽은 것인가. 헤아릴 수 없는 목숨의 붇다는 어디 계신가.

마지막 목숨 마침에 이르러, 죽음 속에 삶이 있고 삶 속에 죽음 있음을 옛 선사〔大慧杲〕는 이렇게 노래한다.

　　살아감도 다만 이와 같으며
　　죽음도 다만 이와 같으니
　　게 있는 것과 게 없는 것이
　　이 무슨 쓸데없는 짓거리인가

　　生也只恁麼　死也只恁麼
　　有偈與無偈　是甚麼熱大

천동각(天童覺)선사는 이렇게 노래한다.

　　그는 늙어 썩지 않음에 절하지도 않고 받지도 않나니
　　위음왕 붇다 앞이요 바이로차나 정수리 뒤네
　　잡아 정하니 항아리 가운데 해가 길고
　　덯이 흔드니 상자 안의 푸른 뱀이 울부짖네
　　좋은 의원이 병든 이에게 타일러 밀하니
　　먹는 약이 입을 꺼리는 것만 같지 못하네

　　渠非老朽　不禮不受
　　威音世前　毗盧頂後

把定壺中白日長　觸着匣內靑蛇吼
良醫叮囑病人　服藥不如忌口

학담도 두 수 게송으로 소요선사의 뜻을 기리리라.

옛 때 사람은 어느 곳에 갔으며
지금 사람은 어느 곳에 머물며
뒤에 올 사람은 어디에서 오는가
감도 없고 옴도 없고 또한 머묾 없어라

舊時人也去何處　今時人也住何所
後來人也從何來　無去無來亦無住

삶과 죽음이 한 목숨을 같이 하니
헤아릴 수 없는 목숨 가운데 앞뒤가 없어라
지금의 죽은 사람 옛 사람을 제사 하니
옛 때의 산 사람이 뒤의 사람에게 갚아주네

生也死也同一壽　無量壽中無先後
今時死人祭故人　舊時活人報後生

10.
고요한 바탕 맑고 비어
- 인선자(印禪子)가 구하는 것에 답함 [賽印禪子之求] 1

고요한 바탕 맑고 비어
툭 트여 사무쳐 밝으니
세간 삼계의 모든 것들
모두 이 밝음을 받아 이었네
옛과 지금 번갈아 바뀌나
이지러져 모자람 없고
사물 응하고 연을 따르되
한 모양으로 밝도다

寂體淸虛廓徹明　世間三有摠承明
古今代謝無虧欠　應物隨緣一樣明

해설

마음이 보는바 만 가지 모습이 본래 공하여 만 가지 법이 오직 앎〔萬法唯識〕이나, 이 아는 마음 또한 자기성품 없어 본래 공하다. 본래 공하나 공함도 공해 신묘한 앎이 늘 밝으니, 온갖 것이 이 본래 깨침의 빛을 떠나지 않는다. 이 고요한 마음 바탕을 떠나지 않고 온갖 것은 남이 없이 나고 사라짐 없이 사라지니, 날이 다하도록 응해 쓰되 쓴 바 없고 연을 따르되 늘고 줆이 없다.

　삼세가 공한 줄 알아 막히지 않되, 때 아닌 때를 쓰는 참사람은 누구인가.

옛 선사〔長靈卓〕의 다음 한 말이 그 뜻을 보임인가.

　스스로 술병 들고 술을 사러 갔다가
　다시 적삼 입고 와서 주인이 되는구나

　自携瓶去沽村酒　却着衫來作主人

죽암규(竹庵珪)는 이렇게 노래한다.

　백 년 동안 삼만 육천 날이
　하루가 아침저녁 열두 때네
　노승을 아주 부려도 아무 관계없지만
　시끄러움 속을 아는 사람 누군지 모르겠네

　百年三萬六千日　一日朝昏十二時
　使殺老僧渾不管　不知鬧裏有誰知

학담도 한 노래를 붙이리라.

　세간의 삼계 존재 본래 공하나
　고요한 마음바탕 툭 트여 사무쳐 밝네
　네 때 번갈아 바뀌지만 사물은 옮기지 않으니
　사물 응하고 연을 따르나 마음에 자취 없네

　世間三有本來空　寂滅心體廓徹明
　四時代謝物不遷　應物隨緣心無痕

백 가지 풀잎 끝에 조사의 뜻 밝으니
- 인선자가 구하는 것에 답함 2

한 문 두 문 열려서 하늘 땅이 밝으니
벌여 있는 만 가지 것 더욱 더 분명하네
진흙소 울부짖어 남쪽으로 달아나는데
백 가지 풀잎 끝에 조사의 뜻 밝아라

一二門開天地明　森羅萬像轉分明
泥牛哮吼向南走　百草頭邊祖意明

해설

참된 고요함은 나고 사라지는 세간법의 움직임 밖의 고요함이 아니니, 나고 사라짐이 공하되 공함도 공해 나고 사라짐이 온전히 진여인 나고 사라짐으로 드러난다. 참된 밝음은 어두움과 마주해 어두움을 깨뜨리는 밝음이 아니라, 빛과 그늘이 모두 실로 있지 않음을 깨달아 빛과 그늘을 있음 아닌 있음으로 쓰는 밝음이다.

그렇다면 사물이 옮기되 실로 옮기지 않는 뜻을 알아야 소요선사의 뜻을 아는 것인가.

만물이 옮기지 않는 뜻[不遷義]을 묻고, 다음 같이 답한 옛 선사의 뜻을 살펴보자.

　봄의 신이 바른 명령 행하니
　꽃이 핌에 나무는 남쪽 가지로다

東君行正令　華發樹南枝

학담 또한 한 노래를 말해보리라.

그늘과 빛 없는 가운데 그늘과 빛 구르고
만 가지 것 공한 곳에 만 가지 것 밝도다
나고 사라짐 사라져 다해 고요함 드러나니
우거진 꽃과 풀들이 바이로차나 빛이로다

無陰陽中陰陽轉　萬像空處萬像明
生滅滅已寂滅現　花花草草毘盧光

밝은 달 긴 하늘에 비추니
- 인선자가 구하는 것에 답함 3

비어 사무치고 신령스레 통한 세 점 물이니
범부 이름 성인 이름 일찍이 옮기지 않았네
만고의 온 가을이 어제 날 같음이여
밝은 달 긴 하늘에 비춤 비로소 알았네

虛徹靈通三占水　凡名聖號未嘗遷
萬古千秋如昨日　始知明月照長天

해설

아는 마음과 아는 바 만 가지 경계가 본래 비어 고요함에 법신(法身)의 이름을 붙이니, 법신에는 한 티끌도 받음 없지만 법신의 공함 또한 공하여 신묘한 앎이 늘 밝다. 신묘한 밝음을 반야라 이름하니, 반야(般若)는 모습 있음에도 머물지 않고 모습 없음에도 머물지 않는다. 반야는 막힘없으니 반야의 알되 앎 없고 하되 함 없음을 해탈(解脫)이라 한다. 해탈은 짓되 지음 없고 하되 함이 없으니, 해탈의 함 없는 함이 다시 법신의 고요함이 된다.

법신·반야·해탈은 같음도 아니고 다름도 아니라 범어 이(伊; ꣽ)자의 세 점〔三點〕과 같고, 마헤슈라하늘왕의 이미외 눈과 같다.

법신과 반야와 해탈이 같음도 아니고 다름도 아닌 뜻을 어찌 멀리 구하리.

옛 선사〔蔣山泉〕의 다음 노래를 들어보자.

동은 동이요 서는 서라 스스로 높고 스스로 낮은데
구름은 큰 빛을 내고 달은 찬 개울 비춘다
봄 빛깔은 이미 바람 비 따라 흩어졌는데
늙은 꾀꼬리 아직 푸른 잎 그리며 우네

東東西西自高自低　雲生大華月照寒溪
春色已隨風雨散　老鸎猶戀葉間啼

소요선사의 게송에 학담도 한 노래를 붙이리라.

범어 이자의 세 점은 같고 다름 아니고
마음과 붇다와 중생 본래 차별 없어라
물이 있으면 달이 있으나 하늘에서 떨어지지 않으니
망령됨이 공한 줄 알면 본래 한결같도다

圓伊三點非同異　心佛衆生本無差
有水有月不落天　了妄卽空本如如

옛 거울이 움직여 씀에 떨어졌나니
- 인선자가 구하는 것에 답함 4

신령한 대의 옛 거울 보살피는 이 없어
말하고 움직여 씀 가운데 떨어져 못 쓰게 됐네
여의구슬 밝은 빛은 다함없는 곳간이니
노을 붉은 저녁에 홀로 거닐다가
온 누리 한복판에 걸터앉았네

靈臺古鏡無人護　廢落言談動用中
如意光明無盡藏　丹宵獨步踞寰中

해설

　신령한 옛 거울은 본래 깨침의 거울이니, 그 가운데 앎도 없고 아는 바도 없으며 비춤도 없고 비추는 바도 없다. 중생의 무명이 움직여 경계에 물든 앎으로 보고 들어 옛 거울이 움직여 쓰는 가운데 떨어졌으나, 무명이 본래 일어나는 첫 모습이 없으니 여의주 밝은 빛은 일찍이 사라지지 않았다.
　무명(無明)의 한 생각을 돌이켜, 무명이 난 바 없고 한 생각이 알되 앎 없는 줄 깨치면, 본래 밝은 옛 거울이 지금 움직여 쓰는 가운데 온전히 드러난다. 누가 망상을 끊어 구경의 깨침을 얻는다 하는가.
　옛 거울이 티끌 먼지 속에서 물듦 없는 진여(眞如)의 마음이라면, 도리어 보고 듣는 티끌 경계에 얻을 것 없음을 아는 자가 다시 본래 사람에 돌아감이리라.
　옛 선사〔保寧勇〕의 한 노래를 들어보자.

　　　분 발라 화장하고 머리까지 싸매지만
　　　모두 놀리는 사람이 줄을 끎에 말미암네
　　　치는 북을 깨뜨리고 부는 가락 끝나니
　　　여러 사람들 거두어 모아 돌아가서 쉬도다

　　　抹粉塗坏復裹頭　盡由行主線牽抽
　　　鼓鼜打破曲吹撒　收拾大家歸去休

학담 또한 한 노래를 붙이리라.

　　　다만 세간의 일에 떨어지면
　　　본래의 사람을 잊어버리리
　　　한 생각이 생각 없음에 돌아가면
　　　경계를 거치되 참됨에 어둡지 않네

　　　但落世間事　忘却本來人
　　　一念歸無念　歷緣不昧眞

겁이 옮겨감 가운데 홀로 서있으니
- 인선자가 구하는 것에 답함 5

소리 소리 돌이켜 비춤은 어떤 이의 자태인가
쇠를 끊는 맑은 모습 물 속 달의 자태로다
이루고 무너지며 겁이 비록 옮겨가도
언제나 무너짐 없이 홀로 서있으니
뉘라서 이 자태 보는지 알 수 없어라

聲聲返照那人姿　截鐵淸標水月姿
成壞劫遷常獨立　不知誰是見伊姿

해설

　마음 밖에 보는 바 모습이 없는데 모습에 모습 있음을 두면, 마음이 모습에 물들어 물든 앎이 나고 나서 중생은 기나긴 겁 나고 죽음에 흘러 구른다. 그러나 모습에서 모습 떠나고 모습 없음도 취하지 않으면 마음이 고요하되 알고〔寂知〕 알되 고요하다〔知寂〕.
　이와 같이 있음〔有〕에도 머물지 않고 없음〔無〕에도 머물지 않으면 이루어지고 무너지는 때가 굴러가도 늘 흐름에 따라 흐르지 않는다. 그는 있음에서 있음을 벗어나고 없음에서 없음을 벗어나니, 그 자태가 삼계에 우뚝한 대장부의 모습이다.
　'소리를 돌이켜서 깨친다' 하니, 그 사람이 누구인가. 옛날 향엄(香嚴)선사는 돌이 대를 치는 소리〔擊竹聲〕 듣고 깨쳤다 하니, 그 어떤 소식인가. 저 댓소리에 신묘한 도리(道理)가 있다 하는가.

대가 돌에 맞아 소리가 나되 소리는 대에도 없고 돌에도 없고 허공에도 없어 소리 들음에도 들음 없으니, 그 가운데 무슨 알아야 할 도리가 있는가.

취암종(翠岩宗)선사는 이렇게 노래한다.

> 죽과 밥을 인연 따라 먹고 병든 몸 기르니
> 본래 헤맴과 깨침이 그를 막지 못하네
> 까닭 없이 암자 앞의 대를 때리고
> 곧장 지금에 이르도록 길 가운데 있네
>
> 粥飯隨緣養病軀　本無迷悟可關渠
> 無端擊着庵前竹　直至如今在半途

향엄이 돌이 대에 맞는 소리에 깨침이여, 화엄회상 마이트레야 보다시트바가 손가락 튕길 때에 선재동자가 알던 경계 모든 잊어버린 소식인가.

학담도 한 노래를 덧붙이리라.

> 한 생각 돌이켜 비추면 소리 들음이 공하니
> 소리 들음 공한 곳에 고요한 앎이 드러나네
> 이루어지고 무너지는 때에 흘러 옮기지 않으니
> 거짓 이름 무너뜨리지 않고 이것은 늘 밝네
>
> 一念返照聞聲空　聞聲空處寂知現
> 成壞劫時不流遷　不壞假名這常明

쇠나무에 꽃이 피면
- 인선자가 구하는 것에 답함 6

들음을 돌이켜 성품을 들으면 두렷이 통함을 보아
죽이고 살리는 온전한 기틀 벼락처럼 달리리
쇠나무에 꽃이 피어 봄 빛깔 저무는데
오경에 시드는 달 그림자 더디고 더디네

返聞聞性見圓通　殺活全機霹靂馳
鐵樹花開春色晚　五更殘月影遲遲

해설

생각은 생각이 아니고 생각함〔能念〕과 생각하는 바〔所念〕가 어울려 난 생각이니, 생각에 생각 없고 생각 없음도 없다. 지금 소리 듣는 한 생각을 돌이켜 듣는 나도 없고 소리도 없되 소리 없음도 없는 줄 알면, 나의 보고 들음이 만주쓰리의 지혜의 눈〔文殊智慧眼〕이 되고, 보고 듣는 경계는 살핌이 자재한〔觀自在〕 보디사트바의 두렷 통한 경계〔觀音圓通境〕가 된다.

지혜의 눈은 봄도 없고 보지 않음도 없으며 두렷 통한 경계에는 모습도 없고 모습 없음도 없으니, 이곳이 막힘없는 법계이고 다함 없는 공덕의 곳간이다.

그 공덕의 곳간의 문은 어떻게 여는가. 지금 미망의 범부라도 생각하되 생각함과 생각할 것이 없는〔雖念無有能念可念〕 줄 바로 알면, 그 사람이 진여의 문에 들어가 남이 없는 남과 사라짐 없는 사라짐을 자재히 쓰리라.

 들음을 돌이킴에 쇠나무에 꽃 피는 것이 무엇인가. 들음과 듣지 않음을 모두 넘어설 때 들음〔能聞〕과 듣는바〔所聞〕 소리 없는 곳에 반야가 밝음을 그리 노래한 것인가.

 옛 선사〔雪竇寧〕는 말한다.

> 저는 원래 줄 없는 거문고를 놀려왔는데
> 푸른 하늘에서 가락이 나옴 그 뜻 깊어라
> 얼마만한 곁에 사람들이 귀를 기울였는가
> 얻고 잃음에 본래 마음 없음 뉘라서 알리

> 渠儂慣弄勿絃琴 韻出靑霄旨趣深
> 多少傍邊人着耳 誰知得失本無心

학담 또한 한 노래를 더하리라.

> 소리의 성품 공함 살피되 공에 머물지 않으면
> 살핌이 자재한 사람의 두렷 통한 경계네
> 생각 없으면 홀연히 쇠나무의 꽃이 피리니
> 죽이고 살림 자재함은 번갯빛 같아라

> 觀音性空不住空 觀自在人圓通境
> 無念忽開鐵樹花 殺活自在如電光

문자불교(文字佛敎)와 암증선(暗證禪)을 넘어
- 인선자가 구하는 것에 답함 7

글줄 찾는 좌주와 껍데기 선뿐이니
두 틀어막는 금침에 바른 눈이 멀었네
쇠가죽을 꿰뚫어서 얼굴을 바로 세우면
그대의 바람과 달에 다시 무슨 글 필요하리

尋行座主正皮禪　雙鎖金針正眼盲
穿透牛皮如立面　大家風月更何章

해설

수트라의 문자는 다만 문자가 아니라 여래 반야지혜가 말로 표현된 것이고, 여래지혜는 세계의 실상을 깨친 반야지혜이다. 그러므로 가르침을 듣고〔聞〕 그 뜻을 사유하고〔思〕 뜻을 잊고 선정과 지혜로 닦아〔修〕 해탈법계에 나아갈지언정, 가르침의 문자를 따지며 관념의 그림을 그리면, 그는 여래의 바른 눈을 그르치는 사람이다.

다시 여래 문자가 공한 줄 알면 문자가 해탈인데, 문자 밖에 다시 구할 한 물건이 있다고 해서 문자를 버리는 자는, 세속제를 버리고 진제를 찾는 자이고 거짓 이름〔假名〕을 무니뜨리고 실상(實相)을 구하는 자이다.

이들 또한 법을 둘로 보고 어둡게 앉아 찾는 것으로 선(禪)을 삼는 자들이다. 천태선사(天台禪師)는 앞의 글줄 찾는 이들을 문자법사(文字法師)라 하고, 뒤의 껍데기 선 하는 이들을 암증선사(暗證禪師)라 한다.

뒷대 선사들도 문자만을 따지는 이들을 미친 지혜〔狂慧〕라 하고 바른 지견을 등지고 캄캄한 선정을 추구하는 이들을 어리석은 선〔癡禪〕이라 한다. 이 둘을 함께 버릴 수 있을 때 교(敎) 관(觀), 사마타(śamatha)와 비파사나(vipaśyanā)를 함께 행하는 대승선(大乘禪) 대승지관(大乘止觀)의 길이 열리리라.

말 없음에 떨어진 암증선(暗證禪)과 말 있음에 떨어진 문자법(文字法)을 어떻게 넘어설까.

옛 선사〔佛鑑勤〕의 다음 노래 들어보자.

> 홀로 걸으며 일찍이 말 없었는데
> 사람 만나자 입이 곧 열리네
> 처음 향기로운 풀을 따라 갔다가
> 또 지는 꽃을 좇아 돌아오네
> 엷은 안개 붉은 해를 흔들고
> 가벼운 연기 푸른 이끼에 퍼진다
> 만약 시구절로 알려고 한다면
> 법왕의 재주를 파묻게 되리

> 獨步曾無語　逢人口便開
> 始隨芳草去　又逐落花迴
> 薄霧篩紅日　輕煙襯綠苔
> 若將詩句會　埋沒法王才

천동각(天童覺)의 다음 한 노래도 이것을 지어내는 공(功)에서 공에 머물지 않아야, 이것을 이것 아닌 이것으로 세워 살릴 수 있는 중도의 한 길이 됨을 밝힘이리라.

> 짓는 공에 머물지 않고 짝에 합하지 않으니
> 바탕 벗어난 그 사이 한 차례 머물던 곳 지난다
> 꿈을 깨니 배는 달 밝은 물결에 떴고
> 눈이 차가우니 흰 눈은 갈대 꽃 언덕을 안았네
>
> 不居功 不合伴 脫體其間過一遍
> 夢覺船浮明月波 眼寒雪擁蘆花岸

학담도 한 노래로 말해보리라.

> 글자 찾는 법사와 어둡게 깨친 선사
> 붇다의 종지 등져 바른 눈 멀게 하네
> 선의 숲과 교의 바다 둘을 모두 갖추면
> 법계에 갖춰진 다함없는 경전으로
> 헤아릴 수 없는 중생을 건네주리
>
> 文字法師與暗證 背佛宗旨盲正眼
> 禪林敎海兩兼備 以法界經度無量

11.
어느 고개 잔나비는 쉬지 않고 우는가
- 유진사 철이 운 부름을 따라 [柳進士鐵呼韻]

물 위 누각 종소리 끊기고 달빛은 새로운데
먼 길 나그네 아득하게 병든 몸에 맡겨 사네
어느 고개 잔나비는 쉬지 않고 우는가
옛 동산 천리 길에 돌아가지 못한 사람이리

水樓鍾斷月華新　遠客悠悠任病身
何處嶺猿啼不歇　故園千里未歸人

해설

먼 길에 지친 나그네 병든 몸으로 종소리 듣고 달빛 바라보면 달빛 또한 내 마음의 시름을 북돋운다. 그러나 이 일이 어찌 외로운 산사 병든 나그네의 일일 것인가. 나고 죽음의 길이 아득하고 아득해 잠시도 그침이 없는데 이 나고 죽음의 길에 기나긴 겁 흘러 구르는 중생이 바로 이 나그네 신세다.

그러나 중생의 나고 죽음이 본래 나고 죽음이 아니라면 어찌 돌아갈 고향이 멀리 있을 것인가. 나의 근심 어린 한 생각을 돌이켜 생각 없음에 돌아가면 눈 닿는 곳이 곧 고향이리라.

그 옛날 천태가의 대조사 사명존자(四明尊者)가 한 번 '본여야' 하고 그 이름 부름에 크게 깨닫고 지은, 본여법사(本如法師)의 노래를 들어보자.

곳곳에서 돌아가는 길을 만나니
낱낱이 고향에 다시 돌아가도다
본래 이루어져 드러나 있는 일인데
어찌 꼭 사유해 헤아림 기다릴 건가

處處逢歸路　頭頭復故鄉
本來成現事　何必待思量

학담도 한 노래를 더하리라.

종소리 가라 앉아 고요하고 달은 또 밝은데
병이 깊은 먼 길 나그네 마음 근심 많아라
돌아가지 못한 해가 길어져 고향에 가고자 하니
산새의 슬픈 노래 내 마음을 울어주네

鐘聲沈寂月又明　病深遠客愁心多
未歸年長欲歸鄉　山鳥悲歌啼我心

12.
달빛 아래 산 개울소리 고요히 듣네
- 박영상 순이 운 부름을 따라 [次朴領相淳呼韻]

호수 남쪽 백양산에 높이 누워서
찬 개울 달 아래 물 흐름 고요히 듣네
붉은 계수 그늘 가운데 반쯤 문을 닫았는데
푸른 구름 사이에서 한 지팡이 짚은 이 오네

湘南高臥白羊山　靜聽寒溪月下潺
丹桂陰中門半掩　一筇來自碧雲間

해설

　상남(湘南)의 백양산은 지금 장성과 정읍에 걸쳐 있는 백양산을 말하리라. 상남의 땅이 외적의 침입으로부터 그나마 온전할 수 있었던 것은 이순신 등 애국 무장의 역할과 일차 진주성 전투에서 진주성을 지켜내고, 그 다음 정유재란 때 진주성에서 전사한 김천일 최경회 등 호남의병들의 역할이 크다.
　거기 덧붙여 연곡사 등 지리산 골짜기에서 좌선하며 외적이 넘어오는 때, 나라를 지키고 삼보의 도량을 지키기 위해 모여서 총림을 꾸려 국토의 터전을 누르고 있었던 소요대사와 그 회상 제자들의 공이 크다.
　다리 위에 먼 길 나그네가 찾아오고 달 밝은 밤에 개울물 소리 듣는 것, 이 밖에 막힘없고 걸림 없는 법계〔無障礙法界〕의 소식이 없다.

소요대사의 이 게송이 중국 남북조시 대성사 쌍림부대사(雙林傅大師)의 다음 게송과 어찌 다른 뜻을 노래했으리.

빈 손에 호미자루 쥐고
걸어가며 물소를 탔네
사람이 다리 위를 지나는데
다리는 흐르고 물은 흐르지 않네

空手把鋤頭　步行騎水牛
人從橋上過　橋流水不流

학담도 한 노래를 말해보리라.

백양산 가을 달에 단풍 잎은 붉은데
찬 개울의 물소리를 달빛 아래 듣도다
문 닫고 고요히 앉음 아는 사람 없는데
한 지팡이 먼 나그네 다리 위에서 오네

白羊秋月楓葉丹　寒溪水聲月下聽
門掩端坐人不識　一笻遠客橋上來

13.
성긴 비 내리는 밤 창에 외로운 등 돋우네
- 시축의 운 따라 떠나는 철 상인에게 줌 [次軸中韻 贈別哲上人]

남으로 오는 눈 푸른 스님을 어쩌다 만나
성긴 비 내리는 밤 창에 외로운 등 돋우네
내일 아침 또 신선의 산 향해 가면
발아래 아득히 푸른 벼랑 몇 만 층이리

邂逅南來碧眼僧　夜窓踈雨剪孤燈
明朝又向仙山去　脚下蒼崖幾萬層

> 해설

　옛 사람은 '벗이 멀리서 찾아오면 기쁘지 않겠는가'라고 말했는데, 먼 길 떠나 온 눈 밝은 사람[明眼人] 만나면 그 아니 기쁘겠는가. 그러나 이미 눈 밝은 사람 끼리 만났으니, 서로 만남은 무엇이고 헤어짐은 무엇이리. 만 리에 구름 없으면 만 리가 하늘이고, 하늘에 달 밝으면 물 있는 곳 마다 둥근 달일 것이다.
　하늘땅이 한 항아리 속이니 그 안에 눈 밝은 사람들이 만나 밤새 말 나누지만, 어디가 서로 본 곳이고 헤어진들 본래 땅의 바람과 달 어찌 벗어나리.
　옛 사람[知非子]은 이렇게 노래한다.

　　찾아온 이 일찍이 스승의 얼굴 뵙지 않고
　　다만 밝은 창 마주하니 몇 자 사이네

온 세계 두루하여 감추지 않은 뜻 아는가
천태와 남악은 만 겹의 산이로다

參徒曾不覩師顔　只對明窓咫尺間
徧界不藏還會否　天台南嶽萬重山

학담도 한 노래로 소요대사의 뜻을 기린다.

사람 발자취 끊긴 곳 눈 갖춘 이 만나니
창밖엔 빗방울 소리, 말 나누다 새벽 되었네
내일 헤어지면 어느 때나 서로 만나리
비록 멀리 떨어져 있어도 밤 달은 밝으리

人跡絶處逢具眼　窓外雨滴話達旦
明日別離何時會　雖處遠隔夜月明

14.
묘향의 구름과 물에 옛날 같이 노닐었는데
- 묵 장로께 드림 [奉默長老]

묘향의 구름과 물에 옛날 같이 노닐었는데
손꼽아 보니 지금까지 스무 해이네
차 마신 뒤 산이 저무는 것 알지 못했는데
성긴 경쇠 한 소리 서쪽누각 물이로다

妙香雲水昔同游　屈指如今二十秋
茶罷不知山欲暮　一聲疎磬水西樓

해설

묘향의 도량에서 같이 머물다 헤어진 지 어언 스무 해. 다시 만난 밤, 때를 알리는 경쇠에 어느덧 새벽이 되었다. 이제 헤어지면 어느 곳 어느 때에 다시 만나리. 지금 만남이 실로 만남 아닌 줄 알면 헤어짐에 어찌 헤어짐이 있으리. 만 겹의 산 아득한 곳이 털끝의 간격이 없도다.

영운(靈雲)선사에게 불법의 큰 뜻을 물음에 '나귀 일이 가기 전에 말 일이 왔다[驢事未去馬事到來]'고 말하니, 이는 가고 오며 만나고 헤어짐이 법계의 빛 가운데 한 소식됨을 그리 말함인가. 묘향산의 찬 기운과 두류산의 따뜻한 기운이 어찌 두 쪽 하늘이리.

영운선사의 말귀에 붙인 옛 선사[心聞賁]의 한 노래 들어보자.

　　나귀 앞 말 뒤에서 영운을 아니

눈에 가득 바람 먼지에 티끌이 끊어졌네
천태산과 안탕산에 두루 다니다
돌아와서 거듭 금강의 봄을 보도다

驢前馬後識靈雲　滿眼風埃絶點塵
行遍天台幷鴈蕩　歸來重看錦江春

학담도 한 노래를 붙인다.

지난 옛날 묘향산 구름과 물에 노닐다
헤어진 지 지금껏 스무 해의 가을이네
잠깐 서로 만났다 헤어지면 어디서 만나리
두류산과 묘향산은 천 겹의 산이로다

昔日妙香雲水遊　別離如今二十秋
暫逢再別何處會　頭流妙香千重山

15.
찬 종소리 새벽하늘 울림을 앉아서 듣네
- 한 장로의 운을 따라 [次閑長老韻]

나그네 생각 시름 깊어 홀로 잠못드는데
비바람 치는 뜨락 하룻밤이 한 해 같네
마음속 깊은 시름 아무도 묻는 이 없는데
찬 종소리 새벽하늘 울림을 앉아서 듣네

客思悠悠獨不眠　一庭風雨夜如年
無人問我心中恨　坐聽寒鍾報曉天

해설

　전쟁의 봉화소식은 끊기지 않고 옛 벗과 아는 이들의 죽음 소식이 들려오는데, 어찌 산중 도인이라고 그 마음이 아프지 않겠는가. 깊은 시름에 잠 못 드니 하루 밤이 기나긴 세월 같으리라.
　그러나 괴로움과 즐거움이 공한 곳이 지극한 기쁨의 땅[極樂]이고, 나고 사라짐이 공한 곳이 진여의 처소[眞如]이니, 근심과 아픔 속에 진여는 늘 그대로이고 고통과 시련의 물결이 자면 본래 고요한 진여의 바다네. 밤이 어두우나 반야의 등불은 꺼지지 않으니, 한 노래를 더해 새 아침의 희망을 알리리라.
　괴로움도 공하고 즐거움도 공하지만 중생이 아프므로 산중선사 또한 시름이 없지 않고, 세간에 중생 고통이 없지 않으므로 보디사트바의 원[菩薩願]도 기나긴 겁에 다할 수 없다.
　만 법의 진여성품은 고요하나 연을 따라 중생세간의 움직임이 되는 것이니, 옛 선사〔蔣山泉〕의 한 노래를 살펴보자.

구름이 일어나니 천 산이 새벽이요
바람이 높으니 만 가지 나무의 가을이네
돌머리 성 밑의 흐르는 물이여
이랑이 되어 고기잡이 배를 때린다

雲起千山曉　風高萬木秋
石頭城下水　浪打釣魚舟

학담도 한 노래를 붙이리라.

밤 창 흔드는 바람 급하고 성긴 비 내리는데
뜰 가운데 몇 그루 소나무는 옛 그대로이네
암자 가운데 먼 길 나그네 근심 많은데
새벽 하늘에 닭이 울어 새 아침을 알리네

夜窓風急下疏雨　庭中數株松依然
庵中遠客愁心多　鷄鳴曉天報新旦

16.
밝은 달 빈 산에 두견새 있네
- 떠나는 원 상인에게 줌 [贈別圓上人]

변경 밖에서 그대 만나 옛 벗 같았는데
다만 같은 한 수 남쪽 사람이기 때문이네
헤어진 뒤 서로 생각하는 곳 알려는가
밝은 달 빈 산에 두견새 있네

塞外逢君如舊識　只緣同是漢南人
欲知別後相思處　明月空山有杜鵑

해설

아버지와 아들 오랜 벗도 한참 바라보면 앞 때 사람이 지금 이 사람이 아니고, 길 가다 어쩌다 만난 사람도 언뜻 보면 오래 알던 사람 같다. 만나고 헤어지고 헤어져 서로 그리는 모습이여, 누대에 기대어 달을 바라보며 두견새 우는 소리 들음과 같은가.

펼치면 만 가지 것에 같고 다른 모습이 없고, 만나고 헤어짐에 실로 만남도 없고 헤어짐도 없음인가.

각기 나그네길 따로 걸어 아득히 멀고 멀지만 봄빛 가을바람은 하늘땅에 가득하니 한 하늘에 어찌 다른 길이 있을 건가.

옛 선사[竹庵珪]의 한 노래를 들어보자.

　　문 앞의 길을 밟지 않으니
　　봄이 돌아와 또 한 해로다

꽃이 져 붉은 빛 땅에 가득한데
고운 풀의 푸르름은 하늘 이었네

不踏門前路　春歸又一年
落花紅滿地　芳草碧連天

학담도 한 노래를 붙이리라.

아버지와 아들이 서로 만나 알지 못하는데
밝은 달은 옛처럼 푸른 산을 비치네
길 가운데 만난 그대 오랜 벗과 같은데
그대는 서로 가고 나는 동으로 가네

父子相逢不相識　明月依然照靑山
路上逢君如舊識　君向西去我去東

17.
산새들 지는 해에 사람 보고 우나니
- 능허자를 떠나 보내며 [別凌虛子]

떠나는 뜻 붙드는 생각 서로 쓸쓸한데
봄 다한 강남 땅에 뜻은 더욱 아득하네
산새들 얼마나 긴 한인지 알지 못하나
숲 사이 지는 해에 사람 보고 울어대네

離情羈思共悽悽　春盡江南意轉迷
山鳥不知多少恨　隔林斜日向人啼

해설

이 세간 만나고 헤어지는 정은 얼마나 아프고, 그리운 사람 못 만나는 것은 그 얼마나 가슴 시린가. 사랑하는 사람 헤어지는 괴로움과 원수와 만나는 괴로움을 '인생 여덟 괴로움[八苦]' 가운데 큰 괴로움으로 드신 세존의 뜻이 얼마나 친절한가.

덧없는 세월의 흐름 속에서 밉고 고운 정, 마음속 기쁨과 근심의 물결은 어떻게 해야 벗어날 수 있는가. 물은 흘러 개울이 되고 강물의 소용돌이는 끝내 깊은 바다에 이르러 잦아드는 것인가.

마누라존자의 한 게송을 들어보자.

마음이 만 가지 경계 따라 구르나
구르는 곳에 실로 그윽이 고요하도다
흐름 따라 성품을 알 수 있으면

기쁨도 없고 또한 근심도 없네.

　　心隨萬境轉　轉處實能幽
　　隨流認得性　無喜亦無憂

학담 또한 한 노래를 보이리라.

　　이 세간 정든 이 헤어지는 한은 얼마이던가
　　앞산의 새 우는 소리 아득하고 아득하다
　　봄에 피는 꽃 가을 지는 잎 세상은 덧없는데
　　흐름 따라 성품 얻으면 뜻은 늘 고요하리

　　世間別離恨多小　前山鳥啼聲悠悠
　　春花秋葉世無常　隨流得性意常靜

18.
아이들 홀연히 봄빛 다함 알려주니
- 병을 앓으며 회포를 쓰다 [病裡書懷]

병을 안고 몇 해토록 길이 앉아 있었더니
추위가 겁이 나서 문밖에 노님 꺼려지네
아이들이 홀연히 봄빛이 다함 알려줘서
놀라 일어나 산을 보니 푸른 잎들 시들었네

抱疾經年長打坐　惻寒惟恐出門遊
兒童忽報春光盡　驚起看山綠葉稠

해설

인생살이 덧없어서 어젯날 풋풋한 청춘이 어느새 머리 위에 온통 흰머리네. 게다가 병들어 움직이기 힘드니 문 나서 산 구경하는 것마저 어찌 편안하리. 홀연히 문밖 아이들이 봄 가는 소식 알려주어 문을 나서니, 어느덧 잎이 지고 봄빛은 사라졌다.

그러나 문밖에서 알리는 소리 들을 줄 아는 여기에 가되 감이 없고 오되 옴이 뜻이 들어있으니, 가는 봄을 어찌 서글퍼하리.

보되 봄이 없으나 봄 없음도 없고 문 밖 아이들의 소리 듣지 않되 듣지 않음도 없으면, 연을 따르되 연을 따라 변하지 않는[隨緣不變] 겁 밖의 봄소식[劫外春音]을 아는 것인가.

옛 선사[佛鑑勤]의 한 송을 들어보자.

　　비 지난 강 위에 두세 봉우리 솟은 곳

안개와 놀 어찌 그 쌓임 헤아릴 건가
　　눈 속에서 보아옴에 또렷이 눈 먼 소경인데
　　귀 뿌리로 듣는 곳엔 하늘 벗어난 밝음이로다

　　雨餘江上兩三峯　堆疊煙嵐豈計重
　　眼裏見來端的瞎　耳根聞處出天聰

학담도 한 노래를 붙이리라.

　　병에 맡긴 늙은 나이 문 나서기 두려워라
　　추위 더위 바뀌어온 지 몇 해나 되었는가
　　문 밖의 사람이 가는 봄빛 알려주는데
　　잎 마르고 새 가지 돋는 것을 또 보도다

　　任病老年恐出門　寒暑迭遷幾多年
　　門外人報春光去　又看葉稠新條生

19.
오늘날 세상길은 거친 물결 천 층이니
- 오정언 정길에게 드림 [奉吳正言廷吉]

달의 두꺼비 궁에서 계수 꽃가지 꺾었는데
병들어 강마을에 머문 지 얼마인가
오늘날 세상 길은 거친 물결 천 층이니
만 권의 시 한가히 보는 것과 어찌 같으리

蟾宮曾折桂花枝　病滯江村問幾時
當今世路千層浪　何似閑看萬卷詩

> 해설

조선은 사대부(士大夫) 지배사회로서 문과나 무과에 급제하여 관문(官門)에 들어서는 것이 출세의 길이다. 특히 문과에 급제하여 벼슬에 나아가는 것이 입신양명(立身揚名)의 지름길이었던 사회이다. 이 시는 과거에 장원급제하여 월계수 꽂았던 선비 정언(正言) 오정길(吳廷吉)이 병들어 강촌에 누워있는 모습을 보고 소요선사가 그에게 보낸 시이다.

불가의 승려를 팔천(八賤)으로 내몰았던 성리학(性理學) 신봉의 조선은, 선비에게 불가의 도를 배워 대자유인이 되라고 말하면 역적으로 몰아 죽일 수 있는 사회였다.

그래서 만 권의 시 읽으라고 권한 것이지만, 그 뜻은 방거사(龐居士)의 다음 게송과 같으리라.

시방 사람 함께 같이 모여서
낱낱이 함이 없음을 배우네
이것이 붇다를 뽑는 시험장이니
마음이 공하면 급제하여 돌아가네

　十方同共聚　箇箇學無爲
　此是選佛場　心空及第歸

위 방거사의 게송에 천동정각(天童正覺)선사는 다음 노래를 붙였다.

도가 시방허공에 가득함이여
마음은 억겁을 뛰어넘었다
그림자가 만상에 흐름이여
한 기가 두 모습으로 나뉘어 돈다

　道滿十虛兮　心超億劫
　影流萬象兮　氣分二儀

학담 또한 소요선사의 뜻을 받들어 한 노래를 붙이리라.

으뜸으로 급제하여 관문에 들었으나
병들어 마을 머문 지 때가 길고 오래네
세간의 물결과 이랑 험하고도 모지니
어찌 텅 빈 문에서 급제해 돌아감과 같으리

　壯元及第入官門　身病住村時長久
　世間波浪險而惡　何似空門及第歸

20.
지는 해에 새는 우짖고 봄은 저무네
- 떠나는 준사미에게 줌 [贈別俊少師]

지난 해엔 여산 꼭대기서 그대 나를 떠나더니
오늘날엔 초수 물가에서 내 그대 떠나보내네
헤어지는 생각 아득하여 둘이 다 말이 없는데
지는 꽃에 새는 우짖고 또 봄은 저무네

去年別我廬山頂　今日送君楚水濱
離思悠悠兩無語　落花啼鳥又殘春

해설

문파가 다른 수행자들이 서로 사귀던 아름다운 이야기로, 중국 남북조시 여산(廬山) 혜원법사(慧遠法師)가 뜻을 나누던 벗들인 도연명(陶淵明) 육수정(陸修靜)을 만나 헤어지면서 스스로 넘지 않기로 다짐했던 호계(虎溪)를 지나치고 셋이 함께 웃었다[三笑]는 옛 이야기가 전해온다.

이 시는 소요대사가 준소사(俊少師)와 만나고 헤어지는 뜻을 호계의 옛 이야기를 들어 노래한 것으로 보인다.

준을 어린 스님이라고 한 것을 보면 뜻이 맞아 다시 찾아와 모시고 지내다 다시 길 떠나는 사미스님인 것 같다. 소요대사가 그리 안타까워함이 어찌 세속정으로 그러했겠는가.

법의 눈을 아껴서 그러한 것이리라. 붇다 당시에도 세존의 설법을 들으면서 졸고 있는 늙은 비구에게는 '나이 들었다고 장로가 아니다'라고 꾸중하시고, 여덟 살 사미가 고요히 선정에 들어 설법 듣는 모습을 보고는 '저 아이가 큰 비구이고 장로이다'라고 하신 여래의 뜻과 소요대사의 뜻이 같으리라.

 세간 모든 법에 같고 다른 모습이 없고 만나고 헤어짐에 만나고 헤어짐 없는 뜻을 옛 선사〔保寧勇〕의 한 노래로 살펴보자.

  어젯밤 삼경에 손가락 굽혀 보고서
  세간에 두세 사람이라 말함을 쉬라
  몇 소리 긴 피리 소리 저물녘 정자 떠나니
  그대는 소상으로 가고 나는 진으로 가네

  昨夜三更屈指輪 世間休說兩三人
  數聲長笛離亭晚 君向瀟湘我向秦

학담 또한 한 노래로 소요대사의 뜻에 함께하리라.

  나와 그대 보내고 떠나는 그 뜻 얼마인가
  두 사람의 마음은 시름겨워 여러 말이 없어라
  산새 슬피 우는 때에 봄꽃은 떨어지나
  옛과 같이 산은 우뚝하고 물은 길이 흐르네

  送君別我情多少 兩人心愁無多語
  山鳥啼時春花落 依舊山屹水長流

21.
풀이 푸른 강남땅에 봄날은 더디고
- 계명선자를 떠나보내며 [別戒明禪子]

풀이 푸른 강남땅에 봄날은 더디고
시내 다리에서 또 사람 보내는 시를 짓네
이 세간에 헤어져 떠남 어느 때나 다하리
손을 잡고 가만히 뒤의 기약 물어보네

草綠江南春日遲　河橋又作送人詩
世間離別何時了　握手慇懃問後期

해설

새풀 돋는 봄날 겨우내 얼어있던 시냇물 흐르는 다리 위에서 아끼던 제자를 길 떠나보내며 석별의 정을 노래한 시다. 눈 밝은 종사지만 사람끼리의 애틋한 정까지 어찌하리.

참혹한 전란의 뒤끝, 지금처럼 전화가 없고 빠른 교통수단이 없던 시대에 한 번 떠나면 만날 기약 없으니, 그 어찌 헤어짐의 아픈 마음 없었을까. 그러나 떠나보내는 다리 밑 흐르는 물은 흐르지 않고 물위 다리는 머물러있지 않은 뜻을 이미 깨친 종사가, 어찌 육신의 정으로만 떠나보냄을 아파했으리.

서로 마주하는 세간법에 늘 만나고 헤어짐이 있으나 저 마주함에 실로 마주함 없는 뜻을 옛 선사〔丹霞淳〕의 한 노래로 들어보자.

　　문 나서니 두루한 세계에 아는 이 없고

집에 드니 눈동자 가득 키워도 어버이 못 보네
빈 방에 밤이 차가우니 어떤 것이 있는가
푸른 하늘 밝은 달이 자못 이웃이 되네

出門徧界無知己　入戶盈眸不見親
虛室夜寒何所有　碧天明月頗爲鄰

학담이 한 게송으로 그 뜻을 말해보리라.

세간의 헤어짐은 어느 때나 다하리
푸른 하늘 흰 구름은 헛되이 가고 오네
다리는 흐르고 물 흐르지 않음 깨쳐 알면
사람 떠나 보내는 시는 어디에 쓰리

世間別離何時盡　靑天白雲空去來
若知橋流水不流　送人詩也何所用

22.
몇 소리 맑은 경쇠에 천 산이 저무는데
- 충휘사의 운을 따라 준장로에게 줌 [次冲徽師韻贈俊長老]

백년에 지팡이는 티끌 마을에 떨어지지 않았고
한 누더기 나들이 차림은 만 골짜기 구름이었네
몇 소리 맑은 경쇠에 천 산이 저무는데
경판 모신 전각에서 향 살라 세존께 절하네

百年節不落塵村　一衲行裝萬壑雲
數聲淸磬千山暮　板閣焚香拜釋尊

해설

고려시대 강진 백련사 결사운동의 종주 원묘선사(圓妙禪師)는 몽고 전란 당시 아란야를 지키며 선정을 닦고 법화행을 닦아, '쉰 해가 넘도록 화려한 도시 땅을 밟지 않았다〔五十年來 未踏京華塵〕'고 했다. 그처럼 소요선사 또한 참혹한 왜란의 시기 산중 아란야에서 수행하며 나라의 안위와 삼보 호지를 위해 정진했고, 세간에 유행함은 한 누더기와 발우로 천 산 만 골짜기 흰 구름 속에 노님이었다.

선사의 한 생각 가운데 전란 속에 죽어가는 저 중생은 내가 아니되 나 아님도 아닌 것이니, 어찌 자기 한 생각만을 지켜 이 세간과 저 중생을 저버림이 있었으리. 생각 생각이 보디의 마음이고 걸음 걸음이 중생 위한 자비의 행이었으리라.

내가 저 붇다의 거룩한 모습을 보고 절할 때 하나의 공간 속에 절하는 나와 저 붇다의 상이 있는 것이 아니라 나의 절하는 행위 속에 절하고 절 받는 공간이 있는 것이다.

　조주선사가 절하는 문원의 등짝 주장자로 친 것을 노래한 옛 선사〔大慧杲〕의 한 말을 들어보자.

　　문원의 수행이 공함에 떨어지지 않아
　　때때로 자주금빛 얼굴 우러러 절하네
　　조주의 주장자가 비록 그렇게 짧으나
　　머리 뒤 두렷한 빛이 또 한 겹이로다

　　文遠修行不落空　時時瞻禮紫金容
　　趙州拄杖雖然短　腦後圓光又一重

학담이 한 노래로 선사의 뜻을 말해보리라.

　　세상 티끌 밟지 않고 푸른 산에 살아가며
　　번뇌 흐림에 물들지 않고 선정등불 밝히네
　　맑은 물 올리고 향을 살라 세존께 절함이여
　　저자에 드는 흰 코끼리의 일 쉬지 않도다

　　不踏世塵居靑山　不染煩濁輝禪燈
　　淸水焚香禮世尊　入塵白象事不休

23.
참됨 찾는 나그네 멀리서 오네
- 해운사의 운을 따라 [次海運使韻] 1

구름에 갇힌 천봉우리 세속 사람 드문데
향을 살라 고요한 방에서 선정의 옷 추스르네
차츰 가까워지는 지팡이 소리 시내숲 밖인데
참됨 찾는 나그네 멀리서 옴을 알겠구나

雲鎖千峯俗子稀　燒香靜室斂禪衣
節音漸近溪林外　知有尋眞客遠歸

해설

사람 자취 끊긴 깊은 산 아란야에서 문 닫고 선정 닦아 온갖 경계의 티끌이 쉬면 흐르는 개울물 소리 새소리도 내 마음 밖이 아니다. 그러나 마음도 마음 아닌 마음이니, 마음과 경계를 함께 넘어서야 선사의 게송의 뜻을 알리라.

지금 천 봉우리 만 골짝 깊은 산에 지팡이 짚고 법을 물으러 오는 나그네의 발걸음이여. 만주쓰리보디사트바를 찾는 선재(善財)의 발걸음이니, 스승과 제자가 만나 법의 등불 다시 밝히면 한 등이 백천의 등불 되리라.

선정의 고요함 속에서 먼 길 지팡이 끌고 찾아오는 나그네의 발자국 소리 들음 없이 들으니, 참으로 선정의 기쁨[禪悅]이 넘치는 삶이다.

소리와 빛깔[聲色] 벗어나 빛과 소리를 봄이 없이 보고 들음 없이 듣는 옛 선사〔心聞賁〕의 한 노래가 소요선사의 경계와 같다.

  소나무 숲속 오솔길가에 산은 반쯤 낮아졌고
  돌담 머리 위에 우거진 풀끝이 가지런하다
  문에 들어가 구름에 노니는 벗 보지 않는데
  새는 자줏빛 가시꽃덤불 아래서 우짖는다

  松逕裏邊山半低 石牆頭上草初齊
  入門不見雲游侶 鳥在紫荊花下啼

학담도 한 노래를 붙인다.

  천 산에 구름 깊어 사람 자취 끊겼는데
  빗장 닫고 단정히 앉아 선의 등불 밝히네
  바위 앞 개울 흐름 잠깐도 쉬지 않는데
  먼 나그네 지팡이 소리 차츰 창에 가까워지네

  千山雲深絶人跡 掩關端坐點禪燈
  岩前溪流暫不斷 遠客筇音漸近窓

개울 다리에서 헤어지며
- 해운사의 운을 따라 2

신선고을에서 만나 참으로 다행하더니
개울 다리에서 또 헤어지며 시름겨워라
이 뒤 어디서 만날까 서로 생각해 묻나니
초나라 하늘의 구름과 물 봉황의 누각이네

邂逅仙都眞一幸　溪橋又作別離愁
此後相思問何處　楚天雲水鳳凰樓

> 해설

신선고을에서 서로 만남이여, 나도 공하고 너도 공하며 나고 사라짐이 고요한 진여의 땅에서 서로 하나됨인가. 개울 다리에서 서로 헤어짐이여, 만나고 헤어짐 없는 곳에서 또 이렇게 만나고 헤어지며 아파함인가.

이제 헤어지면 어디서 만나리. 남악과 천태가 만 겹 산[南嶽天台萬重山]이나 하나의 땅이며, 초나라 하늘의 구름과 물 봉황의 누각이 떨어져 있으나 한 하늘밑인가.

옛 선사[竹庵珪]의 한 노래를 들어보자.

　　세상길 바람 물결에 그대 보지 못하더니
　　한번 얼굴 돌아보고 한번 그 마음이 아프네
　　물 흐르고 꽃이 지니 어느 곳인 줄 아는가

마을 어귀 복사골이 또 다른 봄이로다

世路風波不見君　一回見面一傷神
水流花落知何處　洞口挑源別是春

학담도 한 노래 붙이리라.

만났다 또 헤어짐이여
흐르는 물과 밝은 달이로다
어느 곳에서 서로 만남 기약하리
저 허공에 맑은 바람 떨치네

邂逅又別離　流水與明月
何處期相逢　太虛淸風拂

24.
그대 죽음에 슬피 흐르는 눈물 수건 적시네
- 계령선자를 슬퍼함 [哀戒靈禪子]

이 법 속에 비밀한 뜻 아는 이 그대 한 사람
십 년의 향불로 가장 서로 가까왔는데
천 리의 죽음 소식 바다와 산에 전해지니
해 저물녘 아득히 바라다보며
슬피 흐르는 눈물 수건을 적시네

法裡仙陀汝一人　十年香火冣相親
千里訃音傳海嶽　夕陽空望淚霑巾

해설

소요선사는 지혜의 안목이 높으실 뿐 아니라, 참으로 중생 가엾이 여기는 마음이 넘쳐나는 보디사트바[悲智圓滿菩薩]이시다. 법의 눈[法眼]을 뜬 아끼던 제자의 죽음에 이리 슬퍼하시니……. 하지만 어찌 한 제자의 죽음만을 슬퍼하심이리.

제자의 죽음이 전란에 죽은 만 백성의 죽음이며, 제자에 대한 슬픔이 전란에 동원되어 희생된 피아 모두의 죽음에 대한 애도일 것이다.

그러나 반야의 눈을 뜨신 소요선사의 계명선자를 슬퍼하는 눈물은 살아있음 속에 이미 죽음을 보아 그 죽음을 다시 살리는 눈물인 것이니, 옛 선사[大慧杲]의 한 노래 들어보자.

산 밑에 보리 익고 누에 이미 끊기니
한 줄의 죽은 사람 산 사람을 보내네
산 사람의 몸은 마치 무쇠 금강 같으나
이제 다시 붉게 달은 화로에 들어가네

山下麥黃蠶已斷　一隊死人送活漢
活人身似鐵金剛　卽今再入紅鑪鍛

학담도 한 노래를 붙이리라.

법계의 장경은 티끌 수 세계 두루한데
비밀한 말 알아듣는 이 그대 한 사람
세간 인연 홀연히 다해 죽음소식 이르나
그늘 없는 붇다의 빛에 어찌 헤어짐 있으리

法界藏經遍河沙　仙陀知音汝一人
世緣忽盡訃音到　無陰佛光何有別

25.
그대 세 가사만 시렁 끝에 걸렸네
- 조행사미를 슬퍼함 [哀祖行小師]

세 번 부르고 세 번 대꾸해
소리 알아주는 이 되었더니
저승길에 지팡이 재촉해
돌아갈 줄 어찌 알았겠나
문밖에 아침저녁 그림자가
마침내 가라앉았는데
옛날 그대 입었던 세 가사만
시렁 끝 걸린 것 눈에 보이네

三喚三酬作子期　那知冥路促筇歸
門外竟沈朝暮影　架頭唯見舊三衣

해설

일찍 이 세상 하직한 조행사미를 애도하며 조행과 소요대사의 부르고 응답함이, 마치 옛날 남양혜충선사(南陽慧忠禪師)와 시자가 세 번 부르고 세 번 대꾸함과 같음을 노래하고 있다.

혜충선사가 어느 날 '시자야!' 부르니, 시자가 '예' 하고 대답했다. 이와 같이 세 번 부르고 대꾸하니, 혜충선사가 말했다.

"내가 너를 등진다고 말하려 하니 도리어 그대가 나를 등지는구나."

이 공안(公案)의 법로(法路)가 무엇인가. 소리를 듣고 대답함이 말할 것 없고 들을 것 없기 때문에 듣고 말할 수 있음을 보임인가. 이것을 들면 이미 이것에 저것의 모습이 함께함을 말함인가. 그러므로 세 번 부르고 답함에 같은 모습도 없고 다른 모습도 없으며, 서로 알아보고 소리 들음에 같이함과 등짐이 함께함을 보임이리라.

상방익(上方益)선사는 노래한다.

> 남양이 세 번 부르고 시자가 세 번 대꾸하니
> 비슷하여 노나라 같고 같은 모습 양주로다
> 찬 강에 멀리 돌리니 하늘빛 푸르른데
> 지는 해는 서로 가고 물은 동으로 흐르네
>
> 南陽三喚　侍者三酬
> 依俙魯國　髣髴楊州
> 迴首寒江空漾碧　夕陽西去水東流

부르고 대답함에 실로 부르고 대답함이 없으니, 부르고 대답하는 그곳이 말의 자취 없되 말 없음도 없는 공덕의 땅이다.

황룡혜남(黃龍慧南)선사의 한 노래를 들어보자.

> 국사가 세 번 시자를 부르니
> 풀을 치는 것은 다만 뱀을 놀라게 함이네
> 시냇물 가 푸른 소나무 아래에
> 천 년 묵은 약초 있는 줄 뉘라서 알리
>
> 國師三喚侍者　打草只要蛇驚
> 誰知澗底靑松　下有千年茯苓

대혜고(大慧杲)선사는 노래했다.

　　벙어리가 꿈을 꾸며 누구에게 말을 할까
　　일어나 마주하여 눈을 마냥 껌벅이네
　　이미 남 앞에서 가슴 속을 다 보였으니
　　다른 이들 스스로 알맞음을 찾게 했네

　　啞子得夢與誰說　起來相對眼麻彌
　　已向人前輸肺腑　從敎他自覓便宜

학담 또한 한 노래로 저 사미의 몸이신 조행(祖行) 옛 조사〔古祖師〕를 기리리라.

　　소요대사와 조행이 세 번 부르고 대꾸함은
　　남양선사와 시자가 부르고 대꾸함과 같아라
　　시렁머리에 걸려 있는 조행의 세 가사여
　　남양선사 꿰맴 없고 무너짐 없는 탑과 같네

　　逍遙祖行三喚酬　相似南陽與侍者
　　架頭祖行三依兮　猶如南陽無縫塔

26.
서풍에 시름 띄워 보내네
   - 부안사군(扶安使君)의 운을 따라 [次扶安使君韻] 1

천 리에서 보낸 답신에 병든 마음 아득하니
서풍에 잎을 불어 이내 시름 띄워 보내네
어느 해에 방장산 두 개울의 달빛 아래
함께 누각 기대 성긴 종소리 다시 들으리

千里書回病思悠　西風吹葉送人愁
何年方丈雙溪月　更聽踈鍾共倚樓

> 해설

　부안사군은 소요선사를 모셔 따르던 사대부 청신사(淸信士)인 듯하다. 방장산 쌍계의 산방에 병든 몸을 의탁하며 사군의 답신을 받고서 다시 만날 날을 기약하며 쓴 시이다. 내 있는 이곳과 그대 있는 저곳은 서로 가기 얼마이며, 오늘 이때와 다시 만날 그때는 서로 떨어짐이 얼마인가.
　화엄초조 두순선사(杜順禪師)의 다음 송(頌)의 뜻을 알아야 막힘없고 걸림 없는 법계[無障礙法界]를 살 수 있는 것인가.

　　회주의 소가 벼를 먹으니
　　익주의 말이 배가 부르도다
　　온 천하에 의사를 찾아서
　　돼지 오른 어깨 위에 뜸을 뜨도다

懷州牛喫禾　益州馬腹脹
天下覓醫人　灸猪左膊上

학담도 한 노래로 소요선사의 뜻에 함께하리라.

안부편지 가고 오는 땅은 멀리 떨어졌으나
서로 생각해 보살피는 마음은 떨어짐 없네
나는 방장산에 살고 그대는 멀리 있지만
두 개울 바람과 달은 만 리에 밝도다

書信往來地懸隔　相思護念心無別
我居方丈汝在遠　雙溪風月萬里明

책을 보며 편안히 잠을 달게 자리
- 부안사군의 운을 따라 2

다른 운(韻)을 써서 보낸다〔又用別韻上〕.

가마에서 내리고 새해가 오자
범이 북쪽 땅으로 옮겼으니
백성들은 모두 사군을 모셔서
두 겹 하늘 받들어 머리에 이었네
사군의 도를 듣고 송사하는 뜰에
사람들의 그림자가 끊겼으니
책을 보고 한가히 날 보내며
또 잠을 편안히 달게 자리라

下駕年來虎北遷　生民咸戴兩重天
聞道訟庭人影斷　看書遣日又甘眠

해설

　사군이 부임하자 곧바로 북쪽으로 옮겨 감에, 그곳 백성들이 사군을 임금처럼 모셔 옳고 그름 따지는 재판정에 사람 자취 끊기니 참으로 잘 다스림이다. 다스림 있는 다스림은 참 다스림이 아니고, 건질 바 중생 있는 건짐은 참된 건짐이 아니다.
　설할 법이 없어야 이것이 참된 설법이고, 건네줄 것이 없어야 이것이 참된 건네줌이니, 이와 같고 이와 같이 걸어감이 법왕의 참된 아들의 곧고 바른 걸음걸이일 것이다.

세속 권세를 쫓는 것은 참으로 좋은 솜씨가 아니고 세간의 땅에 참으로 잘 달리는 말이 아니니, 옛 선사〔上方益〕의 한 노래 들어보자.

문반과 무반을 물을 것 없이
대궐 길에 새벽 되자 천자께 찾아가네
곁에서 보고서 저 늙은이 웃지 마라
잘 뛰는 말은 자부심 많아 채찍 필요 없네

不問文班與武班　御街侵曉競朝天
傍觀莫笑金吾老　駿馬驕多不着鞭

학담도 한 노래를 붙이리라.

죄가 무거우면 뉘우침 또한 깊고
병이 많으면 약도 또한 많도다
다스림이 바르면 옳고 그름 끊어지고
도가 평탄하면 사람이 무심하네

罪重懺亦深　病多藥亦多
治正是非斷　道平人無心

27.
꽃 지는 곳에서 문을 닫고
- 최진사에게 부침 [寄崔進士二] 1

스스로 헤어지는 시름 있어 넋을 곧 끊는데
느슨히 마음의 일 옮겨 뜬 구름에 부치네
노니는 이 한번 가서 소식 없으니
꽃 지는 빈 단에 홀로 문을 닫도다

自有離愁正斷魂　懶移心事寄浮雲
游人一去無消息　花落空壇獨閉門(一)

해설

가고 오는 일이 저 허공의 흰 구름과 같고 마음 속 괴로움과 즐거움, 시름과 기쁨이 빈 뜰에 바람이 일고 지는 것과 같다. 오되 온 곳이 없고 가되 간 곳이 없으며 머물되 머묾 없으니, 문 닫고 고요히 앉아 한 생각 돌이켜, 보고 들음 없는 곳에서 다시 뜰앞 지는 꽃소리 들으리라.

옛 선사의 한 마디 말을 살펴보자.

　　구름은 고갯마루에 있어 한가로움 거두지 않고
　　시내 바닥에 물은 흘러 아주 바쁨을 내네

　　雲在嶺頭閑不撤　水流澗底太忙生

위 선사의 뜻은 바삐 흐르는 시냇물이 저 하늘의 한가한 구름 떠나지 않음을 알아야 한다는 것인가.
　학담도 한 노래를 더하리라.

　　헤어지는 정이 많아 간장을 끊는데
　　나무 기대 달을 보니 달 또한 시름겹네
　　정든 사람 한번 가서 돌아오지 않지만
　　맑은 바람 옛과 같이 빈 뜰을 지나네

　　別離情多斷肝腸　倚樹看月月亦愁
　　情人一去不回歸　淸風依舊過虛庭

밝은 달에 잔나비소리 들리니
- 최진사에게 부침 2

병 가운데라 눈썹 닫고 빈 집마저 막았는데
시드는 경쇠소리 향과 등불 이경쯤 되려나
헤어진 뒤 아득하여 그 시름 얼마인가
산에 가득 밝은 달에 잔나비소리 들리누나

病中眉鎖掩空堂　殘磬香燈欲二更
別後茫然多少恨　滿山明月聽猿聲(二)

해설

나이 들고 병든 몸에 지난 세월 한탄만 하면 어찌 그를 법의 눈〔法眼〕을 뜬 참사람이라 말하리. 향과 등불 시들도록 고요히 앉아 선정을 닦는다. 그러나 사마디를 닦는다고 세간사를 버리고 세상 근심을 내몰라라 하면 어찌 그를 자비의 보디사트바라 말하리.
　마음과 경계가 공한 곳〔心境俱空〕에서 들음 없이 저 잔나비소리 듣듯, 세상 근심과 걱정 같이 짊어지고 때로 먼저 간 사람 안타까워하고 보지 못하는 사람 아득히 그리기도 한다.
　서 중생이 아픈네 보디사트바가 어찌 함께 아프지 않으리.
　병 속에 병 없는 소요선사의 선정을 어떻게 말힐까.
　옛 사람〔悅齋〕의 이 노래가 선사의 경계인가.

　　선상이 흔들림은 삶 가운데 죽음이요

땅이 떨림은 죽음 가운데 삶이로다
이 속에 몸을 붙일 수 있으면
하늘땅이 드넓음을 비로소 알리

　震床活中死　震地死中活
　者裏著得身　始知天地闊

학담도 한 노래를 붙이리라.

병든 스님 빗장 닫고 홀로 좌선하니
향과 등불 시들고 밤은 깊어 삼경이네
마음이 비어 고요하고 경계 또한 공한데
산에 가득 달빛 속에 새 우짖음을 듣노라

　病僧掩關獨坐禪　香燈消殘夜三更
　心也虛寂境亦空　滿山月光聞鳥啼

28.
오동나무 한 잎에 가만히 가을인 줄 알았으니
- 기러기 소리 듣고 느낌을 노래함 [聞鴈有感]

오동나무 한 잎에 가만히 가을인 줄 알았는데
기러기는 하늬바람 안고 작은 누각 지나네
병든 나그네 고향생각 쓰라림을 이기지 못해
창 비치는 밝은 달에 부질없는 시름 보내네

梧桐一葉暗知秋　鴈帶西風過小樓
病客不堪鄕思苦　夜窓明月送閑愁

> 해설

오동잎 한 잎 짐에 가을인가 하였더니, 벌써 기러기는 남쪽 하늘로 날아가는가. 이 '때와 철의 인연[時節因緣]' 밖에 따로 도가 어디 있으리. 꽃이 피고 잎이 지니 저 경계가 공한 줄 알고, 고향 생각에 가슴 쓰라리고 밝은 달에 시름 일어나니 마음이 공한 줄 안다.

옛 사람[介庵朋]의 한 노래를 들어보자.

　　아직 비 오기 선 우렛소리 사람을 놀라게 하고
　　검은 바람 몇 번이나 티끌먼지 몰아쳤나
　　해오라기 안개 구름 뚫고 치솟은 뒤에
　　푸른 하늘 큰 해를 우두커니 바라보네

　　未雨先雷驚殺人　黑風幾度卷埃塵

鷺鷥衝斷煙雲後　竚看靑天大日輪

보영용(保寧勇)선사 또한 다음 같이 노래한다.

봄날이 따뜻함에 서로 불러 푸른 풀밭에 나와
때로 걷고 때로 앉았다 거의 돌아갈 줄 잊었네
해 저물녘 한바탕 동쪽 바람 소나기에
온몸이 비에 젖어 속까지 비치게 되었네

春暖相呼出翠微　時行時坐幾忘歸
黃昏一陣東風雨　未免渾身透濕衣

학담도 한 노래를 붙이리라.

바닷물 한 방울에 온 바다 맛보고
오동잎이 떨어지니 온 세상 가을이네
사람의 삶 괴로움과 즐거움 어디서 오나
개울소리 끊이지 않는데 바람 절로 흐르네

海水一滴味全海　梧桐葉落天下秋
人生苦樂從何來　溪聲不斷風自流

29.
강성 어느 곳에서 가을바람 일으키나
- 새 시원한 바람이 들판에 듦[新凉入郊墟]

강성 어느 곳에서 가을바람 일으키나
흐르는 반딧불 저무는 하늘에 점 찍는다
시원함 타고 밤 달 읊조리기 아주 좋으니
드넓은 시상이 누각 속에 가득하네

江城何處起秋風　螢火如流點暮空
政好乘凉吟夜月　浩然詩思滿樓中

해설

　나고 사라짐의 공함이 곧 진여이고, 진여가 다만 공하지 않음이 나고 사라짐이니, 가을 바람 불어 달이 더욱 밝음 밖에 따로 여래의 뜻이 없고 조사의 선[祖師禪]이 없다.
　추위 더위 피해 그 어느 곳으로 가려 하는가. 추울 때는 그대를 아주 춥게 하고 더울 때는 그대를 아주 덥게 한다.
　장령탁(長靈卓)선사는 이렇게 노래한다.

　　치우침 가운데 바름 있고 바름 가운데 치우침이니
　　사람 사이 흘러 떨어져 백만 년이로다
　　몇 년이나 돌아가려다 돌아가지 못했는가
　　문 앞에 옛과 같이 풀이 싱싱하도다

　　偏中有正正中偏　流落人間百萬年

幾度欲歸歸不得　門前依舊草芊芊

학담 또한 한 노래를 보이리라.

　　가을 바람 홀연히 일어나니 어디서 오는가
　　뜬 구름과 붉은 놀이 한 빛깔 같이 하네
　　북녘 바람 찬 기운 한번 지나간 뒤에
　　복사꽃 활짝 피어 봄바람에 웃으리

　　秋風忽起何處來　浮雲紅霞同一色
　　北風寒氣一去後　桃花爛漫笑春風

30.
꿈 속 사람 일으키니
- 유진사 윤에게 받듦 [奉柳進士淪二] 1

만 골짜기의 안개와 놀이 이 몸 늙게 했지만
한 평생 지팡이는 세상 티끌에 떨어지지 않았네
문 두드려 어디선가 참됨 찾는 나그네여
남화경의 꿈 속 사람을 깨워 일으키네

萬壑烟霞老此身　百年節不落城塵
叩門何處尋眞客　驚起南華夢裡人 (一)

해설

천 봉우리 만 골짜기의 안개와 놀이 이 몸 늙게 했지만, 늙게 함은 무엇이고 늙은 이 몸은 무엇인가. 삼계의 큰 꿈[三界大夢]에서 참됨 찾아 꿈속 사람 비록 깨운다 하나, 꿈인 줄 알면 곧바로 벗어남이니, 그때 따로 구할 참됨은 어디 있으며 깨우는 자 누구이고 꿈 속 사람 누구인가.

옛 선사[心聞賁]의 한 노래를 들어보자.

푸른 옥 깃대 곁엔 달이 있으나
수정 발 속은 고요하여 사람 없네
한가한 틈 타 신선 베개 훔쳐 누워 자며
열 고을 세 섬의 봄빛을 환히 보도다

碧玉幢邊猶有月　水晶簾裏寂無人

乘閑偸臥仙游枕　爛看十洲三島春

위 게송에서 심문분 선사는 세간이 꿈과 같아 취할 것이 없지만, 신선 베개 위의 꿈속은 다만 허망하지 않아, 세 섬의 봄을 보는 눈빛이 또렷함을 보임인가.

학담도 한 노래를 더하리라.

이 일은 공을 씀이 없으며
또한 실로 닦아 얻음도 없네
허깨비인 줄 알면 곧 벗어나니
어느 곳이 꿈과 사람인가

此事無功用　亦無實修證
知幻卽脫却　何處夢與人

이름 난 곳 모두 가보고서
- 유진사 윤에게 받듦 2

이름 난 구역 가서 다하니
흥은 이미 다하고
티끌 세상에 돌아갈 생각
또 바쁘고 바쁘네
가거나 머물거나 제각기
시름과 뉘우침 많이 품었으나
한가하고 바쁨을 따라서
살아가는 길이 같지 않도다

行盡名區興已窮　塵寰歸思又忽忽
去留各抱多愁恨　自是閑忙路不同(二)

해설

　사람 마음은 싫은 것을 만나면 버리려 하고, 좋은 것을 만나면 가지려 하며, 시끄러운 세상 피해서 고요한 산천을 실컷 구경해 아름다운 것에 물리면 다시 세속 시끄러운 곳으로 돌아가려 한다. 이와 같이 일어나고 사라지며 우거지고 시듦을 겪어 그 얼마나 오랜 세월 티끌세상 돌아다녔는가. 그리고 다시 이 나고 사라지는 티끌경계 버리고 참됨을 바라려 했는가.
　그러나 그것은 기나긴 겁 나고 죽음의 꿈에 다시 허깨비의 꿈을 더하는 것이다. 마치 옛 조사가 복사꽃 보고 도를 깨쳤다는 말을 듣고 저 보고 듣는 것 속에 오묘한 도리를 찾는 자이니, 나고 죽음의 티끌에 또 법의 티끌〔法塵〕 더하는 자이다.

대혜고(大慧杲)선사는 이렇게 노래한다.

    복사꽃 보고 도 깨쳤다 모두 말하나
    이 말이 도리어 있는 것인지 알지 못하네
    끝없이 아득한 우주에 사람 셀 수 없지만
    그 어느 누구가 큰 장부일 건가

    惣道見桃花悟道　此語不知還是無
    茫茫宇宙人無數　那个男兒是丈夫

학담 또한 옛조사들을 이어 한 노래 붙이리라.

    달고 쓰고 일어나고 시듦 느끼며
    가는 티끌 수 오랜 겁을 거쳤으나
    모두 다 꿈과 허깨비라 취할 수 없어라
    인과에 떨어지지 않고 어둡지 않아
    곧고 큰 길을 똑바로 나아가면
    가시 숲 험한 길 가운데 자재하게 다니리

    甘苦盛衰歷微塵　都是夢幻不可取
    不落不昧行直道　荊棘林中自在行

31.
마음 잡아 스스로 그러함에 합하라
- 심교리의 적소에 붙임 [寄沈校理謫所] 1

사람 세상 이루고 못 이룸은
모두 하늘에 관계되니
마음 가운데를 붙잡아서
스스로 그러함에 합하라
거룩하고 좋은 시대 지금이라
비와 이슬의 은택이 많으니
올해에는 큰 사면이 있을 것이네

人間成敗摠關天　須把中心合自然
聖代卽今多雨露　想應雞赦在當年

해설

이룰 것 못 이루고 인생사 추구하던 일이 꺾인 이의 마음을 달래려고 '하늘[天]에 맡기라' 하고 '스스로 그러함에 합하라'고 말하니, 이는 중생을 위한 방편의 가르침이다. 그리고 지금 임금의 덕이 높으므로 그 은택으로 귀양살이가 곧 풀려 나리라 위로한다.

소요신사가 보여주고자 하는 참된 뜻은 무엇일까. 복덕을 취해 받지 않는 것[不受福德]이 보디사트바의 참된 복이고, 과보 바라지 않음[不求果報]이 보디사트바의 구함이 없이 스스로 만족하는 삶[自足]이 된다고 함이리라.

세간 권세의 추구와 세계의 닫힌 틀에 묶임을 벗어나 세계를 세게 아닌 세계로 다시 보는 장부의 삶은 어떤가.

   옛 선사〔竹庵珪〕는 노래한다.

     손을 들어 남두별을 만지고
     몸을 뒤집어 북두별에 기댄다
     머리 내밀어 하늘 밖을 보니
     누가 바로 나와 같은 사람인가

     擧手攀南斗　翻身倚北辰
     出頭天外看　誰是我般人

학담도 한 노래를 붙이리라.

     참되고 한결같은 자기 성품이 곧 성품의 하늘이니
     만 가지 행에 함이 없으면 스스로 그러함에 합하리
     법계의 은혜와 덕은 허공에 가득하니
     좋은 생각 보살펴 지니면 과보가 응하리라

     眞如自性卽性天　萬行無爲合自然
     法界恩德滿虛空　善念護持果報應

거친 마을 흘러 구른 지 몇 해런가
- 심교리의 적소에 붙임 2

멀리 거친 마을에 흘러 떨어진 지
몇 봄이 흘렀는지 물어보며
비단 구름 헛되이 바라보나
사람은 아직 돌아오지 않네
요즈음 세상길은 가팔라서
백자 벼랑에 오름 같으니
빼어난 이가 한 마리 곤궁한
물고기 되었음을 바야흐로 알았네

流落遐荒問幾春　綵雲空望未歸人
世路如今登百尺　方知勝作一窮鱗

해설

　높은 자리에 올라 높은 곳에 머물고 높음을 자랑하다 밑으로 떨어지면, 참으로 그 처지가 곤궁하고 비참하다. 그러나 높은 때 높음이 없으면 낮을 때 낮음이 없으니, '이 법이 평등하여 높고 낮음이 없다'는 여래의 말씀이 참으로 친절하다. 높고 낮음이 없는 반야에 의지하면 산꼭대기에서 바다 밑을 걸을 수 있으며, 마디 밑 조개가 달을 물고 달리는 소식 보리라.
　세간의 기나긴 나그네 길에서 오랜 거지 신세 벗어나 참으로 자재의 삶 사는 길은 무엇인가.

옛 선사〔蔣山泉〕는 노래한다.

푸른 바다의 구슬과 형산의 옥돌이여
하늘 땅을 비추지만 누가 가려 아는가
날카로운 칼로 뿌리 없는 나무를 베니
만 겹의 봉우리에 쌓인 안개 거두네

碧海珠荊山璧　耀乾坤誰別識
利刀剪却無根樹　萬疊峯巒歛煙霧

학담도 노래를 붙이리라.

법계는 막힘과 걸림 없는데
물들고 흐리어 길이 흘러 구르네
망령됨 돌이켜 생각 없음에 돌아가면
저 멀리 깨달음 언덕에 건너리라

法界無障㝵　汚濁長流轉
廻妄歸無念　波羅度覺岸

법계는 높고 낮음이 없는데
뒤집혀 넘어졌다 또 일어나네
남이 본래 남 없음을 깨치면
물이랑 쉬어 늘 안락하리라

法界無高下　顚倒又起立
了生本無生　浪息常安樂

32.
누각의 구름을 쓰니
- 정청풍의 운을 따라 [次鄭淸風韻]

도를 즐기고 산 즐기며 또 물을 즐기어
푸른 창 담쟁이 넝쿨 밝은 달 아래
임금이 내린 높은 글을 살피네
병을 앓다가 갑자기 손님이 오신다는
그 말 홀연히 듣고 놀라 일어나
누각에 가득한 구름 바삐 쓸도다

樂道樂山兼樂水　碧窓蘿月點金文
病裡忽聞驚客至　起來忙掃滿樓雲

해설

소요선사가 산과 물 즐김으로 도의 경계 말하나, 말하는 산천이 어찌 그냥 마음 밖 경계이리. 소요선사의 뜻은 무엇인가.

어떤 승려가 협산의 경계를 물음에, 다음 같이 말한 협산(夾山)선사의 뜻이 소요선사의 뜻인가.

원숭이가 새끼 안고 푸른 산에 돌아간 뒤
새는 꽃을 물고 푸른 바위 앞에 내리네

猿抱子歸靑嶂後　鳥含花落碧巖前

협산의 이야기에 단하순(丹霞淳)이 노래했다.

조개가 밝은 달 머금으니 구슬이 배에서 나고
용이 깊은 구름 품으니 비가 허공에 뿌리네
평평한 밭에 큰 물결 뒤집어 내지 말라
곧바로 낱낱 것이 다 동쪽으로 가야 하네

蚌含明月珠生腹　龍擁深雲雨灑空
莫向平田翻巨浪　直須點點盡朝東

학담 또한 소요선사의 뜻을 말해보리라.

도의 스스로 그러함에 합해
산과 물을 좋아하니
밝은 달 개울 물 소리로
늘 좋은 벗을 삼도다
비록 그렇지만 참된 사람은
시끄러운 세속을 피하지 않으니
빛을 누그러뜨려 티끌과 같이해
세간 중생의 소리에 응하도다

合道自然樂山水　明月溪流爲善友
雖然眞人不避俗　和光同塵應世音

33.
산 가운데 빼어난 경치 찾으려면
- 김상사의 운을 따라 [次金上舍韻] 1

흰 구름 무더기 속 좌선하는 스님
선상에 홀로 기대 잠자지 않네
만약 산 가운데 빼어난 경치 찾으려면
푸른 명아주 지팡이 높이 흔들며
돌문을 거치어 산에 오르라

白雲堆裡坐禪僧　獨倚繩床睡未曾
若也山中探勝景　靑藜高拂石門登

해설

아름다운 가람은 빼어난 산에 있어야 더욱 아름답고, 이름난 산은 삼보를 모시는 거룩한 가람이 있어야 산이 더욱 드러난다. 산이 그냥 산이 아니라 좌선하는 저 스님의 아란야이니, 산에 오를 땐 명아주 지팡이 흔들어 날짐승 길짐승에게 알리되, 좌선하는 저 스님의 선정을 깨우지 않도록 석문을 머리 숙여 지나 올라야 한다. 그리고 고요한 마음으로 도량에 들어 세속의 티끌로 아란야의 맑음을 더럽히지 않아야 한다.

참으로 세간 속에 잘 들어가려면 세산 티끌 삼계의 불난 집을 잘 벗어나야 하니, 들어감과 나옴이 하나된 선정은 무엇인가.

들어가나 나오지 못하고, 고요하나 밝지 못한 선정은 바른 선정이 아닐 것이니, 세존 당시 만주쓰리보디사트바[文殊菩薩]도 깨우지 못한 여자의 선정을 망명(罔明)이 손가락 튕겨 깨운 공안[女子出定話]에 붙인, 옛 선사[慈受]의 한 노래 들어보자.

긴 강 빠르게 구르는 물이랑은 은과 같은데
가을날 흰 갈대에 붉은 여뀌는 새로웁네
조각배 저 언덕에 이르지 못함 괴이타 말라
배를 모는 것은 삿대 잡은 사람에게 있네

長江輥底浪如銀　秋日白蘋紅蓼新
莫怪扁舟難到岸　行船由在把梢人

학담도 한 노래로 보이리라.

산은 아직 빼어남이 아니니
사람이 기이하야 산은 더욱 기이하네
산 가운데 좌선하는 스님 있으니
마음 비워 석문에 오를 지어다

山也未是勝　人奇山尤奇
山中有禪僧　虛心石門登

백년의 몸 부평초와 같으니
- 김상사의 운을 따라 2

칼을 놀릴 소마저 없어 덕을 세움에 노니니
백년 몸의 형편 물에 뜬 푸른 개구리밥이네
안개와 놀에 한번 누워 세월을 잊었으나
꽃 피고 잎 떨어지면 봄 가을을 기억하네

恣刀無牛建德游　百年身世綠萍浮
一臥烟霞忘歲月　花開葉脫記春秋

해설

소에 칼을 놀림은 소뼈를 해체하는 데 뼈를 다치지 않고 뼈 사이를 노닐며 고기와 뼈를 나누는 장인의 칼 놀림을 말하니, 장자(莊子)의 이야기다. 장자의 칼 잘 놀리는 장인의 지혜와 재주는 경계 위에서 경계를 잘 다루는 방편의 지혜이다.

그러나 반야의 참된 지혜는 재주를 놀릴 소마저 보지 않는 자재의 지혜이다. 그 지혜는 안의 마음도 얻을 것 없고 바깥 경계도 취할 것 없는 진여의 땅에서 모습 아닌 모습을 쓰는 지혜라, 날이 다하도록 일하되 일함이 없고 알되 앎 없고 앎 없되 앎 없음도 없다.

때와 철이 공한 곳에서 삼세의 마음을 얻지 않으나[三世心不可得] 때 아닌 때를 잘 알아 쓰는 지혜이니, 한 법도 취하지 않되 한 법도 버리지 않는다.

참된 선정은 세간 악업의 진흙구덩이에서도 물듦 없는 선정이

고, 세간법이 모이되 합하지도 않고 나뉘되 흩어지지도 않은〔不合
不散〕실상 그대로의 선정이니, 옛 사람〔無盡居士〕의 한 노래 들
어보자.

선정의 마음으로 슈랑가마 증득하려면
범부의 만 가지 법 닦아 모으라
범부의 우두머리 도살꾼 횟꾼 술장수도
붇다의 위없는 깨달음의 도 이루는데
어찌 꼭 물병 석장으로 바위 암자에 머물리

定心欲證首楞嚴　修集凡夫萬法凡
魁膾屠沽成佛道　何須缾錫住菴巖

학담도 한 노래로 소요선사의 뜻을 말해보리라.

눈은 세상일에 눈 감고 함이 없음에 나아가나
함이 없는 곳 이르면 하지 않음도 없어라
푸른 산에 편히 머물며 해와 달 잊었으나
한 법도 버리지 않고 이 세간을 위하노라

眼唵世事趣無爲　到無爲處無不爲
安居靑山忘歲月　不捨一法爲世間

34.
한 화살로 한 무리 사슴 쏘는 것 배우라
- 삼정 어린 사미에게 줌 [贈三政少師]

젊은 나이에 머리 깎고 공문에 들어서
그대 길가는 짐 흰 구름에 맡김을 기뻐하네
붇다의 법 그윽하고 깊고 묘함 알려고 하면
강서에서 한 무리 사슴 쏘는 것 배우라

青年斷髮入空門　喜爾行裝寄白雲
欲知佛法玄玄妙　學得江西射一羣

해설
어린 삼정 사미가 출가해서 제방을 다니며 선의 종지 참구하는 것을 기뻐하며, 마조(馬祖)선사의 다음 공안으로 불법의 깊은 뜻 깨치도록 가르친다.

    석공혜장(石鞏慧藏)선사가 사냥꾼이었을 때 사슴을 쫓아 마조선사의 암자 앞을 지나다 물었다.
  "내 사슴을 보았습니까?"
  마조스님이 말했다. "그대는 어떤 사람인가?"
  "사냥꾼입니다."
  마조선사가 말했다. "그대는 활 쏠 줄 아는가?"
  "저는 활 쏠 줄 압니다."
  마조선사가 말했다. "한 화살에 몇 마리를 쏘는가?"
  "한 화살에 한 마리를 쏩니다."

마조선사가 말했다. "그대는 활 쏠 줄 모른다."

석공이 말했다. "화상은 한 화살에 몇 마리를 쏩니까?"

마조선사가 말했다. "나는 한 화살에 한 무리를 쏜다."

석공이 말했다. "저도 이 산목숨인데 어찌 활을 써서 한 무리를 쏩니까?"

마조선사가 말했다. "그대도 이미 이와 같은데, 어찌 스스로를 쏘지 않는가?"

석공이 말했다. "만약 저더러 스스로를 쏘라 한다면 곧바로 손 쓸 곳이 없습니다."

마조가 말했다. "이 사람의 기나긴 겁의 무명번뇌가 오늘 단박 쉬었다."

석공이 이에 칼로 머리를 깎고 암자에 있으며 마조를 모셨다.[1]

이 문답에서 스스로를 쏠 수 있을 때 '한 화살로 사슴 한 무리를 모두 쏠 수 있다'는 것이 이 공안의 법로이니, 내가 나 아님을 바로 알 때 저 경계가 경계 아님을 바로 볼 수 있다 함인가.

옛 선사〔法眞一〕는 이렇게 노래한다.

---

[1] 石鞏慧藏禪師 爲獵人時趁鹿 從馬大師庵前過 問云還見我鹿麽
祖云 你是什麽人 師云 獵人
祖云 你還解射麽 師云 我解射
祖云 一箭射幾个 師云 一箭射一个
祖云 你不解射 師云 和尙一箭 射幾个
祖云 我一箭射一群 師云 彼此生命 何用射一群
祖云 你旣如是 何不自射 師云 若敎某甲自射 直是無下手處
祖云 者漢曠劫無明煩惱 今日頓歇
師於是 以刀斷髮 在庵給侍

사슴 좇아 마조스님 암자를 지나는데
스스로를 쏘라 바로 가르쳐 미친 기틀 쉬게 했네
손 내릴 곳 아주 없음을 돌이켜 살피니
천리에 바람 따르다 돌아감을 얻었네

趁鹿馬師庵畔過　直敎自射息狂機
迴觀下手都無處　千里追風還得歸

이제 학담도 한 노래로 소요선사의 가르침을 다시 말하리라.

공문에서 머리 깎고 비로소 도를 배우니
길 가는 짐 구름에 맡기고 머묾에 정함 없어라
마조선사 한 활로 한 무리 쏘아 함을 깨쳐 알면
붇다의 법 보배곳간이 바로 집안 속이리

削髮空門始學道　行裝寄雲居無定
了知江西射一群　佛法寶藏卽家裏

35.
힘들게 산들 어찌 쉼이 있으리
- 산 가운데서 회포를 노래함 [山中詠懷] 1

낙양성 가운데 마르고 살찐 저 모든 사람들
힘들게 일해 어찌 일찍이 반나절의 쉼이 있겠나
아 안타깝다 산 가운데 얼마만한 경치를
백년토록 이 노승이 보도록 부쳐줬는가

洛陽城裡輕肥客　役役何曾半日閒
惆悵山中多少景　百年分付老僧看

해설

이롭고 해롭고 우거지고 시들며, 일어나고 사라짐이 세간 법의 모습이다. 중생은 해로움을 피하고 이로움을 따르며, 괴로움을 버리고 즐거움을 찾아 위태로운 세간 길을 내달린다. 저 아름답고 빼어난 산천의 풍치를 얻고 잃음이 없는 마음으로 바라보면 그 풍치가 곧 값할 길 없는 보배곳간이니, 얼마만한 사람이 그 풍치 누릴 수 있겠는가.

나고 사라짐 없는 진여의 성품 무너뜨리지 않고 저 산천을 봄이 없이 볼 때만 산하대지의 풍광이 나의 집안 소식이 되리라. 나의 집안 속 무너지지 않는 풍광을 어떻다고 말할 수 있는가.

옛 사람의 다음 말과 같음인가.

　　해오라기 눈 속에 서니 같은 빛이 아니요

밝은 달 갈대꽃은 다른 것이 아님 같네

鷺鷥立雪非同色　明月蘆花不似他

중생의 삶이여
한 톨의 쌀 탐착하다가
백 년의 식량을 잃어버림이로다

食着一粒米　失却百年糧

학담이 한 노래 더하리라.

세간은 마치 나무가 마르고 우거짐 같으니
다만 세간 흐름 따르면 어찌 편안함 있으리
흐름 따라 성품 얻으면 마르고 우거짐 없으니
만 칼파의 빼어난 경치 나의 집 일이로다

世間恰似樹枯榮　但隨世流何有安
隨流得性無枯榮　萬劫勝景吾家事

흰 구름의 값이 얼마이리
- 산 가운데서 회포를 노래함 2

서울 길 붉은 티끌 자가 될 만큼 깊은데
얼마나 많은 벼슬아치들 떴다 가라앉는가
한 조각 흰 구름 낀 골짜기를
저 하늘이 가난한 산승에게 맡기니
그 값 만금인 줄 뉘라서 알리

紫陌紅塵尺許深　幾多游宦客浮沈
誰知一片白雲壑　天付貧僧直萬金

> 해설

성리학을 사상적 기치로 삼은 조선 지배계층은 조선 건국 초창기 오교양종(五敎兩宗)으로 분류되었던 고려불교 제종파를 선교양종(禪敎兩宗)으로 통합함으로써, 불교의 영향력을 축소하고 불교 승려를 팔천(八賤)으로 전락시켰다.

그리하여 성종 연산 중종 연간 불교에 대한 사상탄압과 처참한 가람 파괴 문화 파괴의 죄악을 저질렀다. 그것은 서구사에서 중세 기독교회가 저지른 이단에 대한 탄압에 버금가는 죄악이다.

고려사회는 불교가 주류철학이었지만 유교를 보호 육성하고 도가를 배척하지 않았으며, 정치적으로 자주성을 지키고 문화적으로 개방성을 지닌 사회였다.

이런 뜻에서 산승은 고려조가 불교국가이기 때문에 중세이고,

조선조가 근세라고 시대 구분하는 한국 강단 사학계의 견해를 반대한다. 그리고 성리학적 이념을 떠들어대며 조선사회가 성리학이라는 이상철학의 국가인 것처럼 말하는 일부 조선사연구가 유교철학연구자들의 비좁고 짧은 견해를 비판한다.

불교의 입장에서 명종 때 허응보우대사의 승과 부활이 아니었으면, 불교의 명맥은 거의 사라질 뻔하였다. 허응보우선사(虛應普雨禪師) 또한 문정왕후 사후 사대부 유생들에 의해 유배된 뒤 죽음에 이르렀다. 이런 시대적 아픔을 딛고 임진 전쟁시기 청허휴정(淸虛休靜)을 중심으로 조선 승려들은 임진 정유 왜적의 침입에 맞서 나라를 지키고 백성을 보살폈다.

소요선사가 성리학 중심 사대부 지배사회에서 감히 세간 명리를 탐하는 벼슬아치를 시로써 꾸짖으니, 성리학(性理學)과 숭명사대(崇明事大) 밖에 몰렸던 조선 선비들에게 쇠방망이로 내리치는 듯한 큰 경책이다.

세간의 이름과 이익 탐욕의 경계가 본래 공한 줄 알아야 탐욕의 티끌 시비바다에서 자재히 노닐 수 있으니, 옛 선사〔竹庵珪〕는 이렇게 노래한다.

    옳고 그름의 바다 속에 몸을 뉘어 들어가고
    사나운 범의 무리 가운데 자재하게 다니네
    옳고 그름을 잡아 나를 가리지 말라
    평생에 뚫어온 일과 서로 관계 없네

    是非海裏橫身入　豹虎群中自在行
    莫把是非來辨我　平生穿鑿不相關

그렇다면 세간 티끌 경계의 바람 따라 경계의 노예가 되지 않은 참사람들의 살림살이는 어떻다고 말해야 하는가.
옛 선사〔佛眼遠〕는 다음 같이 노래한다.

서로 만나 나누는 말 그 이치 이지러지지 않고
한가히 얼굴 돌리면 서로 휘둘러 나타내네
마침내 물은 반드시 바다를 향해 모여져가고
모여드는 구름은 반드시 산을 찾아 돌아가네

相見言談理不虧 等閑轉面便相揮
畢竟水須朝海去 到頭雲定覓山歸

학담 또한 한 노래로 소요선사의 뜻을 도우리라.

세상 물결 험난한 붉은 티끌 가운데
이름과 이익 찾아 내달리는 이들
얼마나 많이 나오고 들어갔는가
세간의 부귀는 끝내 다함이 있으니
다함없는 바람과 달 누구에게 부쳐주리

世波險難紅塵中 幾多名利客出沒
世間富貴終有盡 無盡風月付與誰

36.
두류산에 이름난 가람 있으니
- 연곡사 벽 위에 붙임 [題燕谷寺壁上] 1

두류산 밑에 이름난 가람이 있어
해마다 소나무의 달이 돌못에 출렁이네
시골 늙은이 올라가서 즐기는 흥 많으니
꿈 가운데 학을 타고 푸른 구름 더듬네

頭流山下有名藍　松月年年漾石潭
野老登臨多逸興　夢中乘鶴碧雲探

> 해설

빼어난 두류산 경치 위에 다시 아름답고 깨끗한 연곡의 가람을 세우니, 환한 대낮에 촛불을 다시 밝힘인가. 더러움과 깨끗함 없는 곳에서 다시 깨끗하고 거룩한 곳을 일으켜 세우니, 세간의 물듦을 다스리려 함인가. 물듦과 깨끗함이 공한 줄 알면 백 가지 풀 끝에서 끝없는 봄빛을 보리라.

앞도 셋 셋 뒤도 셋 셋〔前三三後三三〕이 모두 이 도량의 대중이라 용과 뱀이 뒤얽혀 사는 이 곳 밖에 따로 거룩한 곳 찾지 말지니, 옛 사람〔無盡居士〕의 한 노래 들어보자.

　　한 줄기 긴 대로 상가라마를 세우니
　　바람이 마디벌레 몰아 바다 남쪽에 들어가네
　　더러운 물 뿌림에 두 번째를 이룸이여

무딘 근기 어긋나 앞의 셋셋을 묻고 있네

一竿修竹立精藍　風卷蟭螟入海南
惡水潑來成第二　鈍根蹉過問前三

학담도 한 노래 더하리라.

연곡 가람의 경치는 아주 빼어나
눈 앞 개울 흐르는 물은 넘쳐 출렁이고
정수리 뒤 밤달 빛은 환히 밝나니
이 밖 어디에서 겁 밖의 빛을 구하리

燕谷伽藍景秀特　眼前溪流水漾漾
頂後夜月光朗朗　此外何求劫外光

병든 소요가 이 절 꾸려왔으니
- 연곡사 벽 위에 붙임 2

연기조사가 처음 이 절을 짓고 간 뒤
병든 늙은이 소요가 또 경영해 왔네
슬프다 그 옛날 사람의 일은 다했는데
앞산은 옛과 같이 푸른 눈썹을 여네

緣起祖師初創去　逍遙病老又營來
怊悵昔年人事盡　案山依舊翠眉開

> **해설**
>
> 연곡사는 지리산 피아골에 있는 도량으로 연기조사가 신라하대에 창건했다고 전해진다. 임진 정유 왜란 때 불타 그 뒤 소요선사가 대중과 함께 절을 중창하였으니, 이 게송은 절을 중창한 뒤 지은 게송이리라. 피아골은 피를 지어 먹고 사는 골이라는 뜻으로도 알려져 있고, 정유재란시 진주성을 함락하고 남원성으로 진격하던 왜군을 화엄사 연곡사 스님들이 지방농민과 합세해 싸우다 흘린 피가 내를 이루어 피아골이라 한다고도 전해진다.
>
> 연곡사는 이 땅 역사의 시련에 늘 민중의 고난과 함께해온 도량으로 한말 의병운동 때 또 한 번 불타고, 한국전쟁 시기에도 또 불타 지금까지 내려오고 있다. 소요선사의 게송에서 이 상가라마를 지켜왔던 선사들의 뜻이 드러나 있고, 지금 절을 또 이어받아 지켜오는 스님들의 정성이 깃들어 있다.

연곡가람을 짓고 지켜온 연기조사와 소요선사의 뜻이여, 저 샤크라하늘왕이 풀을 꽂아 절 지어 바친 그 뜻과 같은가 다른가.
천동정각선사(天童正覺禪師)의 한 노래를 들어보자.

> 백 가지 풀 끝 위에 끝없는 봄인데
> 손닿는 대로 집어와 써서 가까워졌네
> 한 길 여섯 자 금빛 붇다의 몸 공덕의 무더기여
> 한가로이 손을 잡고 붉은 티끌에 들어가네
> 티끌 가운데 주인이 될 수 있고
> 구역 밖에서 저절로 손님이 옴에
> 닿는 곳마다의 살아감이 분수따라 넉넉하니
> 재주가 남보다 못하다고 싫어하지 않음이네

> 百草頭上無邊春　信手拈來用得親
> 丈六金身功德聚　等閑攜手入紅塵
> 塵中能作主　　　化外自來賓
> 觸處生涯隨分足　未嫌伎倆不如人

학담도 한 노래를 붙이리라.

> 옛 조사가 절 세우고 지금 대사 경영하니
> 사람 사람 서로 이어 가람을 보살피네
> 옛 조사 옛 사람은 가서 오지 않는데
> 개울 물 새 소리를 옛과 같이 듣노라

> 古祖創建今師營　人人相承護伽藍
> 古師舊人去不還　溪聲鳥啼依舊聽

37.
조주의 공안 위에서 몸을 뒤집으라
- 성원선자에게 주다 [贈性源禪子] 1

백년토록 많은 경전을 모래수처럼 외워도
마음 자리 힘들고 부질없음 바람 속 모래로다
조주의 공안 위에 몸을 뒤집어 한번 던져
티끌 모래수 번뇌를 깨뜨림만 어찌 같으리

百千經卷誦如沙　心地虛勞風裡沙
何似趙州公案上　翻身一擲破塵沙

해설

　말 안에 그윽한 뜻이 있다고 헤아려도 수트라의 뜻을 모르고, 말 밖에 '서에서 온 조사의 뜻이 따로 있다'고 헤아려도 수트라의 뜻을 등지는 자이다.
　말을 헤아리고 글을 의지해 뜻을 풀어〔依文解義〕 붇다의 법이라 말하는 이들이 넘쳐나므로, 조사공안(祖師公案)을 참구하는 선법이 등장했다. 그러나 조사공안도 또한 말이고 방편이니〔方便語〕, 공안을 다시 헤아려 오묘한 도리를 구해도 여래의 뜻을 거스르는 자이다.
　공안의 방편으로 문을 두드려 문을 열고 법의 뜰 주인이 되어야 하고, 방편의 배를 타고서 저 언덕에 이르러 방편의 배를 버리고 언덕에 올라야 여래 법왕의 아들이다. 그렇다면 그 누가 말을 깨뜨리지 않고 참된 경을 읽는 자 누구인가.

옛 선사[知非子]의 한 노래를 들어보자.

혜능조사께서 일찍 말씀하시길
마음이 미혹하면 법화에 굴린다 했으니
깨치지 못하면 소가죽을 뚫고
깨달음은 오직 눈을 가려야 하네
창에 부딪쳐 나가려는 벌을 생각하니
길에 헤매어 돌아갈 줄 알지 못하네
문 나서면 세계가 드넓으니
장안의 길은 툭 트여 평탄하네

祖師曾有言　心迷法華轉
不悟牛皮透　悟止要遮眼
念此投窓蜂　迷途不知返
出門世界寬　長安路平坦

눈을 가림이란 경의 문자를 집착해 뜻풀이를 일삼는 관념의 눈을 가림이니 눈을 가릴 때 법의 눈이 열릴 것이다.

학담도 한 노래를 붙이리라.

모습 집착해 경을 읽음과 어둡게 깨치는 선이
어찌 본바탕의 일과 어울려 섞일 수 있겠는가
조주의 공안을 깨뜨려서 홀연히 몸을 뒤쳐내면
티끌 깨뜨려 법계의 경을 늘 읽으리라

着相讀經與暗證　何有交涉本分事
公案打破忽翻身　破塵常讀法界經

공왕의 참 얼굴을 알려하는가
- 성원선자에게 주다 2

소리 없고 냄새 없으며 또 이름 없음이여
이르는 곳마다 서로 따르나 밝힐 수 없네
공왕의 참 얼굴을 알려는가
기러기는 가을빛 끌고 강성을 지나네

無聲無臭又無名　到處相從不可明
欲識空王眞面目　鴈拖秋色過江城(二)

해설

눈을 들어보면 눈에 가득 빛깔이요, 귀를 열어 들어보면 귀에 가득 소리니, 이 가운데 어떻게 공왕의 얼굴 알 수 있는가. 모습과 빛깔 소리 밖에 공왕이 따로 있는가. 저 반야경에 다섯 쌓임〔五蘊〕이 공하다고 했으니, 그 뜻이 어떠한가.

자항박(慈航朴)선사의 한 노래를 들어보자.

금 향로에 향 다하고 물시계 소리 시드는데
가볍게 날리는 바람 불고 다시 불어 차가웁네
봄빛이 사람에게 스미어 잠 못 드는데
달이 꽃구름 옮겨 난간 위에 올리네

金爐香盡漏聲殘　翦翦輕風陣陣寒
春色惱人眠不得　月移花影上欄干

'어떤 것이 조사가 서에서 온 뜻인가'를 물으니, '햇빛 속에서 산을 본다〔日裏看山〕'고 답한 운문의 말에 붙인 옛 사람〔無爲子〕의 다음 노래 또한 친절하다.

> 햇빛 속에서 산을 보니 눈에 가득 푸르름인데
> 천 바위 만 골짜기가 가로 세로 다투듯 엇갈리네
> 골어구에 구름이 막혀 끊겼는가 의심했더니
> 이르러 보면 반드시 길이 평탄한 줄 알리라

> 日裏看山滿眼靑　千巖萬壑鬪縱橫
> 洞門疑是雲遮斷　到者須知路坦平

학담도 한 노래를 붙이리라.

> 만약 공왕의 참 얼굴을 알려고 하는가
> 빛깔 없고 소리 없고 어떤 법도 없어라
> 비록 그러나 보고 들으면 밝아 또렷하나니
> 서쪽 하늘에 기러기 날아 붉은 놀을 지나네

> 欲識空王眞面目　無色無聲又無法
> 雖然見聞明歷歷　西天雁飛過紅霞

38.
먹물 입고 머리 깎음 까닭 있으니
- 밀행선자에게 보임 [示密行禪子] 1

먹물 입고 머리 깎음 까닭 있으니
푸른 산을 향해 헛되이 머리 희게 말라
사십구 년 그 얼마나 많이 말씀하시어
가로 세로 나를 위해 돌아가 쉼을 가리켰는가

披緇剃髮有來由　莫向青山空白頭
四十九年多少說　縱橫爲我指歸休

해설

여래의 설법하심은 중생의 헛된 마음을 위하심이니, 만약 내가 마음에 마음 없음 통달하면 여래의 법도 또한 무슨 쓸 것이 있으리. 그러나 이 세간에 중생이 있고 중생의 마음이 있고 중생의 괴로움이 있다면 보디사트바의 법 설함도 허공계가 다하도록 다함 없으리라.

설할 것 없는 곳에서 법 설하는 모습이여, 그 모습 어떠한가. 개암붕(介庵朋)선사는 이렇게 노래한다.

소리 앞을 향하여 찾으려 말고
말귀 뒤를 논하여 헤맴을 쉬라
한 망치로 모두 쳐서 깨뜨리니
천고에 온전히 끓이라 일컫네

莫向聲前討　休論句後迷
　　一槌齊擊碎　千古稱全提

　대각련(大覺璉)선사는 소리 없는 사마디〔無聲三昧〕를 말과 소리 밖에서 찾으려는 이들을 다음 같이 깨우친다.

　　소리 없는 사마디 아는 사람 드문데
　　한 무리 마음 모아 들으려고 하였네
　　옥토끼 달은 이미 기울어 서북쪽이 어두운데
　　지금껏 오히려 하늘 끝을 바라보고 있네

　　無聲三昧罕人知　一衆端心擬聽之
　　玉兔已傾西北暗　至今猶尙望天眉

학담도 한 노래를 더하리라.

　　머리 깎고 먹물 옷 입음 여러 가지 없으니
　　공한 문으로 도에 들어 중생 널리 건넴이네
　　여래의 법 설하심이여, 토끼 뿔과 같나니
　　설함에 설함 없으나 말씀은 다함이 없네

　　削髮染衣無多端　空門入道廣渡衆
　　如來說法如兔角　說中無說說無盡

그대 놓아두고 이 법 누가 이을까
- 밀행선자에게 보임 2

아 어찌하여 그대는 오백생 뒤에 태어나
다시 세속 티끌 벗어난 승려 되었나
임제의 미친 바람이 불어 떨치지 않으니
지금 그대 놓아두고 누가 이어갈 건가

嗟爾生當後五百　何因更作脫塵僧
臨濟狂風吹不振　如今捨子繼誰能

해설

소요선사가 백장의 인과법으로 밀행선자에게 사의할 길 없는 연기〔不思議緣起〕의 깊은 뜻을 맡겨 부치심인가.

　　옛날 백장선사(百丈禪師)가 당에 올라 설법하는데 한 노인이 늘 법을 듣다가 대중을 따라 갔다. 어느 날 가지 않고 앉았으니 백장이 물었다.
　"서 있는 자는 누구인가."
　"저는 과거 부처님 때 이 산에 살았는데 어떤 배우는 이가 '크게 수행하는 사람이 인과에 떨어집니까'라고 물음에 '인과에 떨어지지 않는다〔不落因緣〕'고 답했소. 그래서 그 과보로 들여우 몸〔野狐身〕을 받았는데, 화상께서 대신 한 마디 해주십시오."
　백장선사가 말했다. "물으라."
　노인이 물었다. "크게 수행하는 사람은 인과에 떨어집니까."

선사가 말했다. "인과에 어둡지 않다[不昧因果]."
이 말 아래 노인이 크게 깨치고 여우의 몸을 벗었다.

이 말을 어떻게 알아야 할까.
해인신(海印信)은 다음 같이 노래했다.

어둡지 않고 떨어지지 않음이여, 둘이 모두 틀렸다
취하고 버림 아직 잊지 못해 알음알이로 헤아림이니
말에 집착해 걸려서 줄 없이도 스스로 묶이네
툭 트인 큰 허공 그 어느 곳에서 더듬어 찾는가
봄이 오면 꽃이 피고 가을 되면 나뭇잎 진다
그릇되고 그릇됨이여
뉘라서 보화가 요령 흔든 뜻을 알 건가

不昧不落　二俱是錯
取捨未忘　識情卜度
執帶言詮　無繩自縛
廓爾大虛　何處摸
春至花開　秋來木落
錯錯　誰知普化搖鈴鐸

천동정각[天童覺]선사는 다음 같이 노래한다.

물이 한 자면 한 길의 물결인 것을
오백 생 앞에는 어쩌지 못했는데
떨어지지 않음과 어둡지 않음을 헤아린다면
앞과 같이 말의 뒤얽힌 소굴에 들어가리라

하하하 알겠는가
만약 그대 물 뿌린 듯 깨끗하게 된다면
내가 치치 화화 노래 부름에 거리끼지 않으리
신당의 노래 제사의 춤이 저절로 가락 이루니
손뼉 치고 그 사이 라라리라 노래하리

一尺水一丈波　五百生前不奈何
不落不昧商量也　依前撞入葛藤窠
阿呵呵　會也麽
若是你灑灑落落　不妨我哆哆啝啝
神歌社舞自成曲　拍手其間唱哩囉

소요선사의 위 게송은 백장의 인과법을 참으로 깨친 눈 밝은 사람으로 밀행선자를 인정해준 노래인 것이다.
학담 또한 한 노래 붙여 소요선사의 뜻에 함께하리라.

오백 생 앞의 백장과 뒤의 백장이여
인과에 떨어지지 않고 어둡지 않다 했네
떨어지지 않음과 어둡지 않음에 두 길 없으니
흰 구름은 절로 오고 맑은 바람 떨치네

前百丈與後百丈　因果不落與不昧
不落不昧無二道　白雲自來淸風拂

39.
우뚝하여 비어 고요하고 신령한데
- 탁영법사에게 보임 [示卓靈法師] 1

우뚝하여 비어 고요하고 맑아 신령한데
그 얼굴이 어찌 일찍이 나고 죽음에 떨어졌으리
법사여 그것이 돌아가는 곳을 알려는가
달이 성긴 발에 드니 밤 빛깔이 맑도다

卓然虛寂湛然靈　面貌何曾落死生
師乎欲識渠歸處　月入疎簾夜色淸

해설

법사의 이름이 탁영(卓靈)이니, 우뚝하고 신령함이다. 우뚝함은 삼라만상이 공한 줄 알아 만상 가운데 주인되어야 우뚝함이고, 고요한 곳에서 신묘한 앎이 어둡지 않아야 신령함이다.

이제 소요선사가 그 뜻을 깨우쳐서 탁영에게 법을 맞겨 당부함이니, 탁영의 우뚝함에 나고 사라짐이 공한데 무엇을 없애며, 탁영의 신령함에 나고 사라짐이 진여인 나고 사라짐인데 무엇을 다시 세울 것인가.

옛 선사〔佛眼遠〕의 한 노래 들어보자.

　봄이 오면 꽃이 피지만
　붉은 얼굴이 어찌 있겠는가
　가여워라 동산 속 고운 빛깔은

거울 가운데 들어오지 않도다

春至是花開　朱顏安在哉
可憐園裏色　不入鏡中來

학담도 한 노래를 더하리라.

맑고 비어 고요하니 누가 나고 죽으며
본래 좇아 온 곳이 없는데 어디로 가는가
마침내 저는 어느 곳에 돌아가는가
밤 달이 누각에 드니 바람은 맑고 서늘하네

湛而虛寂誰生死　本無所從去何處
畢竟渠歸甚麼處　夜月入樓風淸凉

두렷한 깨침의 집 가운데
- 탁영법사에게 보임 2

두렷한 깨침의 집 가운데 시방 중생 모이어
형이니 아우이니 하며 남이 없음 배우네
낱낱 마다 나는 연이 다만 이와 같을 뿐인데
어찌 번거롭게 나에게 앞길을 꼭 물어야 하나

圓覺堂中聚十方　兄乎弟耶學無生
箇箇生緣只如此　何須煩我問前程

해설

원각경(圓覺經)에 이렇게 말했다.
"크고 두렷한 깨침으로 나의 상가아라마를 삼으니 몸과 마음이 평등한 성품의 지혜〔平等性智〕에 안거한다."
이미 본래 두렷한 깨침으로 나의 도량을 삼고 평등한 지혜에 안거하니, 무슨 망상을 끊고 무슨 참됨을 다시 얻을 것인가. 중생의 망상〔不覺〕이 온통 본래 깨침〔本覺〕 떠나지 않고 중생의 새로 깨침〔始覺〕이 본래 깨침의 땅 떠나지 않아 다시 얻는 것 없음을 알아야 할 것이다. 다만 온갖 법의 나고 사라짐에 나고 사라짐이 없음을 알면 이 곳이 본래 깨침의 도량이고, 나의 몸과 마음이 평등한 성품의 땅에 이미 있는 것인가.
원오근(圓悟勤)선사는 다음 같이 노래한다.

털끝도 남기지 않으니 세로 가로 자유롭고
문밖의 하늘땅이 툭 트여 아득하니
밖이 없는 큰 방위에 노닐도다
밝고 밝은 조사와 붇다의 뜻
밝고 밝은 백 가지 온갖 풀끝이라
여우 같은 의심의 그물 모두 깨뜨리고
애욕의 강 세찬 흐름 잘라 끊었으니
비록 하늘 돌릴 힘이 있다한들
곧장 바로 쉬는 것만 어찌 같으리
네거리 길 가운데 헐벗은 듯 깨끗하니
위산의 검은 암소 풀어 놓았네

毫髮不留　縱橫自由
闠外乾坤廓落　大方無外優游
明明祖佛意　明明百草頭
褫破狐疑網　截斷愛河流
縱有迴天力　爭如直下休
四衢道中淨躶躶　放出溈山水牯牛

학담도 한 노래로 옛 선사의 뜻에 함께하리라.

시방에서 같이 모여 남이 없음 배우니
본래 두렷이 깨침이요 본래 니르바나네
다만 망령됨이 공한 줄 알면 곧 한결같음이니
어찌 반드시 망상 없애고 참됨 구하리

十方聚會學無生　本是圓覺本涅槃
但知妄空卽如如　何須除妄別求眞

40.
저 허공이 몸 갖출 곳 아니니
- 의현법사에게 답함[賽義玄法師] 1

펼쳐진 만 가지 것들 함께 허깨비에 돌아가니
긴 허공에 새가 지나가나 그 자취 찾을 수 없네
저 허공이 참으로 몸 감출 곳 아니니
바람 앞에 비에 젖은 소나무를 볼 지어다

森羅萬像同歸幻　鳥過長空覓沒蹤
虛空不是藏身處　看取風前帶雨松

해설

　유가(儒家)와 도가(道家)는 저 허공을 하늘땅의 근원이라 생각하여 태극(太極)이라 말하고, 하늘땅을 내는 하나인 도[道生一 一生二]라 말한다. 그리하여 유가는 말이 없되 네 때 운행[四時運行]의 바탕인 하늘의 도[天道]에 돌아갈 것을 가르치고, 도가는 함이 없되 하지 않음도 없이[無爲而無不爲] 본래 스스로 그러한[本自然] 허무적멸의 도[虛無寂滅道]에 돌아갈 것을 가르친다.
　붇다의 가르침은 만상이 공할 뿐 아니라 허공도 공하고, 만상과 허공을 안고 일어나는 마음도 공하다 가르친다. 그러므로 만상과 저 허공을 말하되 만상과 허공이 아니고, 만상과 허공 아님도 아니며, 마음을 말하되 마음도 아니고 마음 아님도 아닌 것이다.
　같은 산(山)을 말하되 보디의 눈을 뜬 종사가 산을 말하면 그 산은 다만 무위자연(無爲自然)의 산이 아니라, 삼계 밖에 벗어나 아득하나 삼계 안에 우뚝한 산인 것이니, 저 산의 참모습은 마음 있음〔有心〕으로도 알 수 없고 마음 없음〔無心〕으로도 가늠할 수 없다.

투자청(投子靑)선사의 다음 한 노래를 들어보자.

> 높고 높이 솟아 구름 낀 하늘 벗어났으나
> 정수리에 찬 얼음 덮여 산세 밖에 아득하네
> 앉아서 사방을 바라보니 안개 둘러싸인 곳
> 한 줄기 푸른 산이 만 가지 물의 뿌리이네
>
> 巍巍峭迥出雲霄　頂鎖氷寒勢外遙
> 坐觀四望煙籠處　一帶靑山萬水朝

학담도 한 노래로 보이리라.

> 만상과 저 허공이 모두 다 고요하니
> 법계 공덕 곳간의 몸 아미타 붇다로다
> 이 가운데 분명한 뜻을 알려 하는가
> 바위 앞의 개울물은 달을 싣고 흘러가네
>
> 萬像虛空俱是寂　法界藏身阿彌陀
> 欲知個中端的意　岩前溪水載月流

소나무 그늘에 기대 잠자니
- 의현법사에게 답함 2

짧은 지팡이 구름 속 누더기 이 몸은 한가한데
백세의 나그네 짐은 만 골짜기 사이로다
지치면 홀로 소나무 그늘에 기대 잠자니
바람이 시냇물 소리 보내 꿈에 들어 차가워라

短節雲衲此身閑　百歲行裝萬壑間
困來獨倚松陰睡　風送溪聲入夢寒

해설

저 보이고 들리는 산천 경계가 본래 공해 진여의 고요함을 떠나지 않는다. 나의 살림살이 저 산천경계에 맡기되 머물러야 할 진여의 공함도 또한 공하다. 그러므로 티끌세상에서 이렇게 다시 보고 들으며 온갖 경계 겪어야 하는 나그네 고달픈 길 밖에 보디의 고향땅을 찾을 수 없다.

'만주쓰리보디사트바의 푸른 산〔文殊靑山〕'이여, 지금 중생의 봄〔見〕이라 해도 안 되고 보고 듣는 앎〔識〕을 떠났다 해도 안 되는가. 이쪽 저쪽 머물면 아득한 윤회의 길 정처 없는 나그네가 될 것이니, 옛 선사〔天童覺〕의 한 노래 들어보자.

　　한 번 불러 머리 돌리니 나를 아는가
　　넝쿨 사이 환히 밝던 달 그믐날 갈고리 되고

천금의 부자 아들이 거리에 흘러 떨어지니
　　아득하고 아득하여 길이 막힌 곳에서
　　헤매는 나그네의 걱정거리 많다 하리라

　　一喚迴頭識我不　依俙蘿月又成鉤
　　千金之子纔流落　漠漠途窮有許愁

학담도 한 노래를 보여 소요선사의 뜻에 함께하리라.

　　누더기에 지팡이 짚은 이 몸
　　흘러가는 구름과 물에 맡기고
　　먼 길 나그네 짐은 푸른 산 가운데로다
　　고향 집 떠나지 않고 걸음걸음 다니니
　　누워서 산 달을 보며 개울 소리 듣노라

　　節衲此身寄雲水　遠路行裝靑山中
　　不離家鄕步步行　臥看山月聽溪聲

41.
몇몇의 장부들이 이 세간 벗어날까
- 산중에서 일어나는 흥을 노래함 [山中漫興] 1

사람 세상에 재물 좇으면 번뇌를 많게 하니
몇 명의 장부들이 이 세간을 벗어날까
시골 늙은이 세간 티끌의 그물 벗어나서
불어오는 솔 바람에 높이 누움에
뼛속까지 사무치게 차가움을 뉘라서 알리

人實逐物多煩惱　幾介男兒脫世間
誰知野老出塵網　高臥松風徹骨寒

해설

아는 마음도 공하고 보는바 경계도 공하여 법계에 본래 막힘과 걸림이 없는데, 중생은 왜 기나긴 나고 죽음의 밤길에 아득히 헤매는가.

이름을 좇고 이익을 따라 눈앞에 헛것을 만들어서 그러는 것인가. 세간 명예를 찾아 오고가는 높은 선비 학자들과 부귀영화를 좇아 헤매는 이들이여. 산승의 살림살이 비록 가난하나 법계의 진리바다에서 법계의 공덕 누리는 시골 늙은이의 자재한 경계를 아는가.

옛 선사 [保寧勇]의 한 노래 들어보자.

툭 트여 막힘없는 한 가닥 역참 길에는

새벽에나 어둘 녘에 사람 다님 금하지 않네
　　온 집안사람 길 나서서 걷지 않으려 함 아니나
　　문 앞에 우거진 가시덤불 어찌하지 못해서네

　　蕩蕩一條官驛路　晨昏曾不禁人行
　　渾家不是不進步　無奈當門荊棘生

학담도 한 노래로 소요선사의 뜻을 도우리라.

　　흐름 따르고 사물 좇으면 흘러 구름이라 말하나
　　본래 구르는 바가 없어 언제나 한결같아라
　　진여를 움직여 일으키지 않고 세간을 보니
　　들 늙은이 티끌 벗어나 겁 밖의 노래 부르네

　　隨流逐物曰流轉　本無所轉常如如
　　不起眞如見世間　野老出塵劫外歌

이 세상의 몸 흰 구름 사이 있으니
- 산중에서 일어나는 흥을 노래함 2

나만 홀로 아득하고 나만 홀로 한가하여
반평생 이 세상의 몸 흰 구름 사이였네
신선 경계 놀던 꿈을 밤에 놀라 깨뜨리니
밝은 달과 솔소리가 한 나무 베개에 차가워라

我獨昏昏我獨閑　半生身世白雲間
夜來驚破游仙夢　明月松聲一枕寒

해설

보고 들음에 보고 들음 없어 아득하고 아득하나 지혜의 달은 밝고, 만상이 나고 사라지나 나고 사라짐 없어 티끌경계의 움직임 속에 고요하여 한가하다.

깨끗하고 고요한 신선의 경계와 시끄럽고 때묻은 세속의 경계를 모두 뛰어넘으니, 세간의 낱낱 것〔頭頭物物〕이 법계 공덕의 곳간이요, 물가 바람 부는 나뭇가지 밝은 달〔風柯月渚〕이 반야의 빛이다.

이것이 어찌 도인만의 경계일 것인가. 번뇌 속에 있는 중생의 때묻지 않는 자기진실이고, 일고 지는 세간 물결 이랑의 고요한 자기모습이다.

옛 선사〔雲居元〕의 한 노래 들어보자.

옥은 진흙 가운데 있고 연꽃은 물 위에 솟으니
더럽힐 수 없고 견줄 곳 끊어졌네
여러 중생 이와 같이 만약 깨달아 알면
동정호수 한 밤에 가을바람 일어나리

玉在泥中蓮出水　汚染不能絶方比
大家如是若承當　洞庭一夜秋風起

학담도 한 노래를 더하리라.

어둡고 어두운 밤에 달은 오히려 밝고
이내 신세 뜬 구름이나 하늘은 한 모습이네
홀연히 신선 꿈에서 깨어나 누대를 내려오니
비 떨어지는 소리 소리 내 마음을 적시네

昏昏暗夜月猶朗　身世浮雲天一樣
忽起仙夢下樓坮　雨滴聲聲洽我心

42.
달 밝은 빈 산에 계수꽃 지네
- 시산사군의 운을 따라 [次詩山使君韻]

비에 막힌 성 가운데 나그네 시름 많은데
바쁘게 돌아갈 생각하니 또 어떠한가
생각건대 절은 두류산 꼭대기에 있으리니
달 밝은 빈 산에 계수꽃이 지리라

滯雨城中客恨多　忿忿歸思又如何
想應寺在頭流頂　明月空山落桂花

> 해설

저 보는바 모습에 모습 없음을 알면 보고 듣는 모습을 깨뜨리지 않고 곧 고향소식을 보는데, 중생은 보고 듣고 느껴 앎[見聞覺知]에 떨어져 기나긴 겁 나그네 신세로 떠돌아 다니는가.

그러나 옛날 그대로 두류산 꼭대기 절에 달은 밝고 계수꽃 떨어지듯 중생이 알지 못해도 법의 진실은 늘 그러한 것이니, 실로 무엇을 끊고 무엇을 새로 얻을 것인가.

망상의 경계가 본래 공한 줄 알면 한 걸음도 옮기지 않고 고향소식 보리니, 옛 선사[法眞一]의 한 노래를 들어보자.

　　범부 마음도 쉬지 않으니 거룩함을 어찌 구하리
　　밥 먹고 산 차 저절로 한 잔 마시네
　　꽃 지고 꽃 피는 것 때와 철에 맡겼으니

이 세상 몇 번의 봄가을인가 어찌 알 건가

凡心不息聖何求　飯了山茶自一甌
花落花開任時節　那知世上幾春秋

또 한암〔寒巖升〕선사는 이렇게 노래한다.

본래 머무는 곳 없으나 연을 따라 머무니
푸른 하늘에 조각구름 몇 천만 리나 되는가
연기 없는 불을 지피고 젖지 않는 물을 길어
살림살이 드러나 이뤄졌으나 다리 잘린 솥이네
다만 향엄의 신통이 그러함을 웃나니
차를 들고 왔을 때 같이 꿈속에 있도다

本無所住 隨順而止　青天片雲 幾千萬里
燒無煙火 運不濕水　活計現成 折脚鐺子
但笑香嚴 神通乃爾　擎得茶來 同在夢裏

한암선사의 위 노래는 모습에서 모습 떠난 행에 쓰는 공〔無功用〕이 없으므로 세간 떠난 경계와 세간에 모두 취할 것 없음을 노래한 것인가.
원오근(圜悟勤)선사의 한 노래 들어보자.

밥을 만나면 밥을 먹고 차를 만나면 차 마시니
천 겹 만 겹이지만 네 바다가 한 집이네
끈끈이를 풀어버리고 묶임을 없애버리니
말에 말이 없고 지음에 지음 없도다

툭 트인 본바탕이 허공 같으니
바람이 범을 따름이여, 구름은 용을 쫓네

遇飯喫飯　遇茶喫茶
千重百匝　四解一家
解却黏去却縛　言無言作無作
廓然本體等虛空　風從虎兮雲從龍

끝시대〔末代〕 학담도 한 노래로 소요선사와 여러 조사의 뜻에 함께하리라.

고향 가는 길 멀지 않음 알지 못하여
먼 길 가는 나그네 시름은 만 갈래네
어느 곳이 고향이고 어느 때나 돌아가리
눈동자 속 그림자요 얼굴 앞의 사람이네

不知歸鄉路不遠　遠路游客恨萬端
何處本鄉何時歸　瞳中影像面前人

43.
등심지를 돋아 밤늦도록 맑은 이야기 나누리
- 산에 돌아와 앞의 운을 써 시산의 아헌에 올림 [還山更用前韻上詩山衙軒]

번개처럼 만나고 헤어짐에 안타까운 느낌 많은데
시름 밖의 저 푸른 산들이 만 겹임을 어찌하리
어느 날 우리 옛날 만났던 석문의 방장사에서
밤늦도록 맑은 이야기로 등심지 돋아 밤새우리

電逢電別感偏多　愁外靑山萬疊何
何日石門方丈寺　夜闌淸話剪燈花

해설

삼계도사 붇다께서도 빛깔 보고 소리 들으며, 만주쓰리보디사트바도 빛깔 보고 소리 들으며, 지난 옛날 소요선사도 빛깔 보고 소리 들으며, 오늘 못난 범부들도 눈으로 빛깔 보고 귀로 소리 듣는다. 볼 줄 알고 들을 줄 아는 것은 같은데 무엇이 다른가.

저 붇다께서는 티끌경계를 보되 보는 바 경계에 한 티끌도 없고〔本無一塵〕보는 마음에 생겨나는 첫 모습〔念無初相〕이 없다. 그러므로 붇다는 크고 두렷한 거울의 지혜〔大圓鏡智〕로 봄이 없이 보고 들음 없이 들으나, 중생의 마음은 경계에 막히고 경계는 마음에 물들어 기나긴 겁에 나고 숙음에 굴러 흐르는 것이다.

소요선사 또한 인간세상 만나고 헤어지는 사람의 일에 시름이 없지 않다. 다만 법의 눈〔法眼〕을 연 선사는 본래 평등한 진리의 땅에 앉아 맑고 맑은 도의 이야기로 밤을 새우나, 우리 중생은 탐욕과 분노의 이야기로 잠 못 이루는 것이리라.

  그러나 중생의 진실이 여래의 진실이니, 중생도 저 모습을 한 번 돌이켜 모습 아닌 모습으로 굴려 쓸 수 있으면 그도 또한 진리의 집에서 겁 밖의 노래 부를 수 있으리라.

  옛 선사〔寒巖升〕의 한 노래 들어보자.

> 마음은 본래 남이 없으나 망령됨을 따라 나타나니
> 망령됨과 참됨 둘을 떠나면 한 조각을 이루게 되리
> 바람을 매고 구름을 묶으며 우레 막고 번개를 가둬도
> 뒤섞여 앞에 펼쳐진 것 굴리지 않아도 절로 굴러서
> 빠른 물에 흐르는 공 같으니 몇 사람이 가려 알까
> 앞산을 둘러 엎고 다만 이렇듯 서로 봄이리

> 心本無生 乃從妄現　妄眞二離 打成一片
> 繫風縛雲 閑雷鎖電　雜然前陳 不撥自轉
> 急水毬子 幾人能辨　拈却案山 只恁相見

학담도 한 노래를 붙이리라.

> 만나고 헤어짐 번개 같아 시름 또 깊지만
> 본래 헤어짐이 없으니 뜻은 늘 그러하네
> 어느 때 서로 만나 얼굴 마주해 말 나눌까
> 밝은 창 밤 달이 등불 도와 밝으리

> 逢別如電愁又深　本無別離意常然
> 何時相逢接話談　明窓夜月助燈火

44.
한 떨기 국화 서리 띠어 곱나니
- 국화를 노래함 [咏菊]

고요하고 쓸쓸한 동쪽 울타리 한 떨기 국화
향기로운 꽃 점점이 서리 띠어 고와라
나라의 높은 분들로 시 짓는 이들에게 말해주노니
시로써 사물 잡아 보아 경계에 떨어지지 말라

寂寞東籬一枝菊　香葩點點帶霜姸
爲言上國風騷客　莫把詩看落境緣

해설

말이 말 아니고 생각이 생각 아니며 모습이 모습 아닌 줄 깨달아, 말로써 실상을 노래하는 선사의 게송에는 말에 말이 없다. 그러므로 세간 벼슬아치 선비들 글 잘하는 이들의 음풍농월(吟風弄月)의 시와 같은 것이라 말하지 말라. 선사가 말로써 시를 짓는 뜻이여, 죽순 향내 맡고 병까지 모두 없애는 소식인가.
　옛 선사[淨嚴邃]의 한 노래 들어보자.

　　홀연히 옆집에서 죽순 볶는 향내 맡고
　　반 년 농안 병들었으나 몸까지 없어졌네
　　이로써 이것이 좋은 채소인 줄 알았으나
　　못나고 뒤쳐진 이들에게 맛 보여주지 말라

　　忽聞隣家炒筍香　半年得病泊身亡

也知便是好蔬萊　不與卑末些子嘗

학담 또한 한 노래로 소요선사의 뜻을 기리리라.

노란 꾀꼬리 나무에 오르니 한 가지 꽃이요
들꽃은 새와 함께해 더욱 향기롭고 고와라
시 구절을 쥐고서 경계 모습 보지 말라
꽃과 새가 함께 같이 끝없는 뜻이로다

黃鸚上樹一枝花　野花與鳥尤香娟
莫把詩句看境緣　花鳥共是無限意

45.
매화향기 달빛 타고 오노라
- 꿈 가운데 매화를 노래함 [夢中詠梅]

담장 끝에 찬 매화 일찌감치 피어서
그윽한 향 성긴 그림자 달빛 타고 오도다
저 향내 맡고서 경계 분별하지 말고
봄 빛깔이 누대에 스밈을 마음껏 보라

墻角寒梅早已開　暗香踈影月中來
不涉馥香分別界　任看春色浸樓臺

해설

진리[理]와 사법[事]이 걸림 없으므로 사법과 사법이 걸림 없고〔事事無礙〕, 마음[心]과 경계[境]가 공하되 공하지 않으므로 마음이 날 때 마음은 경계인 마음이고 경계가 마음인 경계로 드러난다. 이 모습이 어떠한가.
　옛 선사[佛眼遠]는 다음 같이 노래한다.

양자강 언덕배기 버들 늘어진 봄날인데
버들꽃이 나루 건너는 사람을 애닯게 하네
한 소리 남은 피리소리 서무는 정사를 떠나니
그대는 소상으로 가고 나는 진으로 가네

楊子江頭楊柳春　楊花愁殺渡頭人
一聲殘笛離亭晚　君向瀟湘我向秦

학담도 한 노래를 더하리라.

눈 가운데 한 매화에 꽃이 일찍 피어서
그윽한 향에 달빛 스며 내 꿈에 들어오네
대낮의 잠결 꿈 가운데 꽃과 달이여
한 모습의 봄 빛이 누대에 가득하네

雪中一梅花早開　暗香和月浸吾夢
午睡夢中花與月　一樣春色滿樓臺

46.
이 세상의 몸 강과 산에 맡겼네
 - 임상사의 운을 따라 [次林上舍韻]

다섯 큰 임금 세 높은 임금도 한 꿈 사이라
앞 사람 가고 가면 뒤의 사람이 돌아오네
이 시골 늙은이는 지금과 옛의 변함 모르니
이 세상 태평한 몸 강과 산에 맡겼네

五帝三皇一夢間　前人去去後人還
野老不知今古變　太平身世付江山

해설

세간의 모든 법이 인연 따라 나고 사라지니, 그 어떤 법이 덧없음의 물결 밖에 있는 법인가. 이 세간 권세를 누리던 권력자, 천하 문장, 대부호들은 지금 어디 있는가. 그러나 나고 사라짐이 나고 사라짐 아님을 깨치면 흐름에 옮기지 않는 법계의 땅에 편안하리라.

어떻게 안락의 땅에 목숨을 세울 수 있는가. 다만 삼세의 물결 따라 흘러 온갖 물든 업을 지어온 지난 날을 참회하면, 생각이 생각 아닌 곳에서 자재한 살핌 [觀自在]을 쓸 수 있는가.

옛 선사 [寒岩升]는 노래한다.

　　괴로움의 바다 아득하여 그 얼마나 깊었는가
　　앞 물결 뒤 이랑이 저절로 뜨고 가라앉네

한 말에 삼생의 업을 참회하여 다하고
다만 관세음께 귀의함을 불러 말하네

苦海茫茫幾許深　前波後浪自浮沈
一言懺盡三生業　但念南無觀世音

학담도 한 노래를 붙이리라.

세간의 이름과 공은 뜬 구름과 같은데
꿈 가운데 가고 오는 사람 그 얼마인가
나고 죽음이 본래 옮기지 않음 깨쳐 알면
몸을 법계에 감추고 남이 없음 노래하리

世間功名如浮雲　夢中去來人幾何
了知生死本不遷　藏身法界歌無生

47.
구십 일 안거에 무슨 일 이루었나
- 은장로에게 보임 [示誾長老]

구십 일 동안 발을 묶어 무슨 일을 이루었나
진흙 소를 놀리어 법의 도량 세웠더니
어젯밤 삼경에 몸을 뒤집어 감에
울부짖는 우렛소리 시방에 두루하네

九旬禁足成何事　弄得泥牛建法場
三更昨夜翻身去　哮吼雷聲遍十方

해설

4월 보름날부터 7월 보름까지 한 도량에 편히 머물러 좌선하고, 안거가 끝나면 세간 여러 곳을 노닐어 다니며 법을 전하는 것은 붇다 당시부터 출가상가 대중의 기본적인 생활법도이다. 안거(安居)와 유행(遊行)을 같이함 속에서 잡아 정함[把定]과 놓아 움직임[放行]을 함께 거두고, 움직임과 고요함을 하나되게 하는 디야나파라미타의 행하는 모습이 있다.

이때 구십 일 동안 발을 묶고 안거함[安居]은 무엇을 위함인가. 이 봄과 마음이 나되 남이 없음[生而無生]을 깨달아 삼세의 마음을 얻지 않되[三世心不可得] 삼세의 일을 자재히 쓰기 위함인가.

법의 도량 세움은 나고 사라지는 세간법을 진여의 땅에 거둠이고, 진흙소의 우렛소리 시방에 두루함은 세간법의 나고 사라짐을 진여의 묘용(妙用)으로 발휘함이리라.

옛 선사〔黃龍新〕는 다음 같이 경책한다.

"천천히 하여 서두르지 마라. 어떤 사람이 구십 일 한여름을 돌이켜 만 년에 통하면 만 년이 구십 일 여름이요, 어떤 사람이 만 년을 돌이켜 구십 일 여름에 통하면 구십 일 여름이 곧 만 년이다. 만 년이 구십 일이요 구십 일이 만 년이라, 긴 것으로 짧은 것과 바꾸고 짧은 것으로 긴 것과 바꾸니, 수에 떨어지지 않는 것을 도리어 아는가.
　여기에서 볼 수 있으면 크고 두렷한 본래 깨침으로 나의 상가 아라마를 삼아 시방 성현이 이 안거에 같이할 것이다. 만약 보지 못하면 한 해에 한 번씩 줄이 없이 스스로 묶는 것〔無繩自縛〕이다."2)

학담도 한 노래를 붙이리라.

　　발을 묶고 안거함은 무슨 일 때문인가
　　보디에 회향하여 중생 은혜 갚음이네
　　한 생각을 돌이켜서 몸을 뒤쳐 감이여
　　쇠소의 한 소리가 수메루산 넘어뜨리리

　　禁足安居爲何事　廻向菩提報衆恩
　　廻轉一念翻身去　鐵牛一聲倒須彌

---

2) 且緩緩若人轉得 九十日夏 通於萬年 萬年卽是九十日夏 若人轉得 萬年通於九十日夏 九十日夏卽是萬年 萬年九十日 九十日萬年 以長換短 以短換長 還知有不落數量者麽 於此見得 以大圓覺 爲我伽藍 十方聖賢 同此安居 若見不得 一年一度 無繩自縛

48.
강과 산 어느 곳이 도량 아니리
- 가을밤에 읊조리다 [秋夜偶吟]

추위 더위 서로 바뀌며 큰 빛을 놓으니
영축산에서 동방을 비춘다 말하지 말라
한 줄기 시내 소리 늘 법을 설하니
그 어느 곳 강과 산이 도량 아니리

寒暑相更放大光　莫言靈嶽照東方
一條溪舌常宣說　何處江山不道場

해설

추위 더위 서로 바뀐다 하나 사물은 옮기지 않고〔物不遷〕만 가지 모습 일어나고 사라지나 실로 나고 사라짐 없다〔實無生滅〕.
이와 같이 사물의 진실을 알면 사물이 마음인 사물인 줄 알지만, 마음 또한 공하므로 마음에서 마음마저 떠나면 마음 빛이 시방에 두루하니, '영축산에서 세존만 이마의 밝은 빛이 동방을 비춘다' 말하지 말라.
나고 사라지는 세간법이 공한 법자리에 머물러 세간법이 늘 머무는 것〔是法住法位 世間相常住〕이다. 그렇다면 나고 사라짐 가운데 늘 고요한 이 뜻 어떻게 말해보리.
옛 선사〔心聞賁〕는 이렇게 노래한다.

　　까마귀 울음 같은 한 가락에 그리운 뜻을 부치니

해당화 바람에 날려 지고 허공에 달은 밝네
비단 같은 냇물 아득하고 소상강은 드넓은데
이 소리 아는 이 없어 마냥 슬퍼하노라

一曲啼鳥寄遠情　海棠飄盡月空明
錦川迢遞湘江闊　惆悵無人會此聲

학담도 한 노래로 함께하리라.

세간의 보통 뜻은 추위 더위 바뀐다 하나
참 사람의 분상에는 사물이 옮기지 않네
눈썹 사이 흰 털이 동방 비춘다 말하지 말라
낱낱 것이 늘 설법하고 곳곳이 참됨이네

世間常情寒暑迭　眞人分上物不遷
莫言白毫照東方　頭頭常說處處眞

49.
목란 꽃은 피고 물은 졸졸 흐르리
- 도희선인에게 줌 [贈道熙禪人] 1

빛과 그림자 갑자기 사라지며 달림 불고리 같으니
끌어 일으키는 그 때에는 등짐과 맞닥침에 관계하리
만약 하늘을 놀라게 하고 땅을 움직여 감에 이르면
목란꽃은 고요히 피고 물은 졸졸 흐르리

光陰倏忽走如環　提起時中背觸關
若到驚天動地去　木蘭花發水潺潺

해설

　나고 사라지는 저 경계에 나는 모습을 두고 아는 마음에 경계에 물든 마음이 나면, 찰나찰나 나고 사라지는 세간법은 끊어지지 않고 돌아 구름의 고리가 된다. 어떻게 나고 사라짐을 다할 것인가. 오직 나고 사라지는 세간법에 나고 사라짐도 없고 [無有起滅] 늘 머묾도 없음 [無有常住] 을 알 때, 나고 사라짐을 진여의 묘한 씀으로 돌이키리라.
　그러므로 세간법의 뒤얽힘 속에 한 길의 막힘없고 평탄함을 알지 못하면 서로 등지고 [背] 맞닥침 [觸] 이 있게 되니, 옛 선사 [心聞賁] 는 이렇게 노래한다.

　　산이 가로막고 돌이 걸려 길 없는가 했더니
　　땅이 구르고 개울 흘러 따로 마을이 있네

고개 위에 한 소리 피리가락 울리니
어슴푸레 안개 짙고 해 지는데 또 노을이 끼네

  山橫石礙疑無路　地轉溪斜別有村
  嶺上一聲橫笛響　暝煙斜日又黃昏

학담도 한 노래로 옛 조사의 뜻에 함께하리라.

빛과 그림자 찰나라 번갯빛 같으나
본래 나고 사라짐 없어 사물은 옮기지 않네
늘 머묾과 나고 사라진다는 견해 놓아버리면
물 흐르고 꽃 피는 것이 본래 한결같으리

  光陰刹那如電光　本無生滅物不遷
  放下常住起滅見　水流花開本如如

마른 나무에 꽃이 피어
- 도희선인에게 줌 2

조주의 공안에는 마음의 생각 없으니
은산 철벽은 백 가지 생각으로 알 수 없네
의심해 오고 가서 그 의심 사이 없으면
마른 나무에 꽃이 피어 옛 가지에 가득하리

趙州公案沒心思　鐵壁銀山百不知
疑來疑去疑無間　枯木開花滿故枝

해설

공안선(公案禪)은 산 말귀 봄[看話]을 통해 망집을 뒤집어 바로 여래의 땅에 들어가는 선법[直截]이다. 그러나 간화 또한 방법론의 한 가지이고 말귀에 말과 뜻이 없되 말과 뜻 없음도 없는 것이니, 화두 또한 공한 줄 알아야 공안의 법으로 위에서 말 아닌 산 말귀를 다시 현전시킬 수 있는 것이다.

이처럼 공안선(公案禪)의 방편은 수트라의 가르침을 듣고 뜻과 이치로 헤아려 뜻과 이치에 갇혀 진여법계에 돌아가지 못하는 병폐를 다시 깨뜨리는 것이니, 옛 선사[白雲冥]의 한 노래 들어보자.

네 구절 백 가지 그름 다 끊어지니
따뜻한 봄노래와 흰 눈의 가락 더욱 높아지네
바람 맑고 달 환히 밝아 구름 없는 밤

뉘라서 털 베는 칼 잡아 보배칼과 바꾸리

四句百非皆杜絶　陽春白雪唱彌高
風淸月白無雲夜　誰把吹毛換寶刀

　방법론은 방법론의 실현을 통해 자신을 넘어서야 하는 것이니, 방법론 자체를 신비화하면 방법론의 실천성을 저버리는 것이다.
　원오선사(圓悟禪師)가 '쉬고 쉬어가면 쇠나무에 꽃이 핀다〔休去歇去 鐵樹開花〕'고 한 것도 사마타의 쉬고 쉼이 사마타인 비파사나가 됨을 나타낸다. 곧 한 마음에서 진여문과 나고 사라짐의 문이 둘이 아니듯, 사마타와 비파사나는 같이 행해야 법계성품 그대로〔如法性〕의 디야나(dhyāna; 禪)이고 프라즈냐(prajñā; 智)이기 때문이다.
　조사공안(祖師公案) 위에 네 구절 백 가지 그름〔四句百非〕이 붙을 수 없지만, 공안의 털을 베는 칼로 온갖 사량 끊어내면 산하대지가 나의 집안 소식이 되고 네 구절이 다시 교화의 방편이 되는 것이다.
　학담도 한 노래를 붙이리라.

조사 공안은 마치 불 무더기 같아
네 가의 치우친 생각 다 타서
붉은 화로에 눈이 떨어짐과 같으리
큰 의심이 서로 이어 생각에 사이 없으면
쇠나무에 꽃이 피어 끝내 시들지 않으리

祖師公案如火聚　四邊皆燒紅爐雪
大疑密密念無間　鐵樹開花終不蔫

50.
드러나 이루어진 공안 누가 알리
- 초엄법사에게 답함 [賽楚嚴法師]

밝음과 어두움 서로 들어가 죽이고 살리는 기틀의
드러나 이루어진 공안은 누가 있어서 알 수 있나
푸른 봉 담쟁이 넝쿨 밑 달밤에 홀로 앉아서
아득하게 앞서 가신 스승 부질없이 생각하며 지새네

明暗相叅殺活機　現成公案有誰知
獨坐碧峯蘿月夜　悠悠空費憶先師

해설

나고 사라지는 세간법이 나고 사라짐을 떠났으니, 세간법의 중도실상이 조사선의 뜻이다. 니르바나보다 더한 것이 있다 해도 중생의 진실과 세간법의 실상 밖에는 다 마라(māra; 魔)의 꿈인 것이니, 옛 선사〔佛眼遠〕의 한 노래 들어보자.

그대와 더불어 같이 가는 오늘의 길에서
그대와 같이 함께 본래 사람을 보노라
이름 같고 성도 같고 몸덩이도 같은데
죽음도 없고 남도 없고 물질의 티끌도 없네

마침내 어떠한가
부디 본래 사람〔本來人〕이라 부르지 말라

與子偕行今日路　如君共看本來人

同名同姓同形段　無死無生無色塵
畢竟如何　切忌喚作本來人

학담도 한 노래를 더하리라.

꽃 피고 잎이 지는 이 세간의 일
이 밖에 어찌 죽이고 살리는 기틀 있으리
드러나 이루어진 공안 곳곳에 있으니
푸른 봉 담쟁이 넝쿨의 달이 선사의 뜻이로다

開花葉落世間事　此外何有殺活機
現成公案處處在　碧峯蘿月先師旨

51.
백장선사 사흘 동안 귀먹었으니
- 상준법사에 답함 [賽尙俊法師] 1

마조선사가 한 외침을 온전히 끄니
대웅봉의 백장이 큰 기틀 짊어지고 왔네
사흘 동안 귀먹은 것에 다른 여러 가지 없으니
하늘 땅 해와 달을 손에 쥐고 옴이네

馬祖全提一喝來　大雄擔荷大機來
耳聾三日無多子　掌握乾坤日月來

해설

마조의 한 번 '악' 외침에 백장이 사흘 귀 먹고 황벽은 혀를 빼물었다 하니, 이는 무엇을 말하는가. 어떤 기특한 일을 얻어서 그런 것인가. 말하고 듣다가 마조의 한 외침에 벙어리 되고 귀머거리 된 소식이니, 벙어리가 참으로 말할 줄 알고 귀머거리가 참으로 잘 듣는 줄 알아야 한다.

그러므로 어느 날 어떤 승려가 백장에게 물었다.
"어떤 것이 기특한 일입니까."
선사가 말했다.
"홀로 대웅봉에 앉았다〔獨坐大雄峯〕."
그 승려가 절하자 선사가 곧 때렸다.
불감근(佛鑑勤)선사가 이렇게 노래했다.

맑은 바람 땅을 스쳐 그 기가 하늘에 뻗었는데
홀로 대웅봉에 앉아 큰 권세가 있도다
울부짖는 한 소리에 바윗굴이 찢어지니
다시 개의 발자취가 문앞에 이르지 않네

淸風刮地氣橫天　獨坐雄峯大有權
哮吼一聲巖洞裂　更無狗跡到門前

학담도 한 노래로 소요선사의 뜻에 함께하리라.

마조선사 한 외침에 백장이 귀먹어서
큰 땅이 가라앉았으나 해와 달은 밝도다
산과 내가 다른 것이라고 말하지 말라
대웅봉에 홀로 앉아 손에 쥐고 오도다

馬祖一喝百丈聾　大地平沈日月明
莫言山川是他物　獨坐大雄掌握來

임제 덕산이 상에 오줌 누는 귀신이니
- 상준법사에 답함 2

임제 덕산이 상에 오줌 누는 귀신이니
사람들이 한 바탕 근심 면하지 못하게 했네
네 바다 생령들이 다 침상에 편히 자는데
어찌 꼭 억지로 어지러운 풍류를 지었던가

臨濟德山屎床鬼　令人未免一場愁
四海生靈盡安枕　何須强作亂風流(二)

> 해설

사람 사람이 본래 이미 깨쳐 있고 사물 사물이 본래 중도의 진실인데, 임제가 '악' 외치고 덕산이 '눈 먼 방망이' 치는 것은 평상에 오줌 누는 귀신 짓이다. 방망이와 악 외침도 본분의 일에는 한낱 거울 속 비친 그림자와 같은 것인데, 말폐의 선류들은 그것을 신비화하여 눈먼 방망이와 미친 외침을 비 오듯이 한다.
　옛 선사〔雪竇顯〕의 한 노래 들어보자.

　　조사와 붇다는 원래 사람을 위하지 않는데
　　납자들은 지금이나 옛날 머리 다투어 날린다
　　밝은 거울이 거울 틀에 있음에 뭇 모습 빼어나니
　　낱낱이 얼굴 남쪽 향해 북두별을 보도다

　　祖佛從來不爲人　衲僧今古競頭走

明鏡當臺列象殊　一一面南看北斗

북두자루 드리웠으나 찾을 곳 없는데
콧구멍을 잡고서 입을 잃어버리네

斗柄垂無處討　拈得鼻孔失却口

학담도 한 노래를 더하리라.

덕산의 방망이와 임제의 외침이여
낱낱이 다 이루어져 있는데 이 무슨 일인가
약과 병이 서로 다스려 근심이 없으니
통하는 길 절로 트여 수레 만들지 않네

德山棒兮臨濟喝　個個圓成是何事
藥病相治也無愁　通途自廓不造車

52.
이 생에서 조계의 길 밟지 않는다면
- 영조법사에게 답함 [賽靈照法師]

깨달음 등지고 비틀거려 산지 몇 해이던가
흘러온 햇수 강가강 모래수로도 셀 수 없어라
이 생에서 조계의 길을 밟지 않는다면
발 들고 고향 돌아감에 어찌 해가 있으리

背覺跉跰問幾年 恒沙難可筭流年
今生不踏曹溪路 擡脚還鄕豈有年

해설

중생은 경계를 집착하는 망상으로 기나긴 겁을 나고 죽음의 바다에 흘러 구르나, 나고 죽음이 본래 공하고 망상도 일어난 뿌리가 없다면 어찌 따로 고향길을 찾으리.

'조계의 길'이란 달마선종 법통의 한 이름이다. 조계가 꼭 조계가 아니라 그 이름이 조계이니, 조계의 길이란 붇다와 조사의 바른 법의 눈〔正法眼〕으로 보아야 하리라.

본래 망상이 공한데 새로 깨침〔始覺〕을 실로 얻었다고 말하는 자가 있어서, 도 얻음〔得道〕으로 중생 위해 군림하는 자가 있는가. 그는 마치 얼굴 꾸미기 위해 향수 뿌리는 자가 도리어 얼굴에 침 뱉는 꼴이다.

설두현(雪竇顯) 선사는 다음 같이 노래한다.

일을 마친 납승은 하나마저 다하여
길게 펼친 평상 위에 발을 뻗고 누웠네
꿈 가운데 일찍이 두렷 통함 깨쳤다고 말했으나
향수를 뿌리다 갑자기 얼굴에 침을 뱉는 꼴이네

　　了事衲僧消一箇　長連牀上展脚臥
　　夢中曾說悟圓通　香水洗來驀面唾

학담도 한 노래를 붙이리라.

깨달음 등지고 티끌에 합해 기나긴 겁 흘렀지만
흘러 구르는 나고 죽음이 모두 다 꿈이로다
꿈을 깨는데 어찌 꼭 조계의 길이 필요하리
남악산과 천태산은 털끝만큼 떨어짐이 없어라

　　背覺合塵廣劫流　流轉生死都是夢
　　覺夢何須曹溪路　南嶽天台無毫隔

53.
진흙소는 못의 안개 깨뜨리고
- 학주선자에게 보임 [示學珠禪子]

등에 뿔 난 진흙소는 채찍 들지 않아도
몸을 뒤집어 푸른 못의 안개를 밟아 깨뜨리네
한 소리 울부짖음 하늘땅을 놀라게 하니
번개를 끄는 기틀은 콧구멍을 꿰뚫네

背角泥牛不擧鞭　翻身踏破碧潭烟
一聲哮吼驚天地　掣電之機鼻孔穿

해설

인연으로 있는 어떤 것이 있되 공하고 공도 공하므로 만상은 서로 하나되고 서로 들어간다. 인연으로 있는 모습에 모습 없되 모습 없음에 모습 없음도 없으므로 존재는 과정으로 주어지고 활동으로 주어진다.

진흙소[泥牛]를 어찌 묘한 도리라고 보는가. 보이고 들리는 사물의 서로 머금어 비치는 모습이 푸른 못의 안개 깨뜨리는 진흙소의 소식이리라.

심문분(心聞賁)선사는 노래한다.

　　장대끝과 벼랑끝에서 두 손 놓고 가며
　　낭주와 예주에서 길을 찾아 돌아가네
　　가는 티끌 벗어나 다함이 온전한 기틀의 길이니

여덟 모 절구판이 허공 가운데 날아가네

竿頭崖頭撒手去　朗州澧州尋路歸
廉纖脫盡全機路　八角磨盤空裏飛

학담도 한 노래를 더하리라.

진흙소 움직여 씀이 헤아릴 수 없어서
푸른 안개 밟아 깨뜨리고 하늘땅 놀래키네
이 일이 어찌 보고 들음 밖에 있으리
물 있는 곳 마다 하늘의 달을 머금고
솟구친 산에는 구름이 일어나네

泥牛動用不可量　踏破碧烟驚天地
此事何有見聞外　有水舍月雲起山

54.
한강 물가 외로운 그림자 휘날리네
- 묘향산 가는 경선법사를 보내며 [送敬禪法師之妙香山]

일찍이 안개 놀 낀 태백산에 머물다가
남으로 가 법을 물은 지 이미 여러 해
오늘 아침 또 봄 바람에 지팡이 떨치고
한강 물가 외로운 그림자 휘날리도다

曾住烟霞太白巓　南游問法已多年
今朝又拂春風杖　隻影飄然漢水邊

해설

가되 감이 없고 오되 옴이 없으며, 머물되 머묾 없으니 이것이 납승의 밟아가는 일〔行履事〕인가. 지난 날 태백산에 지내다 남으로 가 법을 묻고, 오늘은 한강 물가에 홀로 노닐도다.

옛 선사〔上方益〕의 다음 노래의 소식이 이 뜻인가.

비 개고 떠도는 구름 아직 돌아가지 않았는데
푸른 하늘 홀연히 한 소리 우레 치네
고갯마루 매화에 이미 봄소식이 있으니
산복숭아 한 가지로 피어남과 견줄 수 없네

雨霽遊雲尙未歸　晴空忽地一聲雷
嶺梅已得春消息　不比山桃一例開

빛깔과 소리가 있되 공하다면 빛깔과 소리의 물결 속에 이미 공왕(空王)의 소식이 드러나 있다.

그런데 그러한 진실을 모르면 도(道)를 찾아 오고감이 도리어 나고 죽음의 광야에 갈 길 몰라 헤매는 나그네 길이 될 것이니, 옛 선사〔眞淨文〕는 이렇게 노래한다.

높은 데 옮기고 낮은 데 나아가 비록 위세 떨쳐도
해탈문이 열렸는데 참으로 애달프다
공왕의 참되고 묘한 비결 얻지 못하면
움직이는 대로 소리와 빛깔 따라 얽혀 끌리리

移高就下縱威權　解脫門開信可憐
不得空王眞妙訣　動隨聲色被拘牽

학담도 한 노래 더하리라.

안개와 놀에 머물고 물가에 노닐다
가서 이르는 곳 어디며 머묾은 무엇인가
흐르는 물은 움직이지 않고 산은 절로 흐르니
움직임과 머묾이 둘 아니라 늘 고요하리

安住烟霞游水邊　去來何處住是何
流水不動山自流　動止不二常寂然

55.
그림자 없는 나무의 싹트지 않는 가지
- 승호장로에게 줌 [贈勝浩長老] 1

가을 가고 잎이 떨어진 그림자 없는 나무
봄이 와 꽃 피어도 싹트지 않는 가지로다
우리집 외짝 눈은 티끌 겁에 통했는데
밤달이 난간에 기대 두견새 소리 듣도다

秋去葉飛無影樹　春來花發不萌枝
儂家隻眼通塵劫　夜月憑欄聽子規

해설

연기로 있는〔緣起有〕세간법에는 나고 나는 것이 남이 없고 흐르고 흐르되 흐름이 없다. 그렇다면 그림자 없는 나무가 어찌 봄이 오면 꽃 피고 가을 되면 잎 지는 저 나무를 떠날 것인가.
옛 선사〔妙智廓〕의 한 노래 들어보자.

조각 조각 지는 붉은 꽃 먼 물을 따르고
아득한 안개 숲이 저녁놀을 띠었네
돌 위에 대지팡이 빗겨 듦 누가 서로 알건가
잔나비 휘파람 한 소리 하늘 밖에 길도다

片片殘紅隨遠水　依依煙樹帶斜陽
橫筇石上誰相委　猿嘯一聲天外長

이 소식이 처마에 비 떨어지고 빗물이 흘러 개울 되는 소식 밖에 다른 소식이 아니니, 옛 선사〔育王諶〕는 이렇게 노래한다.

비 뒤 끝에 구름 어두워 동서를 알지 못하니
문 밖의 금강이 발로 진흙 밟았네
처마 앞의 분명한 뜻 물으려 하니
이미 흐르는 물 따라 앞 개울 지나네

雨餘雲暗失東西　門外金剛脚踏泥
擬問簷前端的意　已隨流木過前溪

학담도 한 노래를 붙이리라.

한 그루 그림자 없는 나무여
겁이 다하도록 마르고 우거짐 없네
밤이 되어 나그네의 잠은 깊은데
달과 산새는 서로 같이 어울리네

一株無影樹　窮劫不枯榮
夜來客睡深　月鳥相交涉

열두 가닥 길 머리에 달이 밝으니
- 승호장로에게 줌 2

마라의 왕 팔만 성을 쳐서 다하니
여섯 문 어느 곳서 도깨비가 일어나리
성품 하늘 주인공을 한 번 깨침에
마라군대의 번뇌 티끌을 쉬었으니
열두 가닥 길머리에 달이 아주 밝도다

擊盡魔王八萬城　六門何處起妖精
天君一覺兵塵息　十二街頭月政明

해설

모습에 모습 없는 곳에서 한 생각 일어나 모습을 취하면 마라의 군대가 일어나지만, 모습이 모습 아니고 생각이 실로 일어남이 없다면 마라가 남이 없으니, 한 생각 깨치는 그 자리가 마라의 군대가 모두 사라짐이다.

옛 선사〔法眞一〕는 이렇게 노래한다.

삼계에 법이 없는데 어디에서 마음 구하리
낮은 밝고 밤은 어두우며 산은 높고 바다 깊네
삼계가 본래 마음 인해 나타나는 것이니
마음 없으면 삼계가 저절로 가라앉네

三界無法　何處求心

日明夜暗　山高海深
三界本因心所現　無心三界自平沉

　인연으로 나는 온갖 법은 그것에 그것이 없으므로 그것이 그것인 것이니, 마음과 경계에 그것이라 할 것을 두면 이미 마라의 군대에 붙잡힌 것이다.

　그러나 여섯 아는 뿌리〔六根〕와 여섯 티끌경계〔六境〕에 그것이 없되 그것 없음도 없음을 알면 열두 가닥 길머리에 달 밝은 소식 볼 것이다.

　학담도 한 노래 더하리라.

마라와 붇다가 원래 법 가운데 왕이나
한 생각 잠깐 일면 두 길이 갈라지네
만 물결 이랑 가운데 물은 사라지지 않으니
다할 것 없음을 깨쳐 알면 마라가 붇다 되네

魔佛元是法中王　一念纔起分二道
萬波浪中水不滅　了無所盡魔變佛

56.
붇다의 법 원래 글자 아님을 알고
- 의신 아란야에서 밤에 앉아 책을 읽다 [義神蘭若夜坐書懷] 1

마흔 해 전에는 배워 앎에 노닐어서
허기 채우는 남은 국물로써 할 수 있음 삼았네
붇다의 법이 원래 글자 아님을 이제 알고
서에서 온 눈 푸른 스님께 부끄러워하네

四十年前閑學解　滿失殘簽以爲能
始知佛法元非字　慚愧西來碧眼僧

> 해설

의신 아란야에서 밤에 앉아 책을 읽다 지은 글이니, 아마 소요선사가 새로 도량을 이룩한 하동 신흥사에서 쓴 게송일 것이다. 이 게송은 문자가 반야이고 반야가 실상인데 문자를 의지해 뜻을 풀고 이치 따지는 병통을 깨우침이다.

경전의 문자란 실상을 밝힌 문자라 문자가 곧 문자가 아니니, 문자에서 문자를 떠나지 못하면 눈에 허공꽃이 어지러울 것이다. 그러나 문자에 문자 없는 문자의 실상이 곧 해탈인데 다시 문자 밖에서 비밀한 뜻 찾으면 붇다의 뜻을 등지리라.

가르침 안의 참으로 전함이 가르침 밖에 따로 전함[教內眞傳 教外別傳]인 것이니, 옛 사람[悅齋居士]은 노래한다.

이 속에서 도깨비 넋을 신령하게 하면

가는 털 움직이지 않고 바다와 산을 기울이리
만약 말 없음을 종지로 삼는다고 하면
구름과 산 십만 리 길 어긋나게 지나리

這裏精魂用得靈　纖毫不動海山傾
若言無說爲宗旨　蹉過雲山十萬程

학담도 따라 노래하리라.

이 법은 배움도 아니고 배우지 않음도 아니네
만약 배움 가운데 배우는 바 없음을 알면
수트라의 글자 글자가 해탈이고
사람 사람이 두렷이 이루어짐이니
가르침 밖의 비밀한 뜻 전한 조사가
서에서 와 동에 이름 무슨 잠꼬대인가

是法非學非不學　若知學中無所學
字字解脫人圓成　西來東到何夢言

뿔 부러진 진흙소 눈 가운데 달리네
- 의신 아란야에서 밤에 앉아 책을 읽다 2

옛 길이 환하게 발 밑에 통했는데
스스로 헤매 오랜 겁 더욱 휘돌아 다녔도다
몸을 한번 뒤집어 위음왕 밖으로 내던지니
뿔 부러진 진흙소가 눈 가운데 달리도다

古路分明脚下通　自迷多劫轉飄蓬
翻身一擲威音外　折角泥牛走雪中

해설

지금 걷는 발부리에 발 디딜 곳이 없는 줄 알아야 위음왕 밖으로 몸을 뒤쳐내 한밤중에도 지지 않는 붉은 해를 보리라. 그가 바로 크나큰 장부라 큰 보시의 문을 열어, 말 없되 말 없음도 없이 큰 외침을 부르짖어 미망의 중생을 건네주리라.
　옛 선사〔保寧勇〕는 노래한다.

한 가닥 폭포가 바위 앞에 떨어지니
흰 밤에 붉은 해가 손바닥 위에 밝았다
큰 입을 열어옴에 뜻과 기운 더하니
누구와 더불어 천하에 함께 돌아다닐까

一條瀑布巖前落　半夜金烏掌上明
大口開來添意氣　與誰天下共橫行

비록 그러나 위음왕 밖으로 몸 뒤쳐낸 장부의 일을 일상 밖의 신묘한 일로 보아서는 안 되니, 옛 선사〔佛陁遜〕는 이렇게 노래한다.

　　놓아가고 거두어 옴이 보통 일과 같으니
　　길 가는 이들 가는 길 어렵다고 말하지 말라
　　주장자 빗겨 매고 동쪽 서쪽으로 가니
　　유월의 긴 하늘에 큰 눈 내려 차갑도다

　　放去收來似等閑　行人休說路行難
　　橫擔拄杖東西去　六月長天大雪寒

학담도 한 노래로 더하리라.

　　있음과 없음 모두 막고 또한 모두 살리면
　　오늘의 일 가운데 옛 길이 통해서
　　해탈의 작용 고요하고 법신이 밝으니
　　중생 건짐 헤아릴 수 없으나 건네줌이 없어라

　　有無雙遮亦雙照　今日事中古路通
　　解脫寂滅法身明　濟衆無量無所度

57.
종지의 가풍 음계에 떨어지지 않으니
- 정토사의 향각에 붙임 [題淨土寺香閣]

나무 닭 울음 그치니 새벽 종이 스러지고
돌 여인의 넋이 놀라니 밤 비 차갑도다
종지의 가풍 음계의 가락에 떨어지지 않으니
이 가락 튕겨내도 활짝 웃는 이 없네

木鷄啼罷曉鍾殘　石女魂驚夜雨寒
宗風不落宮商曲　彈出無人笑破顔

해설
저 들려오는 솔바람 소리에 실로 들을 것 없되, 듣지 않을 것 없음을 아는 자가 나무 닭 울음소리 듣고 해골의 용트림을 들음 없이 듣는 자인가.
옛 선사[長靈卓]의 한 노래 들어보자.

나무사람 돌여인이 함께 기뻐하니
손닿는 대로 잡아와 쓰는 것이 좋도다
푸른 산은 다함 없고 뜻도 다함 없으니
어찌 꼭 왔던 길을 다시 찾을 것인가

木人石女共歡呼　信手拈來用恰好
靑山無盡意無窮　何須更覓來時道

그렇다면 나무 닭의 울음 음계에 떨어지지 않는 가락이 지금 중생이 보고 듣는 것 밖에 따로 있는 것이 아닐 것이니, 옛 선사[心聞賁]의 한 노래 들어보자.

녹고 녹아 어울리는 기운 봄날 같더니
갑자기 바람 일자 또 싸늘해졌네
우스워라 옥 같은 매화 추위를 잘 참다가
누구를 위해 울타리 가에서 피었다 지는가

融融和氣似春天　驀忽風生又凜然
堪笑玉梅能忍凍　爲誰開落向籬邊

학담도 한 노래로 같이하리라.

빈 방에 홀로 앉아 밤은 더욱 깊어 가는데
성긴 비가 섬돌에 떨어짐을 다시 듣노라
궁상의 음계에 떨어지지 않는 남이 없는 가락
줄 없는 거문고로 튕겨 내니 산달이 듣네

獨坐虛堂夜轉深　更聽疎雨落石階
不落宮階無生曲　沒絃彈出山月聽

58.
두렷이 깨친 큰 가람을 널리 찾으니
- 원각의 상가아라마를 노래함[詠圓覺伽藍] 1

두렷이 깨친 큰 가람을 널리 찾으니
이 땅 안이 어찌 일찍이 둘째 셋째에 떨어지리
다섯 호수 안개와 달이 다 엎드려 따르는데
다시 잔나비의 울음 뒷산 바위에 있네

遍探圓覺大伽藍　彊城何曾落二三
五湖烟月皆賓服　更有啼猿在後巖

해설

만 가지 법이 법계의 땅을 떠나지 않았고 나고 사라짐이 곧 진여인 나고 사라짐이니, 두렷 깨친 큰 가람이 어찌 세간법 밖에 있으리.
옛 선사[資壽捷]는 노래한다.

두렷 밝은 참 깨침은 우거짐과 마름을 끊고
만 떨기 꽃 높고 낮음이 한 길에 있도다
고개 위에 돌사람이 쇠말을 탔고
티끌 가운데 허수아비개 해를 보고 짖네

圓明眞覺絶榮枯　萬彙高低處一途
嶺上石人騎鐵馬　塵中蒭狗吠金烏

바람이 큰 바다에 휘몰아치니 천 물결 높고
구름이 긴 하늘에 끊기니 조각달 외로워라
홀로 앉아 고요하게 밤은 깊어 가는데
성긴 비가 뜨락 오동에 떨어지는 것 또 듣노라

風迴巨海千波峻　雲斷長天片月孤
獨坐寥寥向深夜　又聞疎雨落庭梧

학담도 한 노래 더하리라.

두렷 깨친 가람은 높고 낮음 없으니
모든 붇다와 중생이 함께 같이 안거하네
백 가지 풀 끝 위에 붇다의 뜻 환히 밝으니
구름 흩어진 푸른 하늘에 한 달이 외롭도다

圓覺伽藍無高低　諸佛衆生同安居
百草頭上佛意明　雲散靑天一月孤

홀로 서쪽 바위 건너 맑은 경쇠 소리 듣나니
- 원각의 상가아라마를 노래함 2

시방의 티끌 세계가 한 가람이니
앞의 셋 뒤의 셋을 묻지 말아라
오직 한 주인 있어 길이 잠자지 않고
홀로 서쪽 바위 건너 맑은 경쇠 소리 듣네

十方塵界一精藍　莫問前三與後三
唯有主人長不夢　獨聞淸磬隔西巖

해설

온 시방 툭 트인 법계의 땅은 용과 뱀이 섞여 있고, 괴로움과 즐거움의 물결 굽이치는 곳이니 그 가운데 사는 대중이 얼마인가 묻지 말라. 앞도 셋 셋 뒤도 셋 셋, 낱낱이 바이로차나의 밝은 빛을 떠나지 않는다.

옛 선사[心聞賁]의 한 노래 들어보자.

일곱 꽃 여덟 조각이 덩이를 이루지 않으니
앞 뒤의 셋 셋을 어떻게 살피는가
어젯밤 달빛 가에서 엷은 잠결에 흘낏 보고
침향정 북쪽에서 난간에 기대 섰네

七花八裂不成團　前後三三作麼觀
昨夜月邊偸眠覰　沈香亭北倚欄干

앞도 셋 셋 뒤도 셋 셋 온갖 법에는 같은 모습도 얻을 수 없고 다른 모습도 얻을 수 없으니, 옛 선사〔雲門杲〕의 한 노래 들어보자.

비 흩어지고 구름 걷힌 뒤에
높고 높은 몇 십 봉우리 드러났네
난간에 기대어 자주 돌아 바라보나
고개를 돌리면 누구와 같이할까

雨散雲收後　崔嵬數十峯
倚欄頻顧望　回首與誰同

학담도 한 노래로 옛 조사의 뜻에 같이하리라.

두렷 깨친 도량은 툭 트여 통했으니
나와 도량은 같고 다름 없어라
머리 돌림에 푸른 산에 한 그루 나무 없는데
한 바탕 바람 일어 묵은 풀을 눕히네

圓覺道場廓然通　我與道場無一異
回頭靑山無一樹　一場風起偃荒草

가는 티끌 속을 잡아 가람 세우니
- 원각의 상가아라마를 노래함 3

가는 티끌 속을 잡아 가람 세움에
하나에 있으면서 셋을 나누니
셋은 아직 셋이 아니로다
이로 좇아 다시 셋과 하나 밖을 보나니
솔소리에 달 밝은데 만 겹의 바위로다

撮微塵裡建伽藍　處一分三三未三
從此更看三一外　月明松籟萬重巖

해설

만 가지 모습도 공하고 하나인 법의 바탕도 공하니, 하나와 여럿을 말하지 말라. 하나가 하나 아니요 셋이 셋이 아니나, 눈을 들면 하나 둘 셋 넷 수가 분명하다.
옛 선사〔育王諲〕는 이렇게 노래한다.

셋과 셋을 어찌 꼭 앞과 뒤로 나누리
낱낱이 마주함에 자세히 헤아려 보라
곧 바로 놓고 곧 바로 거두나 주인 손님 온진히 하니
이르는 곳마다 맑고 시원한 곳임에 어찌 거리끼리

三三何必分前後　一一當頭細度量
卽放卽收全主伴　何妨到處是淸涼

한 줄기 나무에 여러 다른 가지인데, 어젯밤 불던 바람에 문앞의 한 줄기 소나무 잔가지가 많이 부러졌음이여. 남은 가지는 몇 개인가.

옛 사람[悅齋居士]의 노래 들어보자.

> 세 사람이 같이 시를 읊으니
> 바람과 솔이 번갈아 빛을 내네
> 꿈 가운데서 나무를 옮겨 가니
> 허공 속에서 꽃을 따 돌아가네

> 三子共聯詩　風松互發輝
> 夢中移樹去　空裏摘花歸

학담도 한 노래 더하리라.

> 가는 티끌 본래 공해 법계를 머금으니
> 지극히 큰 것이 작은 것과 같아서
> 크고 작음이 서로 녹아 함께 통하네
> 하나가 하나 아니고 셋이 셋 아님이여
> 자고새 우는 곳에 백가지 꽃 향기롭네

> 微塵本空含法界　極大同小大小融
> 一是非一三非三　鷓鴣啼處百華香

59.
규산의 종밀대사 큰 자비의 은혜여
- 규봉의 원각경 소초를 읽고서 [感圭峯圓覺䟽鈔]

규산의 종밀대사 큰 자비의 은혜여
금선이신 샤카세존의 뜻 그대로이네
뜻을 풀고 살핌에 듦이 촛불처럼 밝으니
몇 번이나 채찍질 해 후손을 일으켰나

圭山大士大悲恩　不下金仙釋世尊
釋義入觀明若燭　幾多鞭起後兒孫

해설

규산대사는 규봉종밀선사(圭峯宗密禪師)로 원각경에서 깨친 선사니 선(禪)과 화엄교(華嚴敎)를 융회한 사상사적 공적이 있는 선사이다. 선(禪)은 하택신회선사를 잇고 화엄(華嚴)은 청량징관법사를 이었다.

그러나 규봉은 돈오선의 뿌리가 천태의 세 가지 지관〔三種止觀〕이고 그 가운데 원돈지관(圓頓止觀)이 돈오돈수(頓悟頓修)의 뿌리인데, 그 지관법을 왜곡하여 천태를 선종사의 정통 밖으로 내친 과오가 있다. 달마선종의 육대전의설(六代傳衣說)을 주창한 하택의 정통임을 표방했지만, 조사선풍의 선사들로부터 의리선(義理禪)으로 비판받았다.

그러나 대혜종고(大慧宗杲)는 그의 어록에서 분명히 '원각경에서 증득함이 있는 분'이라고 말하고 있으니, 작은 허물로 공적까지 덮어서는 안 되는 것이다.

  뜻과 이치가 반야에 독이 된다 하지만 뜻과 이치가 공한 곳에서 병 따라 뜻과 이치 세워 약과 병을 함께 잊게 하면 뜻과 이치가 무슨 허물될 것인가.

  옛 선사〔寒巖升〕의 한 노래 들어보자.

    나강 한 빛깔이 부드럽기 유리인데
    노를 놓고 흐름 따라 가니 헤매지 않네
    저 물결 밑의 달을 붙잡으려 하지만
    머리 드니 뭇 봉우리 서쪽에 걸려 있네

    螺江一色軟玻璃　放棹隨流去不迷
    擬欲捉他波底月　擧頭落在衆峰西

  학담도 한 노래로 소요선사의 뜻을 도우리라.

    규봉대사 뜻을 풀고 살핌을 세움이여
    밝고 밝음 등불 같아 붇다 은혜 갚도다
    큰 자비로 채찍질해 뒤에 올 이 위하니
    언교의 방편으로 보배곳간 엶이로다

    圭山釋義立觀兮　明明若燭報佛恩
    大悲策鞭爲後來　言敎方便開寶藏

60.
달이 천 강을 비추되 한 빛에 있네
- 화엄경의 붇다와 다르마 두 보배를 찬탄함[贊華嚴佛法二寶] 1

이 사바에 응해 법의 도량 세우시고
몸을 백억으로 나눠 티끌 세계 두루하네
털끝에서 가없는 세계 같이 나투니
달이 천 강을 비추되 한 빛에 있네

應此娑婆建法場　分身百億遍塵方
毫端齊顯無邊刹　月照千江處一光

해설

여래의 지혜와 몸, 여래의 공덕은 법계의 진실과 하나된 지혜의 몸이니, 여래의 참몸은 지금 세간에 출현한 샤카무니세존이라 해도 안 되고 그 몸이 아니라 해도 안 된다.

아득한 겁 닦아서 지금 이루었다고 말하지만, 새로 이룸은 본래 갖춘 그 공덕을 다시 실현함이니, 새로 깨친 공덕의 몸에는 닦음의 자취가 없다.

옛 선사〔保寧勇〕는 이렇게 노래한다.

세 때가 끊어질 때 범부 성인 다하고
열 몸이 두렷한 곳 티끌세계에 두루하다
사사로움 없이 사물 응해 높고 낮음 따르니
아상키야 긴 칼파의 닦음 뛰어넘었네3)

三際斷時凡聖盡　　十身圓處刹塵周
　　　無私應物隨高下　　抹過僧祇大劫修

학담도 한 노래로 소요선사에 함께하리라.

　　붇다의 참된 법신 저 허공과 같아서
　　본래 머무는 곳 없지만 머물지 않음도 없네
　　연을 따라 부름에 나아가 두루하지 않음 없이
　　사물에 응해 모습 나툼 물의 달 같아라

　　　佛眞法身猶虛空　　本無所住無不住
　　　隨緣赴感靡不周　　應物現影如水月

---

3) 세 아상키야 칼파〔三阿僧祇劫〕의 닦음을 한 생각에 뛰어넘음

세계의 티끌 서로 들어가 정해진 방위 없네
- 화엄경의 붇다와 다르마 두 보배를 찬탄함 2

구름 그물 겹치고 겹친 큰 깨달음의 도량이여
세계의 티끌 서로 들어가 정해진 방위 없네
같되 다르고 다르되 같음이 하나로 꿰뚫어져
불꽃처럼 늘 설법해 빛 줄기를 놓도다

雲網重重大覺場　刹塵相入定無方
同異異同爲一貫　熾然常說放絲光

> 해설

인연으로 일어난 세간법이 곧 진여라 진리와 사법이 걸림 없으므로〔理事無碍故〕 사물 사물이 원융하게 통했으니, 이 세간법 밖에 큰 깨달음의 도량이 없고 중생의 자기진실 밖에 여래의 성품이 없다.
　야보천(冶父川)선사의 한 노래 들어보자.

　　모습 있고 구함 있으면 모두 다 망령됨이요
　　꼴 없고 봄 없으면 치우쳐 메마름에 떨어지네
　　우뚝히고 빽빽하니 어찌 일찍이 사이 있으리
　　한 가닥 찬 빛이 큰 허공을 녹이네

　　有相有求俱是妄　無形無見墮偏枯
　　堂堂密密何曾間　一道寒光爍大虛

학담도 한 노래를 붙이리라.

천 봉우리 푸른 빛이 하늘 가운데 솟구치고
산 달과 들 새가 서로 어울려 사귀도다
여기에서 같고 다르다는 견해 놓아버리면
바이로차나 설법을 귀 없이 들으리라

千峰翠色屹半空　山月野鳥相交涉
於此放下同異見　毘盧常說無耳聽

61.
눈앞의 티끌 세계가 바로 옛 때 사람이네
- 화엄경 한 부를 읽고 어쩌다 쓰다 [讀華嚴一部偶題]

나라는 사람 본래는 가에 치우친 사람이었으나
스스로 사람 가운데 틀 벗어난 이라 인정하네
꿰미의 꽃 씹어 보니 한 글자도 없지만
눈앞의 티끌 세계가 바로 옛 때 사람이네

吾人素是卽邊人　自許人中出格人
咀嚼貫花無一字　眼前塵刹舊時人

해설

화엄경이 저 크고 반듯하고 넓은〔大方廣〕 법계의 진리를 말로 나타낸 것이니, 경의 문자는 문자가 아니다. 중생의 망념이 본래 공하다면 중생이 어찌 꼭 중생이리. 문자를 통해 저 법계의 경을 읽는 자가 곧 이 세간의 큰 장부이고 보디사트바이다.

　마음에 마음 없는 지혜의 눈으로 사물을 보아 모습에서 모습 떠나면 저 눈에 보이는 빛깔과 소리가 경 아님이 없으니, 심문분(心聞賁)선사는 이렇게 노래한다.

빛나는 숲 비치는 해가 한 가지로 붉고
불어 떨어뜨리고 불어 피우는 것이 모두 바람이네
안타깝다 저 향내 꺾는 사람 보지 못하니
노니는 벌떼에 한 때에 모두 맡겨 부치네

映林映日一般紅　吹落吹開摠是風
　　可惜擷芳人不見　一時分付與游蜂

학담도 한 노래를 붙이리라.

　　나는 곧 치우친 집착의 범부이지만
　　보디 마음을 내면 곧 깨친 중생이로다
　　범부가 경을 보되 글자 없음을 알면
　　바이로차나 법계의 경을 늘 들으리라

　　吾卽偏執凡夫人　發心名曰覺有情
　　凡夫看經了無字　恒聞毘盧法界經

62.
몸은 길고 짧음 아니고 빛깔은 노랑 아니네
- 선우선자에게 보임 [示善友禪子] 1

하늘 땅을 머금어 싼 큰 깨침의 왕
몸은 길고 짧음 아니고 빛깔은 노랑 아니네
꽃 피고 잎 떨어짐은 이 누구의 아들인가
힘을 다해 찾아 살펴 한바탕 지으라

含裹乾坤大覺王　體非長短色非黃
花開葉脫是誰子　盡力叅詳做一場

해설

크나큰 법의 왕은 크고 작음 없고 푸르고 누름 없으나 크고 작음 푸르고 누름 떠나서도 법의 왕은 없다. 그렇다면 크고 작은 사물 속에서 사물의 크고 작음 떠나되 크고 작은 모습을 버리지 않아야 법의 왕을 볼 것인가.

심문분(心聞賁)선사는 이렇게 노래한다.

날아서 지는 꽃잎 봄빛 줄이는 데 뜻을 두나
머리 돌리니 꽃의 일은 아득한 향에 있어라
우스워라 여러 굽이 난간가 춤추는 나비
오히려 바람 따라 미친 듯이 구르네

飛紅着意減春光　花事迴頭在香茫
可笑曲欄邊舞蝶　尙隨風轉似顚狂

법의 왕이라는 생각을 내거나 모습에 모습이라는 집착 일으키면 이미 두 갈래 길에 떨어진 것이니, 옛 선사〔丹霞淳〕의 한 노래 들어보자.

> 흰 구름 깊은 곳에 길은 통하기 어려운데
> 밟아갈 길 물으려 하면 이미 공을 쓴 것이네
> 뿔을 건 산양은 그림자 자취 없지만
> 조용한 몸짓 도리어 바름과 치우침에 떨어지네
>
> 白雲深處路難通　擬問蹤由已涉功
> 掛角羚羊無影跡　從容還落正偏中

학담도 한 노래로 보이리라.

> 바이로차나 법계 큰 법의 왕이여
> 본래 길고 짧음 없고 푸르고 누름 없네
> 비록 그러나 세간 법 밖에 구하지 말지니
> 한 생각 자세히 살피면 발 아래 솟아나리
>
> 毘盧法界大法王　本無長短非靑黃
> 雖然莫求世法外　參詳一念脚下出

가지와 잎 내지 말고 다만 불성 없음만 들라
- 선우선자에게 보임 2

조주 노인 참선의 빗장은 잡을 수 없으니
가지와 잎 내지 말고 다만 불성 없음만 들라
집에 돌아감에 길과 때를 어찌 반드시 물으리
달이 여울 가운데 있으며 우뚝하여 외롭도다

趙老禪關沒可把　不生枝葉但提無
歸家程節何須問　月在灘中卓爾孤

> 해설

조사공안(祖師公案)도 생각에서 생각 떠나 생각 없음에 이르게 하는 방편이니, 생각 없음에 이르러야 공안의 방편이 법계의 실상이 되리라. 천 가지 헤아림 만 가지 모습을 '개에게 불성이 없다 〔狗子無佛性〕'는 공안 한 생각에 거두어 잡아 이끌어, 홀연히 생각 없음에 이르면 빨리 흐르는 개울물에서 우뚝한 달을 보리라.

원오근(圓悟勤)선사는 이렇게 노래한다.

본래 깨끗한 바탕 근원을 사무쳤으니
들고 남에 길을 같이하되 다만 이 문뿐이네
이미 여래의 큰 해탈에 머물렀으니
손 가운데 지극한 보배가 하늘땅을 비치리

本來淨體徹根源　出入同途秖此門

已住如來大解脫　掌中至寶耀乾坤

　조주의 '없다'는 한 말귀로 조주의 산 면목을 볼지언정 없다는 말귀가 새로운 집착의 소굴이 되어서는 안 되니, 옛 사람〔無爲子〕은 이렇게 노래한다.

　　불성은 개에게 없다고 밝게 말했는데
　　여러 곳에서는 무슨 일로 억지로 이름해 그려내나
　　도리어 흙덩이를 좇고 냄새 기운 찾으니
　　어찌 본분종사를 도울 위풍이 있겠는가

　　佛性明言狗子無　諸方何事强名摸
　　尙猶趁塊尋香氣　豈有威風助紫胡

　학담도 한 노래로 소요선사의 가르침을 함께 받들리라.

　　개에게 불성이 있는가 없는가
　　조주의 없다는 글자 다만 끌어 지니라
　　다만 한 생각이 생각 없음에 돌아가면
　　곳곳에서 늘 조주의 얼굴을 만나리라

　　狗子佛性有也無　趙州無字但提持
　　但得一念歸無念　處處常逢趙州顔

63.
시냇가 돌 여인이 웃고 또 웃네
- 계우법사에게 보임 [示繼雨法師] 1

불 속의 붉은 연꽃 옛 옷에 떨어지니
나무아이 거두어 담아 광주리 가득 돌아가네
옛 가락 소리 없으니 누가 감히 어울려 부르리
시냇가의 돌 여인이 빙그레 웃고 또 웃네

火裡紅蓮落故衣　木童收拾滿筐歸
古曲無音誰敢和　溪邊石女笑微微

해설

불 속의 붉은 연꽃〔火裏紅蓮〕 어디서 찾으리. 물 속의 저 연꽃〔水中蓮華〕에 모습 없되 모습 없음도 없음을 보면 그가 불 속에서 타지 않는 연꽃을 보리. 그러나 어리석은 우리들 중생은 세간의 모습에서 묘한 뜻을 찾거나 모습을 없애고 따로 모습 밖에서 기이한 도리를 찾는다.

옛 선사〔雪竇顯〕는 이렇게 노래한다.

　　강가 나라 봄바람이 불어 일지 않으니
　　사고새의 울음이 깊은 꽃 속에 있도다
　　세 단계 이랑 높아 잉어가 용이 되었는데
　　어리석은 사람들 오히려 밤 못물을 푸네

　　江國春風吹不起　鷓鴣啼在深花裏

三級浪高魚化龍　癡人猶戽夜塘水

남명전(南明泉)선사는 이렇게 노래한다.

정월달에 이르게 되면 바로 새해라
따뜻한 바람 불어 일지 않는 곳이 없도다
길 가운데 얼마만한 봄 찾는 나그네들이
꾀꼬리 소리 잘못 듣고 두견새라 하는가

纔到元正便是年　暖風無處不陶然
途中多少尋春客　誤聽黃鸝作杜鵑

학담도 한 수 노래하리라.

불 속의 붉은 연꽃 어떤 것인가
물듦 가운데 물듦 없는 진여의 성품이네
진여가 나고 사라지는 일 떠나지 않으니
나무 사람 돌 여인이 남 없음을 노래하네

火裏紅蓮何者是　染中無染眞如性
眞如不離生滅事　木人石女歌無生

집집마다 문 밖은 장안 길이요
- 계우법사에게 보임 2

집집마다 문 밖은 장안 길이요
곳곳마다 굴 속에는 사자 새끼로다
거울을 깨뜨려 옴에 한 일도 없으나
몇 소리 우는 새는 꽃가지에 오르네

家家門外長安路　處處窟中獅子兒
打破鏡來無一事　數聲啼鳥上花枝

해설

중생이 이미 니르바나 되어 있는 곳에서 보면 사물 사물이 법왕의 궁전 속이요, 중생 중생이 이미 법왕의 아들이다. 보는 마음과 보는 경계 본래 공한 곳에서 다시 공도 공해 꽃가지에 오르는 새소리 옛과 같이 듣는다.

옛 선사〔丹霞淳〕의 한 노래 들어보자.

　　겁의 불길 활활 타는 모습 없는 집 가운데
　　황금문은 옥 누각의 집을 보지 못한다
　　보배하늘 구름 맑아 은하는 자가운데
　　아득히 이는 물결이 어찌 모래 움직이리

　　劫火洞然無相宅　金門不覩玉樓家
　　寶天雲淡銀河冷　浩浩波瀾豈動沙

'묘하게 깨끗하고 밝은 마음〔妙淨明心〕'이 곧 '산과 내 큰 땅이고 해와 달 별자리'라고 한 앙산(仰山)선사의 말에 붙인, 취암종(翠巖宗)의 한 노래 들어보자.

묘하게 깨끗하고 밝은 마음이여
한 구절이 온전히 참되도다
산과 내 큰 땅이요 해와 달 별자리라 하니
간을 펴고 쓸개 씻어서
옛과 지금을 비추어 사무치네
그 가운데 만약 어둡지 않으면
두루한 세계가 황금이리라

妙淨明心　一句全眞
山河大地　日月星辰
舒肝瀝膽　照徹古今
箇中如不昧　遍界是黃金

학담도 한 노래 더하리라.

거울 가운데 얼굴 모습은 무엇인가
거울을 깨뜨려 옴에 그림자는 어디로 갔나
어느 곳에서 다시 본래 사람 살피는가
달 밝은 창가에서 꽃 향기를 맡도다

鏡中影像是如何　打破鏡來影去何
何處復觀本來人　月明窓邊聞華香

64.
만 가지 법은 원래 두렷이 통했으니
- 금류동의 황금 개울 소리를 노래함[賦金流洞金溪聲] 1

바탕을 헤매어 소리 따름 몇 겁이었는가
원래 만 가지 법은 두렷이 통함이어라
지난 옛날 소리 살피는 붇다 따라 생각하니
들음을 들어 묘한 공에 들어가도록 당부했네

迷本循聲幾劫中 元來萬法是圓通
追思往昔觀音佛 勅使聞聞入妙空

해설

 소리 들음과 듣는 바 소리가 모두 공적하되 그 공적함도 공한 곳이 곧 소리 살피는 붇다의 몸〔觀音佛〕이다. 소리를 들을 때 들음 없되 들음 없음도 없고, 듣는 바 소리가 없되 소리 없음도 없음이 소리 살펴 중생 건지는 행〔觀音行〕이다. 그러므로 소리 있음과 없음에 막힌 미망의 중생 또한 소리를 돌이켜 들어, 듣는 마음과 소리가 공한 성품을 깨치면, 그가 바로 '살핌이 자재한 보디사트바〔觀自在菩薩〕'의 법의 아들이다.
 보고 들음을 돌이켜 살펴, 보고 들음 없음을 깨치면 봄이 없되 봄 없음노 없고 들음 있되 들음 없옴도 없으니, 소리와 빛깔 가운데서 소리와 빛깔 벗어나리라.
 옛 선사〔淨嚴遂〕는 노래한다.

빛깔 소리 벗어날 길 몸소 물어 구함으로
스승이 곧장 어둡고 흐릿한 이 가리켜주었네
눈과 귀가 홀연히 봄꿈에서 깨어나니
꾀꼬리 노래 제비의 말이 다 두렷 통함이네

親口問來求透路　作家直爲指昏朦
眼耳忽然春夢覺　鶯吟鷰語盡圓通

학담도 한 노래 더하리라.

소리를 돌이켜 살피면 두렷 통함 깨치니
두렷 통한 경계가 소리 살피는 붇다이네
소리 따라 흘러 구름에 본래 붇다 깨우쳐주사
중생이 들음을 들어 본래 붇다께 돌아가게 하네

返觀音聲悟圓通　圓通境是觀音佛
循聲流轉本佛誡　敎衆聞聞歸本佛

툭 트여 두렷이 통한 문이 열리면
- 금류동의 황금 개울 소리를 노래함 2

툭 트여 두렷 통한 문이 열리면
듣는 자 세우지 않으니 무슨 티끌 있으리
맑은 물 돌에 닿아 그 울림 차가워서
여러 생 꿈 속 사람 불러 일으키네

廓落圓通門戶開　能聞不立有何塵
淸流觸石冷冷響　喚起多生夢裡人

해설

듣는 나와 들려지는 소리와 소리 들음이 본래 두렷이 통해 있는 것이 아니라면 내가 어찌 저 경계인 소리〔聲塵〕를 들을 수 있겠는가. 들음에 실로 들음이 있으면 소리의 티끌에 막히지만 들음을 돌이켜서, 듣는 나〔耳根〕와 소리〔聲塵〕와 들음〔耳識〕이 공한 줄 알면, 다시 두렷 통한 경계〔圓通境界〕에 들어가리라.

어떤 것이 두렷 통한 경계인가.

옛 선사〔興福可勳〕는 이렇게 노래한다.

가을 강이 맑고 낮아졌을 때
흰해오라기 안개 섬에 섞이네
좋도다, 관세음의 모습이여
온 몸이 묵은 풀에 들어가도다

秋江淸且淺　白鷺和煙島
良哉觀世音　全身入荒草

대혜고(大慧杲)선사는 이렇게 이 게송에 덧붙인다.

묵은 풀에 있으니 찾을 것 없다
왜 이와 같은가
형님의 아내를 알지 못했더니
원래가 바로 형수로다

在荒草不須討　爲甚麽如此
不識大哥妻　元來是嫂嫂

학담도 한 노래로 함께하리라.

두렷 통한 문 가운데 함과 하여지는 바 없어
소리 없고 들음 없으나 또렷이 듣네
들음을 돌이켜 들을 때 산 눈을 여니
꿈 속 사람은 도대체 이 누구인가

圓通門中無能所　無聲無聞而歷聞
返聞聞時開活眼　夢裏人者是誰耶

65.
푸른 버들 향기로운 풀에 물은 졸졸 흐르네
- 선가에서 지위를 굴림 [禪家轉位] 1

외롭고 높은 그윽한 빗장 나면서 도로 함께하니
옛 집의 풍경 어찌 거듭 따라 잡으리
만약 어두움 가운데서 한 걸음 옮기면
푸른 버들 향기로운 풀에 물은 졸졸 흐르네

孤峭玄關生來還　舊家風景豈重攀
若也暗中移一步　綠楊芳草水潺潺

해설

본래 이미 드러나 이루어진 일인데 생각 일으켜 모습 취하고 모습 밖에 현묘한 소식 구하니, 조사의 높은 관문이 세워지고 천경만론의 가르침이 있다. 높은 관문이 세워져도 조사의 관문이란 본래 그러한 진실을 밝히기 위해 세워진 것이다. 어두운 밤에도 푸른 버들 향은 그대로이고, 바위 아래 시냇물은 그치지 않는다.
  그러므로 사물의 진실을 진실 그대로 볼 수 있어야 본래 깨침의 바다에 돌아갈 수 있으니, 힘을 써서 돌아간다고 해도 맞지 않고 힘을 아예 쓸 것이 없다 해도 맞지 않는다.
  옛 신사[蔣山泉]는 다음 같이 말해준다.

    천 봉우리에 찬 빛인데 비가 바위 꽃에 떨어짐이여
    곧바로 안다 해도 눈 속 모래로다

바람 휘날려 서릿발 치는 하늘 팔구월에
바닷가에 바람 급해 기러기도 비껴나네

千峯寒色 雨滴巖花　直下會得 眼裏添沙
獵獵霜天八九月　海門風急鴈行斜

학담 또한 한 노래로 소요선사의 뜻에 함께하리라.

꿈이 있고 망령됨 있어서 아득한 빗장 높으나
옛부터 오며 한결같으니 어찌 거듭 붙잡으리
비록 그러나 망령됨 돌이켜 힘을 다해 돌아가야
푸른 버들 향기로운 풀이 참 마음을 드러내리

有夢有妄玄關峭　舊來如如豈重攀
雖然回妄盡力還　綠楊芳草顯眞心

가을 달과 봄 꽃이 끝없는 뜻이니
- 선가에서 지위를 굴림 2

하늘과 땅 넓고 큰 벌판에 실오라기 하나 없지만
뜻과 봄을 두어야 비로소 반쯤 잡아 끄네
가을 달과 봄 꽃이 곧 끝없는 뜻이니
자고새 울음 한가히 들음 거리끼지 않도다

乾坤大地沒絲毫　情見猶存始半提
秋月春花無限意　不妨閑聽鷓鴣啼

해설

　본래 모습에 모습 없어 하늘땅에 한 티끌 걸림이 없지만, 중생의 망정으로도 법을 듣고 믿어야 진여의 땅에 돌아갈 수 있게 된다.
　진여의 땅은 멀리 있지 않으니 시절인연이 이르러 생각에 생각 없게 되면 보고 들음을 떠나지 않고 진여의 땅에 돌아갈 수 있다.
　투자청(投子靑)선사는 이렇게 말한다.

　　날 저물자 구름 짙어 들판 풍치 깊은데
　　중양절이 이르른 뒤에야 국화향기 새롭다
　　서쪽 산모퉁이 남은 눈이 안 녹으면
　　동쪽 산에 펼쳐지는 봄을 어찌 얻으리

　　日暮陰雲郊野深　重陽到後菊花新

不因西嶠殘冰盡　爭得東山一帶春

원오근(圜悟勤)은 다음 같이 노래로 깨우친다.

북녘 바람 매운 위세 보이니
찬 기운 뼛속까지 사무친다
한 구절이 사람 하늘 살려내지만
언제 일찍이 자취를 받아들였나
흐름 따라 본래의 몸을 알아 얻으면
두루한 세계가 값할 길 없는 보배 아님 없으리

北風逞嚴威　凜凜侵肌骨
一句活人天　幾曾容朕迹
隨流認得本來身　遍界莫非無價珍

학담도 한 노래 붙이리라.

본래 망령됨이 없고 한 물건도 없는데
중생의 헛된 뜻이 많으니 법약이 많네
한 생각 빛 돌이키면 망령됨이 곧 참됨이니
자고새 우는 곳이 끝없는 뜻이로다

本來無妄無一物　衆生情多法藥多
一念廻光妄卽眞　鷓鴣啼處無限意

66.
앉아서 솔 그늘 보며 한 세상 보내리
- 한 권의 경을 노래하다 [咏一卷經]

네 차례로 더위와 추위 가고 다시 오니
어떤 사람이 자기 마음의 경 알 수 있으리
이 늙은 산승 홀로 무늬 없는 도장을 쥐고
앉아서 솔 그늘 보며 한 생을 지내노라

四序炎涼去復來　誰人知得自心經
老僧獨把無文印　坐看松陰過一生

> 해설

　네 때로 엇바뀌는 시절인연 밖에 불성의 뜻이 없고 때에 때 없는 세간의 진실 밖에 여래의 마음 경[心經]이 없다. 무늬 없는 도장[無文印]이여, 만상의 모습에 찍히지 않는 진여의 도장인가.
　그러나 저 삼라만상이 이 모습 없되 모습 없음도 없는 무늬 없는 도장이 찍어낸 것이니, 바쁘고 바쁜 세간 살림의 흐름 속에서 늘 고요한 진여의 성품을 알면 그가 무늬 없는 도장을 쥔 자이리라.
　옛 선사[投子靑]가 노래했다.

　　물은 곤륜산에서 나오고 산이 구름 일으키는데
　　낚시꾼과 나무꾼은 오는 까닭에 캄캄하네
　　다만 큰 물이랑과 바위 봉우리 넓음만 알아
　　낚싯줄 던져버리고 도끼 버리는 소리 긍정치 않네

水出崑崙山起雲　釣人樵父昧來因
只知洪須巖巒闊　不肯抛絲棄斧聲

학담도 한 노래를 보이리라.

추위 더위 가고 오나 본래 옮김 없으니
이와 같이 살피면 마음의 경을 알리라
앉아서 바람과 달을 보며 붉은 티끌에 달리니
세간을 떠날 때가 법계에 들어감이네

寒暑往來本不遷　如是觀察知心經
坐看風月走紅塵　離世間時入法界

67.
뿔 없는 쇠소가 허공을 밟아 올라
- 언법사에게 보임 [示彦法師] 1

뿔 없는 쇠소가 허공을 밟아 올라
서른세 하늘 인드라 하늘 궁 부숴버리고
몸을 뒤쳐 잠부드비파 다시 내려와
눈 덮인 고갯바람에 꼬리 치고 머리 젓네

鐵牛無角陟虛空　磕破三天帝釋宮
翻身却下閻浮界　擺尾搖頭雪嶺風

> 해설

뿔 없는 쇠소가 무엇인가. 마음인 저 경계가 공하되 공도 공한 줄 알면 그것이 뿔 없는 쇠소의 소식이리라. 그렇다면 사대 허공(四大 虛空)을 부수되 사대 허공을 여래장(如來藏)인 사대 허공으로 살려내면, 그가 뿔 없는 쇠소의 소식 쓰는 참사람인가.

쇠소의 소식 쓸 때 그를 바름과 치우침을 겸하여 와〔正偏兼來〕싹트지 않는 가지 위에서 시절 인연을 보는 자라 말하는 것이리라.

단하순(丹霞淳)선사의 노래 들어보자.

　　물 맑아 달 가득한데 길 가는 이 수심 깊고
　　묘함 다해 의지함 없으니 여러 것 거두지 않네
　　겁 밖에서 치우침 지어 바름과 겸해 길에 이르니
　　싹트지 않는 가지 위에서 봄과 가을을 가리네

水澄月滿道人愁　妙盡無依類莫收
劫外作偏兼到路　不萌枝上辨春秋

학담도 한 노래 부르리라.

법신은 모습 없고 모습 없음도 없으니
쇠소의 묘한 씀은 모래수세계 두루하네
나고 사라지는 일 가운데 법신이 드러났으니
쇠소는 울부짖는데 누워서 달을 보네

法身無相無無相　鐵牛妙用遍河沙
生滅事中法身顯　鐵牛哮吼臥看月

마른 나무에 꽃이 피어 또 다른 봄이니
- 언법사에게 보임 2

산양이 뿔을 걸어 발자취가 없으니
마른 나무에 꽃이 피어 또 다른 봄이로다
참선하는 이 발걸음 마쳤는가 물어보노니
짚새기 신 값 내게 돌려주어야 하리

羚羊掛角無蹤迹　枯木花開別是春
敢問禪和行脚罷　要須還我草鞋錢

해설

짚새기 신을 일이 있으면 아직 집안소식을 못 보고, 고향 찾아 길을 가는 수고가 다하지 않음이리라. 지금 가고 가는 일이 마른 나무에 꽃피는 겁 밖의 봄〔劫外春〕소식이라면, 지금 가고 가는 일을 떠나지 않고 집안소식을 보게 되리라.
　법진일(法眞一)선사는 다음 같이 보인다.

가리는 티로 눈병 나면 허공의 꽃을 보고
가림이 나아 꽃 사라지면 티끌도 사라진다
암자 안에서 암자 밖의 일을 알지 않으니
공양하고 난 뒤 한 잔의 차를 따라 마시라

翳生病眼見空花　翳瘥花亡絶點瑕
庵內不知庵外事　齋餘時酌一甌茶

법진일선사의 게송에서 암자 밖의 일 알지 않는다고 하니, 이는 암자 안의 보는 것에 봄이 없어서 암자 밖 보지 못함에 보지 못할 것이 없으므로, 암자 안에 앉아 암자 밖의 일 따로 알지 않는다고 한 것인가.

학담도 한 노래를 부르리라.

    길 가운데 걸어감 속 발자취가 없으면
    길 가면서 집안 속의 일을 떠나지 않음이네
    어찌 길을 감에 짚새기 값을 쓸 것인가
    발밑을 비춰 보면 만겁의 식량이로다

途中行履沒蹤迹　途中不離家裏事
如何行脚費鞋錢　照顧脚下萬劫糧

68.
연 따는 가락 끝나 다른 일이 없으니
- 대현선자에게 답함 [賽大玄禪子]

아지랑이 물결 머리에 쇠배 띄우고
바구니 들고 불 가운데 연꽃을 따네
연 따는 가락이 끝나면 다른 일 없으니
다만 우리 임금 만세를 누리게 빌어주네

陽焰波頭泛鐵船　提藍採取火中蓮
採蓮曲罷無餘事　但祝吾王享萬年

해설

　물 속의 연이 물 위로 드러나 연꽃이 피고 연꽃이 피어 연실이 드러나는 것[華開蓮顯]은 방편을 열어 실상을 드러내는 행[開權顯實]에 비유된다. 연을 따는 것은 해탈의 과덕이 이루어짐이다. 연 따는 노랫가락이 있는 것은 아직 닦아 행함의 자취와 얻을 과덕이 있음이고, 노랫가락 끝나는 것은 본래 니르바나 되어 있는 해탈의 땅에 돌아가 다시 얻을 것 없는 본래 깨침의 땅에 서는 것이다.
　연 따는 사람과 배는 보이지 않고 우거진 연잎 밑에서 연 따는 노랫가락만 들리는 것은 닦아 얻음이 없고 끊음이 없되, 닦지 않음도 없음을 비유함인가.
　옛 선사[介庵朋]는 다음 같이 노래한다.

방생하는 못가에 해 저물녘 지나가니
십 리 이은 연꽃 사이 푸른 잎이 우거졌네
꽃 밑에 배가 있으나 보이지 않는데
사람들이 연 따는 노래 부름만 들려오네

放生池畔晚來過　十里芙蕖間綠荷
花底有船看不見　只聞人唱採蓮歌

학담도 한 노래 더하리라.

삼계의 불난 집 괴로움은 만갈래인데
불 가운데 붉은 연꽃이 참된 수레이네
중생 괴로움 있으면 연을 땀이 쉬지 않으니
연 따는 노랫가락 다하면 괴로움도 다함이리

三界火宅苦萬端　火中紅蓮是眞乘
衆生有苦採不歇　採蓮曲罷是苦盡

69.
우뚝한 위풍 온 세상에 가득하니
- 열사리에게 주다 [贈悅闍梨] 1

별을 날리고 대를 터뜨리니 기틀의 칼날 드높고
돌을 찢고 벼랑을 무너뜨리니 기상이 높다
사람 마주해 죽이고 살림 왕의 칼과 같고
우뚝한 위풍 다섯 호수 천하에 가득하네

飛星爆竹機鋒峻　裂石崩崖氣像高
對人殺活如王釰　凜凜威風滿五湖

해설

하늘 땅과 저 허공의 헛된 그림자도 깨뜨려야 하늘 땅에서 법계의 뜻을 볼 수 있고, 산 자를 죽여서 산 자를 보고 죽은 자를 살려서 죽은 자를 보아야 죽이고 살림이 자재한 선의 가풍이다.

이런 산 가풍 쓰는 이가 바로 그대 열사리(悅闍梨)니, 그대가 바로 이 세간의 가시밭 험한 구렁을 자재히 다니는 자이다.

죽이고 살림 자재한 참사람의 산 가풍을 옛 선사〔介庵朋〕 또한 이렇게 노래한다.

　　남산에서 범을 때려 죽이고
　　긴 다리에서 용을 베어 없앤다
　　세상에서 세 해로움을 없애니
　　장안에 소식이 통했도다

南山打殺虎　長橋斬却龍
世上除三害　長安信息通

학담도 한 노래로 말해보리라.

눈은 가로이고 코는 곧음 세상 사람 같은데
정수리 문에 외짝 눈은 세상에 사람 없네
죽이고 살림 자재한 기틀의 칼날 높아
네 바다 누르는 이 오직 그대 사리로다

眼橫鼻直世人同　頂門隻眼世無人
殺活自在機鋒高　鎭壓四海唯闍梨

산호와 밝은 달이 서로 비추니
- 열사리에게 주다 2

쇠망치 그림자 속에서 허공을 찢고
진흙 소 놀라게 해 바다 동쪽 지나네
산호와 밝은 달이 차갑게 서로 비추니
옛과 지금 하늘과 땅 한바탕 웃음 가운데네

金鎚影裡裂虛空　驚得泥牛過海東
珊瑚明月冷相照　今古乾坤一笑中

해설

물질의 막힘도 깨뜨리고 허공의 빈 모습도 깨뜨리며 마음도 깨뜨리고 경계도 깨뜨리되, 깨뜨림 또한 깨뜨리면 진흙소가 자재히 시방허공을 달리리. 한 법도 없애지 않고 한 물건도 취하지 않으니 참사람의 한바탕 웃음 속에 산호와 달이 서로 차갑게 비추리라.

옛 사람〔悅齋居士〕도 이렇게 노래한다.

　　홀연히 눈을 치켜 허공을 보니
　　남북동서가 모두 하나로 같네
　　손뼉 쳐 하하 웃으며 돌아간 뒤에
　　한때 있음과 없음 가운데를 갑자기 지났네

　　忽然擡眼見虛空　南北東西摠一同
　　拍手呵呵歸去也　一時驀過有無中

임제선사(臨濟禪師) 또한 이렇게 노래한다.

    크나큰 도는 같음 마저 끊었으니
    동과 서에 마음대로 향한다
    돌이 치는 불도 미치지 못하고
    번갯빛으로 통하기 어렵다

    大道絶同　任向西東
    石火莫及　電光扞通

학담도 한 노래를 붙이리라.

    허공도 쳐 떨어뜨려 마음과 경계 공하면
    비로소 진흙소가 자재히 감을 얻으리
    지금과 옛의 하늘과 땅 진여 가운데이니
    산과 달이 서로 비추고 물은 절로 흐르네

    虛空撲落心境空　始得泥牛自在行
    今古乾坤眞如中　山月相照水自流

70.
진흙소가 대천에 달림을 누워서 보네
- 물러나 숨은 서산대사를 다시 찾아 가르침을 얻다 [再叅退隱西山大師得訣]

서산에 달 비치니 금봉의 뒤이고
눈 속 대에 바람이 이니 물러서 숨음의 먼저네
잘 비춰내는 진나라 때 거울 일찍이 받으니
진흙소가 대천에 달림을 누워서 보네

西山月暎金峯後　雪竹風生退隱先
曾蒙點出秦時鏡　臥看泥牛走大千

해설

이 게송은 서산대사의 여러 호로써 소요선사가 스승 서산대사를 추모하는 시인 듯하다. 서산(西山) 월영(月暎) 풍생(風生) 청허(淸虛) 퇴은(退隱) 이우(泥牛)가 모두 서산조사가 쓰던 호이리라. 그리고 금봉(金峯)과 설죽(雪竹)은 서산조사가 소요대사의 공부를 격려하면서 시로써 내려준 소요의 호인 듯하다. 시로 보면, 서산(西山)과 퇴은(退隱)이 청허선사가 묘향산에 물러나 살 때 쓰던 호가 아닐까 생각한다.

'진나라 때 거울'은 세속 왕의 거울로 세속의 진리를 살피는 '뒤에 얻은 지혜[後得智]'를 비유한 것이나, 근본지(根本智) 없는 차별지(差別智) 없고, 차별지 없는 근본지 없으니 진흙소가 달리는 소식 밖에 두 지혜가 없다.

서산대사는 갖가지 호를 써서 이름에 이름 없는 곳에서 이름 아닌 이름으로 법을 보인 것이니, 이름 있음〔有名〕과 이름 없음〔無名〕 때〔時〕와 때 아님〔非時〕이 둘이 아닌 경계를 옛 선사〔天童覺〕는 이렇게 노래한다.

발자취 없고 소식을 끊음이여
흰 구름에 뿌리 없으니 맑은 바람 무슨 빛깔이리
하늘 덮개 흩으니 마음이 아니고
땅의 가마 지니니 힘이 있도다
천고의 깊은 근원 환히 밝히고
만상의 틀과 법칙을 지음이여
티끌세계가 말할 줄 아니 곳곳이 보현이고
누각문이 열리니 낱낱이 마이트레야네

沒蹤迹斷消息　白雲無根淸風何色
散乾蓋而非心　持坤輿而有力
洞千古之淵源　造萬像之模則
刹塵道會也　處處普賢
樓閣門開也　頭頭彌勒

학담도 한 노래로 소요대사의 뜻에 같이하리라.

서산에 달 비침은 늙은 나이 때요
물러서 숨은 곳 눈속 대는 앉아 선정 닦는 곳이네
진나라 때 거울 이 또한 옛 거울이니
진흙소는 깊이 잠자면서 대천을 달리네

西山月映晚年時　退隱雪竹坐定處
秦時鏡是亦古鏡　泥牛沈眠走大千

71.
배꽃이 달 비치는 밤 두견새 소리 듣네
- 천해법사에게 줌 [贈天海法師] 1

진제 속제 같이 밝아 눈앞에 있는데
불 가운데 연꽃이라 말할 줄 아는 이 없네
이 늙은 산승이 일찍이 칼 놀림 알았으니
달 비치는 밤 배꽃이 두견새 소리 듣네

眞俗雙明在眼前　無人知道火中蓮
老僧慣得嘗游刃　夜月梨花聽杜鵑

해설

내가 저를 부를 때 부르고 대답함이 실로 있지 않음이 진제(眞諦)요, 부르고 대답함이 실로 없지 않음이 속제(俗諦)이다. 부르고 대답함이 있지 않으므로 나와 너는 모두 있되 공하고, 부르고 대답함이 없지 않으므로 나와 너는 모두 공하되 있다.

있되 공하고 공하되 있으므로 말하되 말함 없고 말함 없되 말함 없음도 없으니, 소뼈 사이로 칼을 잘 놀리되 소의 모습도 보지 않고 고요하여 함이 없지만, 깊은 밤 고요함 속 배꽃이 두견새 울음을 듣는다.

옛 선사 [天童覺]도 이렇게 노래한다.

겨울잠 자는 눈 덮인 집에 한 해가 저무는데
깊고 고요한 사립문은 밤에 열리지 않네

동산 숲 차갑게 마른 나무 변하는 꼴 살핌이여
봄바람이 불어 대통의 재 날려 보내네

凍眠雪屋歲摧頹　窈窕蘿門夜不開
寒槁園林看變態　春風吹起律筒灰

학담도 한 노래 보이리라.

있음과 없음에 집착하지 않고
가운데에도 떨어지지 않으면
불 속의 붉은 연꽃 곳곳에서 피리라
이와 같은 소식은 기특함이 없나니
봄이 오면 꽃 피고 가을에 잎이 지네

不着有無不落中　火裏紅蓮處處開
如此消息無奇特　春來花發秋葉落

앞개울 버들 빛은 황금색깔 부드럽고
- 천해법사에 줌 2

앞개울 버들 빛은 황금색깔 부드럽고
뒷동산 배꽃은 흰 눈으로 향기롭네
틀 밖에서 선의 묘함 전하는 것 알려는가
갖가지 풀머리마다 덮어 감춤 없어라

前溪柳色黃金嫩　後苑梨花白雪香
欲知格外傳禪妙　百草頭頭不覆藏(二)

해설

수트라의 문자는 반야이고 반야는 세계의 실상이다. 경전의 문자는 세계를 주석하고, 낱낱 문자가 중생의 한 생각을 주석하는 문자 아닌 문자이다. 그러므로 경을 경만으로 연구하여 그 뜻을 풀이하는 것은 여래의 뜻과는 십만팔천 리다.

잎 피고 새 우는 것이 여래의 뜻〔如來旨〕이고 조사의 선〔祖師禪〕이니, 보고 듣는 것의 진실 밖에 따로 비밀히 전한 법이 있다고 말해서는 안 된다.

약산선사(藥山禪師)에게 낭주자사 이고(朗州刺史 李翶)가 '어떤 것이 노인가'를 물으니, 선사가 답했다.

"구름은 하늘에 있고 물은 병에 있다."

이 말에 이고가 깨닫고 쓴 게송의 뜻이 친절하다. 그 시는 다음과 같다.

몸의 꼴 갈고 닦아 학의 모습 같은데
천 그루 솔 밑에는 두 상자 경이로다
내가 와 도를 물음에 다른 말씀 없고
구름은 하늘에 있고 물은 병에 있다 하네

鍊得身形似鶴形　千株松下兩函經
我來問道無餘說　雲在靑天水在甁

천동각(天童覺)선사는 이렇게 노래한다.

구름은 푸른 하늘에 있고 물은 병에 있다 함이여
몇 사람이나 저울 눈을 잘못 알았던가
약산이 여덟 팔자로 크게 울려 열었으니
지금까지도 그 이야기 크게 돌아다니네

雲在靑天水在缾　幾人錯認定盤星
藥山八字轟開也　恰到如今話大行

학담도 한 노래로 말해보리라.

틀 밖의 선의 뜻 어찌 따로 전함 있으리
전함 없고 받음 없어서 본래 스스로 밝네
앞 개울 물 소리는 붇다의 긴 설법이요
뒤뜰 온갖 꽃은 바이로차나 빛이네

格外禪旨何別傳　無傳無受本自明
前溪水聲廣長說　後園百花毘盧光

나의 벗 푸른 연과 비바람 소리네
- 천해법사에 줌 3

정신이 겁 밖에 노닐다 꿈에서 처음 깨어나니
마른 나무 용의 읊조림이 나의 뜻을 일으키네
뜻 있으면 그 모든 것 나의 벗이 아니니
못 위의 푸른 연 비바람 소리가 벗이로다

神游劫外夢初醒　枯木龍吟起予情
有情不是余朋友　池上綠荷風雨聲

해설

뜻이 있다고 하면 그 뜻은 찰나에 나고 사라지니 뜻 있음이 나의 참된 벗이 될 수 없음에 못 위 연꽃과 비바람 소리가 나의 벗이 된다 함이리라. 그러나 뜻 있는 것은 비록 뜻이 있되 뜻이 아니고, 뜻 없는 것은 뜻 없다고 하나 이미 내 마음의 사물이니 뜻 없는 것이 아니다.

대혜선사의 다음 말이 뜻 없는 사물이 뜻 없지 않음을 보인다.

파초는 귀가 없지만 우레가 열림을 듣고
해바라기꽃은 눈이 없지만 해를 따라 돈다

芭草無耳聞雷開　葵華無眼隨日轉

소요와 대혜의 말이 다른 뜻을 보임이 아닌 것이니, 두 선사의 말을 따라 뜻 있음과 뜻 없음을 넘어서면 '법의 몸이신 붇다〔法身佛〕'의 보살펴 생각해줌〔護念〕을 떠나지 않으리라.

　남전(南泉)선사가 달 구경하는데〔玩月〕 조주선사가 달의 모습을 물었으니, 남전과 조주가 달 보는 그 뜻이 사람에게 있는가 하늘의 휘영청 밝은 달에 있는가. 어찌해야 무너지지 않는 뜻을 볼 수 있는가.

　법진일(法眞一)선사가 이렇게 노래했다.

　　　밝은 달이 둥글고 둥글어 푸른 하늘에 빛나는데
　　　조주와 왕노사는 섬돌 앞에서 구경했네
　　　두 사람의 마음과 눈 같이 서로 비슷하고
　　　달의 빛과 색깔 원래 함께 또렷했네

　　　皎月團團麗碧天　趙州王老翫階前
　　　二人心眼俱相似　光彩從來共宛然

학담도 한 노래로 소요선사의 뜻을 도우리라.

　　　뜻 있는 것은 나의 좋은 벗이 아니지만
　　　뜻 없는 것인들 어찌 벗이 될 수 있으리
　　　푸른 산 밝은 달을 비록 뜻 없다고 하나
　　　밝은 달이 비춤이여 끝없는 뜻이로다

　　　有情不是吾善友　無情那得爲朋友
　　　青山明月雖無情　明月照兮無限意

72.
도는 말 앞에 있어
- 별의 심법사에게 주다 [贈別義諶法師] 1

스승 제자 서로 봄은 따로 기특함 없으니
도는 말 앞에 있어 기틀에 떨어지지 않네
뜻을 들면 이미 채찍 그림자 따라 달려
죽이고 살림 온전히 끌어 우레처럼 달리네

師資相見別無奇　道在言前不落機
擧意已隨鞭影去　全提殺活轟雷馳

해설

도를 말 가운데 있다고 하므로 도는 말과 소리 앞이라고 하지만, 말을 떠나 도가 있다고 하면 목을 끊고 살기를 바라는 자이다.

어떤 바깥길의 사문이 찾아와 세존께 '말 있음도 묻지 않고 말 없음도 묻지 않는다'고 하니, 세존께서 다만 잠자코 계심[良久]에 바깥길 사문이 바로 알아들었다.

아난다가 세존께 그 사문이 깨친 뜻을 물으니, 세존께서 '좋은 말은 채찍 그림자만 보아도 잘 간다'고 말씀하셨다.

이와 같이 묻고 답함 가운데 말 있음과 말 없음에 모두 떨어지지 않는 참사람의 실림실이가 다 드러나 있는 것인가.

그러나 설사 채찍 그림자만 보고 간다 해도 가는 것에 실로 감이 있으면 잘 감이 아닐 것이니, 대각련(大覺璉)선사는 이렇게 노래한다.

좋은 말이 채찍 그림자 만나 곧장 내달려 뛰어
천리길을 달리지만 아직 아주 빼어남은 아니네
살펴보니 어찌 전륜왕의 보배 미칠 것인가
한 번 몰아 삼천계를 가되 티끌 움직이지 않네

良馬逢鞭影便犇　騰夷千里未超倫
觀來豈及輪王寶　一駕三千不動塵

대각련선사는 전륜왕의 황금 바퀴보배[金輪寶]가 삼천계를 가되 티끌 움직이지 않음으로 잘 감을 말했으니, 감이 없되 가지 않음도 없어야 여래의 뜻에 하나됨인가.
보영용(保寧勇)선사는 노래한다.

지나가다 밤이 되어 묵은 풀 속 잠자는데
눈을 뜨고 보니 하늘이 크게 밝았네
빈 마음에 맨발로 노래 부르며 돌아감이여
길 위에 지나는 사람 이미 적지 않도다

經過遇夜宿荒草　開得眼來天大曉
空心赤脚唱歌歸　路上行人已不少

말을 떠나지도 않고 말을 버리지도 않으며, 스승과 제자가 전하고 받음이 없되 잘 전해 받음은 어떤 길인가.
천동각(天童覺)선사는 노래한다.

세간에 들지 않고 연을 따르지 않으나

겁의 항아리 빈 곳에 집안의 전함이 있네
흰 갈대에 바람결 가늘어 가을 강 저무는데
옛 나루터 언덕에 배 돌아오니 자욱한 안개로다

不入世間未循緣　劫壺空處有家傳
白蘋風細秋江暮　古岸船歸一帶煙

학담도 한 노래로 말해보리라.

도는 말에 있지 않고 또한 떠나지 않으니
말에서 말을 떠나면 산 눈을 열리라
채찍 그림자만 보고도 바로 달려 가
죽이고 살림을 바로 잘 쓰니
스승 제자 서로 봄에 주인이 주인을 봄이네

道不在言亦不離　於言離言開活眼
鞭影而去用殺活　師資相見主看主

연꽃 필 때 물 향내를 맡나니
- 별의 심법사에게 주다 2

푸른 산 낮은 곳에서 하늘 넓음을 보고
붉은 연꽃 피어날 때 물 향내를 맡도다
따뜻한 봄노래 한 가락 어울리는 이 없으니
그 가락 타려는 이는 하늘왕의 땅에 들라

青山低處見天濶　紅藕開時聞水香
陽春一曲無人和　彈出要師入帝鄉

해설

남이 없는 봄노래 한 가락 타려면 하늘왕의 땅〔帝鄉〕에 들라 하니, 하늘왕의 땅은 어디인가. 하늘왕이 세존께 노랫가락 공양하니, 산하대지가 거문고 소리 내는 그곳이리라.

산하대지가 거문고 소리 냄에 카샤파존자가 일어나 춤을 추니, 이 뜻은 무엇인가. '산하대지와 하늘왕이 모두 남이 없되 나지 않음도 없음'을 말하는가. '뜻과 기운 있는 곳에 뜻과 기운 더하고, 바람 흐름 없는 곳에서 바람이 흐름〔有意氣時添意氣 不風流處也風流〕'인가.

하늘왕의 음악 따라 산하대지가 거문고 타고 카샤파존자가 일어나 춤춘 소식을, 옛 사람〔無盡居士〕은 다음 같이 노래한다.

　　간다르바왕이 음악 가락으로 어울리니

카샤파존자가 훨훨 춤을 추었네
오랜 생의 익힌 기운을 거듭 들어 놀리니
바다가 솟구치고 산이 움직임이 저를 관계치 않네

乾闥婆王樂韻和　飮光尊者舞婆娑
多生習氣重拈弄　海湧山搖莫管他

　오랜 생의 익힌 기운이여, 세산법의 나고 사라짐이 앞을 받아 뒤에 이어짐을 말함인가. 물 흐르고 꽃 피어남도 오랜 생의 익힌 기운이리라. 산과 바다가 카샤파존자의 춤에 관계치 않는다는 것은 카샤파의 춤이 저 산하대지를 의지해 일어나되 산은 산이고 물은 물이며 카샤파의 춤은 춤인 뜻을 그렇게 말함인가.
　학담도 한 노래 더하리라.

이 법은 평등하여 높고 낮음 없으니
바다 밑을 갈 때에 산 꼭대기를 밟도다
남이 없는 한 가락을 아는 사람 없으나
들새 재잘거림이 남이 없음 노래하네

是法平等無高下　海底行時踏山頂
無生一曲無人會　野鳥喃喃歌無生

73.
방위 없음으로 방위 있음에 들리라
- 법왕을 노래함 [法王歌] 1

깨달음의 황제와 하늘의 황제 어느 곳에 있는가
냄새 없고 소리 없으니 어찌 곳에 있으리
만약 사람이 곧바로 받아 알아 간다면
방위 없음을 바로 잡아 방위 있음에 들리라

覺皇天帝在何方　無臭無聲豈處方
若人直下承當去　却取無方入有方

해설

깨달음의 황제[覺皇]란 법신붇다[法身佛] 바이로차나붇다이다. 법신붇다란 붇다의 지혜인 세계의 실상 자체를 말하니, 화엄의 뜻으로 보면 만주쓰리보디사트바의 지혜[文殊智]와 사만타바드라보디사트바의 진리[普賢理]가 하나됨이다.

곧 저 세계의 모습에 모습 없음을 통달함이 만주쓰리보디사트바의 지혜[文殊智]이고, 마음에 마음 없는 만주쓰리의 지혜에 드러난 세계의 실상이 사만타바드라의 진리이니, 진리와 지혜가 하나됨을 광명이 두루 비추는 붇다[光明遍照佛]라 한다. 이때 진리에 얻을 바가 없고 마음에 앎이 없으므로 진리와 지혜의 하나됨은 늘 하되 함이 없는 보현의 행[普賢行]으로 드러나고 세간의 활동으로 드러난다.

그러므로 각황(覺皇)의 빛은 삼세에 머묾 없되 삼세를 자재히 쓰는 행으로 드러나고 방위에 막히지 않되 방위를 쓰는 지혜로 드러난다. 어떻게 깨달음의 황제의 땅에 들어가는가.

금강경은 '모든 모습이 모습 아님을 보면 붇다를 본다'고 하고, 화엄경은 다음 같이 노래한다.

　　온갖 법은 생겨나지 않고
　　온갖 법은 사라지지 않으니
　　만약 이와 같이 알 수 있으면
　　모든 붇다가 늘 앞에 나타나리

　　一切法不生　一切法不滅
　　若能如是解　諸佛常現前

옛 선사〔上方益〕는 말한다.

　　큰 바닷물 밟아 뒤집고
　　수메루산 밀어서 넘긴다
　　다만 오랑캐수염 붉은 줄만 아니
　　뉘라서 붉은 수염 오랑캐를 알리

　　踏翻大海水　趯倒須彌盧
　　只知胡鬚赤　誰識赤鬚胡

상방익신사가 말한 게송의 뜻에서 붉은 수염 오랑캐란, 무자별적인 평등의 지혜만으로 여래를 볼 수 없고, 모습에 모습 없는 평등과 모습 없음이 모습 되는 차별을 모두 보는 지혜라야 여래의 참몸 볼 수 있음을 말한 것이리라.

옛 사람〔悅齋居士〕의 한 노래 다시 들어보자.

선상을 떨리게 하니 삶 가운데 죽음이요
땅을 떨리게 하니 죽음 가운데 삶이로다
이 속에 몸을 붙일 수 있으면
비로소 하늘땅이 넓은 줄 알리라

震床活中死　震地死中活
者裏著得身　始知天地闊

학담도 한 노래로 말해보이리라.

법은 본래 모습 없고 머무는 곳 없으니
모습에 집착하면 어떻게 각황에 계합하리
모습 없고 공도 없고 공하지 않음도 없으니
우거진 꽃과 풀이 깨달음의 황제 드러내네

法本無相無所住　着相如何契覺皇
無相無空無不空　花花草草露覺皇

꽃 붉고 잎 푸름은 누구 집의 물건인가
- 법왕을 노래함 2

그에게는 국토가 없으니 무슨 방위가 있으리
하늘 땅과 위 아래 방위 거두어 싸고 있네
꽃 붉고 잎 푸름은 누구 집의 물건인가
우리 법의 왕 크게 깨친 분의 방위에 속하네

渠無國土有何方　囊括乾坤上下方
花紅草綠誰家物　總屬吾王大覺方

해설

세상은 왕(王)으로서 가장 높은 권좌를 삼지만, 법의 문에서는 위없는 보디의 완성자 여래가 이 세간의 가장 존귀한 분〔世尊〕이고 법의 왕〔dharma-rāja〕이시다.

법의 왕의 땅에는 방위 없되 방위를 싸고, 모습 없되 모습 아님도 없으며, 삼세의 때가 아니되 삼세의 때를 떠나지 않는다.

그곳은 어떻게 돌아가는가. 생각에서 생각 떠나 생각 없지만 생각 없음에도 머물지 않을 때가 돌아가는 때인가.

옛 사람〔悅齋居士〕은 이렇게 노래한다.

　　동쪽 고개는 구름이 돌아가는 곳이고
　　서쪽 강은 달이 지는 때이네
　　그 가운데 분명한 뜻이여

한 생각도 범하지 않음이네

　　東嶺雲歸處　西江月落時
　　箇中端的旨　不犯一思惟

학담도 한 노래를 말해보리라.

　　이 법은 본래 안과 밖과 가운데 없는데
　　하늘과 땅 위와 아래, 누가 이것을 말하는가
　　함이 없는 법으로써 차별이 있으니
　　눈이 꽃의 붉음을 보되 봄에 봄이 없네

　　此法本無內外中　乾坤上下誰是道
　　以無爲法有差別　眼見花紅見無見

74.
사람사람 다리 밑에 맑은 바람 부네
- 순상인에게 줌 [贈淳上人]

낱낱의 얼굴 앞에 밝은 달은 희고
사람사람 다리 밑에 맑은 바람 부네
거울 깨뜨려 옴에 그림자 자취 없는데
한 소리 우짖는 새 꽃 가지에 오르네

箇箇面前明月白　人人脚下淸風吹
打破鏡來無影跡　一聲啼鳥上花枝

해설

뜻 있는 자가 뜻 없는 밝은 달을 보니 뜻 있음이 뜻 있음이고 뜻 없음이 뜻 없음인가. 아는 마음은 비록 뜻이 있되 뜻이 아니고, 저 세계는 마음 아니되 마음 떠나지 않는다.

이를 다시 어떻게 말해야 하는가. 옛 선사가 '마른 나무에 용이 읊조리고 해골 속에 눈동자다 [枯木裏龍吟 髑髏裏眼睛]'라 했으니, 이 뜻인가.

여기 마음이 있고 저기 세계가 있다면 어찌 소리 듣고 도를 깨치며 [聞聲悟道] 빛깔 보고 마음 밝히는가 [見色明心].

옛 조사 [大慧杲]의 다음 가르침이 친절하나.

　　관음의 묘한 지혜 자비의 힘이여
　　가시 숲 가운데 우둠발라 꽃이 피도다

觀音妙智慈悲力　荊棘林中優鉢華

다시 뜻 있음〔有情〕과 뜻 없음〔無情〕이 서로 걸림 없는 경계를 옛 선사〔長靈卓〕는 다음 같이 노래한다.

    나무 사람은 나무 판 잡고 구름 가운데서 노래하고
    돌 여인은 가죽신 신고 물 위에서 다닌다
    나고 죽고 죽고 나는 것 다시 물음을 쉬라
    원래부터 한낮에 한밤 삼경의 종을 치노라

    木人把板雲中唱　石女穿靴水上行
    生死死生休更問　從來日午打三更

학담도 한 노래 더하리라.

    사람은 마음 있되 밝은 달을 보고
    밝은 달은 마음 없되 산 사람 비추네
    거울 비고 모습 공하나 그림자가 또렷하니
    달빛 아래 산새는 꽃가지에 오르네

    人有心而看明月　明月無心照山人
    鏡虛像空影歷然　月下山鳥上花枝

75.
산과 내가 법왕의 몸에 돌아가니
- 각원 두 글자를 풀이하여 각원법사에게 보임 [釋覺圓二字示覺圓法師]

깨달음의 바탕 방위 없어 두 가를 끊었나니
산과 내가 법왕의 몸에 돌아가 엎드리네
푸른 버들가지 마다 꾀꼬리 소리 좋으니
스스로 봄바람 차지해 주인이 되네

覺體無方絕二邊　山河歸服法王身
綠楊枝枝鶯聲好　自占春風作主人

해설

법 가운데 왕이란 사물의 있되 공한 모습에 붙인 거짓 이름이니, 보고 듣는 모습에 모습 없고 공도 없고 공하지 않음도 없으면[無相無空無不空], 사물을 떠나지 않고 법 가운데 왕[法中王]에 돌아가 법왕을 지을 수 있다.

옛 선사[大慧杲]는 말한다.

　이마의 눈 활짝 열면
　대천세계 비추어 사무치리
　이미 법 가운데 왕을 지으니
　법에 자재함을 얻으리

　豁開頂門眼　照徹大千界
　旣作法中王　於法得自在

학담도 한 노래로 조사의 뜻에 함께하리라.

참 깨달음은 두렷 밝아 방소가 없으니
큰 땅과 산과 내가 법 가운데 왕이로다
몇 소리 맑은 경쇠는 바이로차나 소리요
소리 듣는 나그네 사람은 사물 밖의 사람이네

眞覺圓明無方所　大地山河法中王
數聲淸磬毘盧聲　聞聲客人物外漢

76.
홀로 무늬 없는 도장을 차고
- 달마가 서에서 옴을 느껴 씀 [感達摩西來]

인도 스님 홀로 무늬 없는 도장을 차고
배를 타고 바다로 서에서 돌아와
고통바다 중생 위해 나침반이 되었네
눈 푸른 스님 홑으로 전한 뜻을 따르지 않아서
얼마나 많은 자손들이 두세 째에 떨어졌는가

胡僧獨佩無文印　泛海西歸作指南
不因碧眼單傳旨　多少兒孫落二三

해설

무늬 없는 도장[無文印]은 법의 눈[法眼]을 증명하는 법의 도장에 자취 없음을 말하니, 중생의 자기진실 그대로의 법의 도장이다. 이 게송에서 인도스님[胡僧]은 달마대사이니, 달마의 법이 경의 문자에 대한 법의 집착을 깨기 위해 다시 세운, 실상 그대로 법의 도장임을 나타낸다.

그러므로 무늬 없는 도장은 여래의 과덕의 지혜에서 일어나 과덕의 땅에 돌아가는 지혜의 도장이라 할 것이니, 인행과 과덕 안과 밖이 있되 공해 서로 사무쳐 통한 법을 발함이라.

옛날 지문광조(智門光祚)선사에게 어떤 승려가 '연꽃이 물에서 아직 나오기 전에 어떤가' 물으니 '연꽃이다'고 말했다. 그리고 '이미 나온 뒤 어떤 것인가' 물으니 '연잎[荷葉]'이라 말했다.

광조선사의 이 같은 답이 인행(因行)과 과덕(果德) 방편과 실상 이 둘이 없는 '무늬 없는 도장'을 말함인가.
　불감근(佛鑑勤)선사의 다음 노래를 들어보자.

　　연꽃의 향기로운 꽃봉오리
　　물결 가운데 달을 차갑게 꿰뚫었고
　　푸른 잎은 가볍게 물위 바람 흔드네
　　물에 나오고 나오지 않은 때
　　그대 스스로 살펴 보라
　　모두가 다만 한 못 가운데 있도다

　　香苞冷透波心月　緣葉輕搖水面風
　　出未出時君自看　都盧抵在一池中

학담도 한 노래 더하리라.

　　다함 없는 바람과 달 사람 사람 갖추었는데
　　동으로 가고 서에서 옴 무슨 일 때문인가
　　알고 봄에 봄이 없으면 법의 마루 세우니
　　모든 붇다 내 정수리 만져 보디 언약 주시리

　　無盡風月人人具　東去西來爲何事
　　知見無見立宗旨　諸佛授吾摩頂記

겁 밖의 봄의 신은 다른 모습의 봄빛이네
- 달마가 서에서 옴을 느껴 씀 2

개나리꽃이 피어 바다와 산이 봄인데
누워서 남전의 꿈 속의 봄을 보도다
남전선사 뜰의 집에 지나가는 사람 없는데
겁 밖의 봄의 신은 다른 모습의 봄빛이네

辛夷花發海山春　臥看南泉夢裡春
南泉庭院無人過　劫外東君別樣春

해설

남전의 꿈이여, 이 무슨 뜻인가. 어느 날 육긍대부(陸亘大夫)가 남전선사(南泉禪師)에게 말했다.
"승조법사가 말하기를 '하늘땅과 내가 뿌리를 같이하고 만물이 나와 한 몸'이라고 했으니 매우 기괴합니다."
남전선사가 뜰 앞의 꽃을 가리키며 대부를 부르면서 '요사이 사람들은 한 포기 꽃을 꿈처럼 본다'고 했다.
이 묻고 답함의 뜻 가운데 남전의 꿈이 있다. 그렇다면 겁 밖의 봄소식은 남전의 꿈 밖에 있는가.
승천종(承天宗)선사가 노래했나.

　　대부는 조법사의 참뜻 그릇 알아서
　　펼쳐진 온갖 것들 한 몸으로 같다 말했네

남전의 끝없는 뜻을 돌이켜 생각하니
뜰 앞의 꽃은 피어 봄바람에 웃도다

大夫錯會肇師宗　却謂森羅一體同
飜憶南泉無限意　庭前花發笑春風

학담도 한 노래 붙이리라.

노란 꽃 속에서 남전의 꿈을 봄이여
강과 산 이르는 곳의 봄은 실답지 않고
남전의 꿈 속의 봄은 헛되지 않으니
이 밖 어느 곳에 겁 밖의 봄이 있으리

黃花裏看南泉夢　江山到處春非實
南泉夢裏春非虛　此外何處劫外春

77.
황벽은 몸을 뒤쳐 혀를 빼물었으니
- 마조선사의 악 외침 [馬祖喝]

무늬 없는 도장의 글자 규모를 벗어나니
벼락 치는 한 소리 하늘땅이 놀라네
번갯빛 돌불을 어찌 헤아려 말하리
황벽은 몸을 뒤쳐 혀를 빼물고 놀라도다

無文印字脫規摸　霹靂一聲天地驚
電光石火何擬議　黃蘗翻身吐舌驚

해설

백장이 마조선사를 뵈니 마조가 털이[拂子]를 세웠다.
백장이 물었다. "이것 그대로 씁니까, 이것을 떠나 씁니까."
마조가 털이를 두던 곳에 거니 백장이 잠자코 있었다.
마조가 말했다. "그대는 뒤에 두 조각 입술을 열어 무엇으로 사람을 위할 것인가."
백장이 털이를 세우니, 마조가 말했다. "이것 그대로 쓰는가, 이것 떠나 쓰는가."
백장 또한 털이를 두던 곳에 걸으니, 마조가 '악' 외침에 백장이 사흘간 귀가 멀었다.
마조의 한 외침에 사흘간 귀먹은, 이 말을 전해들은 황벽은 자기도 모르게 혀를 빼물었다. 마조의 한 외침에 백장이 귀먹고 황벽이 혀를 뱉어낸 이 일이 어떠한가. 수메루산 무너진 곳에 겁 밖의 바람 다시 불어오는 소식인가.

　해인신(海印信)선사는 이렇게 노래한다.

　　한 '악' 외침 총림에서 아는 이 드문데
　　귀먹은 일 옛과 지금에 억지로 쑤셔댄다
　　등롱은 손바닥 어루만지며 하하하 웃는데
　　돌기둥은 머리 숙이며 눈썹을 찡그리네

　　　一喝叢林辨者稀　耳聾今古强針錐
　　　燈籠撫掌呵呵笑　露柱低頭却皺眉

운문고(雲門杲)선사는 이렇게 노래한다.

　　망아지의 악 외침 아래 집안풍속 없어지니
　　네 바다가 이를 좇아 소식 통하네
　　활활 타는 불꽃 가운데서 달을 건져서
　　높고 높이 대웅봉에 홀로 앉았네

　　　馬駒喝下喪家風　四海從玆信息通
　　　烈火燄中撈得月　巍巍獨坐大雄峯

심문분(心聞賁)선사는 노래한다.

　　용은 저녁놀을 띠고 쉴 곳에 돌아가고
　　기러기는 가을빛 끌고 형양땅을 지나네
　　머리도 돌릴 수 없는 막힌 산길에
　　나뭇잎 지고 잔나비 울어 애간장 끊는다

龍帶晚煙歸洞府　鴈拖秋色過衡陽
不堪迴首關山路　木落猿啼正斷腸

학담도 한 노래 붙여 옛 조사들의 뜻에 함께하리라.

마조의 한 외침에 큰 땅이 내려 앉으니
돌을 치는 불빛 어찌 따져 말하리
황벽은 혀를 뺄고 백장은 귀먹었으니
혀 없이 말을 하고 귀를 가리고 듣도다

馬祖一喝大地沈　擊石火光何擬議
黃蘗吐舌百丈聾　無舌而說掩耳聞

78.
강물소리와 달빛 빈 누각에 스미고
- 밤에 앉아 회포를 씀 [夜坐書懷]

종소리 일어나는 곳에서 들음을 들어 돌이키고
노란 잎 날아갈 때 봄을 다시 보아 쉬도다
다시 밤이 되자 밝음이 발 밖에 구르니
강물소리와 달빛 빈 누각에 스며드네

鍾聲起處聞聞復　黃葉飛時見見休
更向夜明簾外轉　江聲月色侵虛樓

해설
보고 들음이여, 인연으로 있으니 실로 보고 들음 없고, 인연으로 없으니 보고 들음 없음도 아닌가.
　대혜고(大慧杲)선사의 한 노래 들어보자.

거친 밭은 가는 사람 없는데
갈게 되면 다투는 사람 있네
바람 없이도 연잎이 움직이면
반드시 물고기가 가는 것이다

荒田無人耕　耕着有人爭
無風荷葉動　決定有魚行

들음을 다시 돌이켜 듣고 봄을 다시 돌이켜 보면, 들음이 들음

아니되〔聞卽非聞〕 들음 아님도 아니고〔非非聞〕, 봄이 봄이 아니되
〔見卽非見〕 봄 없음이 아니니〔非非見〕 그 뜻은 어떠한가.
　옛 선사〔崇勝珙〕는 이렇게 노래한다.

　　　눈 속에 수메루산 겹쳐 우뚝 솟고
　　　귀 가운데 큰 바다 쌓여 물결 드높다
　　　말 없는 어린이 아직 입을 열지 않았는데
　　　문 밖에 우렛소리 벌써 떨려오네

　　　眼裏須彌重崒岌　耳中大海疊波瀾
　　　無言童子未開口　門外雷聲早戰寒

학담도 한 노래를 붙이리라.

　　　빛깔 보고 소리 들음 어디에서 오는가
　　　보고 들음 공한 곳에 공함 또한 공하네
　　　한 낮의 환히 밝은 하늘 삼경과 같고
　　　뜰 앞의 노란 꽃은 밤을 이어 피도다

　　　見色聞聲何處來　見聞空處空亦空
　　　白晝明天如三更　庭前黃花連夜發

79.
인도스님 한 가락은 줄 없는 거문고 소리인데
- 선정에서 나와 회포를 씀 [出定書懷]

인도스님 한 가락은 줄 없는 거문고 소리인데
맑은 울림 어찌하여 다섯 소리에 떨어지리
크게 웃고 말없이 잠자코 앉아 있으니
저녁 빛에 매미는 푸른 회나무 그늘에서 울어대네

胡家一曲沒絃琴　淸韻如何墮五音
大笑無言良以坐　夕陽蟬咽綠槐陰

해설

줄 없는 거문고 가락은 소리에 소리 없되, 소리 없음에 소리 없음도 없음을 말한다. 소리에 소리 없음을 의지하여 사마타(śamatha)를 닦고, 소리 없음에 소리 없음도 없음을 의지하여 비파사나(vipaśyana)를 닦는다.

소리 있음이 소리 없음을 떠나지 않음에 사마타는 비파사나인 사마타이고 비파사나는 사마타인 비파사나이니, 이 뜻은 끝내 어떠한가.

모습 있음이 없음을 떠나지 않으므로 구름 낀 거친 길 피하면 본래 고향길이 아니니, 옛 선사〔蔣山泉〕는 노래한다.

　문 나서면 곧 바로 아주 바쁘지만
　만리에 옴이 없으면 아직 두렷함이 아니네

고향집에 돌아가는 길을 알려 하는가
저녁 구름 가볍게 끼어 푸른 빛 잇는 곳이네

　　出門便是大忙然　萬里無來未得圓
　　欲識家鄉歸去路　暮雲輕鏁綠綿綿

단하순(丹霞淳)선사 또한 이렇게 말한다.

집에 돌아와 어찌 푸른 구름 평상에 앉으리
문을 나서서도 푸른 풀밭 걷지 않도다
남북동서 모든 곳에 본래 자유로워서
그에게는 등짐과 맞섬 없는데 어디로 피하랴

　　歸家豈坐碧雲床　出戶不行青草地
　　南北東西本自由　渠無背面那迴避

학담도 한 노래 더하리라.

남이 없는 한 가락은 궁상의 음계 없으나
헤아릴 수 없는 소리가 어울려 울려나네
산승은 고요한 밤 앉아서 말이 없는데
들새는 새벽이 되도록 산 숲에 우노라

　　無生一曲沒宮商　雖然無量音和韻
　　山僧靜夜坐無言　野鳥達旦唳山林

80.
밤 깊자 달이 빈 창에 들어오네
- 가을을 만나 느낌을 노래함 [逢秋有感]

병을 안고 해를 지나 초가에 누웠더니
오래 알던 친한 벗도 도리어 멀어지네
다만 가을바람은 두텁고 엷음이 없고
밤 깊자 밝은 달이 빈 창에 들어 오네

抱疾經年臥草廬　慮知親返返成踈
但有秋風無厚薄　夜深和月入窓虛

해설

　힘 있고 돈 있으면 문지방을 넘나들며 친한 체하던 이웃들도 힘 없고 돈 떨어지면 발길을 끊는다. 경계에 나고 사라짐이 있고 우거지고 시듦이 있음을 보는 범부의 덧없는 마음 때문에 그런 것인가. 그러나 하늘의 밝은 달은 가깝고 멂이 없고 큰 땅에 가득한 가을바람의 은혜는 오곡에 두루 미친다.
　아는 마음에 뜻 있되 뜻이 공하고 저 보는 바 경계에 뜻이 없으나 경계가 공한 곳에 끝이 없는 뜻이니, 사람의 뜻과 뜻 없는 경계를 둘로 나누지 말아야 한다.
　빈 창에 들어오는 밝은 달이여, 구하고 바람 없되 중생 가엾이 여김 버리지 않는 산중 도인의 마음인가.
　옛 사람 [悅齋居士]의 한 노래 다시 되새겨보자.

달빛은 구름과 어울려 희고
솔바람소리는 이슬을 띠어 차갑도다
이렇게 보고 듣지 않는 자는
그 온갖 것이 삿된 살핌이로다

月色和雲白　松聲帶露寒
非茲聞見者　一切是邪觀

학담도 한 노래 부르리라.

사람은 마음이 있어 가까움과 멂을 이루고
가을 바람은 마음 없어 두텁고 엷음 없어라
있고 없음 놓아 버리면 툭트여 통하니
밝은 달이 비춤이여 맑은 바람 떨치네

人有心而成親疎　秋風無心無厚薄
放下有無廓然通　明月照兮淸風拂

81.
몇 사람이나 말 아래 조사의 뜰에 들어갔나
- 조주의 차를 노래함[詠趙州茶] 1

세 번의 찻잔으로 눈동자를 바꿨는데
몇 사람이나 말 아래 조사의 뜰에 들어갔나
근기 응해 손을 따라 씀이 다함없어서
뒷대 자손들의 눈 곧장 밝게 하여주네

三等茶甌換眼睛　幾人言下入門庭
應機隨手用無盡　後代兒孫直使明

해설

조주선사는 배우는 이가 오면, '일찍이 왔던가 일찍이 온 적이 없던가'를 묻고, 왔거나 오지 않았거나 모두에게 '차 마시라'고 하고, 지금 그 까닭을 묻는 원주에게도 '차 마시라'고 하였다.

한 잔의 차 마시는 참모습은 무엇이고, 차 맛은 어떤 맛인가. 모든 그것에 그것이 없되 그것 없음도 없음을 알아야 앞과 뒤에 차 마시는 자와 마시는 차가 한 길로 통하며, 이미 옴과 오지 않음과 지금 머묾이 서로 통해 막힘 없음인가.

동림총(東林摠)선사는 노래한다.

　세 잔의 차로 스스로 집안풍속 떨치니
　멀고 가까우며 높고 낮음이 한 길로 통한다
　맑은 향내 알지 못하고 가고 오는 이여

뉘라서 집의 서쪽 동쪽에 사는 줄 알 것인가

　三甌茶自振家風　遠近高低一徑通
　未薦淸香往來者　誰諳居止院西東

승천회(承天懷)선사는 이렇게 노래한다.

　　기틀 응해 손을 따라 씀이 끝이 없으니
　　오지 않았거나 이미 온 이 같은 차네
　　아직 입에 들기 전 온전히 흘러 새니
　　잔 가운데 꽃향기 어찌 다시 가릴 수 있나

　應機隨手用無涯　不到曾經一樣茶
　未入口時全漏泄　那堪更辨盞中花

학담도 한 노래로 조주의 차 맛에 함께하리라.

　　이미 왔거나 오지 않았거나 차 마시고 가라 하고
　　새로 오거나 오래 머물렀거나 다 차 마시라 함이여
　　여러 기틀 응해 차제 없고 다른 맛 없이
　　사람들께 한 맛 권해 법의 뜰에 들게 하네

　曾到不到喫茶去　新來舊住皆喫茶
　應機無次無別味　一味勸人入門庭

겁 밖의 가풍 오늘까지 이르니
- 조주의 차를 노래함 2

천둥처럼 사람 만나 차 마시고 가라 하니
맑고 평탄한 한 가락의 소리 아는 이 적네
총림에서 나그네 맞아도 다만 이 같아서
겁 밖의 가풍은 곧장 오늘까지 이르도다

雷例逢人喫茶去　淸平一曲少知音
叢林徒客只如此　劫外家風直至今

해설

조주가 권하는 맑은 차여, 이 차 마시면 흐릿하고 어두운 기운 맑아지고, 먼 길에 지친 나그네 목마름이 가시는가.

이 일 밖에 따로 겁 밖의 소식〔劫外消息〕이 없으니, 옛 선사〔投子靑〕의 한 노래 들어보자.

어떤 승려를 보고 일찍이 왔었는가 물으면
일찍이 왔었다고 하고 일찍이 오지 않았다 하네
머물러 앉혀 차 먹이고 잘 가라고 하니
푸른 안개가 가만히 푸른 이끼 바꿔 놓네

見僧便問曾到否　有言曾到不曾來
留坐喫茶珍重去　靑煙暗換綠紋苔

천동각(天童覺)선사는 노래했다.

왔거나 오지 않았거나 차 먹기는 한가지라
기틀 빗장 붙이지 않았으니 별다른 재주 없다
또 가풍을 펼쳐 놓음 아닌데 어찌 물결 이랑 따름이리
오직 가려 뽑음 싫어하여 나누어 풀이하지 않으면
조주의 노화상을 알 수 있게 되리라

到與不到　喫茶一樣
不着機關　殊無伎倆
且非平展家風　豈是隨波逐浪
唯嫌揀擇沒分踈　識得趙州老和尙

학담도 한 노래 보이리라.

차 마시고 가라 함이여 이 무슨 일 때문인가
겁 밖과 겁 안을 한 때에 거두네
맑고 평탄한 한 가락은 차 마시고 밥먹는 일이니
뒤에 올 중생이 법의 뜰의 주인이네

喫茶去兮爲何事　劫外劫內一時收
淸平一曲恒茶飯　後來衆生門庭主

82.
우레 떨쳐 하늘과 땅 뒤엎으니
- 뇌운선인에게 답하다 [賽雷運禪人] 1

우레 떨쳐 하늘 뒤엎고 땅을 덮어오니
그 집 안에서 죽이고 살림 법왕의 노래로다
검고 흰 빛 겨우 나타내면 손님 주인 나뉘는데
나무꾼 묶어 두어 도끼 자루 썩게 했네

雷振翻天覆地來　當家殺活法王歌
纔形黑白分賓主　帶累樵人爛斧柯

해설

나고 사라지고 있고 없는 온갖 것이 실로 나고 사라짐이 없으니, 나고 사라짐이 법왕의 죽이고 살리는 소식이다. 법왕의 집에는 죽이되 죽임 없고 살리되 살림 없으니, 어찌 있음을 없애 공하게 하고 공을 다시 깨뜨려 있음을 만들리.
　주인 손님 나뉘는 곳이 법왕의 집 떠나지 않으니 나무꾼이 나무하고 들판의 일꾼 씨 뿌림이 법왕의 죽이고 살림이리라.
　저 보이고 들리는 것에 실로 붙잡아 얻을 수 있는 것이 없으니, 이곳이 물 뿌려도 물에 묻지 않는 법왕의 몸[法王身]이다.
　설두현(雪竇顯)선사의 한 노래 들어보자.

　　물 뿌려도 묻지 않고 바람 불어도 들지 않으나
　　범이 걷고 용이 다니며 도깨비 울고 귀신 눈물 짓네

머리 길이가 석 자인데 이를 아는 이 누구인가
서로 마주해 말이 없이 외발로 섰네

水灑不著　風吹不入
虎步龍行　鬼號神泣
頭長三尺知是誰　相對無言獨足立

학담도 한 노래 더해 조사의 뜻에 함께하리라.

검고 흰 빛 나뉘기 전 손님과 주인 밝으니
집집마다 자재한 법의 왕 가운데네
산과 들의 풀 베는 아이 날이 다하도록 읊조림이여
죽이고 살림 자재하여 법왕의 노래로다

黑白未分賓主明　家家自在法王中
山野樵童終日吟　殺活自在法王歌

날랜 도적의 수단과 모습 그대가 짊어졌네
- 뇌운선인에게 답하다 2

큰 붕새 삼천 리까지 물을 쳐서 날아가니
날개는 구름 드리운 듯 남쪽 바다로 옮겨가네
펼친 기운 우뚝하고 우뚝해 하늘땅을 덮으니
날랜 도적의 수단과 모습 그대가 짊어졌네

大鵬擊水三千里　翼若垂雲徒海南
氣宇堂堂盖天地　白拈風範子膂擔

해설

　컴컴한 북쪽 바다[北冥]는 어디인가. 빛과 그늘 가고 옴이 끊어진 지극한 고요함[至陰]을 바다로 보임인가. 지극한 고요함 가운데서 나래를 펴서 저 남쪽 바다로 옮김은, 가고 옴이 없는 가운데 감이 없이 감을 큰 붕새의 날갯짓으로 보임인가.
　뇌운선인 그 날랜 도적의 수단을 장자의 붕새로 비유하니, 죽이되 살리고 살리되 죽이는 제자의 법 쓰는 가풍을 크게 인정해줌이리라.
　옛 사람[悅齋居士]의 한 노래 들어보자.

　　신령한 배 오고 감이 무슨 의지함 있기에
　　헛되이 강가에서 힘들게 나룻터를 묻는가
　　만약 견우와 직녀 만나는 것 본다면

만리타향에서 사람을 더욱 근심케 하리

靈槎來去有何憑　空向江邊苦問津
若遇牛郎逢織女　家鄉萬里轉愁人

대혜고(大慧杲; 雲門杲)선사 또한, 밤송이와 쇠뭉치를 삼킬 수 있는 눈 밝은 사람의 죽이고 살림이 자재한 가풍을 다음 같이 노래한다.

한 무더기 붉은 불꽃 푸른 하늘에 뻗침이여
금과 놋쇠 쇠와 구리를 물을 것 없이
그 속에 들어가면 다 물이 되나니
모기 파리 떼가 그 가운데 머뭂을 어찌 용납하리

一堆紅焰亘晴空　不問金鍮鐵錫銅
入裏盡敎成水去　那容蚊蚋泊其中

학담도 옛 사람을 이어 한 노래 붙이리라.

북쪽바다 큰 붕새 바다 남쪽으로 옮기니
가고 옴이 없는 가운데 갔다가 돌아오네
그림자 없는 나무 가운데 맺은 열매 거둠이여
죽이고 살림 자재하여 널리 중생 건네주네

北冥大鵬徙海南　無往來中去而還
無影樹中收結實　殺活自在廣渡衆

83.
귀에 가득한 것 소리 아니라 살 길을 여니
- 소리 살피는 보디사트바의 두렷이 통한 문[觀音圓通門] 1

두렷 통한 참된 경계 고요하여 들음 없는데
참새 지저귀고 까마귀 울어 나의 들음 일으키네
귀에 가득한 것 소리 아니라 살 길을 여니
하늘 궁전 맑은 경쇠 듣지 않고 듣도다

圓通眞境寂無聞　雀噪鴉鳴起予聞
滿耳非音開活路　梵宮淸磬不聞聞

해설

　세존께서는 온갖 법인 열두 곳[十二處]을 가르치며 '눈[眼]이 빛깔[色]을 보고 귀[耳]가 소리[聲] 들으며 뜻[意]이 법(法)을 안다'고 말씀했다. 이는 아는 자와 아는 바가 실로 있음을 가르친 것이 아니라, 아는 자 아는 바가 공하므로 빛깔 보는 앎[眼識]이 남이 없이 나고 소리 듣는 앎이 듣되 들음 없음을 보임이리라.
　그렇다면 관음의 붇다[觀音佛]는 보고 듣되 봄이 없고 들음 없는 두렷 통한 경계[圓通境界]를 관음의 붇다라 하고, 세간의 소리를 들음 없이 듣고 세간의 빛깔 봄이 없이 보는 행을 세간 소리 살피는 보디사트바[觀世音菩薩]라 이름한 것인가.
　옛 선사[知非子]의 다음 노래를 통해, 얻고 잃음이 없는 참사람의 경계를 살펴보자.

두렷이 비고 묘하게 맑아 티끌세계 두루해
모자람이 없고 남음도 없으며 걸림이 없네
가는 티끌 한 번 일면 만 법이 생겨나니
눈 속 수메루산이요 귀 속의 바다로다

圓虛妙湛周沙界　無欠無餘無罣礙
纖塵一起萬法生　眼裏須彌耳裏海

학담도 한 노래 더하리라.

두렷 통한 경계 가운데 소리는 소리 아니니
내가 소리 들을 때 들음은 들음 아니네
들음과 소리 둘을 모두 막고 모두 살리니
소리 살핌의 붇다께서 관음의 이름 내리시네

圓通境中聲非聲　我聞聲時聞非聞
聞聲雙遮亦雙照　觀音佛賜觀音號

큰 스승의 들음을 듣게 하는 가르침 따라
- 소리 살피는 보디사트바의 두렷이 통한 문 2

큰 스승의 들음을 듣게 하는 가르침 따라
두렷 통해 본래 고요한 문에 일찍이 들었네
오랜 생 흘러 돌아다닌 날 따라 생각해보니
길 가운데서 꼬리 끌며 그 얼마나 아득했던가

曾從大士聞聞教　早入圓通本寂門
追憶多生流浪日　途中曳尾幾昏昏

해설

크신 스승은 슈랑가마 회상〔首楞嚴會上〕에서 소리를 돌이켜 살피게 하여 경계 따라 흘러 구르는 마음을 본래 해탈의 땅에 돌이키게 하는 보디사트바〔觀世音〕를 말한다. 중생은 큰 스승의 가르침과 달리 듣되 들음 없는 곳에서, 실로 듣는바 소리의 경계를 두고 듣는 마음을 두어 기나긴 나고 사라짐의 어두운 밤길 얼마나 헤매었는가.

허깨비인 줄 알면 곧 벗어남이니, 보고 들음이 꿈결과 같고 나고 사라짐이 바다의 거품 같은 줄 알면, 진흙탕에 꼬리 끌었던 기나긴 나그네길이 다함인가.

옛 선사〔長靈卓〕의 한 노래 들어보자.

　　꿈에서 화정봉 노닐다 단구 지나는데

찬 구름 밟아 다하고 돌 누각에 기대었네
벼랑에 폭포 쏟아지는 것 탐착하니
몸이 푸른 강 머리에 있는 것 어찌 알리오

　　夢遊華頂過丹丘　躡盡寒雲倚石樓
　　貪看瀑泉瀉崖壁　豈知身在碧江頭

학담도 한 노래로 같이하리라.

몇 번이나 다시 살고 또 다시 죽었으며
캄캄하게 어두운 밤에 길이 흘러 굽이쳤나
비록 그러나 눈앞의 경계가 바로 살 길이니
들음을 도로 들으면 두렷 통한 경계를 열리

　　幾廻生又幾廻死　昏昏暗夜長流浪
　　雖然眼前是活路　聞聞卽是開圓通

84.
귓속에 밝고 밝은데 듣는 자 누구인가
- 종소리를 듣고 느낌을 노래함 [聞鍾有感] 1

귓속에 밝고 밝은데 듣는 자 누구인가
소리 없고 냄새 없으니 아주 알기 어려워라
거두어 오고 놓아 가며 펴고 맒에 맡기니
범부에 있든 성인에 있든 길이 서로 따르네

耳裡明明聽者誰　無聲無臭卒難知
收來放去任舒卷　在凡在聖長相隨

해설

붇다의 깨친 법이 중생의 진실이니, 지금 보고 들음 밖에 진리의 성품이 어찌 따로 있으리. 보고 듣되 보고 들음 없고 보고 들음 없되 보고 들음 없음도 아님을 알면, 곧 모습 떠나지 않는 불성의 뜻을 알아 나고 사라짐 가운데 진여의 성품을 볼 것인가.

옛 선사[大覺璉]는 붇다의 육 년 고행을 들어 이렇게 노래한다.

숲 가운데 외로이 앉아 크게 우뚝하였더니
여섯 해에 바야흐로 고행이 그름을 알았네
들까치는 노란 얼굴 정수리에 둥지 치지 않고
설산의 깊은 곳에 구름 뚫고 날아가네

林中孤坐大巍巍　六載方知苦行非
野鵲不巢黃面頂　雪山深處突雲飛

몸을 괴롭게 하는 행으로 몸 밖의 신묘한 법을 얻는 것이 보디의 도가 아니라, 세간법의 진실이 도인 것이다.

그러므로 옛 선사〔丹霞淳〕는 해탈이 소리 듣고 빛깔 봄을 떠나지 않고 진여가 나고 사라지는 사물 떠나지 않음을 이렇게 노래한다.

> 나무 사람 고개 위에서 노래하고
> 옥의 여인이 개울가에서 춤을 추니
> 밝은 달이 두 사람 길에 함께하여
> 사사로움 없이 옛과 지금을 비추네

> 木人嶺上歌　玉女溪邊舞
> 明月共同途　無私照今古

학담도 한 노래 더하리라.

> 귀가 소리 들을 때 이 무슨 모습인가
> 소리 없고 들음 없으나 듣지 않음도 없어라
> 기나긴 칼파 나고 사라짐이 진여 가운데니
> 물들되 물듦 없어 늘 고요하도다

> 耳聞聲時是何狀　無聲無聞無不聞
> 廣劫生滅眞如中　染而不染常寂然

툭 트여 고요하되 온갖 기틀에 응하나니
- 종소리를 듣고 느낌을 노래함 2

환하여 연을 의지해 나지 않는 것이여
툭 트여 고요하고 비어 신령해 온갖 기틀 응하네
온갖 기틀 응함이여 통함과 변함 갖추었으나
많은 사람 미혹하여 스스로 돌아갈 줄 모르네

昭然不藉緣生底　寥廓虛靈應萬機
應萬機兮具通變　人多昏惑自迷歸

해설

원인과 조건을 의지해 존재가 있고, 존재가 있으므로 보고 들음의 행이 있지만 원인과 조건이 본래 공하니 참된 마음과 실상의 땅에 어찌 원인과 결과의 닫힌 모습 있으리.

실상의 땅엔 보고 듣되 공함〔空〕도 없고 있음〔有〕도 없으니, 봉황이 깃들 둥지가 어디 있을 것인가.

옛 선사〔丹霞淳〕의 한 노래 들어보자.

　　우뚝하여 바른 눈으로도 엿보기 어려웁고
　　옛과 지금 활짝 뛰어났으니 어찌 같이 견주리
　　옛 궁전을 이끼가 막아 모시는 사람 없으니
　　달이 가린 푸른 오동에 봉새가 깃들지 않네

　　卓爾難將正眼窺　逈超今古類何齊

苔封古殿無人侍　月鑠蒼梧鳳不捿

그렇다면 보고 들음에서 있음과 없음을 모두 뛰어나야 고요하되 온갖 기틀 응하는 해탈의 씀을 이루는가.
옛 선사〔心聞賁〕는 이렇게 노래한다.

　　없고 없다 하면 특별히 쓸쓸함을 이루고
　　있고 있다고 하면 뒤얽혀 섞임에 떨어지네
　　반은 귀머거리 반은 벙어리 되지 않으면
　　어떻게 큰 집의 어른이 될 수 있으리

　　無無特地成蕭洒　有有分明落混同
　　不是半聾兼半啞　如何作得大家公

학담도 한 노래 더하리라.

　　만법은 나되 본래 나지 않고
　　남이 없이 나되 늘 고요하도다
　　마음에 함과 하여지는 바가 없되
　　경계에 응하지 않음도 없으니
　　이와 같이 밝게 알면 자재하리라

　　萬法生而本不生　無生而生常寂然
　　心無能所無不應　如是了知得自在

85.
한밤의 저 개구리가 남산의 자라코뱀이니
- 개구리 소리 듣고 느낌을 노래함 [聞蛙有感]

봄 못 달 밝은 밤 한 소리 우는 저 개구리가
펄펄 뛰는 남산의 자라코의 독뱀이네
해마다 먼 길 나그네 시름 불러 일으키는데
깨어나지 못해 어둡게 불난 집에 달려가네

春池月夜一聲蛙　活潑南山鼈鼻蛇
年年喚起遠鄕客　不覺昏昏走火家

> 해설

　설봉선사(雪峰禪師)가 대중에게 이렇게 보여 말했다.
　"남산에 한 마리 자라코뱀이 있으니 그대들 여러 사람은 반드시 잘 살펴보라."
　장경(長慶)은 말했다.
　"오늘 집안에 많은 사람이 몸과 목숨을 잃었다."
　운문(雲門)은 주장자를 설봉 앞에 던지며 무서워하는 모습을 지었다.
　현사(玄沙)는 말했다.
　"남산이라고 말해 무엇하리."
　설봉선사가 말한 자라코뱀은 독뱀으로서 다가가 만져도 물리고 뒤로 물러서도 사람을 무는 뱀이다. 설봉의 남산 자라코뱀은 무엇을 말하는가. 뱀을 마주해 나가기 어렵고 물러서기 어렵다면 뱀을 피해 풀에 들면 저 자라코뱀을 잘 대처한 것인가.
　지문조(智門祚)선사는 노래한다.

　　자라코뱀을 잡아 끌기 어려우니
　　환하게 알아들어도 헤매리라
　　머리 들어 잘못 풀에 들어감이여
　　고개 위에서 자고새가 운다

　　鼇鼻事難提　當陽薦者迷
　　擧頭錯入草　嶺上鷓鴣啼

　저 자라코뱀이여 꼬리를 잡으면 물려 죽고 머리를 잡되 꼬리까지 한 때에 거두어야 비로소 살 길이 있는가.
　옛 선사〔大覺璉〕는 말한다.

　　산 위에 도사리지도 않고 집에도 살지 않으니
　　주장자를 던질 때 대중이 각기 바빴다
　　날카롭게 머리를 잡아야 벗어나는데
　　꼬리를 집어 들면 모두 물리게 된다

　　不盤山上不居堂　拄杖攛來衆各忙
　　靈利把頭方解禁　尾邊拈起盡遭傷

　남산의 사라코뱀은 다가가도 죽이고 물리서도 죽여 온전히 죽임의 기틀이지만, 마주하는 자가 취하고 버림을 모두 떠나면 자라코의 죽임이 온전히 살림이 된다. 그러므로 소요선사는 달 밝은 밤 봄 못의 개구리가 곧 펄펄 뛰는 남산의 자라코뱀이라 했는가.

그렇다면 자라코 독뱀이 어찌 꼭 남산에 있다 말할 것인가. 소리와 빛깔에서 바로 벗어나지 못하고 소리 앞 글 뒤를 찾는 자가 다 자라코뱀에 물리리라.

옛 사람〔悅齋〕은 이렇게 노래한다.

    자라코 독뱀이 길가에 엎드려 있으니
    소리 앞 글귀 뒤가 모두 몸을 다친다
    까닭 없이 남산을 가리켜 가니
    얼마나 많은 그늘 길에서 길 잃은 사람인가

    鼈鼻蛇兒據道濱　聲前句後摠傷身
    無端指个南山去　多少陰陵失路人

학담도 한 노래로 소요 노화상의 뜻에 함께해 보이리라.

    한 소리 개구리 울음 취하지 않고 버리지 않으면
    이것이 틀 밖의 비밀히 전한 뜻이로다
    무슨 일로 먼 길 나그네 시름 깊으며
    본래 드러나 이루어졌는데 어찌 따로 구하는가

    不取不捨一聲蛙　此是格外密傳旨
    何事遠路客愁深　本來現成何別求

86.
푸른 풀 못 둑에는 곳곳마다 개구리네
- 망해정에서 읊조림 [望海亭偶吟]

노란 매화 피는 철 집집마다 비 내리는데
푸른 풀 못 둑에는 곳곳마다 개구리네
얼마만한 세간의 동파와 두보 같은
큰 시인 문장들이 이 풍경을 노래하여
덕산의 노래 예로부터 불러 일으켰나

黃梅時節家家雨　靑草池塘處處蛙
多少世間蘇杜詠　從來唱起德山歌

해설

　세간의 천하문장 큰 시인이 있어 저 산천경계와 아름다운 꽃과 새를 노래함이 비록 아름다우나 그 바람을 읊조리고 달을 즐기는 시는 경계의 있음[有]에 머문 글과 시이다.
　그러므로 소요대사는 덕산선사가 경론을 불태운 일을 들어 모습 있음에 머물러 말로 아름다움 노래한 것을 다시 경계한 것이리라.
　옛 선사[淨嚴遂]는 이렇게 노래한다.

　　뜻의 하늘 가르짐 바다 비록 사무쳐 동했으나
　　한 가림이 나자 헛꽃이 허공에 가득하네
　　보배칼을 바로 휘둘러 범부 성인 끊으니
　　백 개울 만 물결이 다 이 마루에 모여드네

義天敎海縱窮通　一瞖才生花滿空
寶釰直揮凡聖斷　百川萬派盡朝宗

  그러나 덕산의 노래 또한 병 따라 준 약이라 말과 소리가 곧 해탈임을 보이지는 못한 것이니, 옛 선사〔保寧勇〕의 한 노래 들어보자.

큰 땅의 뭇 사람들 병든 모습 삼대 같으니
상서롭고 신령한 약 보이는 것 끝이 없어라
그 사이 죽이고 살림 가려 알기 어려우니
이것도 또 병든 눈 속의 꽃을 더함이로다

大地蒼生病似麻　吉祥靈藥示無涯
其間殺活難分辨　又是重添眼裏花

학담 또한 한 노래 더하리라.

바람 읊조리고 달 즐기는 시는 비록 많지만
어찌 우리 집 바람과 어울려 섞이리
덕산의 노래가 세상 티끌의 말을 깨뜨렸으나
푸른 풀 못에 개구리의 노래 다함 없어라

吟風弄月詩雖多　何有交涉吾家風
德山歌破世塵言　靑草池蛙歌無盡

87.
강서의 한 화살 사슴떼를 다 맞추니
- 영오선인에게 보임 [示靈悟禪人]

석공이 활을 당김은 사람이 반쪽인데
강서의 한 화살은 온 사슴떼를 맞추네
우습다 조계문하의 사람들이여
각기 그 찌꺼기 가지고 시끄럽네

石鞏彎弓人半箇　江西一箭鹿全羣
可笑曺溪門下客　各將糟粕强紛紜

> 해설

석공의 한 화살은 사슴 한 마리를 쏘는데, 마조선사의 한 화살은 온 사슴무리를 쏜다.
이에 대해 옛 선사[翠巖芝]는 이렇게 말했다.

"마조의 한 화살은 한 무리를 쏘지만 오히려 아직 잘 쏜 것이 아니다. 산승의 한 화살은 꿈틀대는 온갖 중생을 쏘아 맞추지 않는 것이 없다.
비록 그러함이 이와 같으나 다만 반 밖에 말하지 못했다. 다시 반쪽이 있으니 여러 상좌들이 말하노록 남겨둔다."

馬祖一箭一群 猶未善射 山僧一箭 射蠢動含靈 無不中者
雖然如是 只道得一半 更有一半 留與諸上座道

취암선사의 이 말은 무엇을 말하는가. 마음과 경계를 같이 쏘아 죽여야 잘 쏜 자라는 말인가. 마음과 경계를 모두 죽이면 죽이는 그 자리에서 모두 살릴 수 있으니, 그 뜻을 보임인가.

학담이 소요선사의 노래에 한 노래를 더하리라.

> 강서 땅 마조선사 한 화살의 일은 무엇인가
> 온전히 죽여 살아나면 온바탕 드러남이리
> 조계선의 무리들 비록 여러 말들 많지만
> 바늘과 개자 서로 맞추는 사람 누구인가

> 江西一箭事如何　全死卽活全體現
> 曹溪禪流雖多言　針介相投人是誰

88.
사물에 응하되 비어 신령한 주인이여
- 회포를 읊음[詠懷]

사물에 응하되 비어 신령한 본래 주인이여
지금 바로 서로 따라 들고 나는데
세간의 온갖 중생 이 사람에 어둡네
거닐어 다니고 앉고 누워서
비록 천 가지로 변해 가지만
곧장 바로 이 한 사람 코를 끌고 오라

應物虛靈本主人　相從出入昧斯人
經行坐臥雖千變　驀鼻牽來祇一人

해설

아는 자도 공하고 아는 바 경계도 공하므로 봄이 없는 봄이 있고 들음 없는 들음이 있는데, 신령한 주인공이 이 몸을 끌고 다닌다고 말하지 말라.

푸른 봄풀 빛깔 짙은 언덕에서 강물에 낚싯대 드리운 낚시꾼의 모습이여. 이것과 저것에 같음도 없고 다름도 없음을 이미 드러내 보임이다.

서로 따라 오는 세간법 밖에, 신묘한 주인공을 찾는 것이 나고 죽음의 길에 들어서는 것이니, 옛 선사[海印信]의 한 노래 들어보자.

봄빛에 녹아 쌓인 눈길이 열리자
한가히 낚싯대 드리우며 바위 모서리 나선다
금잉어를 낚지 못해 헛되이 힘만 쓰고
낚싯줄 거두어 들고 집에 돌아가노라

春色融融雪乍開　等閒垂釣出巖隈
金鱗不遇虛勞力　收取絲綸歸去來

학담도 한 노래를 붙이리라.

천만 가지로 변화함 가운데 변함 없으니
비어 신령한 사람이란 잠꼬대 말이로다
본래 함이 없고 하지 않음도 없으니
잡을 끝 코 없는 곳에서 어떻게 끌건가

天變萬化中無變　虛靈主人是夢言
本來無爲無不爲　沒把鼻處如何牽

89.
맷돌 중심대는 움직일 수 없으니
- 귀종의 맷돌 [歸宗拽磨]

맷돌 중심대는 움직일 수 없으니
눈 푸른 인도스님 몇몇이나 알았을까
잡아 정하고 놓아감 그대는 말하지 말라
붉은 화로 타는 불꽃에 눈꽃이 날도다

不能動着中心樹　碧眼胡僧幾幾知
把定放行君莫說　紅爐烈焰雪花飛

해설
귀종선사가 어떤 승려가 맷돌 가는 것을 보고 말했다.
"가는 것은 그대 돌리는 것을 따르지만 맷돌 가운데 심은 쇠[中心樹子]는 움직이지 말라."
그 승려가 대꾸가 없었다.
이 귀종의 말에 대해 숭승공(崇勝珙)선사가 노래했다.

대중스님들이 운력하며 맷돌 가는데
귀종이 또렷이 알려주었네
가운데 심은 쇠는 옮기지 말라 함이여
눈 밝은 납승들이 몇이나 되는가

衆僧普請拽磨　歸宗分明告報
中心樹子不移　明眼衲僧幾個

맷돌을 돌려 가는 것과 맷돌이 돌되 움직이지 않는 '가운데 쇠'는 비유로 보임이니, 귀종의 이 뜻을 어떻게 말해야 하는가.

보복전(保福展)이 대신 말했다.

"여태까지는 맷돌을 돌렸으나 지금은 도리어 이루어지지 않는다〔比來拽磨 如今卻不成〕."

보복전의 이 말은 돌리되 돌림 없고, 돌림 없이 돌림을 말한 것인가.

학담도 한 노래로 보이리라.

> 생각이 만 기틀에 응하되 본래 움직이지 않으니
> 생각 없이 생각 하면 생각이 흩어지지 않네
> 잡아 정함과 놓아감을 분별치 말라
> 문수와 보현은 늘 손을 잡아 끌도다

> 念應萬機本不動　無念而念念不散
> 把定放行莫分別　文殊普賢常提携

90.
붉은 연꽃 가운데 금빛의 몸이
- 관음보살을 찬탄함 [觀音贊]

포타락카 바위 위 푸른 버들 가
붉은 연꽃 가운데 금빛의 몸이
법 바다 맑고 시원한 달을 가져다
성인이 중생 끼쳐주심을 들어서 믿는
이 세간 길 위 사람 널리 비치네

寶陀巖上綠楊邊　紅藕花中金色身
却將法海淸凉月　普照聞熏路上人

해설

　포타락카에 나투는 관세음의 몸은 지혜와 자비의 몸이 중생세간에 나타나는 해탈의 묘용이다. 이를 중생의 편에서 보면 세간의 소리 살펴 중생을 해탈의 언덕에 건네주는 보디사트바의 자비의 힘은 중생 자신의 마음 진여의 성품에 갖춘 자비공덕의 발현과 둘이 아니다.
　중생이 그 공덕 갖추고 있지만 관세음을 불러 스스로의 진여에 돌아가지 않으면 그 공덕이 발현되지 않는 것이다. 그리고 보디사트바의 지혜와 중생의 신여가 둘이 아니므로 자기 진여에 돌아감과 법계 진리의 몸[法界身]인 보디사트바의 더해 입혀주는 힘[加被力]은 둘이 아닌 것이다.
　대혜선사[大慧杲]는 이렇게 노래한다.

관세음의 묘한 지혜의 힘이여
세간의 괴로움을 건져주시네
백 가지 꽃 피어 불타듯한데
돌아 엿보면 볼 수 없어라

觀音妙智力　能救世間苦
百華開爛熳　覷見沒可都

학담도 한 노래로 관세음(觀世音)을 찬탄하리라.

중생의 망령된 마음 본래 공하고
진여의 자기 성품 공하되 공하지 않네
사람이 소리 들되 듣지 않고 들으면
세간 소리 들어 건네주는 보디사트바가
길 위에 가는 사람 더해 입혀주리

衆生妄念本來空　眞如自性空不空
若人聞聲不聞聞　觀音加被路上人

넓게 툭 트여 두렷 통한 문이 열리면
- 관음보살을 찬탄함 2

넓게 툭트여 두렷 통한 문이 열리면
백천의 사마디를 모두 열 수 있도다
자비 일으키고 지혜를 움직이는
관세음보살 붉은 연꽃과 같은 혀가
끝없는 맑은 바람 나를 위해 불어주리

廓落圓通門始開　百千三昧總能開
與悲運智紅蓮舌　無限淸風爲我開

해설

보고 듣는 내 마음의 공한 진여가 관세음의 법계의 몸이니, 내가 관세음을 불러〔念觀世音〕 부름과 부르는 바〔能念所念〕를 잊으면 내 마음이 관세음의 법계의 몸〔法界身〕에 돌아간다.

관세음의 자비의 더해 입혀주는 힘과 내 마음 진여의 공덕〔眞如功德〕이 둘이 아니니, 부르는 생각 따라 어찌 관세음의 공덕이 나와 함께하지 않겠는가. 관세음의 더해 입혀주는 힘〔加被力〕을 어떻게 말해야 할까.

천동정각(天童正覺)선사의 한 노래 들어보사.

　　문을 나서서 말 달려 찌르고 빼앗음 없애니
　　만국의 연기티끌 스스로 깨끗해지네

알 수 있음과 아는 바, 열두 곳이 사라져서
　　그림자와 메아리 고요하게 하니
　　삼천계가 맑고 깨끗한 빛을 놓네

　　出門躍馬掃攙搶　萬國煙塵自肅淸
　　十二處亡閑影響　三千界放淨光明

　내가 관세음의 이름을 부를 때 부르는 한 생각이 지극해져 생각이 생각 없음에 돌아가면 부르는 나와 부르는 바 관세음이 공함을 깨달으니, 이것이 열두 곳〔十二處; 主客〕이 사라져 그림자와 메아리〔六識〕가 사라짐이다. 그리고 열두 곳이 공하면 생각 없는 생각〔無念之念〕이 현전하니, 삼천계가 맑고 깨끗한 빛을 놓음이다.
　여기에 학담도 한 노래를 더하리라.

　　듣는 소리 돌이켜 살펴 두렷 통함 깨치신
　　관세음보살 그 몸은 법계의 몸이시니
　　관세음을 불러 부름과 부르는 바 잊으면
　　관세음이 나를 이끌어 저 언덕에 이르리

　　返觀音聲悟圓通　觀音身卽法界身
　　稱念觀音忘能所　觀音導我登彼岸

91.
들음을 듣는 사마디가 맑고 고요하니
- 종소리 듣고 느낌을 보임 [聞鍾有感]

한밤의 종소리가 목침 머리 흔드니
들음을 듣는 사마디가 맑고 고요하여라
잎을 만 듯한 귀가 비어 툭 트였으니
서늘한 바람 소리 한가히 들음 거리낌 없네

夜半鍾聲枕上搖　聞聞三昧更淸寥
卷葉耳門虛谿谿　不妨閑聽帶涼飈

해설

종소리 듣고 꽃을 볼 때 보고 들을 수 있다고 함이 듣는 소리와 보는 꽃이 공함을 나타낸다. 소요선사의 위 게송은 종소리 듣는 그 자리가 두렷 통한 경계[圓通境界]이고 사마디의 고요함이 소리 들음 떠나지 않음을 보인다.

옛 선사[法眼] 또한 어떤 승려가 '소리와 빛깔 두 글자를 어떻게 꿰뚫을 수 있습니까' 물으니, '이 승려의 묻는 곳을 알면 빛깔 소리 꿰뚫는 것이 어렵지 않다'고 답한다.

정엄수(淨嚴遂)선사는 이렇게 노래한다.

몸소 입 열고 물어서 꿰뚫는 길 구하니
눈 뜬 이가 곧장 어두운 이에게 가리켰네
눈과 귀가 홀연히 봄꿈을 깨니

꾀꼬리소리 제비소리가 다 두렷 통함이네

親口問來求透路　作家直爲指昏朦
眼耳忽然春夢覺　鸎吟鷰語盡圓通

자수(慈受)선사는 노래한다.

소리 빛깔 도리어 두 글자인데
납승은 눈 가운데 모래 뚫지 못했네
황학루 앞에서 옥피리를 부니
강물 흐르는 성 오월에 매화꽃 지네

聲色却來兩个字　衲僧不透眼中沙
黃鶴樓前吹玉笛　江城五月落梅花

학담도 삼십대 초반 내장사에서 좌선할 때 체험을 한 노래로 보이리라.

백양산 내장사 달 밝은 밤에
산새 재잘거림 홀연히 들었네
들음과 소리 공한 곳에 소리가 또렷하니
이곳이 두렷 통한 경계인 줄 알게 되었네

白羊內藏月明夜　山鳥喃喃忽然聞
聞聲空處聲歷歷　始知此處圓通境

92.
오늘에야 법왕의 땅을 밟았나니
- 가르침을 듣고 느낌을 말함 [聞敎有感]

소리 듣고 홀연히 자기집 늙은 주인 보았으니
겁 밖으로 몸을 뒤쳐 큰 대들보를 뽑았네
여러 해에 잘못 알아 통발에 빠졌더니
오늘에야 그름 알고 법왕의 땅 밟았도다

聞聲忽見自家翁　劫外翻身拔戽梁
多年錯認爲筌溺　今日知非踏帝鄉

해설

만상이 공하되 공함도 공한 곳이 온갖 공덕 갖춘 법의 황제〔法皇〕의 땅이다. 그곳은 지금 빛깔 보고 노래 들을 때, 봄에 봄이 없고 들음에 들음 없음을 알 때 보고 들음을 떠나지 않고 그 땅을 밟을 수 있다.

불안원(佛眼遠)선사는 법왕의 땅을 이렇게 노래한다.

　　만상 가운데 홀로 몸을 드러냄이여
　　한 번 돌이켜 서로 보면 한 번 성낸다
　　동서남북이 우리 황제의 다스림이니
　　강머리를 향해 괜스레 나루터를 묻지 마라

　　萬像之中獨露身　一迴相見一迴嗔
　　東西南北吾皇化　莫向江頭苦問津

게송에서 '한 번 돌이켜 서로 보면 한 번 성낸다'고 하는 것은 들되 들음 없으면 곧 그 자리인데, 다시 서로 보아 봄이 있고 들음이 있으면 보는 자와 보는 것이 부딪혀 닿음이 있음을 그렇게 노래한 것인가. 이는 곧 보고 듣되 실로 보고 들을 것 없는 법의 황제의 땅에서, 봄이 있고 들음이 있으면 법의 황제를 등진다는 뜻이리라.

  학담도 한 노래를 붙이리라.

> 소리를 돌이켜 들을 때 듣는 성품 스스로 공하니
> 들음과 소리 공한 곳에서 겁 밖으로 벗어나네
> 겁 밖으로 벗어난 몸이여 잡아 쥘 코가 없으니
> 소리 듣되 듣지 않으면 법의 황제 땅을 밟네

> 反聞聞時性自空　聞聲空處劫外脫
> 劫外身兮沒把鼻　聞而不聞踏帝鄉

93.
이름 없는 한 글자가 두 머리 드리우니
- 종문의 한 구절 [宗門一句] 1

이름 없는 한 글자가 두 머리 드리워서
둘이 같이 어둡고 둘이 같이 밝으니
살리고 죽임을 마음대로 하는 기틀이네
해가 가고 달이 옴이 누구의 아들인가
공부 지어 의심 깨뜨리면 다시 의심 없으리

無名一字兩頭垂　雙暗雙明殺活機
日往月來是誰子　做工疑破更無疑

해설

나고 사라짐이 공한 곳에 진여라 이름 붙였으나, 진여에 진여라고 이름할 것도 없으므로 이름 없는 한 글자라 했는가. 이름 없는 한 글자가 나고 사라짐[生滅] 움직이고 고요함[動靜]을 같이 막고 같이 살림[雙遮雙照]으로, 둘이 같이 어둡고 같이 밝음이라 했는가.
옛 선사[薦福逸]의 한 노래 들어보자.

나무사람은 천 리를 가고
빠른 말은 발굽 옮기지 않네
지는 해가 남녘땅을 의지하니
바람 불면 북녘 바라보며 울부짖네

```
木人行千里　駿馬不移蹄
落日依南土　因風望北嘶
```

학담도 한 노래 더하리라.

나고 사라짐은 있음 아니고 없음 아니니
이름 없는 글자 두 머리를 같이 막고 같이 비추네
해와 달이 가고 오나 본래 옮기지 않으니
때와 철의 인연이 곧 바로 불성이로다

```
生滅非有亦非無　無名兩頭雙遮照
日月往來本不遷　時節因緣卽佛性
```

빈 손에 쥔 호미자루 늘 손에 있으니
- 종문의 한 구절 2

죽음 가운데 늘 살 수 있음 몇 사람이 할 수 있나
손 들고 내림 모두 거두는 것 내가 이미 할 수 있네
빈 손에 쥔 호미자루 늘 손에 있으니
남북의 총림에서 누가 이를 할 수 있으리

死中恒活幾人能　擡搦雙收我已能
空手鋤頭常在手　叢林南北有誰能

> 해설

　연기법에서 이것은 이것 아니고 저것은 저것 아니나, 이것은 이것 아님도 아니고 저것은 저것 아님도 아니다. 그러므로 이것 저것을 취하지 않되 이것 저것을 보임 없이 보이고 한 손 들고 한 손 내림을 자재히 하는가.
　있음과 없음을 깨뜨리되 있음을 있음 아닌 있음으로 살리고, 없음을 없음 아닌 없음으로 살리는 자가 빈 손에 호미자루 쥔 자이리라.
　옛 조사〔雙林傅大師〕는 이렇게 노래했다.

　　빈 손에 호미자루 쥐고
　　걸어가며 물소를 탔네
　　사람이 다리 위를 지나는데
　　다리는 흐르고 물은 흐르지 않네

> 空手把鋤頭　步行騎水牛
> 人從橋上過　橋流水不流

쌍림부대사의 위 노래가 평상의 일 밖에 기특함을 보인 것이 아니라 다리 밑에 흐르는 물을 보고 노래한 것이니, 지해일(智海逸) 선사는 다시 이렇게 말한다.

> 산승은 그렇지 않으니 이렇게 노래하리라
>
> 山僧卽不然
>
> 빈 손에는 호미자루 없고
> 걸어가면 소를 타지 않는다
> 사람이 다리 위를 지나는데
> 물은 다리 밑에 흘러간다
>
> 空手沒鋤頭　步行不騎牛
> 人從橋上過　水從橋下流

학담도 한 노래 더하리라.

> 한 손을 들고 한 손을 내림이여
> 죽이고 살림 같이 막고 또한 같이 비춤이네
> 빈 손에 호미 들고 걸어가며 소를 탐이여
> 법계를 떠나지 않고 파라미타 행함이네
>
> 一手擡與一手搦　殺活雙遮亦雙照
> 空手把鋤步騎牛　不離法界行六度

94.
어찌 꼭 고삐 줄 굳게 잡을 건가
- 소 먹이는 행 [牧牛行]

　개울물 동쪽 서쪽에 소를 놓아 먹이는데
　향기로운 풀 우거지고 물은 아득히 흐르네
　뛰어 다녀도 남의 집 범하지 않으니
　어찌 꼭 고삐 줄을 굳게 잡아 들 것인가

　溪澗東西放牧牛　萋萋芳草水悠悠
　騰騰不犯他家苗　何必繩頭緊把留

해설

　중생의 못 깨친 망상[不覺]이 본래 공함에 본래 깨침[本覺]의 이름을 붙이고, 본래 깨침도 공해 망상이 일어나지만 실로 남이 없다. 망상이 나되 남이 없으므로 망상을 돌이켜 새로 깨침[始覺]을 얻지만 새로 깨침에도 실로 얻음이 없다.
　끊을 망상이 공하고 실로 새로 깨침 얻음이 없는 줄 아는 곳에 닦되 본래 깨침에 앉아 닦음 없이 닦는 일이 있게 되니, 이 일이 마음의 소 찾는 일이고 소 먹이는 일[牧牛事]이다.
　그렇다면 해탈의 길은 인연으로 있는 세간법의 공한 진실 밖에 없는 것이니, 옛 선사[修山主]의 한 노래 들어보자.

　　해탈의 길 알고자 하는가
　　모든 법은 서로 이르지 않네

눈과 귀에 보고 들음 끊어졌는데
소리와 빛깔 시끄러워 아득하도다

欲識解脫道　諸法不相到
眼耳絶見聞　聲色鬧浩浩

　수산주의 이 노래는 세간법을 끊고 도가 있는 것이 아니라 비어 밝은 깨침의 묘한 소식이 빛깔과 소리 냄새와 맛 닿음과 법〔色聲香味觸法〕가운데 있음을 밝힌 것이다.
　학담도 한 노래 보이리라.

마음의 고삐 줄 굳게 잡아 보디에 나아가
생각 일어나면 곧 살피니 생각이 본래 없네
나고 사라지는 망념이 참됨을 떠나지 않으니
소 먹이는 일이 언제나 한가하고 넉넉하도다

緊把繩頭趣菩提　念起卽覺念本無
生滅妄念不離眞　牧牛之事常悠悠

95.
아미타바 큰 원의 바람에 돛을 걸리
- 선행 우바이에게 보임 [示善行優婆夷]

몸이 비록 사바의 물든 땅에 있어도
마음은 안양의 아홉 연못 붉은 꽃에 노니네
다른 해에 가죽 푸대 벗어버리고
아미타바 큰 원의 바람에 돛을 걸리라

身在娑婆一界中　心游安養九蓮紅
他年脫却皮袋子　帆掛彌陀大願風

> 해설

아미타바붇다(Amitābha-buddha)는 '헤아릴 수 없는 빛의 붇다[無量光佛]'라 하고, 아미타유스붇다(Amitāyus-buddha)는 '헤아릴 수 없는 목숨의 붇다[無量壽佛]'라 하니, 법계 진리 자체로서의 붇다의 몸[法界身]이다.

붇다의 법계의 몸이 중생의 본래 깨침[本覺]이고, 진여의 바탕과 모습[眞如體相]이며, 아미타바붇다의 마흔여덟 큰 원[四十八大願]은 법계 진리 그대로의 원[稱法界願]이고, 진여 자체의 씀[眞如自體用]이다.

그러므로 중생이 아미타바붇다의 본원을 믿고 아미타바붇다를 부르고 생각하면 사바의 고통바다를 떠나지 않고 한 생각에 저 세계에 가서 날 수 있다.

원효성사(元曉聖師)는 이렇게 노래한다.

여래 법계의 몸은 그 모습 사의할 수 없으니
고요하여 함이 없고 하지 않음도 없네
저 붇다의 몸과 마음을 따르므로
반드시 저 붇다의 나라에 가서 나리라

法界身相難思議　寂然無爲無不爲
以順彼佛身心故　必不獲已生彼國

학담도 한 노래로 아미타바붇다의 원을 기리리라.

나의 마음은 이미 아미타바의 원에 있고
내 몸은 이미 법계의 몸에 머무니
한 생각이 아미타바께 돌아가 향하면
아홉 단계 연못에 이미 붉은 연꽃이 나리

我心已在彌陀願　我身已住法界身
一念歸向阿彌陀　九品已生紅蓮華

96.
아는 뿌리 티끌 경계가 니르바나 성인데
- 능엄경에서 붇다께서 아난다가 움직임으로 몸을 삼고 움직임으로 경계 삼는 것 꾸중하심을 말함 [楞嚴經佛責阿難以動爲身以動爲境]

아는 뿌리 티끌경계가 본래 고요한 니르바나 성인데
참 마음을 아득히 잃었으니 반드시 밝음을 취하라
슬프다 세존께서 걱정하여 말씀해 주셨는데
몇 사람이 헤매는 곳에서 남이 없음 깨쳤는가

根塵本寂涅槃城　遺失眞心取必明
惆悵世尊老婆說　幾人迷處悟無生

해설

깨끗하고 밝은 마음을 어떻게 깨쳐 알 것인가. 저 산과 내 큰 땅, 해와 달 별자리가 오직 마음[唯心]이되 마음 또한 공한 줄 알면, 마음이 경계 떠나 없으므로 참마음을 안 것인가.
위산(潙山)선사가 앙산(仰山)에게 '묘하게 깨끗하고 밝은 마음[妙淨明心]을 그대가 어떻게 아는가'라고 물으니, 앙산이 말했다. "산과 내 큰 땅이요 해와 달 별자리입니다."
이 뜻을 어떻게 알아야 하는가.
취암종(翠巖宗)선사가 노래했다.

　　묘하게 깨끗하고 밝은 마음이여
　　한 구절이 온전히 참되도다

그것은 산과 내 큰 땅이요
해와 달 별자리라 함이여
간을 펴고 쓸개를 씻어서
옛과 지금을 비추어 사무친다
그 가운데 만약 어둡지 않으면
두루한 세계가 바로 황금이리라

妙淨明心　一句全眞
山河大地　日月星辰
舒肝瀝膽　照徹古今
箇中如不昧　遍界是黃金

학담도 한 노래 붙여 소요선사의 뜻에 함께하리라.

빛을 돌이켜 아는 뿌리와 경계 고요한 줄 알면
무명이 본래 공해 본래 니르바나로다
이와 같이 살펴서 남이 없음 깨치면
붇다의 넓은 은혜 갚고 참된 교화 도우리

廻光了知根境寂　無明本空本涅槃
如是觀察悟無生　報佛弘恩助眞化

97.
밤 달빛 속에 누워 개울 소리 듣나니
- 남이 없음을 노래함 [詠無生]

세속을 알아 참됨 밝혀 일찍 벗어남 가운데
하늘과 땅을 모두 거두어 가슴 속에 넣었네
몸을 뒤쳐 삼천계 밖으로 손을 놓고는
밤 달빛 속에 누워서 개울 소리를 듣네

了俗明眞早脫中　雙收天地納胸中
翻身撒手三千外　臥聽溪聲夜月中

해설

세속의 모습이 모습 아님을 보이기 위해 진제를 말했으니, 저 하늘의 달을 보되 봄이 없으면 곧 보고 들음을 떠나지 않고 참됨을 밝히는 것이다.

세속법에서 참됨을 밝히면 하늘땅이 마음인 하늘땅인 줄 알지만, 마음 또한 공한 줄 아니 마음[心]과 경계[境]를 모두 막고 모두 살린다. 그는 삼계 안에 있되 삼계를 벗어나고, 삼계를 뛰어나되 여기 이곳을 떠나지 않으니, 삼천계 밖에 벗어나 달빛 속에 누워 개울물 소리 듣는 소식이다.

몹시 추운 날 '하늘이 추운가 사람이 추운가[天寒人寒]'를 묻고, 추위가 몰아치는 세간 속에서 '흐름 따라 참됨 깨치라'는 위산(潙山)선사의 말에 원오근(圓悟勤)선사가 붙인 한 노래 들어보자.

북녘 바람이 위세를 떨치니
찬 기운 넘쳐 뼈골에 사무치네
흐름 따라 바로 보라는
한 구절이 사람과 하늘 살리니
어찌 일찍이 자취를 받아들이겠는가
흐름 따라 본래 몸을 알아들으면
온 세계가 값할 길 없는 보배 아님 없으리

北風逞嚴威　凜凜侵肌骨
一句活人天　幾曾容朕迹
隨流認得本來身　遍界莫非無價珍

학담도 한 노래 더하리라.

모습에 모습 없음 밝게 아나 공에 머물지 않으니
생각이 하늘땅을 받아들이되 생각에 성품 없네
개울가에 누워서 하늘의 밤달을 봄이여
듣되 듣지 않고 개울에 흐르는 물소리 듣도다

了相無相不住空　念納天地念無性
溪邊臥看天夜月　不聞而聞溪流聲

98.
끊긴 구름 성긴 비에 갈매기는 둘이 나네
- 성품과 모습을 함께 밝힘 [性相雙明]

일어남이 곧 일어남 없음이니
성품과 모습 둘을 같이 살려 부르나
마음 빛이 비치되 비어 비치니
그 바탕은 성품과 모습 모두 아니네
저녁 빛에 머리 돌리니 강 위는 저물었는데
끊긴 구름 성긴 비에 흰 갈매기 둘이 나네

起則無起乃號雙　心光虛映體非雙
回首夕陽江上晚　斷雲疎雨白鷗雙

해설

성품[性]은 모습[相]이 모습 아님[非相]을 뜻하고, 모습[相]은 성품의 모습 아님이 모습됨을 나타내니, 성품과 모습 두렷이 통해 둘이 아니다.

성품과 모습은 존재론적 표현이고 고요함[寂]과 비춤[照]은 인식론적 실천적 표현이니, 성품은 고요함에 상응하고 비춤은 모습에 상응한다. 이를 마음에 거두어보면 마음의 진여문[心眞如門]이 성품에 상응하고, 마음의 나고 사라지는 문[心生滅門]이 모습에 상응한다.

사마타의 고요함은 마음의 진여문에 의지해 닦음이고, 비파사나의 밝음은 마음의 나고 사라짐의 문에 의지해 닦음이니, 둘은 서로 떨어질 수 없다.

　마음 빛이 비어 비침은 고요하되 비춤〔寂而照〕이니, 사마타와 비파사나의 하나됨〔止觀俱行〕이고, 성품과 모습을 모두 막아 모두 살림〔性相遮照〕이다.

　이 뜻을 옛 조사〔龐居士〕의 한 노래로 살펴보자.

　　　마음이 한결같고 경계 또한 한결같아
　　　실다움도 없고 또한 헛됨도 없다
　　　있음에도 관계 않고 없음에도 걸리지 않으니
　　　성현이 아니고 일 마친 범부로다

　　　心如境亦如　無實亦無虛
　　　有亦不管　無亦不拘
　　　不是聖賢　了事凡夫

학담도 한 노래를 붙이리라.

　　　성품과 모습 한결같으니 둘을 모두 비추고
　　　비춤도 아니고 고요함도 아니니 둘을 모두 막네
　　　암자 가운데 단정히 앉아 잠잠히 말없는데
　　　산새의 재잘거림 들음 없이 듣도다

　　　性相如如雙照二　非照非寂雙遮二
　　　菴中端坐默無言　山鳥喃喃不聞聞

99.
겁 밖의 어진 나그네 눈에 늘 닿음이여
- 문수의 얼굴과 눈[文殊面目]

흰 구름 끊긴 곳이 푸른 산인데
해지는 하늘가 새는 홀로 돌아오네
겁 밖의 어진 나그네 눈에 늘 닿음이여
목란꽃은 피고 물은 졸졸 흐르네

白雲斷處是青山　日沒天邊鳥獨還
劫外慈客常觸目　木蘭花發水潺潺

해설

경계의 티끌에 가린 눈에는 진여의 참됨이 허깨비의 꿈을 이루고, 모습에서 모습 떠난 참사람의 눈에는 보고 들음이 곧 겁 밖의 소식이 된다.
　그러므로 옛 선사[慧忠]는 이렇게 말한다.

　　담쟁이 넝쿨 푸른 잎은
　　찬 소나무 꼭대기에 곧게 오르고
　　흰 구름은 맑게 연설하며
　　허공 가운데서 나고 사라지나
　　만법은 본래 한가하나
　　사람이 스스로 시끄럽도다

　　藤蘿綠　直上寒松之頂

白雲淡演　出沒太虛之中
　　萬法本閒　而人自鬧

학담도 한 노래를 붙이리라.

　　푸른 산은 구름 띠어 더욱더 산뜻한데
　　파란 물은 달 머금고 바위 앞에 흐르네
　　방위 밖의 사람이 보는 것은 무엇인가
　　붉은 연꽃 피어나니 겁 밖의 봄이로다

　　青山帶雲尤新鮮　綠水含月岩前流
　　方外人見是何物　紅蓮花開劫外春

100.
한 줄기 붉은 연은 불 속의 꽃이로다
- 사명대사의 진영을 찬탄함 [贊四溟大師眞]

하늘이 낸 남쪽 끝 살아있는 사자가
잠부드비파 샷된 무리 얼마나 밟아 죽였는가
참된 모습 툭트여 맑은 허공의 뼈인데
한 줄기 붉은 연은 불 속의 꽃이로다

天出終南活獅子　閻浮踏殺幾群邪
眞儀廓落淸虛骨　一朶紅蓮火裡葩

> 해설

저 서방정토 아미타바붇다의 좌우에 모시는 보디사트바는 큰 자비의 보디사트바 관세음[大慈悲觀世音]과 큰 세력의 힘을 갖춘 보디사트바[大勢至菩薩]이다. 큰 자비는 샷됨과 악을 깨뜨리는 힘이 있어야 하고, 샷됨과 악 깨뜨림은 큰 자비의 품에 거두어들이는 따뜻함이 있어야 한다.

사명대사(四溟大師)는 세간의 사악한 무리를 깨뜨려 자비의 땅에 거두는 분이고, 악함을 죽여 크게 살리는 크나큰 참음[大忍]을 성취한 이 세간의 마하사트바이다.

외적과 맞서 나라를 지키시고 삼보의 법등을 보살피신 분이며, 다시 저 일본에 들어가 거기 붙잡혀 노예로 살고 있는 조선 민중을 고국에 귀환시킨 대자비의 보디사트바이다.

칼산 지옥 속을 걸어가는 사명선사의 모습이여, 다음 옛 선사

〔竹庵珪〕의 노래와 같은 것인가.

　　　숲에 들어가되 풀을 움직이지 않고
　　　물에 들어가되 물결을 움직이지 않네
　　　가마솥 끓음 속에 찬 곳이 없으니
　　　눈을 감고 황하를 뛰어넘네

　　　入林不動草　入水不動波
　　　鑊湯無冷處　合眼跳黃河

학담도 한 노래로 소요대사가 사명대사 찬탄함에 함께하리라.

　　　사자가 마라의 삿된 무리 밟아 죽이니
　　　죽일 때 곧 살림이라 푸른 산에 돌아가네
　　　맑은 허공의 뼈여, 깨뜨릴 수 없으니
　　　불 속의 붉은 연꽃 줄기 줄기 향기롭네

　　　獅子踏殺魔邪群　殺時卽活歸靑山
　　　淸虛骨兮無可破　火裏紅蓮朶朶芳

101.
석자 용천의 칼이 손에 놓여있어
- 청련대사의 진영을 찬탄함 [贊青蓮大師眞]

한 점 선의 등불은 소림의 달이요
가르침 바다 천 물결은 영축산 바람이네
석자 용천의 칼이 손에 놓여있어
신령한 빛 북두를 쏘아 푸른 하늘에 뻗쳤네

禪燈一點少林月　教海千波鷲嶺風
三尺龍泉橫在手　神光射斗亘青空

해설

선교(禪敎)의 이분법적 교판에 떨어진 어리석은 선류(禪流)들은 경전의 가르침은 붓다의 말씀이고 달마가 전한 것은 가르침 밖에 따로 전함이라 한다.

그러나 가르침은 여래의 선정과 지혜의 언어적 표현이고, 여래의 선정과 지혜는 세계의 실상 그대로의 선정과 지혜이다. 선의 숲[禪林] 가르침의 바다[敎海]가 모두 붓다의 지혜에 돌아가고, 지혜는 법계의 실상에 돌아간다.

그러므로 법계의 경이 참된 경이고, 법계의 경이 선(禪)이고 교(敎)이니 법계의 경을 깨달아 '선의 종지를 붙들고 가르침을 심는 [扶宗樹敎]' 이가 곧 청련대사(靑蓮大師)이다.

청련대사처럼 법계의 경을 깨친 참사람의 경계를 옛 사람[悅齋居士]은 이렇게 말한다.

늘 이와 같은 경을 굴려 읽으며
다만 이러한 법만을 말하네
떨어질 때 흰 해오라기 섬에 향하고
머물 땐 황소 골짝에 깃들도다

常轉如是經　只說者箇法
落向白鷺洲　住在黃牛峽

학담도 한 노래를 붙이리라.

영축산 바람 밖에 소림이 없으니
가르침 바다 선의 숲이 여래를 바탕하네
푸른 연꽃 큰 스님은 종지와 설법 겸했으니
선의 종지를 붙들고 가르침을 심어
뒤에 올 우리 중생을 위하셨네

靈鷲風外無少林　敎海禪林本如來
靑蓮大師宗說兼　扶宗樹敎爲後來

102.
함께 앉고 같이 걸으나 세간은 알지 못하니
- 회포를 읊조림 [詠懷]

함께 앉고 같이 걸으나 세간은 알지 못하니
몇 사람이나 얼굴 맞대 곧바로 그를 만났는가
구부리고 우러르며 보고 들음에 일찍이 어둡지 않으니
어찌 꼭 밖을 향해 그가 돌아감을 물을 것인가

共坐同行世莫知　幾人當面便逢伊
俯仰視聽曾不昧　何須向外問渠歸

해설

반야는 안에도 없고 밖에도 없고 가운데도 없으나, 안과 밖과 가운데를 떠나지 않으니 생각 일으켜 만난다 해도 옳지 않고, 지금 일어나는 생각 떠난다 해도 옳지 않다.
　보고 들음 속에 드러나 있으나 찾으면 얻을 수 없으니, 옛 조사〔雙林傅大師〕의 한 노래 들어보자.

　　밤마다 붇다를 안고 자고
　　아침마다 함께 일어나네
　　일어나고 앉음에 늘 서로 따르고
　　말하고 잠잠함에 같이 머문다
　　털끝만큼 서로 떨어지지 않음이
　　몸과 그림자와 서로 비슷하다

붇다께서 가는 곳 알려는가
다만 말과 소리가 이것이다

　　夜夜抱佛眠　朝朝還共起
　　起坐鎭相隨　語默同居止
　　纖毫不相離　如身影相似
　　欲識佛去處　秖這語聲是

붇다의 법신이 나의 진여라 서로 떨어지지 않으며, 세계의 실상이 붇다의 법신이라 지금 보고 듣는 이것을 버려도 붇다를 볼 수 없고 취해도 볼 수 없음을 말하는가. 어떻게 해야 그를 볼 것인가. 옛 선사〔保寧勇〕는 이렇게 노래한다.

자려 할 때 곧바로 자고
일어나려 하면 곧 일어난다
물로 씻으면 얼굴 가죽 빛나고
차 마시면 입술이 젖는다
큰 바다에 붉은 티끌이 나고
평평한 땅에 물결이 이니
하하하하하 라리리라리로다

　　要眠時卽眠　要起時卽起
　　水洗面皮光　啜茶濕却觜
　　大海紅塵生　平地波濤起
　　呵呵呵呵呵　囉哩哩囉哩

참붇다를 안다고 하면 곧 실로 아는 것이 아니고, 지금 아는 것을 알지 않으면 붇다를 봄인가.

단하순(丹霞淳)은 다음 같이 노래한다.

위음왕 붇다 저쪽으로 갈 수 없어서
손을 놓고 집에 돌아가며 길을 묻노라
잠자는 집 사람 없어 비어 고요한데
창에 가득 달만 외로이 비어 밝도다

威音那畔不能行　撒手還家懶問程
寢殿無人空寂寂　滿窓唯有月虛明

학담도 한 노래를 붙이리라.

움직여 써서 보고 들음에 늘 또렷하나
저의 참 얼굴 찾으면 자취 없어라
있음과 없음 모두 막아 고요하되 비추면
눈에 가득 푸른 산에서 곧 그를 만나리라

動用見聞常歷歷　覓渠眞容沒蹤迹
有無俱遮寂而照　滿目靑山便逢渠

103.
노란 꾀꼬리 울음이 푸른 버들의 봄에 있네
- 법린 장로에게 보임 [示法隣長老]

소리 빛깔 아득하게 시끄러운 곳에서도
눈에 눈썹 털과 같아서 도와 아주 가까워라
어젯밤 동쪽 바람 비를 불어 지났는데
노란 꾀꼬리 울음이 푸른 버들의 봄에 있네

當於聲色鬧浩浩　眼似眉毛與道隣
昨夜東風吹雨過　黃鸎啼在綠楊春

> 해설

　법에 가까운[法隣] 장로라는 이름을 들어 도(道)가 지금 보고 들음 떠나지 않음을 밝게 깨우치는 게송이다. 눈과 눈썹으로 비유하니 보는 나와 보여지는 것이 같다고 해도 안 되고 다르다고 해도 안 됨을 그리 말한 것인가.
　옛 선사[佛眼遠]의 한 노래 들어보자.

　　푸른 산 문 밖에 흰 구름이 나는데
　　푸른 물이 개울가에 나그네 이끌어오네
　　앉아서 자주 술 권함 허물하지 마오
　　헤어진 뒤로부터 그대 보기 어려웠네

　　青山門外白雲飛　綠水溪邊引客歸
　　莫怪坐來頻勸酒　自從別後見君稀

위 게송은 모습이 모습 아니고 마음이 마음 아니라 마음과 경계가 둘이 아님[心境不二]을 이렇게 노래한 것이리라.

학담도 한 노래로 옛 조사들에 함께하리라.

소리 빛깔 시끄럽지만 보고 들음 없으면
마음 없이 도에 합하나 보는 것 분명하네
동쪽 바람 비를 불어 푸르름은 더욱 새롭고
들새 짹짹거리니 버들 푸른 봄날이네

聲色鬧鬧無見聞　無心合道見分明
東風吹雨綠轉新　野鳥喃喃綠楊春

104.
주리면 솔꽃을 먹고 목마르면 샘물 마셔
- 선사리의 운을 따라 [次而善闍梨韻] 1

주리면 솔꽃을 먹고 목마르면 샘물 마셔
굳셈이여 한가히 걷고 지치면 잠 자도다
하늘 마라 나고 죽음의 소굴 밟아 없애고
뛰어노니나니 산 뒤와 산 앞이로다

飢則松花渴則泉　健兮閑步困兮眠
踏殺天魔生死窟　騰騰山後與山前

해설

나고 사라짐의 소굴은 나고 사라지는 세간법의 있는 모습에 집착함이고, 하늘마라는 세간법을 세간법이게 하는 신묘한 법 집착하는 병통을 말함이리라.

나고 죽음[生死]으로 보면 세간법에 집착하는 소굴이 '나뉜 덩이가 있는 나고 죽음[分段生死]'이라면 하늘마라는 '변해 바뀜에 자재한 나고 죽음[變易生死]'에 집착함이리라.

두 마라의 집 깨뜨리면 지금 이 곳이 여래 공덕의 처소이고 해탈의 나라이니, 비록 떨어진 누더기에 가난한 살림이지만 값할 수 없는 보배를 놀려 쓰는 세간의 장부가 아니고 그 무엇이리.

옛 선사[法眞一]의 한 노래 들어보자.

숲 사이 일이 없어 누더기 덮어쓰니

긴 밤 맑은 하늘에 온갖 일이 쉬도다
강과 달은 밝고 밝아 스스로 서로 비추는데
솔바람 끊이지 않고 찬 기운 휘날리네

　　林間無事衲蒙頭　永夜淸宵萬務休
　　江月明明自相照　松風不斷冷颼颼

학담도 한 노래 더하리라.

주리면 밥을 먹고 목마르면 물을 마시며
물가에서 거닐다가 나무 아래 앉아 쉬네
나고 죽음의 마라소굴 공한 줄 밝게 알아
저자에 들어 말 나누며 마땅함 따라 건네주리

　　飢來喫飯渴飮水　水邊徜步樹下坐
　　了知生死魔窟空　入廛接話隨宜度

장대 끝에서 넓게 걸으니
- 선사리의 운을 따라 2

한밤의 옥 거문고 만 골짜기 샘물의
아름답고 시원한 울림 선의 잠을 흔듦이여
대 바람 소나무 달로 마음의 벗을 삼아
장대 끝에서 넓게 걸으니 누가 앞에 나서리

半夜瑤琴萬壑泉　玲瓏淸韻覺禪眠
竹風松月爲心友　濶步竿頭孰敢前

> 해설

옛날 북종 신수선사(神秀禪師)는 배우는 이들에게 '그대가 백자 장대 끝에서 좌선할 수 있는가'를 물었다 하니, 이는 좌선할 때 '모든 법이 공함으로 자리 삼는가'를 물음이리라.

모든 법이 공함으로 자리 삼으면 앉음[坐]에 머물 자리가 없으니, 그가 섬[立]에도 섬이 없으리라. 어찌해야 그럴 수 있는가.

옛 선사[智海逸]의 한 노래 들어보자.

　　해가 떠도 바위는 오히려 어둡고
　　구름이 나면 골짜기 속은 어둑하다
　　그 가운데 장자의 아들들은
　　낱낱이 다 바지가 없도다

　　日出巖猶暗　雲生谷裏昏

其中長者子　箇箇盡無裩

대홍은(大洪恩)선사도 이렇게 노래한다.

길거리에서 서로 만나 서로 알지 못하니
구름과 물 한가하여 정한 자취 없어라
그대 부귀함이 백천 가지라 하더라도
우리집 가난해 아무 것 없음과 어찌 같으리

陌路相逢不相識　雲水悠悠無定迹
饒君富貴百千般　爭似儂家窮的的

학담도 한 노래를 붙이리라.

고요함과 비춤이 때를 같이 하여
고요히 앉아 선정 닦는 저 나그네
백 자 장대 끝이 법계의 드넓음이네
어느 때 거닐다가 어느 때 좌선하니
솔바람 밝은 달이 마음 가운데 밝도다

寂照同時坐禪客　百尺竿頭法界濶
有時行步有時坐　松風明月心中明

105.
안타깝다, 남전의 꿈같다고 함이여
- 세상을 탄식함 [嘆世]

밝은 빛 공덕의 곳간 속에 같이 노닐면서
답답한 얼굴의 사람들 많이들 스스로 알지 못하네
안타깝다 남전선사 꿈같다고 한 말이
도리어 독약을 이루어 진여를 죽이는구나

光明藏裡同游戱　墻面人多自不知
可惜南泉如夢訣　翻成毒藥喪眞知

해설

승조법사(僧肇法師)는 『조론(肇論)』에서 '하늘 땅이 나와 뿌리를 같이하고 만물이 나와 한 몸이다'고 말했다. 이 뜻을 육긍대부(陸亘大夫)가 남전(南泉)선사에게 물으니, 남전선사는 '뜰에 한 줄기 꽃을 꿈과 같이 본다〔見此一株花如夢相似〕'고 말했다. 위 게송은 이 공안을 다시 소요선사가 노래한 것이다.

한 송이 꽃을 꿈같이 본다고 함은 보는 바 경계에 얻을 바 없음을 가리킨 것인데, 남전의 말이 진여를 죽인다는 소요대사의 말은 무엇을 가리킴인가. 보이고 들리는 경계가 공하되 공도 공함을 알아야 진여의 성품 가운데 헤아릴 수 없는 공덕의 모습을 자기 집 보배로 쓸 수 있다는 것인가.

불감근(佛鑑勤)선사는 이렇게 말한다.

남전이 쓸개까지 기울여 그대들 위해
뜰의 꽃이 또 다른 봄인 것 웃으며 가리키네
나무 그루터기에서 한가히 토끼 기다림이 아니요
곧장 학을 타고 푸른 구름에 올라야 하네

南泉瀝膽爲諸君　笑指庭花別是春
不是守株閑待兎　直須騎鶴上靑雲

학담 또한 한 노래로 소요대사의 뜻에 함께하리라.

망령됨이 꿈같은 줄 밝게 알면 진여에 들어
헤아릴 수 없는 법의 재물 그 씀이 다함 없네
슬프다 담장 같은 얼굴 답답한 사람이
보배곳간 알지 못해 거지 자식이 되도다

了妄如夢入眞如　無量法財用無盡
惜哉面墻頑固人　昧却寶藏作窮子

106.
여릉의 밥을 구멍 뚫린 발우에 담고
- 영가에게 밥을 베풀며 말하다 [靈飯着語]

여릉의 향기로운 밥 구멍 뚫린 발우에 담고
조주노인 기름 갈아 새는 술잔에 붓는다
지혜로운 나그네에게 가만히 권해주니
어머니태 나오기 전을 알도록 하라

廬陵香飯盛穿鉢　趙老研膏酌漏巵
慇懃勸進仙陁客　薦取胞胎未出時

해설

행사선사(行思禪師)에게 어떤 승려가 '어떤 것이 불법의 바른 뜻입니까'를 물으니, 선사는 '여릉의 쌀값이 얼마인가' 다시 물었다.

한 줌의 쌀이 값하되 값할 수 없음을 들어 붇다의 법을 바로 보임인가.

여릉 쌀밥을 구멍 뚫린 그릇에 담아, 새는 잔에 기름 담아 밥 먹는 소식은 무엇인가.

원오근(圓悟勤)선사는 이렇게 노래한다.

밥을 만나면 밥 먹고 차 만나면 차 먹으니
천 겹을 백 번 두르나 네 바다 한 집이네
끈끈이를 풀고 묶임을 없애니

말에 말 없고 지음에 지음 없도다
툭 트인 본바탕이 허공과 같음이여
바람이 범을 따르니 구름은 용을 좇는다

遇飯喫飯　遇茶喫茶
千重百匝　四海一家
解却黏去却縛　言無言作無作
廓然本體等虛空　風從虎兮雲從龍

학담도 소요선사의 노래에 한 노래 더하리라.

어머니태 나오기 전 그 무슨 모습인가
태를 나온 그 뒤의 얼굴에 낯이 없네
여릉의 밥맛은 빛깔 향기 빼어나니
헤아릴 수 없는 가운데 만 칼파 식량이네

未出母胎時何狀　出胎以後面無顔
廬陵飯味色香特　沒可量中萬劫糧

107.
푸른 하늘 구름 흩어지니 달이 처음 돋음 같네
- 해원선자에게 보임 [示海源禪子]

성품바다 깊고 맑아 아득히 넓고 넓은데
가는 바람 한번 치니 온갖 물결 일어나네
물결과 물이여 같음도 아니고 다름도 아니니
푸른 하늘 구름 흩어짐에 달이 처음 돋음 같네

性海淵澄浩浩來　微風一擊萬波來
波與水兮非一二　碧天雲散月初來

해설

모습이 모습 아님을 성품이라 거짓 이름하고 성품에 성품 없어 모습이 모습 됨이니, 모습과 성품에 하나거나 둘이거나 분별하지 말아야 한다.

성품은 바다에 비유하고 모습은 물결에 비유하니, 망상의 바람이 자 물결이 쉬면 물결이 잦아지나, 물은 사라지지 않음이여. 물결이 곧 물이라 두 모습 없다.

옛 선사는 성품[性]과 모습[相]을 어떻게 말했는가.

옛 사람[則之]의 한 노래 들어보자.

　　화로를 안고 불을 쬐면 온몸이 따뜻하고
　　물을 건너는데 얼음을 치면 뼛골까지 차갑다
　　하늘 위에 별이 있으면 다 북두 향하고

집집마다 문 밖은 장안에 통하도다

圍爐向火通身煖　渡水敲氷徹骨寒
天上有星皆拱北　家家門外通長安

학담도 한 노래 붙이리라.

한 돌을 바다에 던짐에 만 물결 움직이니
물과 물결 둘 아니고 성품 모습 융통하네
구름과 안개 흩어져 다하니 하늘은 한 모습인데
기러기는 서쪽 하늘에 날고 물은 동으로 흐르네

一石投海萬波動　水波不二性相融
雲霧散盡天一樣　雁飛西天水東流

108.
겁 밖의 맑은 바람 얼굴에 떨쳐오네
- 법일선자에게 줌 [贈法一禪子]

법은 어디서 일어나며 하나는 어디서 오는가
찾아보면 그대 보지 못할 줄 알게 되리
큰 뿔 양이 뿔을 걸매 발자취 없으니
겁 밖의 맑은 바람 얼굴에 떨쳐오네

法從何起一何來　覓卽知君不見來
羚羊掛角無蹤迹　刼外淸風拂面來

해설
인연으로 난 만 가지 법이 본래 온 바 없되 오지 않음도 없는데, 하나[一]라는 이름은 어떻게 세우며 그 하나는 어디에 있는가.
　하나와 만 가지 법에 모두 얻을 것이 없어야 '청주의 일곱 근 장삼[靑州七斤衫]'이 꿰맴이 없는 뜻을 아는가.
　옛 사람[混成子]의 한 노래 들어보자.

　　하나는 어디로 돌아가는가 스스로 묻고는
　　찬 소나무 돌 아래 길게 발을 뻗는다
　　꿰맴 없는 베장삼을 조주가 입으니
　　날쌘 매는 울타리 가 참새 잡지 않는다

　　一歸何處自問着　寒松石下長伸脚
　　無縫布衫趙州被　快鶻不打籬邊雀

심문분(心聞賁)선사는 이렇게 노래했다.

　　산이 가로지르고 돌이 막아 길 없는가 했더니
　　땅이 돌아 구르고 개울 기울어져 다른 마을 있네
　　고개 위에 한 소리 젓대 가락 울리니
　　어둑한 안개 지는 해에 또 저녁 놀빛이로다

　　山橫石礙疑無路　地轉溪斜別有村
　　嶺上一聲橫笛響　暝煙斜日又黃昏

학담도 한 노래 더하리라.

　　만 가지 법 하나로 돌아가니 하나는 어디로 가는가
　　법은 좇아온 바 없어 나되 남이 없네
　　이 법이 법에 머물러 늘 머무는 모습이니
　　맑은 바람 떨침이여 겁 밖의 노래로다

　　萬法歸一一何歸　法無所從生無生
　　是法住法常住相　淸風佛兮劫外歌

109.
장대 끝에서 한 걸음 나아가 몸을 뒤쳐 오라
- 어린 변사미에게 보임 [示辯少師] 1

어여뻐라 그의 본 빛깔 죽은 뱀 놀리는 솜씨여
땅을 움직이고 하늘 놀래키는 헤아릴 수 없는 재주로다
돌불 번갯빛 같은 수단 이미 손에 들었으니
장대 끝에서 한 걸음 나아가 몸을 뒤쳐 오라

憐渠本色弄蛇手　動地驚天沒量材
石火電光已入手　竿頭進步轉身來

해설

죽은 뱀을 놀리는 수단은 어떤 것인가. 어린 사미에게 그와 같은 수단 있음을 말하니, 변사미는 나이 어린 장로시고 사미인 옛 조사이시다.

죽은 뱀을 어찌 놀리는가. 산 것이 실로 산 것이 아닌 줄 알아야 죽은 것을 살려 쓸 수 있고, 꾀함이 없어야 잘 경계에 응할 수 있으며〔無謀善應〕하되 함이 없어야 함이 없이 잘 행할 수 있다.

만법이 공한 가운데 공에 머묾 없이 모습 아닌 모습을 잘 쓰는 이의 살림살이가 이러한 솜씨의 삶인가. 소요대사는 그런 솜씨의 사람이라도 장대 끝에서 한 걸음 나아가라 가르치니, 이는 '돌말이 고기잡이 사씨집 총각의 배를 밟아 깨뜨린 소식〔石馬踏破謝家船〕'을 보임인가.

옛 사람〔妙智廓〕의 한 노래 들어보자.

사자가 노닐어 다님에 같이 다니는 짝이 없고
코끼리왕 밟아감에 여우 발자취가 끊겼네
따뜻한 봄빛 피리가락 가운데 들어오니
바람이 다른 가락 가운데 불어옴이 아니로다

師子游行無伴侶　象王蹴踏絶狐蹤
陽春轉入胡笳曲　不是風吹別調中

학담도 한 노래로 소요선사의 뜻을 도우리라.

만 가지 모습은 비어 융통해 가슴 속인데
소리 살펴 잘 응함 이미 손에 들었네
비록 그러나 헤아릴 수 없는 재간 놓아버려야
밑 없는 한 척의 배를 몰 수 있으리

萬像虛融方寸中　觀音善應已入手
雖然放下沒量材　能御無低一隻船

고요히 삼천계를 홀로 걸으니
- 어린 변사미에게 보임 2

일찍 두 해를 뚫어서 한 봄에 같이하니
꽃이 핀 쇠나무가 다시 새로움 더하네
고요히 삼천계 밖에 홀로 걸으니
위음왕의 위를 향하는 사람이라 부르리

早透二年同一春　花開鐵樹更添新
蕭然獨步三千外　喚作威音向上人

해설

'두 해를 쉬고 쉬어 쇠나무에 꽃 핀 소식 보았다'는 소요선사의 뜻과 '삼십 년 동안 도를 찾고 찾다 복사꽃을 보고 도를 깨달았다'는 영운선사(靈雲志勤禪師)의 뜻이 같은가 다른가. 복사꽃을 보되 실로 볼 것 없음을 깨치면 도리어 쇠나무의 꽃을 본 것인가.
　영운선사는 이렇게 노래한다.

　　서른 해토록 칼을 찾던 나그네에게
　　몇 번이나 잎이 지고 몇 번이나 가지 돋았나
　　한 번 복사꽃을 본 뒤로부터
　　곧바로 지금까지 다시 의심 않도다

　　三十年來尋劍客　幾迴落葉幾抽枝
　　自從一見桃花後　直至如今更不疑

이 이야기를 듣고 현사(玄沙)선사는 '아직 사무치지 못했다'고 말했으니, 이 뜻은 무엇을 말함인가.

장산전(蔣山泉)의 한 노래 들어보자.

    복사꽃 피는 곳에 홀연히 눈썹을 폈는데
    사무치지 못했다는 현사의 말 아주 기이하다
    몇 번이나 미친 바람 불고 난 뒤에
    앞과 같이 불처럼 천만 가지에 꽃이 피네

    桃花開處忽伸眉　未徹玄沙也大奇
    幾度狂風吹擺後　依前似火萬千枝

학담도 한 노래로 소요선사의 뜻에 함께하리라.

    쉬고 쉬어가서 두 해를 뚫으니
    쇠나무에 꽃이 피어 또 새로움을 더하네
    삼천계를 단박 깨쳐 방위 밖에 머무니
    위음왕을 벗어나서 누워 구름을 보네

    休去歇去透二年　鐵樹開花又添新
    頓覺三千居方外　超出威音臥看雲

그대 아니면 누가 참된 장부 지으리
- 어린 변사미에게 보임 3

남산의 자라코 한 마리 독뱀을
얼마만한 총림의 사람들 어쩌지 못하는가
우뚝한 위엄으로 그 뜻과 기운 펼치니
그대 아니며 누가 참된 장부 지으리

南山鼈鼻一條蛇　多少叢林不柰何
凜凜威風張意氣　非君誰是作仙陁

해설

남산의 자라코 독뱀이여, 다가서도 물리고 뒤로 물러서도 뱀에 물려 죽으니 반드시 잘 보아야 한다. 이 법문은 현사선사의 스승 설봉(雪峰)의 이야기이다. 자라코뱀이 그 무슨 기특한 일인가. 밟아도 물리고 뒤로 물러서도 물리니, 그 뱀의 일이 어떠한가. 옛 선사〔育王諶〕의 다음 한 노래 들어보자.

풀을 나와도 다시 머리를 감추고
풀에 들어도 도로 꼬리를 드러낸다
사람 사람 한 번씩 물리니
누가 물어 죽이는 자인가
펄펄 살아 움직여서 아라리라함이여
스스로 잘 기틀 알면 시원스레 집어 엮는다
원래 풀숲 치는 것은 뱀을 놀라게 함이니

큰 꽃은 반드시 밤을 이어 피어야 하네

　　出草復藏頭　入草還露尾
　　人人遭一口　誰是咬殺底
　　活鱍鱍阿喇喇　善自知機快拈掇
　　從來打草要驚蛇　大底花須連夜發

그렇다 함과 그렇지 않다 함, 그렇다 함도 아니고 그렇지 않다 함도 아님을 모두 벗어난 지혜의 장부가 바로 자라코뱀을 아는 그대이니, 옛 사람〔暉和尙〕은 다시 이렇게 노래한다.

　　설봉이 한 마리 뱀을 길러서
　　남산에 가져다둔 뜻이 어떠한가
　　보통의 독하고 해로운 것이 아니니
　　현묘함 찾아 지혜의 장부를 알아야 한다

　　雪峯養得一條蛇　寄着南山意若何
　　不是尋常毒惡物　叅玄須得會仙陁

학담도 한 노래를 더하리라.

　　조사의 뜻 평상하여 기특함이 없으나
　　반드시 남산의 자라코 독뱀을 알아야 하네
　　지혜로운 나그네 그대 아니고 누구런가
　　취하고 버림 벗어나 홀로 걸어가도다

　　祖意平常無奇特　須知南山鼈鼻蛇
　　仙陀客也非君誰　超出取捨獨步行

110.
그대 지금 고향 가는 길 알려는가
- 상증상인에게 답함 [賽尙澄上人]

큰 도는 맑고 비어 한 점 티끌 없이 맑은데
사람들이 법을 깨친 네 참음에 미혹하여
두렷하여 본래 맑음을 잃어버렸네
그대 지금 고향에 돌아가는 길 알려는가
성긴 발에 달 걸리고 밤 기운 맑도다

大道淸虛絶點澄　人迷四忍失圓澄
君今欲識還鄕路　月掛踈簾夜氣澄

해설

온갖 중생이 본래 니르바나되어 있어 본래 깨침의 땅을 떠나지 않는다. 다만 스스로 '남이 없는 법인[無生法忍]'을 알지 못해 경계의 티끌에 물들므로 본래 깨끗함을 잃어버렸다. 그러나 진여는 물들되 물듦 없고 연을 따르되 실로 변함 없으니, 저 모습에서 모습 떠나면 세간의 저 모습이 중도실상 아님이 없으리라.

어떻게 본래 밝음에 돌아가리. 정수리 뒤의 신묘한 빛을 보아야 하는가.

옛 선사[淨嚴遂]의 한 노래 들어보자.

　　밝음과 어두움이 서로 꼴 지음 그 일이 아득하니
　　뉘라서 머리 뒤에 신묘한 빛 뻗침을 알 건가

천 가지 차별된 길 모두 그어 끊어버리니
남북동서에서 본래 고향에 이르도다

明暗相形事渺茫　誰知腦後迸神光
都來劃斷千差路　南北東西達本鄉

학담도 한 노래로 소요 노화상의 뜻을 기리리라.

생각과 모습 모두 끊어지고 공함 또한 공하나
홀연히 사람과 나를 내면 본래 고향 잃으리
밖으로 내달려 보디를 구하지 말라
산달이 밝음을 흘려 밤의 어둠을 씻어주네

想相俱絶空亦空　忽生人我失本鄉
莫向外馳求菩提　山月流明洗夜昏

111.
선과 교는 근원 같이해 한 맛인데
- 옛날 높은 스승의 변화의 성 [古尊師化城] 1

선과 교는 근원 같이해 오직 한 맛인데
마음 알음알이 가지고 달고 매움 가리지 말라
만약 물결 따르고 이랑 좇아 달리면
남에게 다시 나루 물음을 면치 못하리

禪敎同源唯一味　莫將心識辨甘辛
若也隨波逐浪走　未免從他更問津

해설

가르침의 언교에서 말이 곧 말 아님을 알아 가르침을 의지해 지혜에 돌아가면 가르침이 지혜이고 지혜가 실상이니, 하나인 진여의 일[一事實] 밖에 무슨 선(禪)과 교(敎)가 따로 있을 것인가.

만약 여래에게 실로 설하는 바가 있다고 하면 금강경의 가르침처럼 이는 여래를 비방하는 것이요, 이 경이 붇다의 말씀이 아니라고 하면 수트라(sūtra)를 비방하는 것이고, 다르마(dharma)를 비방하는 것이다.

어찌해야 붇다와 수트라를 모두 비방하지 않는 것인가.

옛 선사[法眞一]는 이렇게 노래한다.

　　백 가지 그름 네 구절 모두 집어치우고
　　이 경을 어떻게 아는가 물어보네

도리어 허공이 강설할 수 있다고 하니
불타듯 늘 설법함을 뉘라서 듣는가

百非四句都拈了　敢問云何會此經
却是虛空能講得　熾然常說有誰聽

허공이 강설한다는 말을 듣고 허공을 향해 말함을 찾으면 더욱 더 그릇되는 것이니, 여래의 설법에 설함도 없고 설하지 않음도 없음을 알아야 허공이 불타듯 설법하는 뜻을 알리라.
학담도 한 노래 더하리라.

한 맛의 진실함 밖에 법이 없으니
어찌 선과 교 두 갈래 길이 있으리
물결 따르고 이랑 쫓음은 크게 어리석으니
나루를 알고 걸어가야 반드시 언덕 이르리

一味眞實外無法　何有禪敎二岐道
隨波逐浪也大痴　知津行步必到岸

싹트지 않는 가지에서 봄꽃을 감상하리
- 옛날 높은 스승의 변화의 성 2

세 가지 세간이 아직 일어나지 않았는데
눈을 비벼 허공꽃을 보듯이 헛되이 보네
스승을 따라 내가 지은 것임을 알게 되면
싹트지 않는 가지에서 봄꽃을 감상하리

三種世間猶未起　如人捏目見空花
若會遵師我所作　不萌枝上賞春花

> 해설

중생세간(衆生世間) 기세간(器世間) 지정각세간(智正覺世間)을 세 가지 세간이라 하는데, 이는 화엄가에서 세운 것이다. 천태가에서는 중생세간 국토세간 오음세간(五陰世間)을 세 가지 세간이라 한다.

오음세간(五陰世間)을 깨달아 드러난 세간의 실상이 지정각세간이니, 화엄가와 천태가의 세움이 서로 다른 것은 아니다. 세 가지 세간은 다섯 쌓임〔五蘊〕에 거두어질 수 있으니, 다섯 쌓임이 공한 곳에서 실로 있음을 보는 것이 병든 눈이 보는 허공의 꽃과 같은 것이다.

다섯 쌓임의 물든 모습〔遍計所執相〕이 중생이고 다섯 쌓임의 깨친 모습〔圓成實相〕이 붇다이며, 인연으로 나는 다섯 쌓임 자체〔依他起相〕가 세간의 온갖 법을 거둔다. 그러므로 다섯 쌓임이 공한 줄 알면 실로 끊을 것이 없고, 다섯 쌓임이 다만 공하지 않은 줄 알면 중생을 떠나 따로 붇다를 얻을 것이 없다.

다섯 쌓임의 있되 공한 진실을 어떻게 말할까.

옛 선사〔長靈卓〕는 이렇게 노래한다.

바람이 칼처럼 치니 잎이 자주 지고
산이 높으니 해가 쉽게 지네
앉아있음 가운데 사람 보이지 않는데
창 밖에는 흰 구름이 깊고 깊도다

風勁葉頻落　山高日易沈
坐中人不見　窓外白雲深

학담도 한 노래를 붙이리라.

중생과 물질세계 붇다의 깨달음의 세계
이 세 세간은 일어나되 일어남 없으니
날이 다하도록 서로 마주해 찾아도 자취없네
보이는 법 허깨비인 줄 알면 곧 참됨이라
보고 듣는 것 밖에 따로 구함을 쉬어야 하니
봄날에 꽃구경하는 것이 겁 밖의 빛이로다

三種世間起無起　終日相對覓無踪
知幻卽眞休別求　春日賞花劫外光

112.
바름이 치우침과 맞아 시방에 두루하네
- 조동의 다섯 지위 [曹洞五位]

치우침이 오고 바름이 가나 응함에 방위 없으니
바름이 치우침과 맞아 시방에 두루하네
바름 가운데서 오는 위에 겸함 가운데 이르니
한 구절이 밝게 빛나 방위에 떨어지지 않도다

偏來正去應無方　正與偏投遍十方
正中來上兼中到　一句玲瓏不落方

해설

바름은 거짓 있음을 떠나지 않는 공함이고 치우침은 공함을 떠나지 않는 거짓 있음이니, 공함을 들면 거짓 있음과 중도가 공함 아님이 없고 거짓 있음을 들면 공과 중도가 거짓 있음 아님이 없으며, 중도를 들면 공과 거짓 있음이 중도 아님이 없다.

치우침〔偏〕과 바름〔正〕을 지위〔位〕를 잡아 말하면 법을 존재론적으로 밝힘이며, 옴〔來〕으로 말하면 존재를 움직임과 고요함의 과정으로 밝힘이며, 이름〔到〕으로 말하면 해탈의 땅에 이름이니 실천론적 규명이다.

그러므로 연기법에서 인연으로 난 법이 공함이라 치우침이 바름 떠남이 없고 바름이 치우침 떠남이 없으며, 바름 그대로의 사마타(śamatha)가 치우침 그대로의 비파사나(vipaśyanā) 떠남이 없다.

이제 천동정각선사의 오위송(五位頌)을 들어보자.

- 바름 가운데 치우침〔正中偏〕

    푸르게 갠 하늘 은하수 흘러
    찬 기운 하늘에 뻗쳐있는데
    한밤에 나무 아이 달 비치는 창 두들기니
    어둠 속 옥사람의 잠을 놀래 깨뜨리네

    霽碧星河冷滯乾　半夜木童敲月戶
    暗中驚破玉人眠

- 치우침 가운데 바름〔偏中正〕

    바다의 구름 신선의 정수리를 감쌌는데
    부인의 머리카락 흰 실처럼 드리웠네
    진나라의 누대 비스듬히 마주하고 있으니
    찬 기운은 그림자를 비추네

    海雲依約神仙頂　婦人鬢髮白垂絲
    差對秦臺寒照影

- 바름 가운데 옴〔正中來〕

    달 밝은 밤 큰 물고기 껍질 벗는데
    큰 등이 하늘 만지며 구름 흔들어나니
    새의 길에 날아노니는 모습
    그 무엇으로 견주어 보일 수 없네

    月夜長鯤蛻甲開　大背摩天振雲羽

翔游鳥道類難該

- 치우침 가운데 이르름〔偏中至〕

    눈앞에서 얼굴 보고 서로 꺼리지 말아야 하니
    바람의 변화도 다침 없어 그 뜻이 그윽하고
    빛 가운데 길이 있어 타고난 대로 기이하네

    覿面不須相忌諱　風化無傷的意玄
    光中有路天然異

- 겸함 가운데 다다름〔兼中到〕

    북두자루 비스듬히 하늘 아직 안 밝았는데
    학의 꿈 처음 깨자 온몸에 닿는 기운 차갑고
    옛 둥지를 날아 벗어나자
    구름 가운데 소나무는 넘어져 있네

    斗柄橫斜天未曉　鶴夢初醒露氣寒
    舊巢飛出雲松倒

천동정각선사 오위송에 대한 학담의 평창을 보인다.

- 바름 가운데 치우침〔正中偏〕

    바름 가운데 치우침이여
    공이 공에 머물지 않음이니
    빛과 경계 함께 없어졌으나
    또렷이 듣고 또렷이 말하네

正中偏兮　空不住空
光境俱亡　歷歷聞說

- 치우침 가운데 바름〔偏中正〕

  치우침 가운데 바름이여
  마음 얻을 수 없음이니
  빛과 경계 없어지지 않았지만
  실로 들음이 없고 말함이 없네

  偏中正兮　心不可得
  光境未亡　無聞無說

- 바름 가운데 옴〔正中來〕

  바름 가운데 옴이여
  온전한 바탕이 온전한 씀이니
  푸른 산이 머리 끄덕이고
  돌말은 울을 벗어나네

  正中來兮　全體全用
  靑山點頭　石馬出籠

- 치우침 가운데 이르름〔偏中至〕

  치우침 가운데 이르름이여
  온전한 씀이 곧 바탕이니
  물은 흐르되 흐르지 않고
  번뇌는 실로 끊지 않도다

偏中至兮　全用卽體
水流不流　不斷煩惱

- 겸함 가운데 다다름〔兼中到〕

    겸함 가운데 다다름이여
    움직임과 고요함을 함께 막음이니
    밝은 달빛에 갈대꽃이라
    니르바나를 실로 얻지 않도다

    兼中倒兮　雙遮動靜
    明月蘆花　不證涅槃

끝으로 소요선사의 노래에 학담이 다시 한 노래 더하리라.

치우침이 오고 바름이 가며 바름과 치우침이 합하니
하늘의 달과 흐르는 물이 함께 하나로 어울리고
바름 가운데서 오는 위에 겸함 가운데 이르니
얼굴을 때리는 맑은 바람 태허를 지나네

偏來正去正偏合　天月流水共一和
正中來上兼中到　面打淸風過太虛

113.
차가운 빛 환히 빛나 티끌 겁에 통했는데
- 혜호장로에게 답함 [酬慧湖長老] 1

지혜의 달 힘차고 힘차 다섯 호수에 평등한데
어떤 도깨비가 있어 그 가운데 엿볼 것인가
차가운 빛 환히 빛나 티끌 겁에 통했으니
큰 땅과 하늘 땅의 기운 한 눈 가운데이네

慧月雄雄等五湖　有何精味敢窺中
寒光爍爍通塵劫　大地乾坤一眼中

해설

지혜의 달이 만상을 비춘다 하나, 여기 비추는 지혜가 있고 저기 비추는 바 만상이 있는 것이 아니다. 만상이 있되 공해 만상을 볼 때 마음인 만상이나 마음 또한 공하면 지혜의 달이 만상을 비춘다 말한다.

옛 조사[盤山]의 한 노래 들어보자.

　　마음 달이 외로이 두렷하니
　　빛이 만상을 삼켰다
　　빛이 경계 비춤이 이니고
　　경계 또한 있음이 아니니
　　빛과 경계 모두 없어지면
　　다시 이 무슨 물건인가

心月孤圓　光吞萬象
　　光非照境　境亦非存
　　光境俱亡　復是何物

동산선사가 말했다.
"빛과 경계 없어지지 않음에 다시 이 무엇인가〔光境未亡 復是何物〕."
학담도 한 노래로 소요선사의 뜻을 도우리라.

　　지혜의 달이 삼천계를 널리 비치나
　　찾으면 곧 한 물건도 없어 쥘 수 없어라
　　시방 삼세가 한 외짝 눈이나
　　밝은 달은 옛 대로 티끌 나그네 마주하네

　　慧月普照三千界　覓卽無物不可把
　　十方三世一隻眼　明月依舊對塵客

푸른 산은 흰 구름 가운데 높이 꽂혔네
- 혜호장로에게 답함 2

지혜의 달이 허공에 올라 하늘땅 비추는데
펼쳐있는 만 가지 것 그 가운데 비쳐있네
고향의 바람과 빛 내게 물음 쉬어라
푸른 산은 흰 구름 가운데 높이 꽂혔네

慧月騰空照天地　森羅萬像影於中
故國風光休問我　靑山高揷白雲中

해설

달은 비추는 지혜〔能照〕를 비유하고, 삼라만상은 비추는 바〔所照〕 경계이나, 비춤 없는 비추는 바 없고 비추는 바 없는 비춤이 없으므로 한 달의 비춤 밖에 만상이 없다. 또한 비추는 바 경계에 얼 모습이 없으면 비춤 또한 비춤에 비춤 없다〔照而無照〕.
  옛 선사〔淨嚴遂〕의 한 노래 들어보자.

　　눈에 가득히 펼쳐진 것 바닥까지 공하니
　　빛과 경계 같이 없어짐이 없어지지 않음 같네
　　그 가운데 이름 글자 두는 것을 쓰지 않으니
　　오랜 옛으로부터 조사가풍 떨치도다

　　滿目森羅徹底空　俱亡還與未亡同
　　箇中不用安名字　千古由來振祖風

단하순(丹霞淳)선사 또한 이렇게 노래한다.

    태평스런 고향나라에 길이 멀리 트이여
    돌아가는 흥 아득히 넘쳐 생각은 끝없어라
    손을 놓고 집에 이르니 어떤 것이 있던가
    유리 보배 궁전이 달 두꺼비 빛에 쌓여있네

    大平鄕國路空賖　歸興悠悠思莫涯
    撒手到家何所有　琉璃寶殿鎖蟾華

학담도 한 노래를 붙이리라.

    지혜의 달 두렷 밝아 만법을 거느리나
    마음과 법 함께 공하고 공함 또한 공하네
    보고 들음 밖에 따로 구하지 말지니
    구름은 푸른 산에서 일어나고 새는 하늘을 나네

    慧月圓明統萬法　心法俱空空亦空
    見聞之外莫別求　雲起靑山鳥飛天

114.
하늘땅을 밟아 넘어뜨리니 외짝눈 열리고
- 이선원통의 운을 따라 [次而善圓通韻]

하늘땅을 밟아 넘어뜨리니 외짝눈 열리고
티끌 녹아 깨침이 맑으니 물과 구름 열리네
세계바다 겹치고 겹쳤으나 한 길에 통했으니
마음 열려 비어 툭 트임에 달이 처음 돋아나네

踢倒乾坤隻眼開　塵消覺淨水雲開
刹海重重通一路　心開虛豁月初開

해설

인연으로 있는 온갖 것이 있되 공하므로 삼계가 오직 마음[三界唯心]이요 만 가지 법이 오직 앎[萬法唯識]이나, 마음에도 또한 얻을 것이 없다[心無自性].

마음과 법 모두 공함을 깨쳐야 온갖 티끌이 모두 녹아 깨침이 맑음이고, 안과 밖이 밝게 사무쳐야[內外明徹] 달이 처음 열림이지만, 마음과 법 본래 공하다면 달이 어찌 숨고 드러남이 있겠는가.

옛 선사[雪竇顯]는 이렇게 노래한다.

　삼계에 법이 없으니 어디서 마음 구할까
　흰 구름으로 일산 삼고 흐르는 샘 거문고 삼네
　한 가락 두 가락 아는 이 없으니

비 지난 밤 뜨락에 가을 물은 깊도다

三界無法　何處求心
白雲爲盖　流泉作琴
一曲兩曲無人會　雨過夜堂秋水深

학담도 한 노래 더하리라.

하늘의 달 두렷 밝아 만 가지 것 비추나
망령된 티끌의 구름 겹치니 달은 숨고 숨네
구름 흩어져 다하면 달이 처음 나옴이나
달에는 비롯함과 마침 없어 늘 둥글고 둥그네

天月圓明照萬物　妄塵雲重月隱隱
雲散消盡月初開　月無始終常團團

115.
인도스님 세상 응해 오셨으나 입이 없으니
- 달마 가신 뒤[達磨後品]

인도스님 세상 응해 오셨으나 입이 없으니
가을 하늘의 달이 못에 비침과 바로 같네
우습다 세간 사람 그것을 알지 못하여
웅이산의 남쪽 무덤에 죽어서 묻었다 하네

胡僧應世來無口　正似秋天月暎潭
可笑世間人不識　死埋熊耳山之南

해설

인도에서 오신 달마스님이 독약을 들고 죽은 뒤, 웅이산에 묻혔다 한다. 나중 인도에 사신으로 갔다 돌아오는 송운이 총령 길목에서 외짝신 끌고 가는 달마를 만나고서 무덤을 파보니 신 한 짝만 관에 남아있었다는 이야기를 소요선사가 노래한 것이다.

이는 정사에는 기록이 없고 달마선종(達磨禪宗)의 설화로 내려온 것이니, 실로 악논사(惡論師)들의 모함을 받아 독약을 먹고 기절했다 다시 살아나신 분은 남악혜사선사(南嶽慧思禪師)이시다. 그러나 이 이야기를 통해 현성의 출현이 중생을 위한 자비의 화현임을 보인 것이니, 올 때 입이 없이 왔으면 갈 때 그 무슨 사취 있었으리.

옛 사람[無盡居士]은 이렇게 노래했다.

벽을 향해 좌선한 아홉 해의 공도 관계가 없으니
오랜 겁 거쳐 아득하고 아득해 그 자리가 공했네
웅이산 탑을 열자 외짝신만 남겼으니
시방의 온 바탕이 두렷이 통함 드러냈네

非關壁觀九年功　歷劫悠悠當處空
熊耳塔開留隻履　十方全體現圓通

학담도 한 노래를 더하리라.

영축산 달은 밝아 늘고 줄어듦 없는데
무슨 일로 달마는 서쪽 하늘 넘었는가
병을 다스리기 위해 나오고 들어감 현성의 뜻이니
물이 있으면 물마다 그림자 나타나지만
달은 원래 저 하늘에 그대로 있네

靈鷲月明無增減　何事達摩越西天
爲病出沒賢聖意　有水影現月在天

116.
해가 물결 가운데를 비치어 위아래가 밝나니
- 회포를 적다 [書懷]

지금과 옛을 모두 막고 또 모두 밝히니
해가 물결 가운데를 비치어 위아래가 밝도다
소리 없고 냄새 없으며 꼴이 없어서
땅을 통하고 하늘을 통해 한가지로 밝도다

雙遮今古又雙明　日照波心上下明
無聲無臭無形段　通地通天一樣明

해설

하늘과 땅 만물이 비어 마음의 달이 하늘과 땅 네 바다 환히 비추되 삼세의 마음 또한 얻을 것 없음을 노래한 것이니, 영가(永嘉) 선사의 증도가(證道歌) 또한 다음 같이 말한다.

강에 달 비치고 솔 사이 바람 불어오니
긴긴 밤 맑은 하늘에서 무엇을 할 것인가
불성과 계의 구슬 마음 땅에 도장 찍으니
안개 이슬 구름과 놀은 몸 위의 옷이로다

江月照　松風吹　永夜淸宵何所爲
佛性戒珠心地印　霧露雲霞體上衣

해인신(海印信)선사는 영가의 노래에 다음 같이 말한다.

고기잡이 늙은이 낚시 들고 물 깊은 바닷가에 가니
모랫벌 갈매기떼 놀라 깨 사방으로 흩어져 날아가네

漁翁引釣歸深浦　驚起沙鷗四散飛

보봉영(寶峰英)은 이렇게 말한다.

목동이 고개 위에서 부는 한 소리 피리 가락이여
까마귀떼 놀라 깨어 나무 돌며 날아가네

牧童嶺上一聲笛　驚起群鴉遶樹飛

학담도 한 노래 더하리라.

삼세가 본래 공하나 삼세가 없지 않으니
있고 없음을 모두 막고 또한 모두 비추도다
잠잠함 가운데 구절 있어 씀이 다함 없으니
입추날 바람 맑고 하늘의 달은 밝네

三世本空世非無　有無雙遮亦雙照
默中有句用無盡　立秋風淸天月明

117.
비어 사무치고 신령히 통한 옛 주인이여
- 지위 없는 사람〔無位人〕

비어 사무치고 신령히 통한 옛 주인이여
옛과 지금 하늘땅이 한 참사람이네
바다와 산 바람 구름의 변화 오래 겪지만
휘늘어지고 높고 높아 늙지 않는 사람이리

虛徹靈通舊主人　古今天地一眞人
多經海岳風雲變　落落巍巍不老人

해설

인연으로 나는 온갖 법은 나되 남이 없고 남이 없되 나는 것이니, 나되 남이 없음을 진여(眞如)라 이름하고 이를 늙지 않는 참사람〔不老眞人〕이라 이름한 것인가. 그러나 늙지 않는 참사람〔不老眞人〕은 항상함도 없고 덧없음도 없는〔無常無無常〕 삶의 진실에 붙인 이름이라 지금 나고 사라짐 밖에 구하면 그는 이미 참사람을 땅에 파묻는 것이다.

그러므로 지금 보고 듣되 모습에서 모습 떠난 그 사람이 모습을 떠나지 않고 참사람을 본 자라 할 것이니, 옛 선사〔法眞一〕의 한 노래 들어보자.

우뚝하고 우뚝해 지위 없는 참사람의
나고 드는 것 어찌 일찍이 얼굴문에 있으리

그림 꽃병 깨뜨려 찾을 수 없는 곳에
그는 본래 스스로 하늘땅을 거두네

堂堂無位一眞人　出入何曾在面門
打破畫甁無覓處　渠濃本自納乾坤

보령용(保寧勇)선사 또한 이렇게 노래한다.

흙을 키로 치고 먼지 날려 숨을 곳 없는데
얼굴문에 나고 듦 크게 엉뚱한 것이네
똥을 뿌리고 오줌 뿌림 아주 부질없는 짓이니
넓어 아득한데 누가 냄새와 향기 나눌 건가

簸土颺塵沒處藏　面門出入大郞當
撒屎撒尿渾閑事　浩浩誰分臭與香

학담도 한 노래 붙이리라.

늙지 않는 참사람은 어느 곳에 머무는가
본래 머무는 바 없으나 낱낱 것에 나타나네
늘 머묾과 일어나고 사라진다는 견해 놓아버리면
눈은 가로이고 코는 곧게 내린 모든 이가
예로부터 늙지 않는 참사람이라네

不老眞人住何處　本無所住頭頭現
放下常住起滅見　眼橫鼻直舊不老

118.
산 집의 경치에 무슨 기이함 있으리
- 저무는 봄 [暮春]

산 집의 경치에 무슨 기이함이 있으리
누워서 쇠 나뭇가지에 꽃피는 것을 보네
항아리 가운데 다른 모습의 봄소식이라도
노란 꾀꼬리 얻지 못하면 누구와 말하리

山家景致有何奇　臥看花開鐵樹枝
壺中別㨾春消息　不得黃鸝說與誰

해설
한 생각을 돌이켜 생각 없음에 돌아가되 생각 없음에 머물지 않으면 보고 듣는 온갖 것이 쇠나무에 꽃 핀 소식이리라. 그러나 한 항아리 속 봄소식이라도 그곳에 머물면 참된 봄소식을 볼 수 없으니 참된 봄소식이여, 저 노란 꽃가지 위 꾀꼬리 울음소리런가.
옛 선사〔慈明圓〕의 한 노래 들어보자.

안팎으로 쪼는 기틀 화살과 칼 같이 맞서니
갑자기 손님과 주인 그때에 나뉘도다
종사가 중생 가없이 여겨 검고 흰 빛 밝히나
북녘땅 황하는 바닥까지 한 물이네

啐啄之機箭拄鋒　瞥然賓主當時分
宗師憫物明緇素　北地黃河徹底渾

학담도 한 노래 더해 소요선사의 뜻을 도우리라.

쇠나무에 꽃이 피는 것 무슨 기이함이 있으리
봄이 오니 뜰 가운데 백 가지 꽃 피어나네
다리 위에 사람이 가고 또 다시 돌아오니
시냇가의 꽃 향기를 바람이 실어오네

鐵樹開花有何奇　春來庭中百花爛
橋上人去又歸還　溪邊花香風送來

119.
안과 밖이 환히 빛나 찬 빛이 넘치네
- 지위 없는 사람의 한 빛깔 [無位一色]

소반이 구슬에 달림이여 구슬이 소반에 달림이니
물에 비친 하늘의 밝은 달은 맑고 빈 빛깔이네
기틀에 맞는 한 글귀 옥빛 산호와 같아서
안과 밖이 환히 빛나 찬 빛이 넘치네

盤走珠兮珠走盤　水天明月淸虛色
當機一句玉珊瑚　內外玲瓏溢寒色

해설
소반이 구슬에 달리는가 구슬이 소반 위에 달리는가. 깃발이 움직이는가 바람이 움직이는가. 이것 저것이 아니고 안과 밖이 아니되 이것 저것 안과 밖 떠남도 아님인가.

안의 마음에 얻을 것 없고[內無所得] 밖의 모습에 구할 것 없어야[外無所求] 안과 밖이 환히 빛나 넘치는 찬 빛을 본 자이리라.

그리고 안과 밖에 얻을 것 없음을 아는 큰 장부가 삼계에 몸과 마음을 나투되 삼계를 벗어나며 '천하를 천하에 감출 수 있는 자[藏天下於天下者]'이리라.

옛 선사[心聞賁]의 한 노래 들어보자.

물가에 안개 서리어 푸른 버들에 드리우고
대밭 속 구름 깊어 옛 집이 나지막하네

푸르름 두루한 산과 내에 봄소식 지나는데
오동 꽃은 뜰에 가득하고 소쩍새 운다

水邊煙膩垂楊裊　竹裏雲深古屋低
綠遍山川春事過　桐花滿地子規啼

학담도 한 노래 더하리라.

천하가 빈 곳에 천하를 감추니
무슨 일로 이 한 몸 골짜기에 감추리
푸른 구름 찬 대가 참된 마음 드러내니
붉은 티끌 안개와 놀에 자재하게 다니네

天下空處藏天下　何事一身藏一壑
碧雲寒竹顯露眞　紅塵煙霞自在行

120.
푸른 구름 찬 대에 몸을 편히 쉴 만하네
- 방장산에 들어가 읊조림 [入方丈山偶吟]

두류산에서 날개 말고 한 골짜기에 숨었으니
푸른 구름 찬 대에 몸을 편히 쉴 만하네
지금부터 여러 곳에 노닐 계획 길이 끊고서
안개와 놀 거두어 모아 참됨 스스로 기르리

卷翼頭流藏一壑　碧雲寒竹可安身
從今永斷游方計　收拾煙霞自養眞

해설

대자재를 성취한 본분의 작가[本分作家]라 한들 전쟁의 봉화가 끊이지 않고 민중의 참혹한 주검이 산천을 뒤덮었는데, 어찌 마음 아프고 몸이 지치지 않겠는가.

두류산 연곡사 가람의 골짜기나 방장산 신흥사 언덕에 몸을 숨기고 선정의 삼매 가운데서 안개와 놀을 바라보며 고요히 쉬시고 싶으리라. 그러나 선사의 쉴 곳은 다만 공한 곳이 아니니, 쉬되 중생 위한 자비행은 쉼이 없고 나날의 삶이 게으르고 게으르되 그 지혜는 참으로 부지런하고 부지런하다.

그렇다면 참으로 한가하여 일이 없고 함이 없되[無事無爲] 하지 않음도 없는 도인[無事閑道人]의 살림살이를 어떻게 말해야 할까. 바이로차나붇다의 참몸을 본 사람이 그 사람인가.

옛 선사[天童覺]는 이렇게 노래한다.

새는 하늘에서 날고
물고기는 물에 있으니
강과 호수 서로 잊었는데
구름과 하늘은 뜻을 얻었다
한 실오라기만큼 마음을 헤아리면
얼굴 마주해도 천리나 어긋나리라
은혜를 알아서 은혜 갚는 이
사람 세상에 몇몇이나 될 것인가

鳥之行空　魚之在水
江湖相忘　雲天得志
擬心一絲　對面千里
知恩報恩　人間幾幾

학담도 한 노래 더하리라.

서로 따라 움직이는 곳에 본래 움직임 없으니
하늘과 물이 같이 공하나 물의 달은 밝도다
있고 없음을 모두 막은 참된 한 구절이여
안과 밖이 밝게 사무쳐 뭇 기틀 머금었네

相隨動處本無動　天水俱空水月明
雙遮有無眞一句　內外明徹含衆機

121.
한 소리 외로운 학 구름 밀치고 날아가네
- 눈앞의 법이 아님을 말함 [不是目前法]

산과 내가 거짓 있음 따라 공에 드는 문이니
모두 놓고 모두 거두면 죽이고 살리는 기틀이네
둘째의 만주쓰리 찾으면 찾을 수 없으니
한 소리 외로운 학 구름 밀치고 날아가네

山川從假入空門　雙放雙收殺活機
第二文殊覓無覓　一聲孤鶴拂雲飛

해설

조사선과 임제선의 법통주의가 지배하는 조선조 불교에서 조동의 다섯 지위 치우침과 바름[五位偏正]으로 법을 쓰고 천태의 삼제(三諦)와 삼관(三觀)으로 법을 말하니, 소요대사는 치우침 없는 선사이다.

법을 구하는 선재동자가 슈라바스티에서 앞에 만난 만주쓰리보디사트바[文殊菩薩]는 처음 낸 보디의 마음을 말하니 만주쓰리의 지혜[文殊智]가 없음이 아니요, 뒤에 만난 만주쓰리는 보현의 진리[普賢理]와 하나된 만주쓰리의 지혜[理智冥合]로서 마음에 앎이 없고 경계에 모습 없음이니 만주쓰리의 모습 찾아도 자취 없다 말함이리라.

그러나 아는 지혜와 경계가 모두 얻을 것 없음을 알 때 지혜 아닌 지혜와 경계 아닌 경계가 드러나 보현의 만행[普賢萬行]이 늘 나타나는 것이니, 공관(空觀)과 가관(假觀)이 하나된 지혜의 경계는 어떠한가.

옛 선사〔心聞賁〕의 한 노래 들어보자.

눈을 띠고 서리 머금어 울타리에 반쯤 기대니
비스듬한 그림자 속 신선 자태 드러나네
앞마을 어젯밤에 봄은 이미 왔는데
대울 속 집의 노승은 오히려 알지 못하네

帶雪含霜半倚籬　橫斜影裏露仙姿
前村昨夜春來了　竹屋老僧猶未知

학담도 한 노래 더하리라.

산과 내와 큰 땅은 있되 있음 아니니
거짓 있음 좇아 공에 드나 공 또한 얻지 않네
문수의 지혜가 경계를 비춤이여
문수의 지혜가 비추되 고요하고
외로운 학 하늘 멀리 날아감이여
보현이 흰 코끼리를 타고 나타남이네

山河大地有非有　從假入空沒得空
智照境兮照而寂　孤鶴遠飛白象現

122.
물 위의 진흙소는 달빛을 갈고
- 종문의 노래를 보임 [宗門曲]

연곡사 소요전에서 순치 3년

燕谷寺逍遙殿順治三年

물 위의 진흙소는 달빛을 갈고
구름 속 나무말은 바람빛 끌고 가네
위음왕의 옛가락 허공의 뼈인데
외로운 학 한 소리는 하늘 밖에 길도다

水上泥牛耕月色　雲中木馬挈風光
威音古調虛空骨　孤鶴一聲天外長

해설

나고 사라지는 온갖 법에 나고 사라짐이 없어서 온갖 법이 진여의 자기현전이 됨을 물 위의 진흙소라 말하고, 구름 속 나무말이라 했는가.

진여인 세간법이 서로 걸림 없이 있으니, 여기 이 일이 어찌 저기 저 일을 떠나겠는가. 비록 움직여 쓰나 다시 진여 공덕의 곳간〔功德藏〕을 떠나지 않으니 그것을 허공의 뼈로 비유함인가.

그러나 진여를 진여로 붙잡으면 신선 골짜기 하늘에 갇힘이니, 진여(眞如)와 나고 사라짐〔生滅〕을 모두 깨뜨려야 진흙소의 소식을 하늘의 학울음에서 보는 것이리라.

옛 선사[翠巖宗]의 한 노래 들어보자.

　　무쇠소가 동구 가운데 하늘 갈아 깨뜨리니
　　복사꽃이 조각조각 깊은 골을 나오네
　　진나라 사람은 한 번 가서 소식 없는데
　　천고의 봉우리에 빛깔 더욱 곱도다

　　鐵牛耕破洞中天　桃花片片出深源
　　秦人一去無消息　千古峰巒色轉鮮

학담도 한 노래 더하리라.

　　일과 일이 걸림 없어서 참됨을 떠나지 않으니
　　물 위의 진흙소요 나무 말의 일이다
　　허공의 뼈여 남이 없는 가락이니
　　찬 기러기 한 소리 하늘 밖에 길도다

　　事事無礙不離眞　水上泥牛木馬事
　　虛空骨兮無生曲　寒雁一聲天外長

123.
흰 구름 천년에 그 누구 사람이 있는가
- 법 전함이 위태로움을 탄식함 1

처음 영탄으로써 법 전할 사람 삼으려 했는데
바깥 배움을 익혀서 그릇 삿된 길에 떨어짐을 탄식하다

嘆當初以靈坦爲傳法人而習外學 誤落邪途也

노씨 늙은이 남종을 뒤의 사람에게 이었는데
흰 구름 천년에 그 누구 사람이 있는가
조계의 바른 맥이 가는 실 걸림 같으니
지금 그대 한 사람 있는 것 믿을 만했네

盧老南宗繼後子　白雲千載有誰人
曹溪正脉如懸線　賴有當今汝一人

해설

본래 깨침의 자리에서 보면 중생 중생이 다 두렷이 이루어졌으니 전하고 받음을 말할 것이 없다. 그러나 세간 중생의 미망의 꿈이 없지 않은 데서 보면 지금 법의 등불 밝히고 지혜 목숨 이은 눈 밝은 사람이 아니면 이 세간에 다시 법의 깃발을 세울 수 없고 법의 북을 칠 수 없다. 그러나 법의 눈을 말하는데 어찌 꼭 조계만을 말할 것인가.

실상의 땅에서 일어난 지혜로 실상을 다시 밝혀 중생을 이끄는 이가 곧 법등을 전한〔傳燈〕자이니, 옛 선사〔天童覺〕의 한 노래 들어보자.

　　하늘이 덮고 땅이 실어 한 덩이를 이루니
　　법계에 두루해 끝이 없고 가는 티끌 쪼개도 안이 없다
　　그윽한 미묘함도 다했으니 누가 향하고 등짐 나눌까
　　붇다와 조사가 온다고 하면 구업의 빚을 갚아야 하리
　　남전의 왕노사 보원선사에게 물어보아야 하니
　　사람 사람은 다만 한 줄기 채소를 먹는다

　　天盖地載　成團成塊
　　周法界而無邊　析隣虛而無內
　　及盡玄微誰分向背　佛祖來償口業債
　　問取南泉王老師　人人只喫一莖菜

학담도 한 노래를 붙이리라.

　　조계의 바른 맥이란 이 무슨 일인가
　　붇다의 법 바른 눈 밖에는 이것이 없네
　　바름과 치우침이 합한 곳에서 곧장 가는 사람이
　　붇다의 씨앗 끊지 않고 지혜 목숨 이으리

　　曹溪正脈是何事　佛法正眼外無此
　　正遍合處正行人　不斷佛種紹慧命

그대는 푸른 구름에 한 학의 자태였는데
- 법 전함이 위태로움을 탄식함 2

그대는 푸른 구름에 한 학의 자태였는데
어찌 꼬리 끄는 길 가운데 거북이 되었는가
나에게 여래의 황금 보배곳간 있는데
쌍림의 다른 날에 누구에게 부쳐줄까

汝以靑雲白鶴姿　胡爲曳尾途中龜
吾有如來金寶藏　雙林他日付阿誰

해설

바른 법의 길에서 벗어나 바깥 길에 떨어진 제자를 다시 안타까위하는 노래이다. 법을 부침이란 실로 법을 전해주는 것이 아니라, 본래 지혜의 공덕 갖춤을 바로 아는 이에게 그 눈을 인증해줌이니 실로 주고 받음이 있다 말해서는 안 된다.

중생 중생이 본래 갖춘 곳에서, 따로 전함이 없지 않은 소식을 옛 선사〔育王諶〕는 이렇게 노래한다.

서리 내린 새벽 긴 하늘에 기러기 날아오니
친 숲의 노란 잎이 이끼 위에 떨어지네
동쪽 울타리 쓸쓸한 한 떨기 국화꽃은
왕손의 취한 술잔에 들어가지 않노라

霜曉長空鴈已來　千林黃葉委莓苔

東籬寂寞一枝菊　不入王孫醉後盃

학담도 한 노래를 붙이리라.

사자의 굴 가운데는 다른 짐승 없으니
어떻게 들여우 무리 가운데 떨어지리
우리집 법의 재물은 여래 공덕의 곳간이니
오직 이 법으로 뭇 기틀 맞이하리

獅子窟中無異獸　如何墮落野狐衆
吾家法財如來藏　唯以此法接衆機

124.
잠자코 붇다와 조사의 명령 온전히 잡아끄니
- 환성대사가 소요선사의 탑에 쓴 시를 부침 [附喚惺大師題逍遙塔]

잠자코 붇다와 조사의 명령 온전히 잡아끄니
달마남종 참된 맥이 다시 빛을 냈도다
종문의 바람 아주 높아 사람 이르기 어려우니
쓸쓸한 빈 뜨락에 가을 풀만 자랐도다

默默全提佛祖令　南宗眞脉更生光
門風高峻人難到　寂莫空庭秋草長

해설

환성대사는 환성지안선사(喚惺志安禪師)이니, 소요대사의 뒷대 선사로 소요선사의 부도탑이 있는 김제 금산사(金山寺)에서 천사백 승도에게 화엄경을 강설하였다.

당대 성리학(性理學) 유일주의로 통치했던 조선 지배권력에 의해 역적모의의 혐의를 받고 지리산에서 체포되어 제주도로 유배가 일주일 만에 옥중 처형되었다.

환성지안대사 또한 소요대사의 높은 가풍을 바로 잇지 못한 뒷사람의 아픈 마음으로 조선 지배계층에 의해 철저히 파괴되어 쓸쓸해진 불조의 문정을 안타까워하고 있다.

조선 지배권력에 의해 옥중처형된 환성지안선사의 죽음과 인도에서 캬슈미르왕의 칼에 죽은 사자존자(師子尊者)의 죽음에 어찌 두 모습 있겠는가.

사자존자의 죽음에 붙인 옛 선사〔竹庵珪〕의 한 노래 들어보자.

나룻배는 양주로 내려가고
뜬 개구리밥풀 물을 좇아 흐르는데
한 소리 뱃사공의 노래여
천고에 슬픔을 자아내네

船子下楊州　浮萍逐水流
一聲河滿子　千古動悲愁

학담도 한 노래를 붙이리라.

선사는 온전히 붇다와 조사의 명령 이끄시니
참된 종의 바른 맥이 여기에서 이어지네
한 짝의 종지의 눈 헤아릴 수 없으나
사라수에서 이미 저자거리 대중에 부쳤도다

禪師全提佛祖令　眞宗正脈於此紹
一隻宗眼不可測　雙林已付市塵衆

125.
눈에 가득 가을빛이 한 모습으로 기이하네
- 최수찬의 운을 따라 [次崔脩撰韻]

절의 경치에 놀며 구경함을 제멋대로 더하니
눈에 가득 가을빛이 한 모습으로 기이하네
붉은 잎이 바위에 섞이어 비단수를 여는데
맑은 물은 돌을 휘돌아 옥구슬을 흩뿌리네
도화골 속 가난한 스님은 홀로 있는데
계수나무 산 가운데 세속 나그네는 누구인가
사람 세상 한가하고 바쁨 어찌 다 말하리
채찍 휘둘러 돌아가는 길 더디하지 말지니라

叨陪遊賞招提境　滿眼秋光一㨾奇
紅葉間巖開錦繡　淸流迸石散瑤琪
桃源洞裏貧僧獨　桂樹山中俗客誰
人世閑忙何足道　揮鞭歸路莫遲遲

해설

홍진만장 티끌세상에 머물러도 참된 고향이 아니고 복사꽃 흘러나오는 깊은 골짜기 신선경계에 머물러도 참된 내 고향이 아니다. 티끌경계에 머물지 않되 신선골 신묘한 경계노 깨느려야 비로소 본 바탕 고향에 돌아감인가.

'붇다 계신 곳에도 머물지 말고 붇다 없는 곳에도 머물지 말라' 하고, '삼천리 밖에서 사람 만나도 그릇 말하지 말라' 하며, '버들꽃을 꺾으라 버들꽃을 꺾으라(摘楊花摘楊花)' 당부한 조주선사의 몇 마디 말귀에 참된 고향에 돌아가는 소식이 있는가.

　남명전(南明泉)선사는 이렇게 노래한다.

　　세 빗장의 문 끊고서 지나가는 자 드무니
　　칼날 앞에 누가 온전한 위세 떨칠 줄 아는가
　　버들꽃 꺾는 곳을 어떤 사람이 보는가
　　바람이 하늘 가득 꽃을 실어 눈처럼 날리네

　　截斷三關過者稀　臨鋒誰解振全威
　　楊花摘處何人見　風送漫天似雪飛

학담도 한 노래 더해 소요선사의 뜻에 함께하리라.

　　나그네 스님 쉬는 아란야의 경치는 빼어나
　　물과 달에 편히 앉아 보디에 나아가네
　　신선경치 머물지 않고 티끌에도 머물지 않으면
　　길 가운데 향기로운 풀이 집안 소식 드러내리

　　蘭若招提景秀特　安坐水月趣菩提
　　不住仙景不住塵　途中芳草顯家裏

126.
달 비치는 창가 성긴 그림자는 한 줄기 매화로다
- 잘 삼가는 상사의 운을 따라 [次愼上舍韻]

문을 닫은 텅 빈 단은 낮에 열리지 않으니
어찌 일찍이 숲 아래서 사람 오는 것을 보리
등불 앞에 학 같은 모습 때를 따라 늙는데
선정 속 번거로운 마음 날을 좇아 사그러지네
바람 부는 의자머리 찬 소리는 몇 줄기 대요
달 비치는 창가 성긴 그림자는 한 줄기 매화로다
닦아 행해 마음 없는 곳에 아직 이르지 못해
꽃을 물고 백 가지 새 돌아옴을 부끄러워하네

門掩空壇晝不開　何曾林下見人來
燈前鶴貌隨時老　定裡煩襟逐日灰
風榻寒聲數竿竹　月窓踈影一枝梅
修行未到無心處　慚愧啣花百鳥廻

해설

늘 삼가며 사는 점잖은 이[愼上舍]를 다시 깨우쳐서 세간티끌에 따라 움직이는 시끄러운 마음을 돌이켜서 생각에 생각 없는 곳에 돌아가도록 하는 시이다.

그러나 생각 없음[無念]은 생각 끊고 생각 없음이 아니니, 생각에 본래 생각 없음[於念無念]을 알아야 생각 없음의 뜻을 아는 사람이다. 그가 바로 대장부이니, 생각 없는 뜻을 알면 보고 들음을 떠나지 않고 사마타의 고요함을 알게 될 것이다.

  생각에 생각 없는 이여, 오히려 지는 꽃 흐르는 물에서 끝없는 뜻을 보는 자인가.

  옛 사람〔竹庵珪〕의 한 노래 들어보자.

    지는 꽃은 뜻이 있어 흐르는 물을 따르고
    흐르는 물은 뜻이 없어 지는 꽃을 보낸다
    봄이 와도 찾을 곳 없음을 길이 탄식하는데
    이 가운데 굴러 들어왔음을 알지 못했네

    落花有意隨流水　流水無情送落花
    長恨春歸無覓處　不知轉入此中來

학담도 한 노래 더하리라.

    닦아 행해 마음 없는 곳 이르려 하면
    본래 마음 없음 깨달아 아는 것만 같지 못하네
    꽃을 물고 백 가지 새 비록 둥지에 돌아오나
    생각 생각이 본래 고향인데 어느 곳에 돌아가리

    修行欲到無心處　不如了知本無心
    啣花百鳥雖歸巢　念念本鄕歸何處

127.
옥 같은 물 골짜기에 바람 일어 옥비파를 울리고
- 신선술 닦는 이를 찾다[訪仙者]

쇠지팡이 짚고 길을 찾아 감에 한 오솔길인데
개울에 이은 향기로운 풀이 가시 사립 닫았네
옥 같은 물 골짜기에 바람 일어 옥비파를 울리고
황금단에 달이 차가워 깃털옷을 떨치네
구름 밖의 학이 깃든 소나무들은 두루하고
세간 사람들이 찾아옴은 돌난간에 드문데
나도 여기 와서 황금의 기술을 배워
날개 치며 안개와 놀 속에 자재히 날려 하네

杖錫行尋一逕微　連溪芳草閉荊扇
風生玉洞鳴瑤瑟　月冷金壇振羽衣
雲外鶴巢松樹遍　世間人訪石欄稀
我來欲學黃金術　鼓翼烟霞自在飛

해설

인간의 복이 작다고 하늘의 복을 찾고, 인간의 부자유함이 만족하지 못해 신선의 황금기술 배운들 어찌 해탈이 되고 자재한 행이 되리. 지금 가진 것에 가진 것 없음을 알면 갖지 못함이 없게 되고, 지금 보는 바에 봄이 없음을 알면 봄이 없되 보지 못함이 없게 되니, 이것이 참사람의 신묘한 기술이고 법계바다에 노니는 자재한 행이다.

소요선사가 보이는 황금의 기술은 모습과 모습 없음을 모두 뛰어넘은 해탈의 행이니, 그 기술 누구에게 전하리.

옛 사람〔淨嚴邃〕의 한 노래 들어보자.

    수메루산 바다 벗어나 하늘 밖에 빗겼으니
    남북동서에 그 가를 볼 수 없네
    한 폭의 흰 비단에 그려낼 수 없어서
    마침내 천하를 가져다 사람에 전해주네

    彌盧出海橫天外　南北東西不見邊
    一幅素縑描不得　竟將天下與人傳

학담도 한 노래를 보이리라.

    내가 지금 걸어감은 한 작은 오솔길인데
    길에 이은 향기로운 풀 그 향내 방위 밖이네
    머무는 암자에 찾는 사람 드물지만
    진흙소는 자재하여 법계는 드넓도다

    我今行步一少逕　連路芳草香方外
    所居草菴訪人稀　泥牛自在法界豁

128.
내 소리 알아주는 그대 지금 이미 멀지만
- 간사리의 운을 따라 [次澗闍梨韻]

꽃잎처럼 펄펄 날아 떨어지는 옛사람의 시
읊조려 마치고 아득히 내 생각 일으키네
판각에 등불은 시들어 밤은 반이 되려는데
바다 하늘에 구름 다해 기러기는 처음 돌아오네
아득한 저 강물은 헤어지는 사람의 설움인데
까마득한 먼 곳에서 달을 보자 슬픔이네
내 소리 알아주는 그대 지금 이미 멀지만
소리 살펴 나를 믿어주는 이 있음을 아주 감사하네

翩翩獅飛落故人詩　吟罷悠悠起我思
板閣燈殘更欲半　海天雲盡鴈初歸
茫茫渭水離人恨　渺渺吳州見月悲
多謝子期今已遠　賞音唯有賴吾師

해설

비록 가고 옴에 무심한 대선지식이라도 험난한 이 세상에서 소리 알아주는 이 만나면 어찌 반갑지 않으며, 멀리서 늘 지켜주며 내 뜻 알아주는 이 있는 것이 얼마나 다행할 것인가. 만법은 가고 옴이 없는 가운데 가고 오며 합하고 흩어짐이 없는 가운데 합하고 흩어진다.

그러니 지혜의 사람은 세상사람들 따라 사람 사는 슬픔을 함께

겪되 한 생각을 돌이켜 여래 공덕의 곳간 속에 늘 스스로 안락한 삶을 살며, 저 중생을 건짐 없이 건네주어야 하리라.

    옛 선사〔投子靑〕의 한 노래의 뜻 살펴보자.

> 어버이를 오래도록 헤어졌으니
> 모시게 되면 반드시 힘을 다하라
> 나무사람이 한밤에 지껄여대니
> 바깥 사람이 알지 못하게 하라

> 父母曠來別　得奉當竭力
> 木人半夜言　莫使外人識

이 노래는 마주함이 없는 곳에서 사람들과 늘 서로 마주하며, 마주하되 마주함 없는 뜻을 이와 같이 노래함이리라.

    학담도 한 노래를 부르리라.

> 사람에게 만남과 헤어짐이 있어 설움 많은데
> 모든 법에 합하고 흩어짐 없음을 알면
> 알아주는 이와 등지는 이에 무슨 다름 있으리
> 산의 달과 흐르는 물이 내 집안 속 일이로다

> 人有逢離愁心多　了知諸法無合散
> 知音背離何有別　山月流水家裏事

129.
소실의 선의 등불 싱그럽게 이미 계합했는데
- 취봉의 운을 따라 [次翠峯韻]

강가에서 헤어진 지 몇 해인가 묻노니
아름다운 철 만날 때 마다 시름 마냥 아득해라
몇 줄 구슬 같은 눈물방울 꽃비에 휘날리고
한 덩이 부질없는 시름 버들 안개에 걸었네
소실의 선의 등불 싱그럽게 이미 계합했는데
석문에 휘날리는 달 꿈속에 길이 걸려 있네
사람의 삶 떠돌아다님 어찌 꼭 말하리
사무쳐 통달하면 원래 모두 성품의 하늘에 있네

江渭分携問幾年　每逢佳節恨悠然
數行珠淚飄花雨　一段閑愁掛柳烟
少室禪燈神已契　石門蘿月夢長懸
人生漂泊何須說　窮達元來摠在天

해설

사람세상에 몸을 받아 나왔으면 어찌 더불어 사는 중생과 함께 아픔과 설움 같이하지 않을 수 있겠는가. 그러나 법의 눈〔法眼〕을 뜬 선지식은 진여의 성품이 물들되 물듦 없고 세간 흐름 따르되 흘러 옮기지 않음을 안다. 그리하여 중생의 망념을 지혜〔智〕로 쓰고 세간의 아픔을 보디사트바의 자비〔悲〕로 쓰며, 중생의 탐욕을 세간 건질 큰 원(願)으로 쓴다.

눈 밝은 자, 그는 이미 선의 등불〔禪燈〕을 켜고 법의 깃발〔法幢〕 세웠으니 어찌 세간의 시련이 그를 꺾을 수 있으며, 세간의 탐욕이 그를 물들일 것인가.

그늘과 빛 기쁨과 슬픔이 굽이치는 땅에서 뭇 삶들과 함께하되 세상에 짝하지 않는 이의 삶은 어떠한가.

옛 선사〔保寧勇〕의 한 노래 들어보자.

바람 불어 햇빛이 주검을 드러내니
울면서 산 주인에게 물어 묻을 땅을 찾는다
잘 참아 금하지 못해 말 많은 늙은이도
음지 양지 묻을 만한 곳을 골라주지 못하네

風吹日炙露屍骸　泣問山人覓地埋
忍俊不禁多口老　陰陽無處可安排

학담도 한 노래 더하리라.

선정 지혜 갖추어서 법의 등불 이었으니
어찌 만 가지 법으로 마주해 짝함 삼으리
밑 없는 배를 몰아 세간 바다에 띄우니
꽃비와 버들 안개는 겁 밖의 바람이네

禪慧具足承法燈　何與萬法爲對伴
駕無低船汎世海　花雨柳烟劫外風

130.
사물 밖에서 편히 노니니 정한 자취 없도다
- 인문상인에게 주다 [次贈印文上人]

일 많은 티끌세상에서 일 없는 나그네
한 생의 가고 그침 흰구름 가운데이나
몸의 한가로움 들학과 같을 수 없음을 근심하고
마음의 깨끗함 찬 못과 같지 못함 부끄러워하네
가을 저물면 다섯 호수의 달에 지팡이 울리고
봄이 깊으면 온 산의 바람에 누더기 나부낀다
세간 영화와 욕됨 어찌 일찍이 꿈꾸었으리
사물 밖에서 편히 노니니 정한 자취 없도다

多事塵寰無事客　一生行止白雲中
身閒野鶴愁難並　心淨寒潭愧不同
秋晚鳴節五湖月　春深翻衲萬山風
世間榮辱何曾夢　物外優游無定蹤

해설

　세간법은 인연 따라 있다가 없고 없다가 있다. 나고 사라지나 실로 나고 사라짐 없는데 어리석은 범부는 있다가 없는 세간 영화를 쫓고 욕됨을 피하며 나고 사라짐 없는 진여의 항상함을 등진다.
　참된 사람은 세간법이 나고 사라지되 나고 사라짐 없으며, 남이 없이 나고 사라짐 없이 사라짐을 알아, 삼세의 때를 뛰어나 삼세의 때를 쓰고 방위를 벗어나 방위를 쓴다.

그 사람이 사물과 방위 밖에서 노니는 사람일 것이니, 옛 사람〔長靈卓〕은 다음 같이 말한다.

> 수메루산의 머리가 뒤집혀 서니
> 푸른 바다가 맑은 바람 일으키네
> 푸르바비데하4)는 이미 꽃이 지는데
> 아파라고다니야5)에는 꽃이 바로 붉도다

> 須彌頭倒卓　碧海起淸風
> 東弗已搖落　西瞿花正紅

학담도 한 노래로 소요선사의 뜻에 함께하리라.

> 여러 해 티끌 거치되 마음에 일 없으니
> 마음 없이 가고 머묾 만 겹의 산이로다
> 만 물결 이랑 가운데 옷이 젖지 않음이여
> 사물 밖에서 편안히 노닐어 다니며
> 중생 건네줌 헤아릴 수 없도다

> 多年歷塵心無事　無心行止萬重山
> 萬波浪中衣不濕　物外優遊度無量

---

4) Pūrva-videha : 동승신주(東勝身洲), 동불파제(東弗婆提)
5) Apara-godānīya : 서우화주(西牛貨洲), 서구야니(西瞿耶尼)

131.
땅에 가득 지는 꽃을 쓰는 사람 없는데
- 숨어사는 도인 찾았다 만나지 못하고 [訪隱者不遇]

밀랍 바른 나막신과 검은 비단 모자로
푸른 산 기운 가운데를 찾았더니
항아리 속 해와 달이 아주 달리 빛나도다
옥난간은 티끌 쌓여 옥비파 걸렸는데
돌길에는 이끼 끼어 풀 사립문 닫았도다
산은 멀고 안개 짙어 약초밭 새로운데
골이 깊고 구름 짙어 연잎 옷을 낡게 하네
땅에 가득 지는 꽃을 쓰는 사람 없는데
어디서 퉁소 불며 사람 아직 돌아오지 않는가

蠟屐烏紗訪翠微　壺中日月別樣暈
玉欄塵鎖掛瑤瑟　石逕苔封閉草扇
山遠霧濃新藥圃　洞深雲濕舊荷衣
落花滿地無人掃　何處吹簫人未歸

해설

　소요선사가 깊은 산골에 숨어사는 도인을 찾아가니, 그는 사람을 피해 더 깊은 곳으로 갔다. 사람 자취 피해 더 싶은 곳으로 가고 간들 그곳이 참으로 몸 피할 곳인가.
　수메루산 중턱이든 꼭대기든 칼파의 불길[劫火]과 죽음의 덧없음이 닿지 않는 곳이 있는가.

삼계에 살되 삼계가 본래 공적한 줄 알고, 날이 다하도록 보고 보되 실로 볼 것이 없음을 아는 자가 참으로 몸 숨길 곳 아는 자이다.

단하순(丹霞淳)선사는 이렇게 노래했다.

> 찬 달이 너울너울 먼 봉우리 오르니
> 잔잔한 호수 만 이랑이 비단 빛에 막혔다
> 고기잡이 노래가 모랫가 해오라기 깨워서
> 갈대꽃 벗어나 날지만 발자취 보지 못하네

> 寒月依依上遠峯　平湖萬頃練光封
> 漁歌驚起汀沙鷺　飛出蘆花不見蹤

학담도 한 노래 더하리라.

> 구름 안개 깊은 산에 가고 오는 행이여
> 항아리 속 해와 달이 나의 집 뜰의 일로다
> 지는 꽃 흐르는 물이 본래 마음 없으나
> 시름 많은 나그네가 달을 보니 시름 더욱 깊어라

> 雲霧深山去來行　壺中日月門庭事
> 落花流水本無心　恨客看月愁尤深

132.
먼 곳 기러기는 울어대며 산승의 시름 보내네
- 시산사군의 운을 따라 [次詩山使君韻]

아침 저자 구름 숲 길은 스스로 넉넉하니
누가 있어 늙은 소머릿골에 찾아올 건가
맑은 가을 관청에서 처음 서로 보았는데
어느 날 신선세계에서 다시 같이 노닐 건가
꿈 속 넋이라도 천리 떨어짐을 알지 못하는데
먼 곳 기러기는 울어대며 산승의 시름 보내네
시의 산이신 그대 옥 같은 노래 문득 날아와 떨어지니
읊조림이 연꽃에 이르자 물시계는 새벽을 알리네

朝市雲林路自悠　有誰來訪老牛頭
淸秋官府初相見　何日仙都更共游
魂夢不知千里隔　塞鴻啼送一僧愁
詩山玉詠忽飛落　吟到蓮花漏五壽

> 해설

　세간 사대부로 시(詩)를 잘 지어 시산(詩山)이라 이름하는 뛰어난 시인과의 아름다운 교류를 노래하고 있다. 그러나 그 가운데 몸이 멀어도 털끝의 틈이 없고 뜻 없는 산천과 뜻 있는 중생의 삶이 두 가닥 길이 없는 선의 뜻〔禪旨〕을 함께 노래한다. 소요선사의 살림살이 어떠한가.
　투자청(投子靑)선사의 다음 한 노래가 선사의 삶에 가깝다.

겹친 봉우리 깎아지른 듯 찬 허공에 꽂혔는데
깊은 구름에 갇힌 탑 그 위세 다할 수 없네
천고의 솔소리 불어오니 울림이 있고
만년의 개울물은 흘러가되 자취 없어라

重峯層仞揷寒空　塔鑠深雲勢莫窮
千古松聲來有韻　萬年溪水去無蹤

학담도 한 노래를 붙이리라.

깊은 산 깊은 골짝 한 늙은 산승은
찾아오는 사람 없이 한가롭게 지내네
서로 가기 천리이나 뜻은 떨어지지 않으니
기러기 울음 멀리 들리면 내 마음인 줄 아소서

深山幽谷一老僧　無人來訪居閑寂
相去千里情不隔　遠聞鴻啼知我心

133.
항아리 속 바람과 빛 참으로 아는가
- 이선사리 운을 따라 [次而善闍梨韻]

백 세가 된 나그네의 짐 법왕의 집에 맞기니
곤륜의 저자에서 교화해 강가강 모래만큼 넉넉하네
까마귀 울음 까치 지저귐 그윽함 가운데 말이고
제비의 떠듦 꾀꼬리 읊조림은 겁 밖의 노래로다
괴이하다 소림의 아홉 해 말 없음이여
영축산에서 한 가지 꽃을 드심 슬퍼하네
눈동자 점찍고 용이 되어 구름 타고 감이여
항아리 속 바람과 빛을 참으로 아는가

百歲行裝寄法家　崑崙市化富恒沙
鴉鳴鵲噪玄中訣　燕語鶯吟劫外歌
可怪少林九年默　堪嗟靈嶽一枝花
成龍點墨乘雲去　壺裡風光會也麽

해설

세간의 흘러 구름이 진여의 땅 떠나지 않음을 알고 중생의 기나긴 윤회의 삶이 법왕의 집안 속임을 아는 자만이 기나긴 생 나그네 짐을 법왕의 집에 낱길 수 있다.

흐르는 물 우는 새소리가 실상을 말하고 겁 밖의 노래 읊조림인데 영축산 꽃 들어 보임과 소림의 면벽좌선도 군더더기를 이루고 눈에 티를 이룬다.

용이 되어 구름 타고 가듯 망상 끊고 신묘함을 얻으려는 자여, 저 앞산의 달 발 아래 흐르는 바람이 법왕의 집 보배의 바람과 빛〔風光〕인 줄 아는가.

옛 선사〔投子靑〕의 한 노래 들어보자.

솔이 바윗가에 나니 학이 솔에 머물러 안온하고
봉이 붉은 산을 나오니 난새가 무리지어 같이하네
벽을 보고 앉아 오히려 암자 밖의 일 이지러뜨리니
비말라키르티가 어찌 힘들게 애써 말로 따지리

松生巖畔鶴停穩　鳳出丹山鸞並群
面壁尙虧庵外事　淨名何苦大言論

학담도 한 노래 더하리라.

흘러 다니는 나그네 짐 법왕에게 맡기니
붉은 티끌 세간이 보배곳간 이루네
무슨 일로 달마는 소림에서 벽을 향해 앉고
세존은 영축산에서 꽃을 들어 보이셨나
흐르는 물은 달 머금고 참된 빛을 나타내네

流浪行裝寄法王　紅塵世間成寶藏
何事面壁擧拈花　流水含月現眞光

134.
방장산 두류산의 나무가 가을을 떨어뜨리니
- 열사리가 법의 상인에 운 부침을 따라서 [次悅闍梨寄法義上人韵] 1

방장산 두류산의 나무가 가을을 떨어뜨려서
병과 쇠지팡이 휘날리며 남을 향해 가도다
가슴 속 법의 바다 깊어 헤아릴 수 없는데
책 안의 그윽한 뜻은 멀어서 대꾸할 수 없네
한 줄기 꽃가지를 영축산에서 꺾었고
아홉 해의 우렛소리가 소림에서 어지러웠는데
지금 다행히 지혜로운 나그네 있어서
앞으로 올 뒷사람들의 시름을 잊게 했네

方丈頭流木落秋　飄然甁錫向南投
胸中法海幽難測　篇內玄樞遠莫酬
一脈花枝靈岳折　九年雷震少林搜
如今賴有仙陁客　忘却當來後裔愁

> 해설

소요선사가 열사리의 깊은 안목을 찬탄하고 격려하는 게송이다. 가슴 속 법바다는 선정의 숲[禪林], 책 안의 그윽한 뜻은 가르침의 바다[敎海]이니, 열사리가 선과 교[禪敎] 종지와 설법[宗說]을 모두 통한 종장임을 나타낸다.

그러나 선교의 근원을 멀리서 찾지 말아야 하니, 세존께서 영축산에서 꽃을 든 소식과 소림에서 아홉 해 면벽한 일이 지금 가을

되어 방장산에 잎 지는 소식이다.

 세존께서 영산에서 꽃을 들고 카샤파가 빙그레 웃은 뜻이, 지금 우리 중생이 얼굴 마주하고 있는 것을, 보고 들어 아는 것과 무엇이 다른가.

 옛 선사〔南明泉〕의 한 노래 들어보자.

> 서릿바람 땅을 갈아 마른 풀 쓰는데
> 뉘라서 봄의 신 그 소식이 이미 돌아옴을 느꼈는가
> 오직 고갯마루 매화가 먼저 흘려 보내
> 매화꽃 한 가지가 홀로 눈 가운데 피었구나
>
> 霜風刮地掃枯荄　誰覺東君令已廻
> 唯有嶺梅先漏洩　一枝獨向雪中開

학담도 한 노래 더하리라.

> 물병과 지팡이로 여러 이름난 곳 가고 오나
> 가슴 속 깊은 법바다를 지나지 않네
> 꽃을 드신 소식이 나의 집에 밝으니
> 장부의 살림살이 써도 다함 없네
>
> 瓶錫往來諸名勝　不過胸中深法海
> 拈花消息當家明　丈夫活計用無盡

아득한 산천 먼 기러기 와서 머무네
- 열사리가 법의 상인에 운 부침을 따라서 2

하늘 밖에는 갈대 머금은 찬 기러기 가을인데
오나라산 초의 강물에 먼 기러기는 와서 머무네
선의 벼리 교의 뼈를 누가 맞서며
빛나는 달 고요한 바람 누가 대꾸하리
붓이 힘차 천하 명필의 도드라짐 빼앗으며
시가 맑아 천하 명시인의 옥의 소리 어지럽히네
이마의 외짝눈 활짝 열어 검고 흰빛 나누니
그 무슨 서에 온 조사의 뜻에 근심할 건가

天外含蘆塞鴈秋　吳山楚水遠方投
禪綱教骨誰能敵　華月夷風孰敢酬
筆健張顚奇脚奪　詩淸李白玉音搜
豁開頂眼分緇素　有甚西來祖意愁

> **해설**

이 게송 또한 열사리의 높은 안목 기리며 영축산의 바람과 조사의 뜻이 지금 한 생각 보배의 곳간 활짝 여는 데 있으며, 이마의 외짝눈을 활짝 여는 데 있음을 말한다.

그가 이미 시서(詩書)에 높은 이름을 이미 빛내어 아무도 그를 맞설 자 없다. 그러나 중생 중생이 이미 본바탕의 소식 이미 갖추고 있으니 얻었다고 누가 높은 체할 수 있으며 얻지 못했다고 근심

할 것인가.

  옛 사람〔悅齋居士〕의 한 노래 들어보자.

    흰 물머리 물결 가운데 한 잎 배가 가벼우니
    바람 등지고 물결 거슬러 깊은 밤에 다닌다
    저 배 맑은 새벽 물결 따라 내려감을 웃나니
    십 리 맑은 강에 두 언덕을 치고 저어간다

    白首波心一葉輕　背風逆水夜深行
    笑他淸曉隨潮下　十里澄江掠岸撑

  학담도 한 노래로 소요선사의 뜻에 함께하리라.

    이 일은 본래부터 여러 재주 없으나
    기틀 응해 헤아릴 수 없이 갖가지 나타내네
    세간의 문장이 어찌 이를 감당하리
    남이 없는 노랫가락이라야 만백성 즐거우리

    此事本來沒技倆　應機無量現多般
    世間文章何勘當　無生歌曲萬民樂

135.
서쪽 인도 붇다와 상가 베어 다했으니
- 열선인의 운을 따라 [次悅禪人韵]

서쪽 인도 붇다와 상가 베어 다했으니
옛 동산 고향나라에 무슨 층이 있으리
물거품 같은 큰 땅에 남은 티끌 일어나고
봄꿈 같은 빈 몸에 망령된 앎이 일어나네
영축산의 문에 시들어가는 흰 달이요
소림의 선실이 어두움에 밝은 등인데
애달프다 다섯 가지 흐려 더럽혀진 이 겁에
산사람이 법바다에 뛰놀음을 뉘라서 알리

斬盡西乾佛與僧　故園鄉國有何層
水泡大地遺塵起　春夢空身妄識興
靈鷲山門殘皓月　少林禪室暗明燈
可憐五濁澆漓劫　誰識山人法海騰

해설

망념의 물결에 기나긴 겁 휘돌아다녀도 진여의 성품은 물듦이 없고, 나고 사라짐이 겁을 다해 이어져도 진여는 변하지 않고, 변하지 않되 연을 따라 깨끗함과 물듦을 이룬다. 이 진실을 알아 살아가는 참사람이 어찌 새로 법을 얻었다고 뻐기며 중생의 나고 죽음에 함께 구른다고 티끌 번뇌가 물들일 것인가.

새로 깨침에도 얻을 것이 없고 못 깨침에서도 물듦이 없어서 붇다와 상가를 깨뜨려 참된 법의 눈을 여니, 그에게 무슨 얻고 못 얻음의 차제가 있겠는가.

그러나 영축의 달빛 시들면 세간의 어두움을 깨뜨리기 위해 법의 깃발 세우고, 세간 나고 죽음의 어두움이 깊어지면 법의 등불 밝힌다.

옛 사람〔雪溪益〕은 이렇게 노래한다.

> 산은 겹치고 겹치며 물은 가득 넘쳐 흐르니
> 하늘 끝에 노니는 이들 일찍 집에 돌아가야 한다
> 우문에서 복사꽃 물결 뚫어 용이 되려고
> 바람 우레 기다린 지 얼마이던가
> 고향집에 돌아가 보면 이런 일이 없으니
> 연기 서린 마을에 두견새 울음 그대로 두라

山疊疊水瀰瀰　遊子天涯合早歸
禹門欲透桃花浪　待得風雷是幾時
歸到家鄕無个事　煙村一任杜鵑啼

학담도 한 노래 더하리라.

> 붇다의 법 다한 곳에 참된 법이 나타나니
> 법계의 진리 곳간 가운데 무슨 차제 있으리
> 다섯 흐린 어두움 속 지혜의 달이 밝으니
> 참사람은 물듦 속에 있되 연꽃 같도다

佛法盡處眞法現　法界藏中有何次
五濁暗中慧月明　眞人處染如蓮華

136.
위음왕불의 저쪽 다시 저쪽 가운데
- 열선인이 행각을 노래한 운을 따라 [次悅禪人行脚韻一]

위음왕불의 저쪽 다시 저쪽 가운데
눈에 가득 안개와 빛이 다 손에 드는데
나고 죽음과 니르바나 미혹의 꿈에서는 다르고
못난 꼴 잘난 모습 병든 눈에서는 어긋나네
솔소리 눈비소리가 둥지의 학을 놀래 깨우고
계수 그림자가 너울너울 옥계단에 베어들어
예주와 낭주 가운데 산과 물이 좋음이여
편안히 노닐며 활짝 펼쳐 걸으니 누가 짝하리

威音那畔更那畔　滿目烟光皆入手
生死涅槃迷夢隔　劣形殊相病眸乖
松聲浙瀝驚巢鶴　桂影婆娑浸玉階
澧朗州中山水好　優游濶步有誰偕

해설

눈에 보이는 소리와 빛깔을 취하면 나고 죽음에 머묾이요, 위음왕불 저쪽 소리 없고 빛깔 없음을 취하면 니르바나에 머묾이다. 나고 죽음과 니르바나 두 가닥 샛갈길을 모두 빗어나야 계수 그림자가 옥계단에 배어드는 세간법의 진실을 알리라.

투자청(投子靑)선사의 다음 한 노래 들어보자.

짝이 없는 돌사람이 밤에 산에 드니
눈이 덮인 붉은 머리에 푸른 옷이 차갑다
악 외쳐 세 봉우리 꼭대기에 겁의 처음을 열고
금빛 가사 받들어내 해를 마주해 보노라

無伴石人夜入山　雪籠紅頂綠衣寒
喝開劫肇三峯頂　捧出金襴對日看

학담도 한 노래 덧붙이리라.

눈에 가득 푸른 산에 한 마디 나무 없는데
솔소리와 계수 그림자가 서로 어울려 사귀네
나고 죽음과 니르바나에 머물지 않으니
가시수풀 가운데서 자재하게 다니네

滿目靑山無寸樹　松聲桂影相交涉
不住生死與涅槃　荊棘林中自在行

137.
겁의 항아리 넓게 툭트여 가는 먼지 끊겼으니
- 설매대사의 시축의 운을 따라 [次雪梅大師軸中韻]

겁의 항아리 넓게 툭트여 가는 먼지 끊겼으니
그 얼굴 밝게 빛나 눈 속의 매화로다
만 리의 큰 붕새 바다를 뒤쳐 날아가는데
천리 길에 빼어난 말은 바람 따라 돌아오네
서리 바람이 잎 떨어뜨리자 가을빛은 여위고
따뜻한 소식이 꽃을 재촉해 봄빛이 열리네
온갖 풀머리마다 넓게 펼쳐 걸어서
서쪽 인도와 중국땅 사람의 재주 빼앗도다

劫壺寬廓絶纖埃　面目玲瓏雪裡梅
萬里大鵬翻海去　千程逸驥逐風回
霜飈脫葉秋光瘦　暖信催花春色開
百草頭頭能濶步　西乾東震奪人才

해설

나고 사라짐과 니르바나의 두 가닥을 한때에 뛰어넘으면 그가 겁의 항아리속 바람과 달을 보고 눈속 매화를 보는 자이다. 그가 가는 풀끝 가운데 펼쳐 걸을 수 있는 자이고, 세산 고동바나를 붕새처럼 걸림 없이 오고 가는 자이다. 참사람의 이 경계를 다시 말해보자.

옛 선사〔丹霞淳〕는 이렇게 노래한다.

바위 앞에 비록 구름이 천 이랑이나
방안에는 한밤의 등잔마저 없도다
눈앞에 아스라한 봉우리 옛과 지금에 빼어난데
저문 하늘 비끼는 빛이 층층으로 푸르네

巖前雖有雲千頃　戶內殊無半夜燈
極目危巒今古秀　暮天斜照碧層層

학담도 한 노래로 소요선사의 뜻을 도우리라.

고요하게 툭트여 가는 티끌 끊겼는데
꽃은 피고 잎이 지며 하늘 기운 돌아가네
틀 밖의 장부가 홀로 활짝 펼쳐 걸으니
하늘 뚫는 그 기상 누구라서 엿볼건가

蕭然廓落絕纖塵　花開葉落天氣循
格外丈夫獨步闊　沖天氣象誰能窺

138.
멀리서 시를 지어 부친 젊은 언스님이여
- 언스님의 운을 따라 [次韻] 1

멀리서 시를 지어 부친 젊은 언스님이여
아름다운 구절 소리내 읊조리니
그 격조 아주 새롭고 기이하네
산사람 하는 일은 천 권의 경 읽음이요
세속학자 빛나는 이름은 계수 한 가지 꽂음이네
씩씩한 높은 자태 생각이 어찌 다할 것인가
펄럭이는 푸른 일산 꿈에 서로 따르도다
공문에서 길이 사는 방법 배불리 얻었으니
세상 티끌에 떨어져 흰 머리 쇠지 않으리

遠寄題詩彦小師　朗吟佳句格新奇
山人事業經千卷　學士聲華桂一枝
凜凜高標想何極　翻翻翠盖夢相隨
空門飽得長生術　不落塵寰白髮衰

해설

젊은 언스님의 시로 쓴 편지를 받고 이름과 이익을 좇는 세간 학문의 길 버리고 출세상부의 길 걷는 뜻을 치하해주는 시이다.

세간 학문은 비록 도학(道學)의 이름으로 유가경서를 읽고 외우지만 조선사회 학문의 폐풍은 배움의 목표를, 배워서 이름을 날리고 관직에 올라 가문을 빛내는 것에 둠이다.

출세장부(出世丈夫)의 학문은 배우되 배움 없고 알되 앎이 없는 지혜의 배움으로 세간 법의 바다에서 자재를 성취하고 세간 중생을 널리 건짐이다. '아는 만큼 보인다'고 말한 것은 조선사회 지식과 소유에 이미 기득권을 가진 자들의 지배이념이고, 알되 앎이 없음은 출세대장부의 해탈의 길이다. 그대 언스님이야말로 공한 문〔空門〕에서 죽음 없는 니르바나의 법을 이미 얻었으니, 이미 세간의 함이 있는 배움, 차제에 떨어진 배움을 넘어선 대장부라 할 만하다.

　옛 선사〔薦福逸〕의 한 노래 들어보자.

　　　이제 갓 총림에 들자 가리켜 보이기를 비나
　　　큰 보시의 문은 열려 있어 막혀 걸림 없도다
　　　간혹 영산에서 보디 언약 받은 사람이면
　　　이와 같은 차제가 있지 않으리

　　　乍入叢林乞指示　　大施門開無擁滯
　　　往往靈山得記人　　未有如斯箇次第

　학담도 한 노래를 붙이리라.

　　　티끌 깨뜨려 경을 꺼냄 산사람의 일이요
　　　몸 세우고 이름 날림 세상 속 티끌이네
　　　텅 빈 문에서 장원하면 목숨 헤아릴 수 없어서
　　　티끌 겁에 중생 건네 물러나 구르지 않네

　　　破塵出經山人事　　立身揚名世中塵
　　　空門壯元壽無量　　塵劫度生不退轉

그윽한 기틀은 무쇠가지를 꺾도다
- 언스님의 운을 따라 2

서쪽 인도에서 오신 눈 푸른 스님 우레를 울리고
번개 잡아 가장 빼어나 기이하다 들었는데
혜능의 옛 거울에는 한 점 티끌이 없으며
황벽노인 그윽한 기틀은 무쇠가지를 꺾도다
보고 듣고 말함 속에 늘 드러나 있어
거닐어 다니고 앉고 누움에 길이 따름이여
바다와 높은 산 바람과 구름의 변화를 오래 겪으나
지위 없는 참 사람의 머리털 아직 쇠지 않았네

聞道西乾碧眼師　雷驚電掣最奇奇
盧能古鏡無塵點　黃老玄機截鐵枝
視聽語言常顯露　經行坐臥鎭長隨
多經海嶽風雲變　無位眞人鬢未衰

해설

　나고 사라짐의 흙바람이 몰아쳐도 변하되 변함없는 진여의 성품을 깨친 이에게 그 덧없음의 흙바람이 불지 않는다. 혜능선사가 한 '본래 한 물선도 없어 티끌먼지 일이니지 않는다'는 말이 어찌 다른 말이겠는가.
　그러나 진여는 나고 사라짐의 공한 자기진실이 진여라, 한 물건도 없음이나 니르바나의 고요함을 또 머물러야 할 소굴로 삼지 말아야 한다.

　흐르는 바람 일고 지는 구름 속에 참사람의 모습이 있으니, 옛 선사〔海印信〕의 한 노래 들어보자.

　　무쇠 말 거꾸로 타고 번뇌의 울 벗어나서
　　하늘 빗장 흔들어 굴려 옛 바람 떨치네
　　보배 궁전 구슬 누각 일찍이 돌아보지 않고
　　저자에 드는 것 어린이들 이끌기 위함이리

　　倒騎鐵馬出煩籠　撥轉天關振古風
　　寶殿瓊樓曾不顧　入塵應爲誘童蒙

학담도 한 노래로 옛 조사의 뜻에 어울려 보리라.

　　틀 밖의 장부는 발자취 없으니
　　그윽한 기틀 티끌의 때 모두 다해 없어졌네
　　지위 없는 참사람이 늘 들어오고 나가
　　여러 겁에 흘러 다니나 늙지 않도다

　　格外丈夫沒蹤迹　玄機塵垢都盡亡
　　無位眞人常出入　多劫流浪而不老

누가 대통 같은 견해로 이 몸이 시든다 하리
- 언스님의 운을 따라 3

쉰셋 선지식을 두루 찾아 만나서
주고 받아 서로 전함 크게 기이하도다
총령에서 옷을 떨쳐 외짝신을 남겼고
흰 사라숲서 빛을 거두사 두 발을 보이셨네
온 나라에 봄이 다님에 봄의 신이 가마 타고
달 그림자가 천강에 떨어짐에 계수 바퀴통이 따르네
치우침과 바름이 일찍이 본래 자리 떠나지 않았으니
누가 대통 같은 견해로 이 몸이 시든다 하리

遍叅五十善知師　授受相傳也大奇
葱嶺拂衣遺隻履　鶴林收彩示雙枝
春行萬國東君駕　影落千江桂轂隨
偏正不曾離本位　誰將管見此身衰

해설

화엄회상에서 선재동자가 쉰셋 선지식[五十三善知識]을 찾아가 법을 묻고 답한 것은 선지식의 모습에 실로 얻을 것 없음을 말해준다. 이 법은 본래 늘 그러한 시혜[自然智]의 법이고, 스승 없는 지혜[無師智]의 법이라 주고 받을 것이 없지만 중생의 못 깨침이 없지 않으므로 법을 설하고 들음이 있고 전해 주고 받음이 있다.

총령에서 달마선사가 외짝신을 끌고 가고, 세존께서 관 밖으로 두 발 보이신 것이 모두 전할 것 없음 가운데 전함이고, 나고 사라짐 없되 나고 사라짐 없음도 없음을 짐짓 보이신 것이리라.

  정해진 스승이 있는 줄 알고 그곳에 얻을 법이 있다 말하고 법맥도나 그려대며 조사의 지위〔祖位〕를 함부로 일컫는 이들이여, 다음 옛 선사〔龍牙禪師〕의 한 노래 들어보라.

>산에 올라 낚싯줄 드리운 이들 앉아서 보니
>날이 다하도록 구차하게 물결 가에서 애쓴다
>백 개울의 끝없는 물만 탐착해 바라보나
>바로 그곳이 근원인 줄 알지 못하네

>登山坐看垂綸者　終日區區役浪邊
>貪看百川無限水　不知當處是根源

학담도 한 노래 더하리라.

>여러 많은 선지식은 붙잡을 것이 없으니
>스승 제자 서로 마주 보아도 전하고 받음 없어라
>달 그림자 천강에 떨어져도 달은 하늘에 있으니
>사람 사람 두렷이 이루어져 계급에 떨어지지 않네

>諸多知識沒可把　師資相面無傳受
>影落千江月在天　頭頭圓成不落階

139.
홀로 자란 소나무 그늘에 잠자노니
- 청련대의 벽 위에 붙임 [題靑蓮臺壁上]

층계 진 언덕에 작은 집 아스라이 걸렸으니
세속의 더러움 일찍이 관계없어라
산은 어두워 쓸쓸한데 구름은 골짝에 나고
창 밝음이여 달이 난간에 들어왔네
누대 앞에 흩어지는 꽃잎과 대요
추녀 밖에 어지러운 산봉우리네
홀로 앉아 소나무 그늘에 잠자노니
굽이치는 물소리가 꿈을 에워싸 차갑네

層阿懸小屋　俗累未曾干
山暝雲生壑　窓明月入欄
臺前散花竹　簷外亂峯巒
獨坐松陰睡　濤聲繞夢寒

해설

이 게송이 어찌 아름다운 풍경을 다만 노래한 것이겠는가. 마음 밖에 경계가 없는데 경계를 취해 마음 일으키면 곧 못 깨침[不覺]이지만, 마음에 온 곳이 없음을 일면 솟은 산 창의 달이 참된 소식임을 보여주는 것이리라.

꿈과 깸의 하나됨[夢覺一如]을 신묘한 경계로 구하는 이들이여, 소요선사의 뜻은 저 눈 뜨고 바라보는 산천 경계가 곧 꿈과 같은 줄 알아야 꿈과 깸이 하나됨을 보여주고 있다.

　옛 선사〔丹霞淳〕의 다음 한 노래가 소요선사의 뜻과 서로 맞는다.

　　　긴 강이 맑게 사무쳐 달두꺼비 빛을 도장 찍으니
　　　눈에 가득한 맑은 빛이 아직 돌아갈 집이 아니네
　　　고깃배는 어디로 가는가 물어보나니
　　　밤 깊자 옛 그대로 갈대꽃 속에 자도다

　　　長江澄徹印蟾華　滿目淸光未是家
　　　借問漁舟何處去　夜深依舊宿蘆花

학담도 한 노래를 붙이리라.

　　　창이 밝으니 사람 마음이 맑고
　　　머묾이 그윽하니 세속 허물 다하네
　　　잠속의 꿈과 깸이 하나됨이여
　　　꽃이 피어남에 꿈 가운데 향기롭네

　　　窓明人心淸　居玄俗累盡
　　　夢覺一如兮　花爛夢中香

140.
기러기는 아득한 곳 달을 향해 가고
- 지순법사의 운을 따라 [次智淳法師韻]

일찍이 용문에서 헤어졌는데
이제 어느덧 열 해가 되었어라
넋이 깜짝 놀라니 밤 창의 빗소리요
애가 끊어지듯 하니 바다와 산은 가을이네
기러기는 아득한 곳 달을 향해 가고
구름은 저 강물의 가을에 돌아오네
우리 스승 높은 자취 가까우니
지팡이 짚고 가 맑은 가을에 절하리

曾作龍門別　如今已十秋
魂驚夜窓雨　腸斷海山秋
鴈去吳州月　雲歸渭水秋
吾師高躅近　杖錫拜淸秋

해설

제자의 시를 받고 다시 법을 깨우쳐주신 스승 청허조사(淸虛祖師)를 그리워하는 뜻을 노래하고 있다. 스승과 스승에게 가르침 받은 나와, 나에게 가르침 받은 제자가 만고의 맑고 빈[淸虛] 가을 기운[淸秋] 겁 밖의 소식[劫外消息] 가운데서 서로 하나되니, 같이 석장을 짚고 가 청허선사의 높은 자취에 가 절하리라.

세간살이 가운데 해야 할 사람 일[人事]을 하고, 바람 불고 비

내리면 씨를 뿌리는 곳에 하늘땅을 꿰뚫는 붇다와 조사의 뜻이 있으니, 이 밖에 다른 무슨 신묘한 도리를 찾을 것인가.

  옛 사람〔悅齋居士〕의 한 노래 들어보자.

    달이 시위 먹인 활 같으면
    날은 가물고 바람 잦으리
    높은 무리에 거두어 들이니
    한 도장으로 허공에 찍는다

    月似彎弓　少雨多風
    收入上科　一印印空

학담도 한 노래를 붙이리라.

    덧없이 흐르는 봄 가을이여
    서로 만나고 또 헤어져 떠나네
    스승의 뜻에는 헤어짐이 없음이여
    쇠지팡이 짚고 높은 자취에 절하리

    無常春秋兮　相逢又別離
    師意無別兮　杖錫拜高躅

141.
사신 임무 받들어 먼 나라 하늘에 가셨으니
- 사명대사의 운을 공경히 따라 [敬次四溟大師韻]

사신 임무 받들어 먼 나라 하늘에 가셨으니
푸른 물결 아득하여 분별할 수 없어라
꿈은 옛 산과 달에 돌아가는데
옷은 다른 고을 구름에 젖도다
서리 겹치고 밤 종소리 사무쳤는데
가벼운 바람결에 새벽 물시계 소리 들리네
외로운 배는 천리나 떨어졌는데
비처럼 슬픈 눈물은 흩날리도다

奉使胡天去　滄波杳不分
夢歸故山月　衣濕異鄕雲
霜重宵鍾徹　風輕曉漏聞
孤舟千里別　如雨淚紛紛

해설

외적이 쳐들어와 백성을 죽이고 강토를 짓밟을 때 왕과 사대부들 조선지배계급들은 피난하기에 바빴으나, 힘없는 민초들과 초야에 묻힌 선비들이 일어나 외적과 맞서 나라를 지켰다.

조선시대 불교 출가상가는 지배권력에 의해 팔천(八賤) 가운데 한 천민으로 핍박받았으나, 산중 아란야에 모여 정진하며 불조의 혜명(慧命)을 잇고 외적의 침입으로부터 나라를 지키고 백성의 목숨을 살렸다.

  그 진두에 서산대사 사명대사가 있다. 이 시는 소요선사께서 전쟁 뒤 일본에 사신으로 가 포로가 된 조선백성을 구해온 사명대사를 찬탄한 시이다. 사명대사야말로 본분종사(本分宗師) 호법선신(護法善神)으로 몸을 나투어 보인 자비의 보디사트바이다.

  학담도 한 노래로 소요선사를 따라 사명대사를 찬탄하리라.

    전쟁의 겁 가운데 사람 마음 악한데
    큰 스님의 자비 마음 두루하지 않음 없네
    외로운 배 천리 먼 나라 하늘에 가는데
    성품 하늘 밝은 달은 만방을 비추네

    刀兵劫中人心惡　大師悲心無不遍
    孤舟千里去遠天　性天明月照萬邦

2장

뒤에 기록한 선게[追錄]

1.
흰옷 입은 관세음 넓은 문의 얼굴이여
- 관음을 찬탄함 [觀音贊]

흰 옷 입은 관세음 넓은 문의 얼굴이여
죽이고 살리는 그 풍류 겁 밖의 얼굴이네
비어 고요한 한 몸이 만 가지 것 감싸니
연을 따라 부름에 나아가 어진 얼굴 나타내네

白衣觀音普門容　殺活風流劫外容
虛寂一身包萬有　隨緣赴感顯慈容

> 해설

관세음보살은 중생의 자기진실의 모습이자 세계의 실상을 깨쳐 온전히 실상 그대로 사는 보디사트바의 모습이다. 관세음이란 이름은 세간의 소리 살펴 고통받는 중생을 건져준다는 뜻이므로 보디사트바의 자비를 나타낸다.

관세음보살을 다시 관자재(觀自在)보살이라 할 때는, 소리를 들을 때 들음을 돌이켜 살펴 들음에 들음 없는 사마디(samadhi; 定)와 들음 없이 듣는 지혜[慧] 갖춤을 나타내니, 보디사트바의 선정인 지혜를 나타낸다.

세간 소리 살핌에 듣는 나도 공하고 듣는 바 세간의 소리도 공한 진여의 바탕에서 서른둘 자비화현의 몸[三十二應身]을 나투니, 관세음의 비어 고요한 한 몸은 세계의 만 가지 것을 싸고 온갖 중생을 거두어 고통 받는 중생의 부름에 나아가 중생을 건진다.

관세음의 몸 없는 몸이 안과 밖과 가운데에 얻을 것이 없어 허공 같되 사물 응해 갖가지 모습 나타냄이 물 가운데 달 같으니, 이를 어떻게 말해야 하는가.

옛 선사〔法眞一〕의 한 노래 들어보자.

사물 응해 모습 나타냄 물의 달 같음이여
응하는 곳에 뜻을 두지 않음 알아야 한다
나귀가 우물 엿봄과 같음은 끝내 비유할 수 없는데
우물이 나귀 엿봄과 같음이 어찌 열을 이루리

應物現形如水月　當知應處不留情
如驢覰井終難喩　如井覰驢何十成

나귀가 우물 엿봄은 나귀와 우물이 다 공하기 때문에 서로 엿봄이니, 나귀가 우물 엿봄 속에 이미 우물이 나귀 엿봄이 같이 있다. 나귀와 우물이 서로 의지해 보므로 봄에 봄 없으니, 그 봄〔見〕이 어찌 수(數)를 이루리.

학담이 한 노래 더해 관세음을 찬탄하리라.

세간의 소리 살피는 지혜의 눈은
있고 없음 머물지 않고 공에도 머물지 않네
몸이 없는 한 몸이 묘한 씀을 나투니
화탕지옥 곳곳에 연꽃이 피어나네

觀察世音智慧眼　不住有無不住空
無身一身現妙用　火湯處處蓮華開

2.
보디나무 그늘 가운데 보배의 땅 그윽하네
- 복천사를 노래함 [福泉寺]

우둠발라꽃 그림자 속에 신령한 터 숨어 있고
보디나무 그늘 가운데 보배의 땅 그윽하네
선실 휘장에 밤은 깊고 산 달은 새하얀데
이 몸이 신선의 섬에 누웠는가 여기노라

曇花影裡靈區隱　覺樹陰中寶界幽
禪幌夜深山月白　此身疑是臥瀛洲

해설

　모습에 모습 없고 생각에 생각 없되 생각과 모습 없음이 다만 공하지 않아 헤아릴 수 없는 공덕의 곳간임을 소요선사는 복천사 도량을 통해 이렇게 노래한 것인가.
　그렇다면 모습을 취하지 않되 생각 없고 모습 없음 또한 보지 않는 자가 그 공덕의 주인공이라 할 것이다. 가로 세로 움직이는 세간법이 곧 움직임 아님을 알아야 공덕의 참사람인가.
　옛 선사〔丹霞淳〕의 한 노래 들어보자.

　　집집마다 문 닫았는데 달은 비치고
　　곳곳마다 꾀꼬리 우는 버드나무 바람이네
　　만약 세로 가로에 변해 달라짐이 없다고 하면
　　마치 칼을 던져 허공에 휘두름과 같으리

家家門掩蟾蜍月　處處鶯啼楊柳風
若謂縱橫無變異　猶如攔險臓揮空

학담도 한 노래를 붙이리라.

한 생각 돌이켜 비추어 생각 없음에 이르면
우둠발라꽃 화탕지옥 가운데서 피어나리
망상 깨치면 곧 참됨이라 선정 지혜 평등하니
산과 달 개울물이 보디의 고향이네

返照一念到無念　優曇花發火湯中
了妄卽眞禪慧等　山月溪水菩提鄕

3.
나이 아흔에 할 수 있음이 없네
- 스스로 노래함[自挽] 1

동쪽 나라 세 산 가운데 한 산 속 태능은
나이가 아흔에 올랐으나 할 수 있음이 없네
비록 그러나 종문의 눈을 활짝 열어서
외짝 손 온전히 끌어 죽이고 살릴 수 있네

東國三山一太能　年登九十百無能
雖然開豁宗門眼　隻手全提殺活能

해설

소요태능선사께서 지리산 연곡의 가람에 머무니, 지리산은 묘향(妙香) 금강(金剛)과 함께 나라의 세 신령한 산에 속한다. 그 이름이 아주 잘하는 분[太能]이라 이름하나, 실로 할 수 있음이 없어야[無所能] 하지 못하는 바가 없는 것[無所不能]이니, 선사는 실로 할 수 있음이 없으므로 하지 못함이 없는 분이다.

소요선사는 하는 바가 없으므로[無所爲] 하지 않는 바가 없고[無所不爲], 알되 아는 바가 없으므로[無所知] 알지 못하는 바가 없는[無所不知] 분인데, 소요선사의 크게 할 수 있음을 어찌 하는 바 있고[有所能] 아는 바 있음[所有知]으로 헤아릴 수 있을 것인가.

소요선사의 할 수 있음이 없되 하지 못함이 없음[無能而無所不能]이여, 마치 손 없는 자가 주먹 쥐는 것과 같은가.

옛 선사〔法眞一〕의 한 노래 들어보자.

    손 없는 사람이 주먹을 쥐려는 것과 같으니
    누가 감히 그에 맞서 앞에 나서려 하리
    열두 때 가운데 늘 이와 같다면
    반드시 다시 조사선을 물을 것 없으리

    如人無手欲行拳　誰敢當頭輒向前
    二六時中常若此　不須更問祖師禪

학담도 한 노래로 소요대사를 기리리라.

    할 수 있음 없되 크게 할 수 있는 한 늙은이
    날이 다하도록 함이 없되 하지 않음도 없네
    눈으로 푸른 산을 보니 종문의 눈이요
    귀로 개울 소리 들으니 관세음의 귀로다

    無能太能一老人　終日無爲無不爲
    眼見靑山宗門眼　耳聞溪聲觀音耳

시드는 뼈를 가져와 금강에 던지려니
- 스스로 노래함 2

이 세상 아흔 번의 봄과 가을 늙은 태능이
시드는 뼈를 가져다 금강에 던지려니
큰 자비 큰 서원의 관음 붇다께서
나로 하여금 신선의 터 아홉 해 말없음을 펼치게 하네

九十春秋老太能　欲將衰骨擲金剛
大悲大願觀音佛　使我仙區九默昌

해설

관음보살이 나에게 펼치도록 당부한 신선의 터 9년의 말 없음이 무엇인가. 달마조사가 저 소림에서 아홉 해 벽을 향해 앉은 소식이다. 이 소식을 세간에 펼치도록 관음성인이 당부하였다 하니, 아마도 연곡사 신흥사 도량을 다시 일으켜 세워 세간에 육신의 몸 오래 머물게 된 뜻을 그렇게 노래한 것이리라.

달마의 앉음이여 말도 없고 말 없음도 없으며 함도 없고 하지 않음도 없으니, 소요 노화상의 세간에 머묾과 불사 지음과 중생 교화의 행이 또한 그 같으리라. 달마와 소요 노화상의 앉음이여, 천 성인도 그 앉음을 알 수 없음인가.

옛 선사[圓悟勤]의 한 노래 들어보자.

붇다와 조사의 묶음도 풀어버리고

모든 먹 줄의 선 밖에서 드넓도다
한 물건도 또한 하지 않으니
세로 가로에 자재함을 얻도다
옛 거울이 거울대에 있음이여
가고 옴을 밝게 가리고
황금 망치의 그림자 움직임이여
쇠나무에 꽃이 피도다
뜻대로 서로 가져다 짝하지 못하지만
법의 구름이 따르는 곳 바람과 우레를 짓네

擺撥佛祖縛　曠然繩墨外
一物亦不爲　縱橫得自在
古鑑臨臺　明辨去來
金鎚影動　鐵樹花開
任運相將不可陪　法雲隨處作風雷

학담도 한 노래 더하리라.

내 이제 이 몸으로 본고향에 돌아가려 하나
자비 크신 관세음 보디사트바께서
나에게 간곡히 당부하여 주셨네
소림 신선의 터 아홉 해 말 없는 뜻이여
그 뜻으로 이 세간을 이롭게 하여
중생을 저 언덕 건네주리라

吾將此身歸本鄕　大悲觀音付囑我
九年少林無言旨　利益世間度彼岸

마침내 고요함에 고요함마저 없으니
- 스스로 노래함 3

비록 그렇듯이 고요함에 들어도
마침내 고요함에 고요함마저 없으니
불 속의 연꽃이 곳곳에 피어나리
스승의 집 살림살이 어찌 반드시 물으리
바람이 구슬 숲에 가득하고 달은 누대에 찼네

雖然入寂終無寂　火裡蓮花處處開
師家活計何須問　風滿珠林月滿臺

해설

세간법의 나고 사라짐이 공하되 그 공함도 공하다. 그러므로 나고 사라짐에도 머물지 않고 공에 머물지 않으면 진여의 땅을 움직이지 않고 나고 죽음을 남이 없는 남과 죽음 없는 죽음으로 쓸 수 있으리라.

저 중생이 있지 않되 실로 없지 않으므로 중생을 건짐 없이 건지는 보디사트바의 자비행이 있는 것이다. 본래 깨침〔本覺〕도 공하고 못 깨침〔不覺〕도 공한 줄 알면 옛 붇다〔古佛〕와 돌기둥〔露柱〕이 서로 사귀는 소식을 볼 수 있는 것인가.

옛 선사〔雪竇顯〕의 한 노래 들어보자.

남산에는 구름이고 북산에는 비가 옴이여

인도 중국의 조사들이 얼굴 서로 마주했네
신라의 나라 속 일찍이 당에 올랐는데
당나라 땅에서는 아직 북을 치지 않았네
괴로움 가운데 즐거움이고 즐거움 가운데 괴로움이나
누가 황금이 똥거름의 땅과 같다고 말하는가

南山雲北山雨　四七二三面相覰
新羅國裏曾上堂　大唐國裏未打鼓
苦中樂樂中苦　誰道黃金如糞土

학담도 한 노래를 붙이리라.

고요함에 머물지 않고 움직임에도 머물지 않으면
다섯 흐림 물듦 가운데 연꽃이 피리라
스승의 집 살림살이 다함없는 곳간이니
세간 소리 살펴 건지시는 보디사트바로다

不住寂滅不住動　五濁染中蓮華出
師家活計無盡藏　能救世間觀世音

나고 죽음의 물결 머리에 자재한 몸이로다
- 스스로 노래함 4

서리 내린 솔의 절개 하늘땅을 놀래키고
물 속 달의 품은 뜻은 귀신을 움직이네
선정의 못에 노를 띄우고 세간을 온통 잊었으나
나고 죽음의 물결 머리에 자재한 몸이로다

霜松操節驚天地　水月襟懷動鬼神
禪池汎楫渾忘世　生死波頭自在身

> 해설

나고 사라짐이 공해 나고 사라짐 없음이 진여이고, 진여가 공하되 공하지 않아 온갖 법은 남이 없이 나고〔無生而生〕사라짐 없이 사라진다〔無滅而滅〕. 선정의 고요함〔靜〕은 법이 있되 공한 '진여문(眞如門)'을 의지해 닦고, 지혜의 밝음〔明〕은 법이 공하되 있는 '나고 사라짐의 문〔生滅門〕'을 의지해 닦는다.

선정의 바다에 노 저을 때 세간을 잊으나 세간의 공함도 공하니, 세간이 진여인 나고 사라짐이 된다. 그러므로 지혜의 사람에게 세간법의 나고 사라짐은 곧 자재한 해탈의 씀〔解脫用〕이다.

해탈의 작용에도 일어난 뿌리가 없어서, 해탈이 다시 곧 법신의 고요함이 되니 움직여 쓰는 것 밖에 법신의 신묘함을 찾으면 법신의 병을 이룬다.

옛 선사〔莊山勤〕는 말한다.

거문고 줄 움직이면 다른 가락이라
하나를 들으면 열을 아는 것인데
손을 내리고 손을 드는 곳에
아교를 칠에 넣는구나
암자 안에서 암자 밖 보지 못함이여
구멍 없는 쇠망치 알지 못함이로다
사람이 되어 서로 아는 것은
뜻 알아주는 것이 귀하니
물이 물에 들어감이여
금으로 금을 때린다

動絃別曲　聞一知十
手搦手擡　以膠投漆
庵內不見庵外　無孔鐵鎚不會
人生相識貴知音　水入水兮金搏金

학담도 한 노래 더하리라.

몸은 푸른 산 같고 맑은 뜻은 물의 달이라
도량에 편히 앉아 중생을 건네주네
큰 물결 가운데 밑 없는 배를 모니
해탈이 지재하여 한 항아리 가운데네

身若靑山志水月　安坐道場度含生
洪波中駕無低船　解脫自在一壺中

아흔 해를 오면서 홀로 빗장 닫고 지내니
- 스스로 노래함 5

아흔 해를 오면서 홀로 빗장 닫고 지내니
사람을 보아도 선상을 내려올 힘이 없네
묵은 산밭에 떨어진 밤과 냉이는 담담하니
산집의 기운과 맛 넉넉해짐 얻게 되었네

九十年來獨掩關　見人無力下禪床
山畬脫粟黃薺淡　贏得山家氣味長

해설

　나물밥과 산과일을 먹고 선정의 고요함으로 살아가니, 탐욕의 밥을 먹고 사는 것이 아니라 선정의 기쁨이 밥〔禪悅食〕이 되고 법의 기쁨이 밥〔法喜食〕이 된다.
　선정의 기쁨으로 밥 먹으면 먹는 나와 먹을거리가 공하고, 혀에 닿는 맛이 공하나 맛없는 한 맛의 헤아릴 수 없는 맛〔無量味〕이 함께하리라.
　소요선사의 이 살림살이는, 눈에 보이고 귀에 들리는 경계가 다함없는 바람과 빛〔無盡風光〕이 되는 옛 선사〔投子青〕의 다음 살림살이와 같은 것이리라.

　　달 밝은 푸른 솔에 학의 꿈은 긴데
　　푸른 구름 붉은 계수에 산양뿔이 걸렸네

높은 바위 깎아지른 벼랑에 천봉우리 눈이요
돌죽순에 줄기 나니 한밤의 서리로다

月皎靑松鶴夢長　碧雲丹桂掛羚羊
高巖壁仞千峯雪　石笋生條半夜霜

학담도 한 노래로 소요선사의 아란야행을 찬탄하리라.

평생에 단정히 앉아 선정 기쁨으로 살아가니
사람이 가고 사람이 오되 돌아봄이 없었네
맑은 채소 산과일 먹고 또 차 마시니
기와 힘은 더욱 자라고 마음 절로 즐거웁네

平生端坐禪悅食　人去人來無顧回
素菜山果又喫茶　氣力益長心自樂

일찍이 서산 문하의 나그네 되었으나
- 스스로 노래함 6

일찍이 서산 문하의 나그네 되었으나
당에 오르고 방에 드는 것 누가 할 수 있으리
사람 맞아 방편 써서 많이 죽이고 살리니
푸른 하늘 구름 밖에 몇 사람이나 오르는가

曾作西山門下客　昇堂入室有誰能
接物行權多殺活　碧天雲外幾人登

> **해설**
>
> 　붇다와 조사의 방은 어떤 사람이 들어갈 수 있는가. 여래의 방은 모두 법이 비어 고요함〔諸法空寂〕과 크나큰 자비〔大慈悲〕가 여래의 방이니, 지혜와 자비가 원만한 이가 그 방에 들어간다.
> 　청허서산조사(淸虛西山祖師)의 방이 또한 여래의 방이다. 있음에서 있음을 벗어나고 없음에서 없음을 벗어나며, 있음이 아니고 없음이 아님도 취하지 않는 자가 그 방에 들어 죽이고 살림을 자재히 할 수 있다.
> 　누가 그 사람인가. 우리 소요태능조사이시다.
> 　누가 다시 청허조사와 태능조사의 방에 들어갈 것인가. 눈앞의 법이 눈앞의 법이 아니라 귀와 눈이 이르지 않는 것〔不是目前法 非耳目之所到〕을 바로 본 자인가.
> 　이 뜻이 무엇인가. 옛 선사〔天童覺〕는 이렇게 말한다.

물이 대밭 가를 향해 흐르니 푸른 빛을 내고
바람이 꽃 속을 따라 지나니 향내가 온다

水向竹邊流出綠　風向花裏過來香

학담도 한 노래 더하리라.

모든 법이 비어 고요함이 서산의 방이니
조사의 방 속 누가 들어갈 수 있는가
방위 밖으로 뛰어 벗어난 사자새끼가
삼독이 제호 이루어 그 다님이 자재하리

諸法空寂西山室　祖師室裏誰能入
超出方外獅子兒　毒成醍醐行自在

밝은 달 갈대꽃은 한 모습 가을이네
- 스스로 노래함 7

사람 세상 일흔이 예로부터 드문데
어찌 하물며 나이가 아흔에 오름이런가
잠부드비파 드나들어 끝내 허물 없으니
밝은 달 갈대꽃은 한 모습 가을이네

人間七十古來稀　何況年登九十秋
閻浮出入終無累　明月蘆花一樣秋

해설

그 옛날 일흔도 살기 어려운데 아흔 해 봄가을을 겪으니, 선사는 자비의 마음을 보살피고 선정의 기쁨으로 밥을 드시어 세간 목숨마저 잘 보전함인가.

그러나 목숨의 길이를 따지면 곧 보디사트바가 아니고 참사람이 아니니, 도리어 잎 지고 꽃 피는 것 속에서 겁 밖의 소식을 보아야 하리라. 그리고 눈으로 보고 귀로 들음 가운데가 헤아릴 수 없는 목숨의 붇다가 계신 곳임을 알아야 하리라.

옛 선사〔丹霞淳〕는 이렇게 보인다.

　　향기로운 풀 우거져 펼쳤는데 어찌 가을이라 변하리
　　소 치는 아이 흰 암소는 마음껏 노닐어 다니네
　　다름 가운데 길이 있음을 사람들 보기 어려우니

소를 타고도 소를 모른다고 말하는 것이네

   芳草漫漫豈變秋　牧童白牸恣優遊
   異中有路人難見　却謂騎牛不識牛

학담도 한 노래로 말해보리라.

   모든 모습 놓아 버리면 목숨이 헤아릴 수 없으니
   아흔의 봄 가을이 이 어찌 긴 것인가
   나고 죽고 나오고 들어감 본래 일어남 없으니
   기러기 날고 구름 흩어짐이 한 하늘 가운데네

   放下諸相壽無量　九十春秋是何長
   生死出沒本無起　雁飛雲散一天中

날 저문 사라나무 숲 슬픈 빛이 넘치는데
- 스스로 노래함 8

넓고 넓은 티끌 세계에 밤달을 빠뜨려서
아득하고 아득한 모래수 세계에 황금칼을 잃었도다
날 저문 사라나무 숲 슬픈 빛이 넘치는데
슬프도다 일곱 무리 마침내 어디로 돌아가리

浩浩塵賓沈夜月　茫茫沙界喪金鎞
日晚雙林多慘色　哀哀七衆竟何歸

해설

사라나무 숲 아래 세존의 니르바나를 들어 지금 중생의 갈 길을 밝히고 있다. 해와 달 산과 내 이 세간에 펼쳐진 모든 것들이 저 큰 태허 가운데 있으나 저 태허를 집착하면 티끌 수 세계에 지혜의 달을 빠뜨림이고, 눈에 낀 무명의 막을 수술해주는 황금의 칼〔金鎞〕을 세계바다에 잃음이다. 그리고 저 세계의 모든 것이 오직 마음〔唯心〕이라 말하나, 마음을 취하면 그 또한 캄캄한 마라의 소굴에 들어감이다.

도에 들어가는 길은 지금 주어진 것의 진실을 살핌에 있으니, 바로 실상 그대로 보디의 길〔菩提路〕을 밟아 갈 수 있을 때 사라수 아래에서 니르바나를 보이셨으나 영축산에 늘 머무시는 여래의 참 몸을 보리라.

옛 선사〔法眞一〕는 다음 같이 깨우친다.

도를 배우려면 먼저 머리 들일 곳을 알아야 하니
이미 머리 들일 곳을 알았으면 저버리지 말라
밝고 밝게 말했는데도 오히려 헤매인다면
어찌 하물며 말 가운데서 일찍이 덮어버림이겠는가

學道先須入頭處　旣得入頭莫辜負
明明向道尙猶迷　何況言中曾蓋覆

학담도 한 노래를 붙이리라.

넓고 넓으며 아득하고 아득한 티끌 모래 세계에
본래 한 티끌도 없으나 달이 저절로 오네
사라 숲에서 니르바나 보였으나 사라진 바 없으니
스스로에 귀의하는 곳 저 달이 붇다로다

浩浩茫茫塵沙界　本無一塵月自來
雙林示寂無所滅　自歸依處月面佛

4.
모든 조사 선의 등불 툭 트여 밝으니
- 여든여덟에 노래함[時八十八歲] 1

모든 조사 선의 등불 툭 트여 밝으니
티끌 모래 겁 바다가 더욱 분명하도다
옛과 지금 하늘과 땅이 비록 뒤바뀌나
위를 사무쳐서 맑고 환하게 밝으며
아래를 사무쳐서 밝고 밝도다

諸祖禪燈廓落明　塵沙劫海轉分明
古今天地雖飜覆　徹上玲瓏徹下明

해설

선의 등불은 사마타와 비파사나가 하나됨이고 선정과 지혜를 평등히 지님[定慧等持]이다. 그 가운데는 안이 공하고 밖도 공하고 가운데 앎도 공하나, 그 공함에도 머물 것이 없다.

한 법도 볼 것이 없어야 살핌이 자재한 것[觀自在]이니, 볼 것 없다는 지견을 세워도 또한 보는바 공함이 있는 것이다.

옛 선사[大洪恩]는 이렇게 노래한다.

    길거리에서 서로 만났으나 서로 알지 못하니
    구름과 물은 아득하여 정한 자취 없도다
    그대 부귀함이 백천 가지라 말하더라도
    어찌 우리집 아주 가난함과 같을 것인가

  陌路相逢不相識　雲水悠悠無定迹
  饒君富貴百千般　爭似儂家窮的的

학담도 한 노래로 소요선사의 법의 등불 찬탄하리라.

  반야는 안과 밖 가운데에 머물지 않으니
  반야가 밝을 때에 세계 또한 밝도다
  뜰 가운데 백가지 꽃 피어 불타는 듯 한데
  머리 돌려 살펴보면 실로 볼 것이 없도다

  般若不住內外中　般若朗時界亦明
  庭中百華開爛熳　廻頭覷見沒可覩

푸른 버들 꾀꼬리 지저귐이 두 줄의 경이네
- 여든여덟에 노래함 2

허공 가운데 여덟 자 보문경이여
틀 밖의 진리 수레 헤아림이 없는 경이네
하나 둘 셋 넷 다섯 여섯 일곱이여
푸른 버들 꾀꼬리 지저귐이 두 줄의 경이네

空中八字普門經　格外宗乘沒量經
一二三四五六七　綠楊鸎囀兩行經

> **해설**

여래의 지혜인 진리가 언어로 표현된 것이 여래의 수트라이니, 수트라가 곧 저 세계의 진실을 주석하는 것이고 중생의 '드러나 있는 한 생각〔現前一念〕'을 주석한 것이다. 그러므로 말과 문자 밖에 따로 실상이 없으니, 말에 말 없음을 알면 지금 한 생각에서 모든 법의 실상에 돌아갈 수 있다.

참으로 반야의 눈을 뜬 자는 묘법연화경 보문품(妙法蓮華經普門品) 여덟 자 글자 글자가 법계에 두루하여 문자의 진실이 세계의 진실임을 아는 자이다. 그러므로 지금 지저귀는 꾀꼬리 소리 들음을 돌이켜 들어, 듣되 들음 없음을 깨치면 살핌이 자재한〔觀自在〕 보디사트바이다.

말폐의 조사선풍에서는 삼승십이분교(三乘十二分敎)의 언교 밖에 따로 전한 말 밖의 뜻을 조사선의 종지〔祖宗〕라 하나, 여래의 수트라가 여래의 해탈의 행인 줄 알면, 어찌 언교를 무너뜨리고 따로 진리를 구하겠는가. 말이 곧 말하는 자의 사유와 세계를 떠나지 않으니, 말에 말만의 말이 없음을 알면 지금 세간의 소리를 떠나지 않고 조사의 종지〔祖師宗旨〕를 깨달을 수 있는 것이다.

옛 선사〔百丈常〕의 한 노래 들어보자.

세 수레 필요치 않고 조사의 종지가 필요하니
세 수레 필요치 않음은 그대와 같네
그대 지금 조사의 종지 통해 알고자 하는가
저무는 밤 잔나비 울음 어지러운 봉우리에 있네

不要三乘要祖宗　三乘不要與君同
君今欲會通宗旨　後夜猿啼在亂峯

학담도 한 노래 더하리라.

묘법연화경의 관음보살 보문품이여
이 경이 다함없는 세계를 머금어 거두네
들음을 돌이켜 성품 들음이 진리의 수레이니
들음 없이 소리 들으면 곧 그 사람이
살핌이 자재한 보디사트바이리라

妙法蓮華普門品　此經含攝無盡刹
返聞聞性是宗乘　聞聲卽是觀自在

공자와 샤카무니는 두 마음이 아니네
- 여든여덟에 노래함 3

도를 배운 해가 깊으니 도 또한 깊은데
옛과 지금 하늘땅이 한 신령한 마음이네
신령한 마음이 어찌 봄가을의 늙어감 거치리
공자와 샤카무니는 두 마음이 아니네

學道年深道亦深　古今天地一靈心
靈心何涉春秋老　夫子牟尼不二心

해설

도(道)가 같다고 말하는 것은 도에 서로 다름이 있으므로 같다고 한 것이다. 꼭 같다면 어찌 같다고 할 것인가. 공자(孔子)와 샤카무니는 그 이름이 다르고, 도의 깊이와 넓이가 다르고, 그 시대 대중의 요구와 중생의 병이 다르다. 모든 바른 해탈의 도는 하나인 삶의 진실을 향하므로 꼭 다르다고 할 수 없다.

그러나 깊이와 넓이 대중의 요구를 따르는 방편이 다르므로 같다고 할 수 없다. 배우고 익히며 마음을 정성스럽게 하는 공자의 도는 배움에 배움이 있으나, 붇다의 도는 배우되 실로 배우는 바가 없고 닦아 행하되 실로 닦아 행함이 없다.

공자의 도는 비록 말 없는 하늘의 도〔天道〕를 밝혀 세간의 사람을 말로써 가르치지만, 그 가르침은 의젓하고 점잖은 지식인〔君子〕과 다스리는 자〔治者〕의 바른 다스림 자기수양의 도에 가깝다.

붇다의 도는 세계의 참모습과 온갖 세간 중생의 진실을 밝혀 중생을 보디의 주인공으로 세우는 가르침이다. 붇다의 도는 알되 앎이 없는 근본의 지혜에 돌아가 앎 없되 앎 없음도 없는 방편의 지혜를 쓰도록 가르치니, 공자와 샤카를 같다고 할 수 없다.

성리학(性理學)으로 불교를 억압하는 시대의 아픔 속에서 '공자와 샤카가 같다'고 말한 것은, 선진유학(先秦儒學)에 불교철학의 옷을 입힌 성리학으로 불교를 탄압하며 숭명사대(崇明事大)만을 외치는 조선 사대부들의 어리석음을 깨우치기 위함이리라.

옛 선사〔丹霞淳〕의 한 노래 들어보자.

　　문머리와 집 뒤에 일이 천 가지로 다르니
　　알아 다했다 해도 아직 집에 이르지 못함이다
　　밝은 달 집 앞에 그림자 없는 나무여
　　아주 추운 눈 내리는 밤 홀연히 꽃이 핀다

　　門頭戶尾事千差　了盡猶來未到家
　　明月堂前無影木　嚴凝雪夜忽開花

학담도 한 노래 붙이리라.

　　도를 배움에 배움 없고 마음에 마음 없으니
　　어찌 해가 깊어야 도 또한 깊어짐이 있으리
　　비록 그러나 어리석음 있으면 성인의 마음 있으니
　　공자와 세존의 도는 하나가 아니네

　　道學無學心無心　何有年深道亦深
　　雖然有痴有聖心　夫子世尊道不一

밑 없는 바구니 가운데 산 뱀을 잡았네
- 여든여덟에 노래함 4

싹 트지 않는 풀 속에 큰 코끼리 갈무리하고
밑 없는 바구니 가운데 산 뱀을 잡았네
이것이 우리집의 입을 막은 비밀한 말인데
만년의 마른 나무 다시 봄에 꽃이 피네

不萌草裡藏香象　無底藍中着活蛇
此是儂家鎖口訣　萬年枯木更春花

> 해설

　진리와 사법이 걸림 없고 사법과 사법이 걸림 없는 법계를 살피는데 지금 한 생각을 일으켜 그 도리를 찾는가. 그는 법계의 진리를 끝내 보지 못한다.
　저 걸림 없는 법계가 곧 한 생각인 법계〔一念法界〕이니, 생각에 생각 없음을 살피면 진리와 사법이 걸림 없음〔理事無礙〕을 알고 생각 없음에 생각 없음도 없음을 사무치면 '사법과 사법이 걸림 없는 법계〔事事無礙法界〕'를 깨친다.
　구름이 일어나고 비가 오는 곳이 어디인가. 지금 내가 묻는 곳을 떠나지 않으니, '밑 없는 바구니에 산 뱀 잡는 소식'을 지금 묻는 이 생각 떠나 어디서 따로 구할 것인가.
　옛 선사〔天童覺〕의 한 노래 들어보자.

'비가 어디서 오는가' 묻는 곳을 떠나지 않는다
만 가지 것 펼쳐진 큰 세계 이 가슴에서 나왔다
비춤 가운데 텅 빔이여, 고요함 가운데 움직임이니
납승의 삶 가운데 늘 서로 같이하네
찬 이슬이 솔을 적셔 밤 기운이 맑으니
새를 불러 달 아래 둥지의 꿈 놀라게 해 깨우네

雨從何來　不離所問
森羅大千　出乎方寸
照中之虛　靜中之動　衲僧分上常相共
寒露濡松夜氣淸　皐禽驚起月巢夢

학담도 한 노래 붙이리라.

입이 없고 혀가 없이 날이 다하도록 말하니
이것이 우리집의 참되고 비밀한 말이네
밑 없는 바구니에 보배 재화 가득하니
마른 나무에 꽃이 피고 새는 지저귀네

無口無舌終日說　此是吾家眞秘訣
無低籃中滿寶貨　枯木花發鳥喃喃

큰 땅과 산과 내가 나의 집인데
- 여든여덟에 노래함 5

큰 땅과 산과 내가 나의 집인데
다시 어디에서 고향집을 찾으리
산만 보고 도를 잊은 미친 나그네여
날이 다하도록 가도 집에 이르지 못하리

大地山河是我家　更於何處覓鄕家
見山忘道狂迷客　終日行行不到家

해설

아는 마음과 알려지는 바 경계가 공하므로 경계인 마음이 일어나지만 마음도 또한 취할 것이 없다. 저 경계가 오직 마음이라 마음에 마음이 없으니 마음[心]과 공한 성품[性]을 따로 분별하지 말아야 한다.

옛 선사[雲居]는 이렇게 말했다.

한 법은 모든 법의 마루이니
만 법은 한 마음에 통한다
오직 마음인 것이 오직 그대 성품이니
마음과 성품 같고 다름 말하지 말라

一法諸法宗　萬法一心通
唯心唯汝性　不說異兼同

보는 바 저 산이 산이 아니되 산 아님도 아님을 알면 성품〔性〕과 모습〔相〕이 둘 아님을 아는 것이고, 저 산이 마음인 산이되 마음에서 마음 떠나면 산을 볼 때 도를 보는 것인가.

불감근(佛鑑勤)선사의 한 노래 들어보자.

  만 리 긴 하늘에 비가 개일 때
  한 바퀴 밝은 달이 비치어 맑고 환하더니
  뜬구름이 천 사람의 눈을 가림이여
  달님의 얼굴 볼 수 있는 자 아주 드무네

  萬里長空雨霽時　一輪明月映淸輝
  浮雲掩斷千人目　得見姮娥面者稀

학담도 한 노래 붙이리라.

  만상이 공한 곳에서 공을 취하지 않으면
  큰 땅과 산과 내가 나의 본래 고향이네
  산과 달 개울물이 참된 마음 드러내니
  평소에 차 마시고 밥 먹음이 겁 밖의 바람이네

  萬像空處不取空　大地山河吾本鄕
  山月溪水顯眞心　平常茶飯劫外風

달 아래 배꽃이 자규소리 듣나니
- 여든여덟에 노래함 6

강 북쪽에서는 그림자 없는 나무에 몸을 편히 하고
하늘 남쪽에서는 싹트지 않는 가지에 목숨 세우네
백 년의 살림살이 여러 가지 것이 없으니
깊은 밤 달 아래 배꽃이 자규소리 듣도다

河北安身無影木　天南立命不萌枝
百年活計無多字　夜月梨花聽子規

해설

그림자 없는 나무 싹 트지 않는 가지는, 모습에 모습 없는 성품〔性〕에 모습 없음도 없어 법이 남이 없이 남을 말함이리라. 그렇다면 나되 남이 없는 진여의 성품에 삶의 뿌리를 두지 않으면 소요선사의 뜻에 하나되지 못하리라.

마른 나무에 꽃 핌이여, 어떻다고 말해야 하는가.
옛 선사〔丹霞淳〕는 이렇게 노래한다.

　　넓은 바다에 바람 없어 물결 이랑 잔잔하니
　　안개 걷힌 물 빛깔은 비어 달을 머금었다
　　차가운 빛 한 가닥이니 바라봄이 어찌 다하리
　　그러나 이 가운데 용이 뼈를 벗음 누가 알리

　　滄海無風波浪平　煙收水色虛含月

寒光一帶望何窮　誰辨个中龍退骨

　모습 밖에 성품이 없으니 그림자 없는 나무를 지금 뜰 앞 잣나무를 떠나 찾지 말고, 무쇠소〔鐵牛〕의 움직임을 시골 여인 베 짜는 일 밖에 구하지 말아야 하니, 옛 사람〔悅齋居士〕의 한 노래 들어보자.

　　무쇠소가 천고에 푸른 물결에 누웠으나
　　큰 땅에 사람 없어 어쩌지를 못하네
　　누가 한 올 실을 잡아 가볍게 실타래 굴리는가
　　노란 밭 시골 아씨 밤에 베 짜는 북 던진다

　　鐵牛千古臥淸波　大地無人奈如何
　　誰把一絲輕捥轉　黃田村女夜拋梭

학담도 한 노래 더하리라.

　　그림자 없는 한 나무 맺은 열매 많으니
　　백년의 양식에 스스로 배가 부르도다
　　싹트지 않는 가지 가운데 자규 소리여
　　텅 빈산 밤 달빛에 배꽃이 듣는구나

　　無影一樹結實多　百年糧食自飽滿
　　不萌枝中子規聲　空山夜月梨花聽

나고 죽음의 물결 끝에 지혜의 달 밝으리
- 여든여덟에 노래함 7

들음을 돌려 듣고 봄을 보아 늘 사마디이면
나고 죽음의 물결 끝에 지혜의 달 밝으리
온 세상에 이 길 밟는 이가 없지만
늙은 선객 가슴은 다시 스스로 비어 밝도다

聞聞見見常三昧　生死波頭慧月明
擧世無人踏此路　老禪胸次自虛明

해설

　보고 들음을 돌이켜 살피면 보는 자와 보는 빛깔 듣는 자와 듣는 소리가 공하나, 공해 고요한 곳에서 보고 들음이 끝이 없다.
　옛 선사〔海印信〕는 노래한다.

　　봄이 미치지 않는 곳에 강과 산이 눈에 가득하고
　　털끝도 보지 못하는데 꽃은 붉고 버들은 푸르다
　　그대 보지 못하는가
　　흰 구름이 나고 드는 것 본래 마음이 없으니
　　강과 바다 넓게 흐름에 어찌 넘치고 줆 있으리

　　見不及處　江山滿目
　　不覩纖毫　花紅柳綠
　　君不見

白雲出沒本無心　江海滔滔豈盈縮

　보고 들음 없되 보고 들음이 끝이 없고, 끝 없는 보고 들음의 물결 속에서 보고 들음의 한 물방울도 없으니, 그 뜻을 어떻다고 말하는가.
　죽암규(竹庵珪)선사의 한 노래 들어보자.

　　대비하신 관세음이 바른 얼굴 여시니
　　알게는 바늘도 받지 않으나 한 줄 통하네
　　쥐가 호롱박을 긂에 아주 바쁨이 있으나
　　귀신이 칠통을 다툼에 보는 사람 없도다

　　大悲觀音開正面　官不容針通一線
　　鼠拽葫蘆有底忙　鬼爭柒桶無人見

학담도 한 노래 더하리라.

　　들음을 들으면 곧 들음과 듣는 바가 없으나
　　들음과 듣는 바가 공한 곳에서 또 소리를 듣네
　　나고 죽음의 이랑 가운데서 물결과 이랑 없으니
　　어두운 밤 길 위에서 환히 밝게 가도다

　　聞聞卽是無能所　能所空處又聞聲
　　生死浪中無波浪　暗夜路上投明行

추위 더위 봄 가을에 바뀌지 않는 경이니
- 여든여덟에 노래함 8

금바늘과 두 사슬로 한번 막아놓은 경은
추위 더위 봄 가을에 바뀌지 않는 경이로다
동쪽 중국 서쪽 인도에 전해지지 않는 뜻이니
총림 종지의 눈 글자 없는 경이로다

金鍼雙鎖一封經　寒暑春秋不易經
東震西乾不傳旨　叢林宗眼沒文經

해설

온갖 법의 남이 없고 나지 않음도 없는 실상이 법계의 경이니, 이 경은 인연에도 있지 않고 인연을 떠나서도 있지 않다. 글자 없는 경이라 하나 글자 없음은 글에 글자 없음이니 글을 떠나서도 이 경은 없다.

옛 선사〔法眞一〕의 한 노래 들어보자.

다섯 쌓임 열여덟 법의 영역에 있지 않고
경계를 따라 붙잡아 알지도 않으니
어찌 가운데 사이 두 가에 있겠는가
늘 이 경 천억 권을 굴려 읽으나
일찍이 한 자도 말함에 떨어짐이 없네

不居陰界不攀緣　豈在中間及二邊

常轉是經千億卷　曾無一字落言詮

　게송에서 말함에 떨어지지 않음은 말함에 말함 없는 것이니 어찌 생각과 말과 모습 밖이라고 할 것인가. 인연(因緣)의 공한 진실을 알면 인연의 땅이 곧 이 경이니, 다음 선사〔長靈卓〕의 노래 들어보자.

　　바람이 거세니 나뭇잎 자주 지고
　　산 높으니 해가 쉽게 저문다
　　앉음 가운데 사람 볼 수 없는데
　　창 밖에 흰 구름이 깊도다

　　風勁葉頻落　山高日易沈
　　坐中人不見　窓外白雲深

학담도 한 노래 더하리라.

　　티끌 가운데 법계의 경을 머금어 감추었으니
　　글도 없고 글자 없고 글 없음도 없네
　　세간 소리를 살펴서 듣지 않고 들으면
　　산과 들 달 속에서 이 경을 들으리라

　　塵中含藏法界經　無文無字無無文
　　觀世音聲不聞聞　山野月裏聞此經

듣고 보는 물결 끝에 붇다 마음 보나니
- 여든여덟에 노래함 9

듣고 보는 물결 끝에 붇다 마음 보나니
어찌 반드시 밖을 향해 애써 따라 찾는가
하늘 땅 해와 달을 모두 빼앗으면
태백이 꽃을 피워 한림에 들어가리

聞見波頭見佛心　何須向外苦追尋
乾坤日月兩俱奪　太白生花入翰林

해설

옛 붇다의 마음〔古佛心〕은 지금 중생의 보고 듣는 마음을 떠난 것인가. 경계와 마음이 함께 공한〔心境俱空〕 줄 알되 공에도 머묾 없으면 흐르는 물 하늘의 달에서 붇다의 마음을 깨치리라. 이 같이 알 때, 참으로 장원급제하여 머리에 꽃가지 꽂고 진리의 문에 들어가 기나긴 겁에 붇다의 일〔佛事〕과 사만타바드라의 넓은 행〔普賢行〕을 짓는 것인가.
　옛 선사〔佛眼遠〕의 한 노래를 음미해보자.

　　돛을 걸자 바로 바람을 만나서
　　잠깐 사이 천리 고향집에 이르렀네
　　문에 닿아 언덕 오르자 처자를 만나니
　　기쁜 마음 벅차오르는 뜻 어쩔 수 없네

掛得帆來遇便風　須臾千里到家鄉
臨門上岸逢妻子　歡喜情懷不可當

학담도 한 노래 더하리라.

보고 들어 나고 사라짐이 진여의 성품이니
꽃 붉고 버들 푸름이 참 마음을 드러내네
보고 들음의 물결 그 자리가 고요하니
빈 산 환한 밤 달이 겁 밖의 빛이네

見聞生滅眞如性　花紅柳綠顯眞心
見聞波頭當處寂　空山夜月劫外光

물든 들음을 버리고 들음을 돌이킴이
- 여든여덟에 노래함 10

물든 들음을 버리고 들음을 돌이킴이
도에 드는 뜻의 처음이니
어머니 태 나오기 전
허공과 겁의 처음이로다
이것이 선가의 정수리 눈이니
그윽하고 그윽하며 비밀하고 비밀해
다시 처음이 있음이 없네

遣聞反聽道情初　未出母胎空劫初
此是禪家頂門眼　玄玄密密更無初

해설

온갖 법의 생겨남에 일어나는 첫 뿌리가 없는데 '허공과 겁 그 앞〔空劫已前〕'의 처음을 어찌 지금 눈앞의 법 밖에 따로 찾을 것인가. 소리를 돌이켜 들어 들음 없고 듣는 바가 공함을 아는 곳이 태초의 때이고 들음 없되 들음 없음도 없는 곳이 온갖 법이 비롯하는 때이다.

옛 선사〔圜悟勤〕는 이렇게 노래한다.

실눈 물고기가 대천세계 삼키니
모기 벌레가 수메루산 뱉어내네

큰 허공이 감싸서 빠뜨림이 없으니
만 가지 무리 온전히 손바닥 사이에 돌아간다

일어나고 사라지며 가서 다시 돌아옴이여
돌다리를 밟아 끊어 온몸이 검게 되었으나
화정봉이 천태산인 줄 어찌 알겠는가

鍼眼魚呑大千界　蟭螟虫吐妙高山
大虛包括無遺漏　萬彙全歸指掌間

起復滅　去還來
石橋踏斷通身黑　那知華頂是天台

학담도 한 노래 더하리라.

들음을 돌이켜 들을 때 들음과 소리 없으니
공간과 시간 이전 맨 처음의 때로다
찾으면 곧 물건도 없고 맨 처음도 없으나
창밖의 비 떨어지는 소리 또렷하도다

反聞聞時無聞聲　空劫已前太初時
覓卽無物無太初　窓外雨滴聲歷歷

곧장 집 가운데 길을 밟아 걸으니
- 여든여덟에 노래함 11

도 배움은 먼저 거룩한 경을 연구해야 하는데
거룩한 경은 다만 내 마음 머리에 있네
갑자기 집 가운데 길을 밟아 걸으니
머리 돌림에 긴 하늘이 기러기의 가을 떨어뜨리네

學道先須究聖經　聖經只在我心頭
驀然踏著家中路　回首長空落雁秋

해설

경은 내 마음의 주석이고 실상인 반야의 언어적 표출이니, 경의 문자를 통해 실상에 돌아가는 것이 여래의 뜻이다. 실상은 따로 있는 것이 아니라 경의 말과 문자에 말과 글자 없음을 알면 연기의 실상을 아는 것이니, 말과 말 없음을 모두 넘어서면 흐르는 물 하늘의 가을 기운이 법계의 경이다.

옛 선사〔投子靑〕는 말한다.

넓게 툭 트여 말할 때는 혀를 쓰지 않으니
맑은 바람 높은 가락 푸른 구름에 비끼었네
돌사람이 서쪽 봉우리 일 탐내 말하나
동쪽 바위가 안개 일으켜 가림은 알지 못하네

寬廓言時不犯舌　淸風高韻碧雲斜

石人貪話西峰事　不覺東巖起霧遮

투자청선사의 노래에서 '동쪽 바위가 안개 일으켜 가림을 알지 못한다'고 한 것은, 경의 문자를 읽다 경의 문자에 가려 여래의 뜻을 알지 못하고 법계의 경 읽지 못함을 그리 말한 것인가.

학담도 한 노래를 붙이리라.

천 경과 만 가지 논이 내 마음을 풀이하니
내 마음의 참모습이 곧 법계의 경이로다
경을 의지해 걸어가면 집안 길을 밟나니
나는 기러기 흰 구름이 한 하늘 가운데로다

千經萬論註我心　我心卽是法界經
依經行步踏家路　雁飛白雲一天中

깊고 깊은 성품 바다 원래 걸림 없으니
- 여든여덟에 노래함 12

깊고 깊은 성품 바다 원래 걸림 없으니
만상이 펼쳐진 것 그림자가 그 가운데 나타나네
쯧쯧! 잠꼬대 말을 해 무엇하려는가
그렇다면 마쳐 다해서는 무엇인가

淵淵性海元無礙　萬像森羅影現中
咄　寐語作麽生　伊麽則畢竟作麽生

학이 울고 잔나비 우는 밤
늙은 솔 몇 그루 푸른 하늘에 꽂혔네

鶴唳猿啼夜　松檜揷靑空

해설

천태선사는 '한 빛깔 한 냄새도 중도실상 아님이 없다'고 했으며, 법화경은 '이 세간의 법이 법 자리에 머물러 세간의 모습이 늘 머문다〔是法住法爲世間相常住〕'고 했으니, 학이 울고 솔 푸름 밖에 조사의 선〔祖師禪〕이 없고 여래의 뜻〔如來旨〕이 없다.

보는 바 빛깔에서 실로 있음과 실로 없음을 떠나고 아는 마음에서 생각과 생각 없음을 모두 버리면 빛깔과 소리 속에서 겁 밖의 소식 볼 것이니, 옛 선사〔心聞賁〕는 말한다.

해당화는 한낮에 잠이 바야흐로 무르익었는데
가랑비 곱게 뿌림이여 붉은 빛을 시샘함 같네
뜻을 두어 꽃을 때리나 꽃은 원망치 않고
앞과 같이 웃음 머금고 봄바람을 향하네

海棠日午睡方濃　小雨廉纖似妬紅
著意打花花不恨　依前含笑向春風

학담도 한 노래 더하리라.

일과 일이 걸림 없어 낱낱이 참됨이라
진여 성품 가운데 만 가지 법 드러났네
들빛은 푸른 산과 다시 끊어짐 없고
하늘빛과 물빛깔의 푸르름 한 모습이네

事事無礙頭頭眞　眞如性中萬法現
野色靑山更無斷　天光水色碧一樣

나루를 헤매어 꿈에 모래 밟음 뉘라서 알리
- 여든여덟에 노래함 13

동쪽 창문 크게 여니 더운 날의 놀이 짙고
해 바퀴 비껴 내리니 나라가 삼대 같다
실처럼 가는 온갖 무리 이 비춤 짊어지나
나루를 헤매어 꿈에 모래 밟음 뉘라서 알리

大闢東窓立暑霞　杲輪斜下國如麻
纖纖萬類荷斯照　誰覺迷津夢踏沙

해설

중생이 본래 이미 니르바나되어 있고 무명이 공해 본래 밝음[本明]을 이미 갖추고 있다. 그러나 중생은 모습 취하는 한 생각을 일으켜 기나긴 겁을 나고 죽음의 길에 나그네 되어 추위와 배고픔에 떨고 있다.

공덕의 땅 본래 고향에 어떻게 돌아가는가. 저 나고 사라짐에 실로 일어난 바 없음을 깨치면 지금 보는 빛깔 듣는 소리를 떠나지 않고 법계 공덕의 곳간[法界藏] 그 주인이 될 수 있다.

옛 선사[白雲㬎]는 다음 같이 나고 죽음의 길 가운데 나그네 신세 중생을 경책한다.

집에 가득한 황금을 기꺼이 가까이 않고서
서글프다 달게 스스로 외롭고 가난함 원망하네

까닭 없이 다시 석 잔의 술 마시고서
취한 뒤에 못난 꼴로 사람들을 아주 웃기네

滿屋黃金不肯親　吁嗟甘自怨孤貧
無端更飮三盃酒　醉後郞當笑殺人

학담도 한 노래 붙이리라.

비 그치고 창을 열자 산빛은 새롭고
구름 없는 푸른 허공 하늘은 한 모습이네
만 가지 모습 펼쳐진 것 본래 스스로 밝은데
나루를 헤매며 다니는 나그네 돌아올 줄 모르네

雨歇開窓山色新　無雲碧空天一樣
萬象森羅本自明　迷津遊客不知還

보배칼을 하늘 끝 놀에 가로 비끼어
- 여든여덟에 노래함 14

보배칼을 하늘 끝 놀에 가로 비끼어
집어와 죽이고 살림 벼와 삼보다 많네
신령한 봉우리 몇 겁이나 숫돌의 날카로움 없었던가
한번 크게 꾸짖음이여 강과 산이 모래처럼 부서지네

寶劍橫斜天末霞　拈來殺活勝稻麻
靈峯幾劫無砥利　一叱江山碎若沙

해설

　본래 갖춘 지혜의 묘한 씀은 헤아릴 수 없어 있음에서 있음 벗어나고 없음에서 없음을 벗어나 닿는 곳이 곧 참됨이 된다.
　온갖 법이 나되 남이 없는 곳에서 실로 남을 보아 긴 겁에 어두운 길 헤매지만 무명이 본래 공해 지혜의 칼은 사라지지 않으니, 한 생각 남이 없음을 체달하면 만상의 모습과 빛깔이 곧 법계의 밝은 빛인 것을 알리라.
　어찌하면 집안의 길〔家中路〕을 밟아갈 것인가. 소리와 빛깔이 공해 소리와 빛깔 없는 곳에서 소리는 소리이고 빛깔은 빛깔이니, 마음인 경계에서 경계를 무너뜨리지 않고 있음과 없음을 모두 뛰어넘어야 하는가.
　저 경계는 모습 없는 그 경계인데 중생이 온갖 뜻으로 어지러운 것이니, 옛 선사〔慈航朴〕는 이렇게 노래한다.

소리는 본래 빛깔 아니요 빛깔은 소리 아니나
귀를 잡아 보려 하고 눈을 붙여 들으려 하네
한가히 서로 들뜨게 해 놀리는 것 아니지만
새 울고 꽃 지는 것에 스스로 뜻이 많네

聲本非色色非聲　把耳來看著眼聽
不是等閑相皷弄　鳥啼花落自多情

학담도 한 노래 붙이리라.

하늘 의지한 긴 칼 만고에 빛나는데
어찌 중생은 본래 밝음을 등지는가
만약 모든 모습이 모습 아님을 본다면
소리 듣고 빛깔 봄이 바이로차나로다

依天長劍萬古輝　如何衆生背本明
若見諸相卽非相　聞聲見色卽毘盧

산승의 주장자를 다시 떨쳐 흔드니
- 여든여덟에 노래함 15

성품의 하늘 고요하고 아득해 안개 놀 끊겼으며
큰 땅이 온전히 황금인데 어찌 삼을 심으리
산승의 주장자를 다시 떨쳐 흔드니
산과 강은 옛과 같이 강가강 모래처럼 벌렸네

性天寥落絶烟霞　大地純金豈種麻
更拂山僧柱杖子　山河依舊列恒沙

해설

소리 앞〔聲前〕 말귀 뒤〔句後〕를 따로 세워서 묘한 뜻을 찾지 말아야 하니, 소리가 소리 아니고 말이 말 아닌 곳에 소리와 말을 깨뜨리지 않고 소리 앞 말 뒤를 보는 소식이 있다.

생각과 모습이 모두 끊어진 곳〔想相俱絶處〕이 고요한 성품의 하늘이라. 성품의 하늘은 모습 밖이 아니니 모습의 모습됨을 한 번 뛰어넘으면 산과 강이 성품 하늘〔性天〕의 모습이다.

모습 있음이 그대로 모습 끊어진 소식이 됨을 어떻게 말해야 하는가.

옛 선사〔慈受〕의 한 노래 들어보자.

　　바닷물 끓여 소금 이루니 끝내 맛이 있고
　　허공을 두드려 울림을 내나 본래 소리 없다

곤륜산이 페르시아 사람을 만나서
손을 잡아 서로 끌고 바다 밑을 걷는다

煮海成鹽終有味　敲空作響本無聲
崑崙撞着波斯者　把手相將海底行

학담도 한 노래 더하리라.

진여의 성품 가운데 가는 티끌 끊어져서
툭 트여 고요하여 함과 하여지는 바 없도다
산승의 주장자가 한번 떨침이여
봄 꽃 가을 달이 옛과 같이 밝도다

眞如性中絶纖塵　廓然空寂無能所
山僧柱杖一振兮　春花秋月依舊明

한 꺼풀 항상한 몸이 시방에 두루하네
- 여든여덟에 노래함 16

병들어 누워 다섯 쌓임 공함을 알지 못하니
니르바나 나고 죽음이 어찌 헛된 이름이리
이를 버리고 어찌 진여의 법을 찾을 건가
한 꺼풀 항상한 몸이 시방에 두루하네

病臥不知五蘊空　涅槃生死豈虛名
捨斯安覓眞如法　一殼常身徧十方

해설

다섯 쌓임의 공한 진실〔五蘊空相〕이 바이로차나붇다의 몸이고, 다섯 쌓임 가운데 마음 없는 마음이 만주쓰리의 지혜〔文殊智〕이며, 다섯 쌓임 가운데 물질 없는 물질이 사만타바드라의 진리〔普賢理〕이다. 이 다섯 쌓임의 법 그 진실을 버리고 어찌 진여를 찾는가.

다섯 쌓임의 있되 공함이 니르바나이고 다섯 쌓임의 공하되 있음이 나고 사라짐이니, 나고 사라짐과 니르바나에 모두 머물지 않으면 허망한 세계가 법계의 몸〔法界身〕이고, 나고 사라짐이 진여의 살아 움직이는 씀〔眞如用〕인 것이다.

나고 사라짐을 떠나 니르바나를 찾고 말과 문자를 떠나 조사의 뜻 찾는 자들이여, 다음 옛 선사〔丹霞淳〕의 한 노래 들어보자.

달이 솔그림자를 체로 치니 나무가 높고 낮아지며
해가 연못 복판을 비치니 하늘이 높았다 낮아지네
환히 빛나 뜨거운 허공이 한낮이 아니요
둥글고 둥근 가을 달은 둥근 줄을 모르네

月篩松影高低樹　日照池心上下天
赫赫炎空非卓午　團團秋夜不知圓

학담도 한 노래 더하리라.

다섯 쌓임 공함이 곧 니르바나의 성이고
물거품과 그림자 허깨비 몸이 곧 법신이네
어찌 나고 사라짐 버리고 니르바나 구하리
우거진 꽃과 풀이 참되고 항상함 드러내네

五蘊空卽涅槃城　泡影幻身卽法身
何捨生滅求涅槃　花花草草現眞常

가는 티끌 움직이지 않고 곧 서방정토니
- 여든여덟에 노래함 17

옛 성인 살핌 가운데 세계가 공하여
하늘 앞 땅 뒤인데 오히려 이름 남겼네
서쪽 창의 달을 한 소리 불러 웃으니
가는 티끌 움직이지 않고 곧 서방정토로다

古聖觀中世界空　先天後地尙留名
一聲喚笑西窓月　不動纖毫卽淨方

> 해설

　여기 물든 땅이 있고 저기 깨끗한 땅이 있어서 십만억 불국토를 지나 그 세계가 있다한들, 물든 땅 깨끗한 땅이 이미 공하다면 서로 가기 얼마인가. 진여의 성품에는 멀고 가까움 물듦과 깨끗함이 끊어졌다. 그러나 진여를 떠나지 않고 나의 물든 땅 저 붇다의 정토가 중생의 업을 따라 있으니, 있되 공하고 멀어도 지금 이곳 중생의 물든 땅을 떠나지 않는다.
　고려조 강진 백련사 결사 개창자인 원묘선사(圓妙禪師)가 마지막 임종할 때 제자 정명천인선사(靜明天因禪師)가 물었다.
　"임종에 선정에 있는 것이 정토인데 스님께서는 어디로 가시렵니까."
　이에 원묘선사는 법좌에 앉아 이렇게 말했다.

이 생각을 움직이지 않고
바로 이 곳에 현전해 있으니
나는 가지 않고 가고
저는 오지 않고 온다
부르고 응하는 길이 어울려 있어
실로 마음 밖이 아니다

不動此念　當處現前
我不去而去　彼不來而來
感應道交　實非心外

이 법어를 남기고 법좌에서 선정에 든 채 입적하니, 마음(心)을 들어 정토(土)를 부정하는 이와 선(禪)을 말하며 정토(淨)를 인정하지 않는 이들은 깊이 살펴야 하리라.

학담도 한 노래 더하리라.

붇다의 눈으로 살필 때 세계가 공하니
물결 앞 물 뒤는 다시 이 무엇인가
이 곳을 움직이지 않고 시방에 두루하니
저 붇다를 생각할 때가 곧 서방정토로다

佛眼觀時世界空　波前水後是甚麼
不動此處遍十方　念彼佛時卽淨土

큰 일은 신령하여 나고 죽음 밖이니
- 여든여덟에 노래함 18

산과 강 큰 땅이 이미 공함을 이루었으니
한바탕 꿈 오늘의 이 몸이 다만 이름만 있네
큰 일은 신령하고 신령하여 나고 죽음 밖이니
아는 뿌리 티끌경계 없애면 곧 편안한 곳이리

山河大地已成空　一夢今身但有名
大事靈靈生死外　抹却根塵乃安方

해설

　지금 사물을 보는 나와 보여지는 산하대지가 공하므로 눈으로 빛깔을 보아 눈의 앎[眼識]을 이루고 귀로 소리 들어 귀의 앎[耳識]을 이루니, 앎에 앎이 없다.
　안과 밖과 가운데가 모두 공하여 안과 밖과 가운데를 무너뜨리고 공함이 아니지만 눈에 한 가림이 일어나면 눈앞에 헛 꽃[空花]이 어지럽다.
　그러나 허깨비를 허깨비인 줄 알면 곧 눈앞의 우거진 풀과 꽃이 온전한 기틀 드러냄이니, 옛 선사[心聞賁]의 한 노래 들어보자.

　　날 따뜻하고 바람 고루며 경치 다시 기이하니
　　우거진 꽃과 풀 마다 온전한 기틀 드러내네
　　술 밑밥에 한바탕 향기 바람 일어나니

노는 벌들 이끌어 들여 곳곳에 날아가네

日暖風和景更奇　花花草草露全機
酴醿一陣香風起　引得遊蜂到處飛

이처럼 보고 듣는 이곳에 이미 드러나 있는데 보고 듣는 것을 떠나 따로 구하는 이들이 도리어 참소식을 등지게 되니, 옛 선사〔石門易〕는 말한다.

만 리에 구름 없어 조각달 빛나는데
푸른 못에 고기 노니 거품의 꽃 날아간다
애달프다, 강둑에서 낚시 드리운 이여
다만 물결이 깊다 말하고 손을 걷고 돌아가네

萬里無雲片月輝　碧潭魚戲浪花飛
可憐江畔垂鉤者　只道波深縮手歸

학담도 한 노래 더하리라.

아는 뿌리 티끌과 앎이 본래 공하니
꿈같은 몸 거짓 이름이 곧 참된 몸이네
무슨 일로 있음을 없애 따로 참됨 구하리
흐르는 물이 달과 어울려 바위 앞을 지나네

根塵識界本來空　夢身假名卽眞身
何事滅有別求眞　流水和月岩前去

5.
달은 산의 앞뒤 환히 비추나니
- 제목 없이 노래함 [無題] 1

달은 산의 앞뒤를 환히 비추고
바람은 바다 밖과 가운데 맑도다
누구의 참얼굴인가 묻노니
다시 하늘에 나는 기러기 있네

月晶山前後　風淸海外中
問誰眞面目　更有點天鴻

해설

빛깔과 소리 밖에 겁 밖의 소식이 없으니, 나기 전 참면목을 따로 구하지 말라. 지금 있는 것이 있는 것 아님을 알면 듣는 소리 소리에 바로 나의 면목이 드러나는가.
　옛 선사[雪溪益]의 한 노래 들어보자.

얼음이 강 북쪽의 언덕에서 녹고
꽃이 고개 남쪽의 가지에서 진다
이르는 곳에 봄빛이 있으니
하늘 끝에서 일찍 돌아가야 한다

冰消河北岸　花落嶺南枝
到處有春色　天涯須早歸

낭야각(瑯琊覺)선사는 다음 같이 보인다.

산이 높으니 해 돋음이 이르고
바위 밑이라 푸른 솔이 늙었다
살구꽃 가지 밟아 꺾어서
찬 바람이 쓸도록 내버려 두라

山高日出早　巖下靑松老
踏折杏花枝　一任寒風掃

학담도 한 노래 더하리라.

맑은 바람 떨침이여 밝은 달이 비추고
사람의 시름겨운 마음이여 달빛이 서글프네
나기 전 얼굴은 무슨 모습인가
봄이 와 날 풀리자 백 가지 꽃 환히 피네

淸風拂兮明月照　人愁心兮月色愁
未生面目是何狀　春來日暖百花開

어찌 반드시 묘한 뜻을 찾으리
- 제목 없이 노래함 2

꽃이 환히 웃으니 섬돌 앞 빗방울이요
솔이 우니 난간 밖의 바람이로다
어찌 반드시 묘한 뜻을 찾으리
이것이 곧 두렷이 통함이네

花笑階前雨　松鳴檻外風
何須窮妙旨　這箇是圓通

해설
이것과 저것이 실로 이것과 저것이면, 어찌 섬돌에 떨어지는 빗소리를 내가 들으며, 비에 젖은 섬돌 앞의 꽃이 활짝 피어나리. 난간에 바람이 불어쳐 솔이 우는 소리 밖에 진여법계의 소식을 어찌 따로 구하리.

보고 듣는 여기에서 그렇다 함과 그렇지 않다 함을 모두 얻지 않으면, 바람 소리 빗소리가 겁 밖의 소식〔劫外消息〕이다.

옛 선사〔慈受〕의 한 노래 들어보자.

　　작은 집의 봄바람 유난히도 차가우니
　　아름다운 여인 쓸쓸히 난간에 기대섰네
　　애끓는 노랫가락 듣는 이 없으니
　　다시 비파 쥐고 달 아래 튕긴다

小院春風特地寒　佳人寂寞凭欄干
　　斷腸曲調無人聽　更把琵琶月下彈

투자청(投子靑)선사가 이렇게 노래했다.

　　일어나고 사라짐 구름이 가고 구름이 옴인데
　　그에게는 국토가 없어 티끌이 끊겼네
　　수메루산 꼭대기의 뿌리 없는 풀이여
　　봄바람을 받지 않아도 꽃이 저절로 피네

　　興亡雲去與雲來　渠無國土絶塵埃
　　須彌頂上無根草　不受春風花自開

학담도 한 노래 더하리라

　　눈으로 환한 꽃을 봄이 두렷이 통함이고
　　귀로 솔소리 듣는 것이 곧 진여이네
　　어찌 이 밖에 묘한 뜻을 찾을 것인가
　　집 앞 돌기둥이 밝은 달과 어울리네

　　眼見花笑是圓通　耳聞松鳴卽眞如
　　如何此外窮妙旨　堂前露柱明月交

닿는 곳마다 스스로 공하고 공하네
- 제목 없이 노래함 3

흰 머리털 봄바람의 얼굴로
산과 저자 가운데 노니네
다함없는 소리와 빛깔이여
닿는 곳마다 스스로 공하고 공하네

雪髮春風面　逍遙山市中
無窮聲與色　觸處自空空(三)

해설

보는 나와 보는 빛깔이 공하니 세간 소리와 빛깔을 벗어나 만주쓰리〔文殊〕를 따라 푸른 산에 들어감이요, 들음과 소리가 공하되 소리 들음이 끊어지지 않으니 사만타바드라〔普賢〕를 따라 저자에 들어감이다.

산에 들되 풀 움직이지 않고 티끌에 들되 때 묻지 않으니, 문수와 보현이 늘 손잡아 끌며 바이로차나 법계 바다에 노닌다.

산에 들어가 저자에 들지 못하면 이것은 푸른 산에 막힘이요 저자에 들어 티끌에 물들면 세간 티끌에 가림이니, 어떻게 막히고 가림 벗어날 것인가.

옛 선사〔大覺璉〕의 한 노래 들어보자.

　얼음이 긴 강 막아 강이 얼어 흐르지 않으니

싫어하고 싫어한들 뉘라서 배 몰 줄 알겠는가
봄 우레가 복사꽃 물결 보내 일으키면
한 번뜩임에 외로운 돛배 열 고을 지난다

　　冰鑣長江凍不流　厭厭誰解攝船頭
　　春雷送起桃花浪　一閃孤帆過十洲

학담도 한 노래 붙이리라.

푸른 산에 들어감이여 도로 저자에 드니
흰 코끼리는 푸른 사자와 같이 서로 노니네
한 풀도 움직이지 않고 산과 내에 노니나니
닿는 곳마다 참됨이고 일과 일이 융통하네

　　入靑山兮還入市　白象同遊與獅子
　　不動一草遊山川　觸處皆眞事事融

솔의 울림 맑은 소리 보내네
- 제목 없이 노래함 4

달빛 물결 돌벽을 뒤집고
솔의 울림 맑은 소리 보내네
여기에서 만약 알지 못하면
외로이 걱정하는 마음 짊어지리

月波飜石壁　松籟送淸音
於斯若不會　孤負老婆心(四)

해설

마음이 알되 앎이 없고 아는 바 모습에 모습 없음을 깨치면 붇다의 법의 몸〔佛法身〕이 온갖 곳에 두루함을 안 것이다. 다시 모습에 모습 없되 모습 없음도 없음을 알면 붇다의 공덕과 은혜가 보고 듣는 곳에 가득함을 안 것이다.

그렇다면 바로 그처럼 법의 눈〔法眼〕을 뜬 사람이라야 은혜를 알고 은혜를 아는 장부라 할 것이다.

보고 듣는 곳이 공덕의 곳간인데 중생이 스스로 미혹해 알지 못하고 기나긴 밤에 밤길 헤매는 거지 자식이 된 것인가.

옛 선사〔心聞賁〕는 이렇게 노래한다.

용이 서린 복숭아 열매 맺은 지 삼천 년이요
큰 붕새 날개를 펼치니 구만 리로다

그림 누각 새벽까지 피리 소리 넘치는데
구름에 누운 사람 천 봉우리 속에 있네

蟠桃結實三千載　大鵬展翅九萬里
畫樓曉夜沸笙歌　臥雲人在千峯裏

학담도 한 노래 보이리라.

물결 가운데 하늘의 달이요
솔숲에 겁 밖의 바람이로다
여기에서 참됨을 알 수 있으면
은혜를 알아 붇다의 은혜 갚으리

波心天中月　松林劫外風
於此若會眞　知恩報佛恩

어찌 구차하게 이 세간의 뜻 따르리
- 제목 없이 노래함 5

산은 우뚝 솟구치고 물은 차가우며
바람은 살살 불고 꽃은 그윽하고 그윽하네
산사람의 살림살이 다만 이와 같은데
어찌 구차하게 이 세간의 뜻을 따르리

山矗矗　水冷冷　風習習　花冥冥
山人活計只如此　何用區區順世情(五)[1]

해설

이 노래는 소요선사가 법의 실상 그대로 한결같은 스스로의 살림살이를 보이는 한 가락 노래〔一曲〕이다.
운문선사의 다음 문답을 들어보자.

> 운문선사(雲門禪師)에게 어떤 승려가 물었다.
> "어떤 것이 운문의 한 가락입니까?"
> 운문이 답했다.
> "섣달 스무닷새이다."

소요대사의 한 노래와 운문선사의 이 답은 한 집안의 같은 노래

---

1) 山人活計只如此 : 글자의 숫자를 맞추기 위해 평창자가 '산인(山人)'을 게송에 추가하였다.

가락인가.

　옛 선사〔法眞一〕는 이렇게 노래한다.

　　소양의 운문 한 가락 노래 어찌 그리 높은가
　　부를 줄 알아도 맑은 바람 떨침을 몇 번이나 만났는가
　　돌 위에서 거문고 빗겨 안고 가락 전함 다하지 않으니
　　앉아서 서리 머금은 달이 뜰의 못에 지는 것 보네

　　韶陽一曲調何高　解唱淸風拂幾遭
　　石上橫琴傳不盡　坐看霜月落庭皐

학담도 한 노래 더하리라.

　　산 솟구치고 물 맑음이 옛 붇다 마음이요
　　목란꽃이 피니 보디사트바의 얼굴이네
　　만 칼파 법의 식량이 그 가운데 있는데
　　어찌 기나긴 밤에 거지 자식이 될 건가

　　山屹水淸古佛心　木蘭花開菩薩顏
　　萬劫資糧在其中　如何長夜作窮子

줄이 없이 스스로 묶인 사람이네
- 제목 없이 노래함 6

허공 가운데 여덟 팔 자를 쓰니
누가 머리 내밀어 나온 사람인가
많이들 두 가를 죽도록 달리니
줄이 없이 스스로 묶인 사람이네

空中書八字　誰是出頭人
二邊多走殺　無繩自縛人(六)

> 해설

허공 가운데 쓴 여덟 팔 자는 글자 없는 글자이고 눈 없는 문[無門之門]인가. 누가 그 문을 열고 머리 내미는 사람인가. 거짓 있음[假]과 공함[空], 있음도 아니고 없음도 아님[中] 세 빗장의 말귀를 한 화살에 꿰뚫은 자가 그 사람인가.

세간의 대장부라 떠드는 이들도 온통 있고 없는[有無] 두 갓길만을 달리는 자들이니, 모두 다 줄이 없이도 묶이는 자들이다.

운문선사는 '어떤 것이 불법의 큰 뜻인가'를 묻는 이에게 '달 속의 기린이 북두를 본다'고 답했으니, 이 답 속에 소요선사의 뜻이 있는가.

동림총(東林惣)선사는 운문의 답에 이렇게 노래한다.

　　남산에 비요 북산에 구름이니

하늘 위는 가을이요 땅 아래는 봄이네
눈썹을 쳐올려서 분명한 뜻 가리면
달 속에서 기린을 보는 것보다 좋으리

南山下雨北山雲　天上中秋地下春
眨上眉毛辨端的　好於月裏看騏驎

심문분(心聞賁)은 이렇게 노래한다.

세 빗장의 말귀 한 화살로 깨뜨린
운문선사가 온전한 위세 드러내니
한밤에 쇠까마귀가 바다 밑을 나네
땅을 더듬고 하늘에 건져 찾아도 볼 수 없는데
정자 떠나며 버들 늘어진 것 아득히 보네

三關一鏃露全威　夜半金烏海底飛
摸地撈天尋不見　離亭空看柳依依

학담도 한 노래 보이리라.

두 가에 떨어지지 않고 곧은 길을 가면
본래 스스로 해탈한 집안 속 사람이네
끝없는 허공 가운데 한 글자가 오니
만법이 이를 좇아 실 꾀를 세우네

不落二邊行直道　本自解脫家裏人
無邊空處一字來　萬法從此立活計

허공의 뼈를 때려 깨뜨리니
- 제목 없이 노래함 7

번뜩이는 번개 빛 가운데 앉아서
사람 마주해 죽이고 살릴 수 있네
머리도 없고 꼬리도 없는 몽둥이여
허공의 뼈를 때려 깨뜨리네

閃電光中坐　對人能殺活
無頭無尾棒　打破虛空骨(七)

해설

반야의 눈을 뜬 참사람에게는 눈에 닿는 곳이 보디〔觸目菩提〕이고 서 있는 곳이 다 참됨〔立處皆眞〕이라, 있음에 닿아도 있음이 아니고 없음에 닿아도 없음이 아니다.

그 지혜의 씀이 곧 본래 그런 것인데, 이를 어찌 번갯불의 빠름으로 비유할 수 있겠는가. 지혜의 칼은 법의 실상 그대로라 안과 밖과 가운데를 모두 깨뜨려 살려내고, 저 허공이라는 견해도 깨뜨리는 것이니, 이를 무어라고 말해야 하나. 입 다물고 남은 봄을 지내야 하리.

소요선사의 위 노래는 바탕〔體〕과 씀〔用〕 죽임〔殺〕과 살림〔活〕을 한꺼번에 잊어야 둘을 함께 살릴 수 있음을 보인 것인가. 옛 선사〔保寧勇〕의 한 노래 들어보자.

봄날이 따뜻하니 서로 불러 푸른 풀밭에 나가
때로 걷고 때로 앉아 돌아갈 것 잊을 뻔했네
해저물녘 한 바탕 동쪽 바람 소나기에
온몸이 비치도록 옷이 젖게 되었네

春暖相呼出翠微　時行時坐幾忘歸
黃昏一陣東風雨　未免渾身透濕衣

학담도 한 노래 붙이리라.

반야는 머무는 바가 없으나
기틀 응해 있고 없음 벗어나네
머리 없는 몽둥이로 허공을 두들기니
소리 없지만 울림 다함없어라

般若無所住　應機超有無
無頭棒鼓空　無音響無盡

숲에 들어도 풀을 움직이지 않으니
- 제목 없이 노래함 8

숲에 들어도 풀을 움직이지 않으니
물을 건넌들 어찌 물결 일으키리
비록 그러나 좋은 솜씨 아니니
나무 말은 황하를 건너가도다

入林不動草　涉水豈揚波
雖然非好手　木馬渡黃河(八)

해설

공(空)을 들면 거짓 있음〔假〕이 공 아님〔不空〕이 없고, 거짓 있음을 들면 공(空)이 거짓 있음 아님〔不假〕이 없어야 길 가운데 일에서 집안 일 떠나지 않으며 집안 일에 앉아 길 가운데 일을 쓰는가.

숲에 들고 물에 들어 풀 움직이지 않고 물에 젖지 않아도 좋은 솜씨 아니라고 하니, 이는 무엇 때문인가.

아직 고요한 집안 소식 떠나지 않고 집안에 앉아 그대로 보현의 길 가는 행〔普賢行〕을 참으로 나투지 못하므로 좋은 소식 아니라 했는가.

집안 소식〔家裏事〕과 길 가는 일〔途中事〕이 둘이 없는 참사람의 밟아 가는 일을 어떻다고 말해야 하는가.

옛 선사〔雪竇顯〕의 한 노래 들어보자.

물을 뿌려도 묻지 않고 바람 불어도 들지 않으나
범이 걷고 용이 가며 귀신이 울부짖는다
머리 길이가 석자이니 이를 누가 아는가
서로 마주하되 말이 없이 외발로 섰도다

水灑不著　風吹不入
虎步龍行　鬼號神泣
頭長三尺知是誰　相對無言獨足立

학담이 한 노래 붙이리라.

티끌 밟되 물들지 않음이 집안 속 일이니
풀을 벗어나되 풀에 들어가서 늘 자재하도다
큰 선정을 일으키지 않고 방편으로 나서
중생을 교화하되 건네주는 바가 없어라

踏塵不染家裏事　出草入草常自在
不起大定方便生　敎化衆生無所度

산집은 말을 끊고 미묘하니
- 제목 없이 노래함 9

잎 떨어지니 천 봉우리 고요하고
달이 뜨자 만 골짜기 기이하네
산집은 말을 끊고 미묘하니
바깥 사람 알게 하지 말지니라

葉脫千峯靜　月臨萬壑奇
山家絶言妙　勿使外人知(九)

> 해설

　많은 선류(禪流)들은 선정과 지혜 같이 지님〔定慧等持〕을, 내면의 밝되 고요한 선정의 경지로 이해하니 선정의 경계〔禪定境〕도 공한 줄 모르는 망집이다. 깸과 잠이 한결같음〔寤寐一如〕도 낮에도 깨어 있고 밤에도 깨어 있음으로 말하는 이들이 있으나, 이는 연기론적 실천관이 아니라 신아론(神我論)에 의거한 허구적 실천관이다.
　선정은 세계가 있되 공함에 의지해 닦는 실천이고, 지혜는 세계가 공하되 있음을 의지해 닦음이므로 '선정과 지혜의 하나됨'은 세계의 중도의 진실 그대로의 삶을 말한다.
　오매일여도 낮의 깨어 앎에 실로 앎과 아는 바가 없음을 깨치면 밤의 알지 못함에 알지 못함도 없음을 말한 것이다.
　현사사비선사(玄沙師備禪師)는 낮과 밤에 다섯 쌓임을 주재하는 자를 찾아 오매일여라 하는 것은 '도적을 아들로 아는 격〔認賊爲子〕'이라 말했다.

소요선사의 위 노래가 곧 선정과 지혜가 하나됨〔定慧一體〕을 말한 것이니, 옛 선사〔知非子〕의 한 노래 들어보자.

> 높고 높은 산꼭대기에서 걸음 걸음 나아가니
> 범과 이리 백 가지 짐승 누가 감히 가까이 오며
> 깊고 깊은 바다 밑을 천천히 걸어가니
> 굽이치는 물결은 사나운 용을 돌아보지 않는다
> 열두 때 가운데 지극한 뜻을 밝히면
> 모든 붇다를 여유롭게 얻지 못함 없으리

> 高高山頂步步進　虎狼百獸誰敢近
> 深深海底徐徐行　波濤不顧蛟龍獰
> 十二時中明極則　諸佛無非等閑得

학담도 한 노래 붙이리라.

> 만 골짝 천 봉우리에 사람 자취 끊어졌는데
> 맑은 바람 밝은 달이 스스로 가고 오네
> 산집 고요한 밤에 사람은 잠에 취했는데
> 바위 앞 개울은 흘러 끝내 쉬지 않도다

> 萬壑千峯絶人跡　清風明月自去來
> 山堂靜夜人醉眠　岩前溪流終不息

시냇물 소리 지게문에 들어와 울리니
- 제목 없이 노래함 10

산달이 창에 비쳐 밝은데
시냇물 소리 지게문에 들어와 울리네
아홉 해의 말없음을 알려는가
반드시 이 가운데서 밝혀내라

山月投窓白　溪聲入戶鳴
欲知九年默　須向此中明(十)

> 해설

　달마선종의 비조 달마선사는 정사의 기록에는 그 실체가 모호하며, 도선율사의 당고승전에도 남악혜사선사 천태지의선사의 기록은 여러 쪽에 달하지만 달마에 관한 기록은 몇 줄밖에 없다. 그러나 달마는 당조에 들어 하택신회선사가 육대전의설(六代傳衣說)에 의해 선종의 권화로 세웠으니, 달마는 선종의 권화로서 역사적 의미가 없지 않다.
　달마선사는 가르침 밖에 따로 전한 뜻을 보이기 위해 중국에 들어와 소림에서 구 년간 좌선하여 혜가를 만났다고 하므로, 그를 '벽을 보는 브라마나〔壁觀婆羅門〕'라 한다. 소림의 아홉 해 달마선사의 벽을 보고 앉아있음의 말 없음에 실로 말이 없는 것인가.
　벽을 보는 조사의 뜻을 모르고 벽을 보는 껍데기만 따라 하는 것으로 선(禪)을 삼아서는 안 되니, 옛 선사〔竹庵珪〕는 이렇게 말한다.

> 소실산 앞의 바람이 귀를 스쳐 지나니
> 아홉 해 사람의 일은 흐르는 물을 따르네
> 만약 바닷물결 놀리는 사람이 아니라면
> 부디 큰 물결 속에 뛰어들어가지 말라

> 少室山前風過耳　九年人事隨流水
> 若還不是弄潮人　切須莫入洪波裏

학담도 한 노래 더하리라.

> 성긴 숲에 벽을 보고 아홉 해 말 없었으니
> 이 사이 소식을 어떻게 알아야 할까
> 밤이 깊자 산 달은 더욱 또렷이 밝아지고
> 사람이 고요하니 개울물 소리 더욱 맑고 서늘하네

> 少林面壁九年默　此間消息如何會
> 夜深山月轉分明　人靜溪聲尤淸冷

뜻 가운데 구슬도 버려버리라
- 제목 없이 노래함 11

글로 쓰는 말은 많이 헛되니
헛됨 가운데 있음과 없음 지니네
도리어 쓰기 전을 향해 알아서
뜻 가운데 구슬도 버려버리라

書出語多虛　虛中帶有無
却向書前會　放却意中珠(十一)

해설

　말 앞과 소리 뒤를 어찌 말을 끊고 구하며 다시 말 가운데서 뜻의 구슬을 찾는가. 두 길이 모두 말의 진실을 등지는 것이다. 말〔言〕과 뜻〔意〕과 사물〔物〕이 모두 얻을 것 없으므로 말과 뜻과 사물이 세워지는 것이니, 말에 말 없음을 바로 알면 말과 글자가 곧 진여가 되고 낱낱 사물이 인드라하늘 그물처럼 서로 머금어 참될 것이다.
　그 가운데서는 그름을 끊되 끊음 없고 옳음을 세우되 세움 없는 것인가.
　옛 선사〔東林惣〕의 한 노래 들어보자.

　　네 구절 백 가지 그름에서 무슨 말 끊을까
　　검고 흰 빛 또렷하니 바름과 치우침 정하네

사자의 굴 가운데는 다른 짐승 없으며
검은 용이 다니는 곳 물결은 하늘 넘치네

百非四句絶何言　黑白分明定正偏
師子窟中無異獸　驪龍行處浪滔天

학담도 한 노래 더하리라.

비록 뜻 가운데 구슬을 일컫지만
말과 뜻의 진기함도 놓아버리라
만약 말에 말 없음의 뜻을 알면
글자 글자가 하늘왕의 구슬 머금으리라

雖稱意中珠　放却言意珍
若會無言旨　字字含帝珠

사람이 마음 없으면 도에 합하네
- 제목 없이 노래함 12

도가 어찌 사람과 합하지 않으리
사람이 마음 없으면 도에 합하네
이 가운데 뜻을 알려 하는가
하나는 늙고 하나는 늙지 않네

道豈不合人　人無心合道
欲識箇中意　一老一不老(十二)

해설

마음에 마음 없으면 마음이 곧 마음인 사물의 실상이 된다. 그러나 마음에 한 생각 일어나면 온갖 허깨비가 일어나 사물의 진실을 등진다. 허깨비는 허깨비라 없앨 것도 없으니, 허깨비가 허깨비인 줄 알면 보고 듣는 그 자리가 참됨이다. 그렇다면 모습에 모습 없는 도가 사람을 멀리하지 않으나, 사람이 생각 일으켜 도를 스스로 멀리하는가〔道不遠人人遠道〕.

어떻게 사람이 다시 도에 나아가야 하는가. 하나는 늙고 하나는 늙지 않음이란 마음이 나고 사라져도 사라짐 없으며, 도가 나고 사라짐 없되 나고 사라짐 없음도 없음을 보인 것인가.

옛 선사〔大慧杲〕의 다음 말을 들어보자.

고덕(古德)은 이렇게 말했다.

소를 찾는데 반드시 자취를 찾아야 하고
　　도를 배우는데 마음 없음을 찾아야 한다
　　발자취가 있으면 소가 도로 있고
　　마음 없으면 도를 쉽게 찾는다

　　尋牛須訪跡　學道訪無心
　　跡在牛還在　無心道易尋

　마음 없음이라 말하는 것은 흙과 나무 기와 돌처럼 어두워 앎 없음과 같지 않다. 곧 경계에 닿고 생각할 것을 만날 때 경계는 곧 마음인 경계지만 마음 또한 경계인 마음이라 마음과 경계가 함께 공한 것이니, 알되 앎이 없고 앎 없되 앎 없음도 없는 것이다.
　앎에 앎 없음이 사마타의 고요함이고 앎 없되 앎 없음도 없으면 비파사나의 밝음이니, '사마타와 비파사나가 하나됨〔止觀俱行〕'이 곧 마음에 마음 없음인 것이다.
　학담도 한 노래 더하리라.

　　도는 본래 마음 아니고 마음 아님도 아니니
　　사람에게 마음이 있으면 도에 합하지 못하네
　　만법이 본래 한가하나 사람이 스스로 시끄러우니
　　법에 모습 없음을 알면 생각이 곧 참됨이네

　　道本非心非非心　人有心而不合道
　　萬法本閑人自鬧　了法無相念卽眞

구름은 만 권의 경전이니
- 제목 없이 노래함 13

물은 산승 눈의 푸르름이요
산은 붇다의 머리가 푸름이네
달은 한 마음의 도장이요
구름은 만 권의 경전이네

水也僧眼碧　山也佛頭靑
月也一心印　雲也萬卷經(十三)

> 해설

여섯 아는 뿌리〔六根〕와 여섯 티끌 경계〔六境〕가 있되 공하여 여섯 앎〔六識〕이 날 때 자아와 세계는 앎의 바탕〔根本識〕이되 앎 자체로 드러난다. 마음인 경계와 경계인 마음이 모두 공한 삶의 실상 밖에 여래의 경이 없으니, 이 경은 안과 밖과 가운데 머물지 않으나 안과 밖 가운데를 떠나지 않는다.

이 법의 보배인 법계의 경이 붇다의 참된 몸이고 슈라바카 프라테카붇다 보디사트바 상가의 바탕이며, 이 삼보가 지금 중생 한 생각의 자기진실이다. 그러므로 지금 드러나 있는 한 생각〔現前一念〕에 생각 없음〔無念〕을 통달하면 그가 생각 생각 여래의 몸을 봄이 없이 보는 자이고, 여래의 경을 읽는 자이다.

이 법계의 경은 저 문자가 아니되 문자 아님도 아니니, 옛 선사〔投子靑〕의 한 노래 들어보자.

핍발라굴 바위의 꽃은 새벽에 봄빛 띠고
향기로운 바람 때로 영축산 봉우리에 모인다
옥으로 모신 붇다의 상과 병 가운데 사리탑에
따로 하늘땅을 비추는 등불 있음을 알라

畢鉢巖花曉帶春　香風時結鷲峰層
須知玉像瓶中塔　別有輝天照地燈

학담도 한 노래 더하리라.

처마끝 비 떨어짐은 마음의 소리요
창밖의 산빛은 내 몸의 빛깔이네
큰 땅과 산과 냇물 한 권의 경이니
달 아래 법계의 경을 봄이여
마음이 고요하고 고요하네

簷頭雨滴是心聲　窓外山色是身色
大地山河一卷經　月下看經心寂寂

천하가 산승의 한 주장자 끝이니
- 제목 없이 노래함 14

세상일은 허공 가운데 새요
뜬 인생 물위의 거품이네
천하에 여러 가지 것 없으니
산승의 한 주장자 끝이네

世事空中鳥　浮生水上漚
天下無多地　山僧一杖頭(十四)

해설

　세간의 온갖 것이 나되 남이 없음을 알면 만 가지 법이 각기 다르되 한 길로 통한 진여의 성품을 아는 것이다. 그러므로 천하를 거두는 산승의 한 주장자를 신묘한 도리라 말하지 말아야 하니, 이 뜻을 어떻게 다시 보아야 하는가.
　옛 선사〔心聞賁〕의 한 노래 들어보자.

구름 없는 푸른 하늘에 달토끼 숨을 수 없고
거울 같은 맑은 못에 용이 눕지 못한다
그 가운데 밟아가는 곳을 묘하게 얻으면
문을 같이해 드나들어도 서로 만나지 못하네

無雲碧落難藏兎　似鏡澄潭不臥龍
妙得箇中行履處　同門出入不相逢

천하를 주장자 끝에 거둠이여, 있음[有]을 무너뜨리지 않고 있음[有]을 다하는 자가 그렇게 할 수 있는가.
옛 사람[知非子]의 한 노래 들어보자.

눈으로 사자새끼 만들었는데
밀어 넘어뜨려도 엿보는 사람 없네
봄이 와 날이 또 따뜻해지니
다시 털끝만큼도 남겨두지 않네

雪作師子兒　推倒沒人窺
春來日又暖　更不存毫絲

학담도 한 노래로 소요선사의 뜻에 함께하리라.

세간의 나고 사라짐이 물거품 같은데
물거품은 본래 비어서 나고 사라짐 떠났네
나고 사라짐 사라져 다해 고요함이 나타나니
수메루산 꼭대기에서 쇠배를 몰도다

世間生滅如水漚　水漚本虛離生滅
生滅滅已寂滅現　須彌頂上駕鐵船

꽃 지는데 산승은 오래 문을 닫고
- 제목 없이 노래함 15

꽃 지는데 산승은 오래 문을 닫고
봄이 깊어가나 나그네는 돌아오지 않네
바람은 둥지의 학 그림자를 흔들고
구름이 좌선하는 이 옷을 적시네

花落僧長閉　春深客不歸
風搖巢鶴影　雲濕坐禪衣(十五)

해설

세간 움직임을 떠나지 않고 움직임 가운데 고요함이 바른 선정이니, 세상일을 잊고 고요히 좌선하는 선사의 고요함 가운데 만 가지 법 다 거두는 뜻을 보인다.

일제강점기 선교율 회통(禪敎律會通)의 선풍을 보인 용성선사(龍城禪師)가 상수 법제자 동헌(東軒太玄)과 동광(東侊: 太虛鍾振)에게 보인 전법게를 통해 소요대사의 뜻을 다시 살펴보자.

- 동헌에게 보임〔示東軒〕

  산과 물과 주장자는
  옛 사람이 이미 알아맞혔네
  나는 잠이나 자거니
  맑은 바람 빈 뜰을 지나네

山水與柱杖　故人曾點得
　　　我也打合睡　淸風過虛庭

- 동광에게 보임〔示太虛〕

　　　대각께서 법을 전한 일은
　　　머리 끄덕여도 나는 알지 못하네
　　　낮잠이 바야흐로 무르익는데
　　　산새는 또 한 소리 우짖네

　　　大覺傳法事　掉頭吾不知
　　　午睡方正濃　山鳥又一聲

소요 용성 양 조사의 뜻을 받아, 학담도 한 노래를 더하리라.

　　　산승이 길게 문을 닫고 앉아 고요하니
　　　봄이 깊어 꽃지는 것도 도무지 모르네
　　　산새의 한 소리가 낮잠을 깨워서
　　　홀연히 앞산을 보니 흰 구름 일어나네

　　　山僧長閉坐中寂　春深花落都不知
　　　山鳥一聲警午睡　忽顧前山白雲起

6.
니르바나가 어찌 고향이리
- 소요선사 임종게 [臨終偈]

해탈이 해탈이 아니니
니르바나가 어찌 고향이리
털 베는 칼빛이 환히 빛나니
혀 움직여 말하면 칼날에 베이리

解脫非解脫　涅槃豈故鄕
吹毛光爍爍　口舌犯鋒鋩

해설

중생의 나고 죽음이 공해 망상에 처음 오는 곳이 없다면, 본래 묶임이 없으니 해탈은 무엇이며 본래 고요하여 니르바나되어 있는데 다시 니르바나가 어디 있으리.

그러나 망상과 탐욕이 없지 않은 곳에서 보디사트바의 자비의 서원도 또한 공하지 않는 것이니, 소요선사는 법이 무너지는 이 세간 이 청구의 땅에 다시 오시어 붇다의 지혜등불을 다시 밝히고, 붇다의 일을 함이 없이 행하신 것이리라.

소요선사의 가심에 감의 자취가 없다면 소요선사가 다시 오실 때 입이 없을 것[來時無口]이니, 입이 없음이여 올 때 옴이 없이 오심인가.

옛 선사[松源]는 이렇게 노래한다.

구름 열리니 허공이 스스로 드넓고
잎이 지니 곧 뿌리로 돌아간다
안개 물결 속에 머리를 돌리니
뱃노래는 먼 마을을 지났도다

雲開空自闊　葉落卽歸根
迴首煙波裏　漁歌過遠村

학담도 한 노래로 소요선사의 임종의 뜻을 기리리라.

모든 법이 본래 고요하니 어찌 사라짐이 있고
본래 묶인 바가 없는데 어찌 벗어남 있으리
하늘 의지한 긴 칼 그 빛이 환하고 환한데
깨달아 얻을 것 없음을 알면 곧 옛 사람이리

諸法本寂何有滅　本無所繫何有脫
依天長劍光爍爍　了無所了卽舊人

7.
천리 길에 진귀한 나그네 만났나니
- (소요대사가 스스로) 풀이해 말했다[自註云]

진귀한 나그네는 큰 스승 청허조사이다. 뜰 앞 나무 우거짐은 마음 빛을 밝혀냄이니, 곧 나이 마흔에 다시 참방한 일이다.

金客大師也 庭前云云 心華發明也 卽年四十再叅事也

한 사람이 두 입을 내니
자주 서서 몇 번이나 이뤘던가
천리 길에 진귀한 나그네 만났나니
뜰 앞 마른 나무가 우거지네

一人生二口　數立幾番成
千里逢金客　庭前枯木榮

해설

소요선사와 서산조사(西山祖師)의 만남을 어찌 세속 애착의 뜻으로 만남이라 할 것인가. 나고 사라짐 없는 본래 사람[本來人] 가운데서 만나고, 그림자 없는 나무[無影樹] 꽃 그늘에서 만남은 만나도 만남 없고 헤어져도 헤어짐 없다.

한 사람이 두 입을 낸다고 하니, 한 입은 법의 눈을 뜨기 전에 세속에 물든 입을 말하고, 또 한 입은 진귀한 나그네 만나 홀연히 법의 눈을 뜬 뒤 참된 말[眞言]을 쓰는 입인가.

옛 선사[佛眼遠]의 한 노래가 서산 소요 두 조사의 만남의 뜻과 같으리라.

    그대와 더불어 가는 오늘의 길에서
    그대와 같이 본래의 사람을 함께 보노라
    이름도 같고 성도 같고 꼴과 모습 같아서
    죽음도 없고 남도 없으며 몸의 티끌도 없도다

    마쳐 다함에 어떠한가
    부디 본래 사람이라 부르지 말라

    與子偕行今日路　如君共看本來人
    同名同姓同形叚　無死無生無色塵

    畢竟如何　切忌喚作本來人

학담도 두 조사의 만남에 한 노래 더하리라.

    사람이 입을 열면 말이 많으나
    참된 말은 입을 나오지 않네
    한번 진귀한 나그네 만남이여
    그림자 없는 나무에 꽃이 피네

    人開口多言　眞言不出口
    一逢金客兮　無影樹花發

8.
본래 머무는 곳 없으니
- 제목 없이 노래함 [無題] 1

어젯밤 거칠게 묵은 마을에서 잤는데
오늘 아침은 위 뜰에서 노닐도다
본래 머무는 곳이 없으니
어느 곳에서 오는 자취 찾으리

昨夜荒村宿　今朝上院遊
本來無住處　何處覓蹤由(一)

해설

참사람은 몸에 몸이 없고 마음에 마음 없으니, 그의 밟아 걸어 감에 무슨 자취가 있으리. 그러나 마음에 마음 없음도 없고 몸에 몸 없음도 없으니, 산에 머물면 산사람[山人]이고 들에 있으면 들사람[野人]이며, 길을 가면 나그네[客人]가 된다.

옛 선사[丹霞淳]의 다음 한 노래가 소요선사의 뜻과 하나되리라.

초 향기뿐 사람 고요해 아득히 소리 없는데
이끼는 붉은 섬돌에 가득하고 달빛 밝도다
집에 들어서면 우뚝하여 느릿느릿 바로 앉고
문 나서면 게으르게 섬돌 내려 걷는다

燭香人靜杳無聲　苔滿丹墀皓月明

入戶當堂慵正坐　出門猶懶下堦行

산놀이 다녀온 장사(長沙)선사의 경계를 말한, 삽계익(霅溪益)
선사의 한 노래 들어보자.

떨쳐나는 산 향내음 길에 가득 날아가고
들꽃은 떨어져 거칠게 흩어졌네
봄바람 끝없어 깊고 깊은 뜻을
노란 꾀꼬리 못 만났으면 누구에게 말했으리

拂拂山香滿路飛　野花零落草離披
春風無限深深意　不得黃鸝說與誰

학담도 한 노래로 참사람의 노닐음을 기리리라.

가고 옴에 좇아 옴이 없고 머묾에 머묾 없으니
때로 산마을에 머물고 때로 화려한 저자에 머무네
물으면 곧 대꾸해주고 사람에 따라 응해주나
번개 같은 신의 눈도 엿볼 수 없어라

去來無從住無住　或住山村或京華
問卽酬對隨人應　如電神目不能窺

잔나비 우니 서리 내린 밤달은 밝고
- 제목 없이 노래함 2

잔나비 우니 서리 내린 밤달은 밝고
꽃이 지니 깊은 뜨락의 저무는 봄이로다
아득하게 넓은 붉은 티끌 속에
낱낱 사람이 다 옛 사람이로다

猿啼霜夜月　花落沁園春
浩浩紅塵裡　頭頭是故人(二)

해설

말하고 사유할 수 없는 법계〔不思議法界〕 진리의 땅에서 마음과 경계가 둘이 없고, 이것과 저것이 서로 하나되고 서로 들어가〔相卽相入〕두렷이 통한다. 이와 같이 이미 막힘없고 걸림 없는 곳에서 스스로 문을 닫아걸고, 저무는 봄빛 가운데 지지 않는 겁 밖의 빛〔劫外光〕을 보지 않을 뿐이다. 그러니 그 어느 곳이 옛 사람을 잃어버린 곳이겠는가.

옛 선사〔雪溪益〕의 한 노래 들어보자.

한바탕 회오리바람에 짙은 안개 열리니
천 봉우리 솟구쳐서 푸른 빛 아스라이 높다
놀란 잔나비와 원망어린 학 내버린 지 오래지만
한밤 어두운 산 앞에서 부르면 곧 돌아온다

一陣旋風霧靄開　千峯突出碧崔嵬
驚猿怨鶴抛來久　半夜山前喚得廻

먼 길 헤매는 나그네가 비록 고향에 돌아가는 길 알지 못하나 한 걸음도 집안 소식 떠남이 없으니, 옛 선사〔丹霞淳〕의 한 노래 들어보자.

본래부터 아버지와 아들은 서로 떨어지지 않았는데
돌여인은 어찌 힘들게 다시 그를 묻는가
어젯밤 찬 바위 그림자 없는 나무가
흰 구름 깊은 곳에 비낀 가지 드러냈네

從來父子不相離　石女何勞更問伊
昨夜寒巖無影木　白雲深處露橫枝

학담도 한 노래 더하리라.

꽃 피고 꽃 지는 것 법계의 빛이요
밤달에 잔나비 울음 겁 밖의 소리로다
만길 붉은 티끌에 흘러 떠도는 나그네여
본래 두렷이 이루어진 옛 때 사람이로다

花開花落法界光　夜月猿啼劫外聲
萬丈紅塵流浪客　本來圓成舊時人

오늘 홀연히 산 채로 잡았나니
- 제목 없이 노래함 3

꽃이 피니 산의 붉은 얼굴이요
바람 부드러우니 새의 어지러운 마음이네
평생 동안 잡으려는 놈인데
오늘 홀연히 산 채로 잡았네

花發山紅面　風柔鳥亂心
平生求捉漢　今日忽生禽(三)

해설

마음을 내 얻는 것이 있으면 얻지 못함이 있고, 아는 것이 있으면 알지 못함이 있다. 그러나 저 보는 바 경계에 얻는 바가 없으면 얻지 못함이 없으니, 저 산에 가득한 꽃과 귀에 어지러운 새소리라도 어찌 남의 집 일이 되리.
　옛 선사〔白雲昺〕의 한 노래 들어보자.

　　눈을 크게 떠 눈앞에 가득한 것
　　튕겨도 모두 열리지 않으니
　　동아와 가지를 뜰에 가득 심는다
　　까마귀 날고 토끼 달려 밝음과 어두움 나뉘니
　　남에는 천태산이 있고 북에는 오대산이네

　　極目重重撥不開　冬苽茄子滿園栽

烏飛兎走分明暗　南有天台北五臺

학담도 한 노래 더하리라.

　　날이 다하도록 마음 구해 보디에 나아가다
　　홀연히 얻을 것 없음을 깨쳐 알았네
　　아는 뿌리와 경계 놓아 버림에 온 바탕 드러나니
　　산과 물 밝은 달이 자기 집 곳간이네

　　終日求心趣菩提　忽然了知無所得
　　根境放下全體現　山水明月自家藏

만약 싯구로 알려고 한다면
- 제목 없이 노래함 4

향기로운 풀은 삼월의 봄비요
붉은 나뭇잎은 구월의 서리로다
만약 싯구로 알려고 한다면
법 가운데 왕을 아주 웃게 하리라

芳草三春雨　丹楓九月霜
若將詩句會　笑殺法中王(匹)

해설

　삼월의 봄비 구월 서리에 법왕의 몸〔法王身〕이 온전히 드러났으나, 다만 생각과 말 일으켜 봄 경치 가을 정취를 노래하면 법왕을 아득히 저버리리라. 법왕인 봄가을의 소식을 어찌 보아야 하는가.
　옛 선사〔天童覺〕의 한 노래 들어보자.

생각 떠나면 붇다를 보고 티끌 깨뜨리면 경을 낸다
집의 법을 드러내 이루니 누가 문과 뜰을 세우는가
달이 배를 따라가니 강이 부드럽고 맑으며
봄이 풀 위를 따르니 불 탄 자취도 푸르러지네
튕기고 튕기지 않음 자세히 들으라
세 오솔길 거칠어지자 돌아가게 되지만
옛 때의 솔과 국화 오히려 향기롭네

離念見佛　破塵出經
　　現成家法　誰立門庭
　　月逐舟行江練淨　春隨草上燒痕靑
　　撥不撥　聽丁寧
　　三徑就荒歸便得　舊時松菊尙芳馨

학담도 한 노래 붙이리라.

　　봄비에 향기로운 풀이 법 가운데 왕이요
　　구월의 단풍잎이 겁 밖의 바람이네
　　참된 말 한 구절을 어떻게 알 것인가
　　만약 모습 없음을 알면 말이 곧 이것이네

　　春雨芳草法中王　九月楓葉劫外風
　　眞言一句如何會　若了無相言卽是

마라와 붇다 스스로 갈 길을 잃네
- 제목 없이 노래함 5

여섯 창이 비어 툭 트였으니
마라와 붇다 스스로 갈 길을 잃네
만약 다시 그윽이 묘함 찾으려 하면
뜬 구름이 햇빛을 막아 가리리라

六窓虛豁豁　魔佛自亡行
若更尋玄妙　浮雲遮日光(五)

해설

여섯 아는 뿌리〔六根〕여섯 경계〔六境〕여섯 앎〔六識〕이 모두 있되 툭 트여 공하였으니, 마라와 붇다의 분별도 없다. 취하고 얻을 것 없는 곳에서 한 생각 취할 것 일으킴이 마라이니, 모습에 모습 없음을 알면 마라도 없고 마라의 분별이 사라지면 구할 붇다의 모습도 없다.

영가선사(永嘉禪師)는 말한다.

　마음은 아는 뿌리 법은 경계의 티끌이니
　두 가지가 마치 거울 가운데 자취 같네
　자취의 때 다할 때 빛이 비로소 나타나니
　마음과 법 같이 없어질 때 성품이 곧 참됨이네

　心是根法是塵　兩種猶如鏡上痕

痕垢盡時光始現　心法雙亡性卽眞

지해청(智海清)선사는 이렇게 말을 덧붙인다.

　　거지 자식 빨리 돌아오라 말해주나니
　　보배 품고 밥을 비는 스스로의 못남을 쉬라
　　머리 들고 햇빛 가운데 사방을 보니
　　묘하고 높은 봉우리 빛깔 솟구쳐 푸르네

　　報言窮子早歸來　懷寶跉跰休自屈
　　擡頭四顧日華中　妙高峰色靑嶠崒

학담도 한 노래 붙이리라.

　　여섯 아는 뿌리 비어 트여서 안으로 얻음 없고
　　여섯 티끌 경계 본래 공해 밖으로 구함 없네
　　안과 밖 얻음 없되 안과 밖이 밝으니
　　이 밖에 묘함 찾으면 마라에 떨어지리

　　六根虛豁內無得　六境本空外無求
　　內外無得內外明　此外尋妙卽墮魔

우습다, 남으로 선지식을 찾는 이여
- 제목 없이 노래함 6

참선하여 그 밝음 또렷또렷하니
잣나무는 뜰 가운데 서 있도다
우습다, 남으로 선지식을 찾는 이여
헛되이 백열 성을 돌아다니네

叅禪明了了　栢樹立中庭
可笑南詢子　徒勞百十城(六)

해설

참선은 망령됨을 끊고 참됨을 얻는 것이 아니라 망령됨을 돌이켜 그 진실을 밝힘이니, 망령됨이 일어난 바 없음을 알면 저 뜰 앞의 잣나무가 곧 실상이고 참마음이다.

선지식의 가르침은 중생의 병으로 인해 서는 것이니, 병이 공한 줄 알면 선지식에도 취할 것이 없다. 중생의 번뇌가 없지 않으므로 보디의 이름이 세워지고 화엄회상 쉰셋 선지식〔五十三善知識〕을 찾아 백열 성〔一百十城〕을 돌아다니는 선재의 행이 없지 않다.

그러나 선지식에 쥐어 잡을 곳이 없는 줄 아는 자가 참으로 선지식을 잘 모시는 자이고, 가르침을 통해 본래 집에 잘 돌아가는 자이니, 옛 선사〔淨嚴遂〕의 한 노래 들어보자.

　　바탕이 드러나 또렷이 밝아 티가 끊어졌으니

티끌 가운데 법계의 크기 끝이 없도다
끝없는 세계 바다가 털끝 위이니
범부 성인이 모두 병든 눈의 헛꽃이네

 體露分明絶點瑕　塵中法界量無涯
 無邊刹海毫端上　凡聖都如病眼花

학담도 한 노래 더하리라.

만약 얻을 것 없음을 알면 곳곳이 참됨인데
어찌해 남으로 백열 성을 찾았는가
경계 지혜 모두 없어져 고요한 앎이 나타나면
문수와 보현이 법의 성에 이끌리라

 若了無得處處眞　如何南詢百十城
 境智俱亡寂知現　文殊普賢引法城

집의 산에서 소등에 누웠으니
- 제목 없이 노래함 7

남이 없는 노래 한가락이여
먼 산 봉우리 저녁놀이 붉도다
집의 산에서 소등에 누웠으니
얼굴에 부는 바람 꽃잎 떨어뜨리네

無生歌一曲　遠岫夕陽紅
家山牛背臥　吹面落花風(七)

해설

눈으로 하늘의 놀을 보고 귀로 시냇물 소리 듣고 꽃 떨어뜨리는 바람을 몸으로 느끼는 것이 남이 없는 가락이다.

왜 그런가. 보고 들음이 봄이 없는 봄이고 들음 없는 들음이기 때문이니, 눈앞에 보는 것 귀로 듣는 것의 진실 밖에 붇다의 법〔佛法〕이 없고 조사의 선〔祖師禪〕이 없다.

다만 실로 볼 바 없고 들을 바 없는 곳에서 실로 볼 것이 드러나면 망상의 구름이 진실을 가리는 것이니, 옛 선사〔丹霞淳〕는 이렇게 노래한다.

별이 물나라에 흐르니 밤에 등불 켬이요
달이 강하늘에 도장 찍으니 밝기가 거울 같다
숨고 드러남에 사사로움이 없어서

따로 치우치고 바른 자리 갖추지 않았는데
어렴풋이 움직이자 치우침과 바름 이루었네

    星流水國夜燃燈　月印江天明似鏡
    隱顯無私位不該　依俙擬動成偏正

학담도 한 노래 더하리라.

  먼 산에는 붉은 놀이요 개울물 가까운데
  그림자 없는 나무 밑에서 남이 없음 노래하네
  이미 도량 편히 앉았는데 어찌 참됨 구하리
  뜰 가운데 백 가지 꽃 피어서 불타듯하네

    遠山紅霞溪水近　無影樹下歌無生
    安坐道場何求眞　庭中百花開爛漫

9.
그림자 없는 나무를 찍어 와서
- 서산조사에 부침 [附西山]

그림자 없는 나무를 찍어 와서
물 가운데 거품을 녹여 더하네
우습다, 소 탄 자여
소를 타고 다시 소를 찾네

斫來無影樹　銷盡水中漚
可笑騎牛者　騎牛更覓牛

해설

이 게송은 이미 앞에 실려 있는데 여기 다시 실은 것은, 아마도 서산조사가 보인 이 게송에서 소요선사가 깨치고 '남이 없는 노래가락' 읊은 앞의 게송을 지은 듯하다.

소요대사는 스스로 이 송에 다음 같이 청허조사로부터 깨친 사정을 말하고 있다.

나이 스물일 때 청허조사의 방 가운데서 모시고 지냈다.
그때 대사께서 이 게송을 써서 주었다.
이 송을 지니고 호남에 와서 여러 종장들께 물었으나 다 답하지 못했고, 한 사람도 뜻을 알아 풀이해주지 못했다.
이 늙은이가 나이 마흔이 되어 곧장 묘향산에 이르러 대사께 물어 '남이 없음〔無生〕'을 알았다.

註云 年二十時 淸虛室中侍奉
　　時大師書贈也
　　持此頌 下來湖南 問諸宗匠等 皆以不知答
　　無一人解釋知意 老漢年四十 直到香山 問大師 知無生

서산조사와 태능선사의 만남이여!
　조주선사에게 스승 남전선사와의 만남을 물으니, '진주에 큰 무가 난다〔鎭州 出大蘿蔔〕'고 말한 뜻과 다름 없으리라.
　옛 선사〔竹庵珪〕의 한 노래 들어보자.

　　진주에 큰 무가 나온다고 하니
　　스승과 제자의 도 합함에 까닭 있네
　　관음원 속에 마이트레야를 모시니
　　동원의 서쪽이 조주 고을이로다

　　鎭州出大蘿蔔頭　師資道合有來由
　　觀音院裏安彌勒　東院西邊是趙州

학담도 한 노래로 서산 소요 두 조사의 만남을 기리리라.

　　서산 소요 두 스승 제자 만남이여
　　조주선사가 남전을 만남과 같네
　　진주의 무는 비 자주 내려야 무성하고
　　그림자 없는 나무의 꽃은 뿌리 없이 열매 맺네

　　西山逍遙師資合　猶如趙州逢南泉
　　鎭州蘿蔔多雨茂　無影樹華無根實

3장

뒤에 붙인 기록들 [付錄]

- 소요집에 붙인 후학들의
서문과 발문·소요탑에 쓰인 비문

□ 소요선사 관계 연보

- 명종7년(1562) 호남 담양에서 출생.
- 13세 장성 백양사에서 진대사(眞大師)를 의지해 출가.
- 20세 전 해인사에서 부휴대사(浮休大師)에게서 화엄대경을 배움. 부휴 문하에서 태능(太能)·충휘(沖徽)·응상(應祥)을 법문의 세 뛰어난 이〔法門三傑〕라 일컬음.
- 20세 서산 청허조사를 묘향산으로 참방. 서래밀지를 묻고 삼 년을 모심. 서산대사가 태능에게 발우를 전해 당을 열어 법을 설하게 함.
- 40세에 다시 서산조사를 참방하여 크게 깨침.
- 임진 정유의 난에 산사를 지키며 불전기도.
- 정유란 이후 불 탄 연곡사(燕谷寺) 신흥사(神興寺) 중창.
- 병자호란 때(인조2년, 1624) 남한산성 서성(西城) 축성에 큰 공을 세움.

- 인조27년(1649) 11월 21일 나이 88세, 법랍 75세로 입적.
- 제자로는 현변(懸辯)·계우(繼愚)·경열(敬悅)·학눌(學訥)·처우(處愚)·천해(天海)·극린(克璘)·광해(廣海) 등이 있으며, 저서는 『소요당집(逍遙堂集)』 1권이 있음.
- 연곡(燕谷) 금산(金山) 보개(寶蓋)에 사리탑을 모심.
- 효종3년(1652) 혜감선사(慧鑑禪師)라는 호를 드림.
- 정조24년 6세 법손 춘담(春潭)이 담양 옥천사(玉泉寺)에서 시 200여 수를 모아 『소요당집』을 발간함.
- 2017년 연곡사 주지 원묵화상(元默和尙)의 발원으로, 대승선(大乘禪)을 표방하는 후학 학담(鶴潭)이 200여 수 게송을 지어 소요태능선사 선게문의 뜻을 오늘의 시대에 다시 현창함.

1. 소요선사 행장

소요대선사행장(逍遙大禪師行狀)

- 11세 법손 예운혜근(猊雲惠勤)

(이 행장은 밑본에는 없는데 갑본을 베껴 쓴 엮은이가 을본을 의지해 더해 넣은 것이다.)1)

대선사의 법의 이름은 태능(太能)이시고 소요(逍遙)는 호(號)이다. 세속 성은 오(吳)씨이고 호남 담양사람이다. 명종 임술년 구월 어느 날 나셨다.

어머니가 어떤 신이한 스님이 작은 글자 대승경 주는 것을 꿈꾸고, 아이를 배었다. 태어나자 살과 살갗이 깨끗하고 밝았으며 몸집이 우람하였다.

처음 말하게 되자 총명함을 보였고, 차츰 앎이 생기자 곧 탐욕을 떠나 도의 가르침 듣기를 즐거워하고 자비함 베풀기를 좋아하였다. 마을 가까이에서는 다들 '거룩한 아이〔聖童〕'라 불렀다.

나이 열셋이 되어 백양산(白羊山)에 놀러가 바깥경계를 살피다 곧 티끌 벗어날 뜻이 있게 되었다. 진대사(眞大師)를 의지해 머리를 깎고 경율(經律)을 익혀 그 뜻을 탐구하여 나머지가 없었다.

그 때 부휴대사(浮休大師)가 속리(俗離)와 해인(海印) 사이에서 교화를 떨쳤는데 대사는 부휴대사에게서 화엄대경(華嚴大經)을 받고, 그 깊고 미묘함을 다 얻었다.

---

1) 此行狀 底本無有 甲本筆寫 編者依乙本補入

부휴의 회상은 몇 백 명의 배우는 무리였지만 오직 대사와 운곡충휘(雲谷冲徽) 송월응상(松月應祥)을 '법의 문 가운데 세 빼어난 이〔法門三傑〕'라 불렀다. 명나라 장수 이 여송(李如松)이 오랑캐를 치고 돌아가다 해인사에 머무르며, 대사의 단아함을 보고 부휴대사께 말했다.
　"백락(伯樂)의 마구간에 빼어난 말이 많으십니다."
　그러자 부휴대사의 문도들이 말했다.
　"태능이 천리를 달리는 빼어난 말〔驥〕 새끼라 할 수 있습니다."2)

　이미 그때 대사는 서산조사(西山祖師)가 묘향산에서 그윽한 교화를 여신다는 말을 듣고, 조사를 찾아 '달마가 서에서 온 뜻〔西來意〕'으로 조사의 문을 두드렸다. 서산이 한번 보고 법의 그릇됨〔法器〕을 알고 법의 깃발 세우게 하시고〔堅幢〕 발우를 전했다〔傳鉢〕.
　대사는 옷깃을 말아 걸으며 세 해를 모셨다. 또 조사께서 당을 열어 티끌을 휘두르게 하시니〔開堂揮塵〕 듣는 대중이 문을 채웠다. 그 때 대사 나이 스물이었다.
　이윽고 서산조사가 주신 다음 게를 가지고 남방에 내려왔으니

---

2) 大禪師 諱太能 逍遙號也 俗姓吳氏 湖南潭陽人 生於明宗壬戌九月日 妣 夢神僧授小字大乘經 有娠 旣誕 肥膚鮮明 器宇軒昻 始能言 已見聰明稍有知 便離貪欲 樂聞道訓 好施矜絲 隣里以聖童稱之
　年甫十三遊白羊山 觀物外境 便有出塵之志 依眞大師薙髮 凡習經律 究其旨無餘蘊 時淨 休大師 闡化於俗離海印間 師從受大經 盡得奧微 休會數百徒 惟師與雲谷冲徽 松月應祥 號爲法門三傑
　明將李公如松 征蠻凱還 駐次海印 見師端雅 謂休曰 伯樂之廐多駿驥 師之徒衆曰 太能可謂驥之子也云

게는 다음 같다.

> 그림자 없는 나무를 찍어오니
> 물 가운데 거품 녹여 다하네
> 우습다 소를 탄 자여
> 소를 타고 소를 찾는구나

斫來無影樹　銷盡水中漚
可笑騎牛者　騎牛更覓牛

남으로 와서 여러 종장(宗匠)들에게 두루 물었으나 뜻을 알아 풀이해 주는 이가 아무도 없었다. 다시 서산에 이르러 서산조사에게 물어 비로소 남이 없음〔無生〕을 알았다.

드디어 마음 살핌을 성품에 맞기고 넓게 놓아 지내 노니니 머무는 곳에 자리 잡아 배우는 이들이 구름이 달리 듯 시냇물이 모이듯 하여 임제종풍(臨濟宗風)을 크게 떨쳤다.

용사(龍蛇)의 액란에 서산(西山)과 송운(松雲)이 의로움을 부르짖어〔倡義〕 군대를 일으켜 적에게 나아가니 대사는 곧 불전에 정성되게 재를 모셔 그윽한 도움 받기를 빌었다.

병자년 호란의 때 남한산성의 성 고쳐 쌓는 일〔南韓之役〕에 이르러서 대사는 나라의 명을 받들어 서성(西城)을 고쳐 보완하고 방비하여 그릇되지 않게 했다. 임금에게 충성하고 나라 걱정함이 서산(西山) 송운(松雲)과 바퀴를 같이해 사이가 없었다.

대사가 이르러 강설하는 곳은 잔나비가 경을 듣고 머리를 숙이며, 뱀이 법을 듣고는 허물을 벗어 그 교화가 다른 생류에 미침이 대개 이와 같았다.3)

지리산의 신흥사(神興寺)와 연곡사(燕谷寺)를 세울 때는 조정과 재야가 대사의 도의 교화에 감동하여 다 며칠이 안 되어 이루었다.

인조 27년 기축 11월 21일, 삶 마침에 다다라서〔臨終〕니르바나를 논하다 붓을 찾아 이렇게 게를 썼다.

　　해탈이 해탈이 아니니
　　니르바나가 어찌 고향이리
　　털 베는 칼빛이 환히 빛나니
　　혀 움직여 말하면 칼날에 베이리

　　解脫非解脫　涅槃豈故鄕
　　吹毛光爍爍　口舌犯鋒鋩

드디어 니르바나에 드시니 붉은 무지개가 하늘에 뻗치고 기이한 향이 방에 가득하였다.

나이가 여든여덟이었다. 다비하는 저녁에 신령한 뼈가 불 밖으로 솟구쳤고, 사리 두 알이 축원을 따라 허공에 뛰어 올랐다.

---

3) 旣爾師 聞西山開玄化於香山 訪之 以西來之意叩之 西山一見 知爲法器 因與堅幢傳鉢 仍摳衣三年 又命開堂揮麈 聽衆盈門 時年二十
　俄爾持西山所贈 法偈(斫來無影樹 銷盡水中漚 可笑騎牛者 騎牛更覓牛)
　南來徧質諸宗匠 一無知義解釋者 再到西山 問於祖師西山 始知無生焉 遂觀心任性 逍遙放曠 所止執筵者 雲犇川臻 大振臨濟宗風也
　龍蛇之厄 西山松雲 倡義旅而赴敵 師則齋虔佛殿 祈蒙冥隲 至丙子南漢之役 師奉命修西城 完之以備不虞 其忠君憂國之心 與西山松雲 同轍而無間焉 師所至講法之場 獼猴聽經而低首 蛇蟒聞法而蛻殼 其化及異類盖如此

연곡(燕谷) 금산(金山) 보개(寶蓋) 세 곳의 산에 탑을 모셨다.4)

효종대왕이 잠저(潛邸)에서 이미 대사의 도를 듣고 높은 가풍을 우러러 그렸는데, 대사의 니르바나를 듣고 이 때문에 아주 슬퍼하였다. 4년을 넘어 임진 봄에 나라의 명을 특별히 하여 혜감선사(慧鑑禪師)라 호를 드렸다. 참으로 이는 특이한 은전이다.

다시 중사(中使)에게 명하여 향과 예물을 내리고 또 상신(相臣) 백헌 이경석(白軒 李景奭)에게 명하여 비명을 짓게 하고 비를 금산사(金山寺)에 세웠다.

문집 한권이 세상에 간행되었다.

불초 문하 11세 법손 예운혜근(猊雲惠勤)이 조계산 대각암〔曹溪大覺菴〕에서 삼가 쓴다.5)

---

4) 瓶智異之神興燕谷 朝野感師道化 皆不日就之 仁祖 二十七年己丑十一月二十一日 師論涅槃於臨寂 索筆書偈曰
  解脫非解脫 涅槃豈故鄕 吹毛光爍爍 口舌犯鋒鋩
  遂入泥垣 赤虹亘天 異香滿室 法臘九旬小二 闍維之夕 靈骨超於火外 設利二顆 應祝而躍出空中 遂封塔于燕谷金山寶盖山三處焉

5) 孝宗大王 自潛邸 已聞師道 欽慕高風 至是聞師 涅槃 爲之震悼 越四年壬辰春 特命 贈謚曰 慧鑑禪師 誠是特異之恩典也
  仍命中使降香幣 又命相臣白軒李景奭製碑銘 立于金山寺 文集一卷 刊行于世
  不肖門下 十一世法孫 猊雲惠勤 謹書 于曹溪之大覺菴中

2. 소요집 서문과 발문

소요집을 거듭 간행하며 쓴 서문〔重刊逍遙集序〕

— 항양거사(恒陽居士) 여규형(呂圭亨)

밑본〔底本〕: 담양 옥천사 간 (정조 19년 서문을 씀, 서울대학교 소장)
갑본(甲本): 담양 옥천사 간 (국립도서관 소장, 필사한 글이 많이 있으므로 따로 갑본이라 함)
을본(乙本): 신문관(新文館) 인쇄본, 이 거듭 간행한 글의 서문은 밑본에 없는데 갑본을 베껴 쓴 엮은이가 을본을 의지해 더해 넣은 것이다.6)

소요선사(逍遙禪師)는 서산청허조사(西山淸虛祖師)의 높은 제자이다. 조사의 문 가운데서 소요(逍遙)와 편양(鞭羊) 두 선사를 선종이라 하고 송운대사(松雲大師)를 교종이라 하지만 때를 같이 해 나란히 우뚝 솟구쳤다.

그런데 선사는 읊조려 노래함을 좋아해 남긴 글모음이 있어 해좌 정범조 상서(海左 鄭範祖 尙書)가 앞글을 썼고 백헌 이경석 상국(白軒 李景奭 相國)이 비의 글을 지어 함께 세상에 전해 외우게 되었다. 같은 때 배우는 선비 벼슬하는 이들이 선사의 시에 어울려 노래하고 서로 가고 오며 선사의 시법(詩法)이 붇다의 법에 통했다고 많이들 일컬었다.

내가 늘 눈으로 보지 못했음을 안타까워했다. 다행하게도 올해

---

6) {底}潭陽玉泉寺刊本(正祖十九年序記 서울大學校所藏) {甲}同玉泉寺刊本(國立圖書館所藏筆寫文多有故 別爲甲本) {乙}新文舘鉛印本.此重刊序底本無有·甲本筆寫 編者依乙本補入

무오년에 해남 대흥사의 스님으로 선사의 뒷대인 분이 문집에 빠진 것이 있고 흩어진 것이 있어 거의 모을 수 없는 것을 다시 간행하고자 하였다. 그래서 천리 밖까지 발이 부르트도록 그 남은 문집을 받들어 내 집문에 이르러 머리글을 구했다.

나는 얼른 받아 읽어보다 서너 번에 이르자 내 마음이 아득하게 되었다. 그 것은 보는 것이 들은 것과 다르기 때문이었다. 그리고 책 끝에 붙어 있는 서산조사가 선사에게 써 준 오언의 한 구절〔五言一句〕게송을 보게 되었으니 다음과 같다.

    그림자 없는 나무를 찍어 옴이여
    바다 속 거품을 녹여 다하네
    우습다 저 소를 탄 자여
    소를 타고 다시 소를 찾네

    斫來無影樹　燋盡海中漚
    可笑騎牛者　騎牛更覓牛[7]

나는 비로소 아득히 깨닫고 이렇게 말했다.

---

[7] 逍遙禪師 西山淸虛祖師之高足弟子也 祖師門中 禪師與鞭羊師爲禪宗 松雲師爲敎宗 一時竝峙 而禪師好吟咏 有遺集 海左丁範祖尙書弁卷 白軒 李景奭相國撰碑銘 俱爲世傳誦
同時學士大夫 唱和相往復 槩以禪師詩法 通佛法盛稱之
余常以未得寓目爲恨者 雅矣 今歲戊午海南大興寺法侶 爲禪師後代者 以集有脫落且散佚 無幾合謀重刊 繭足千里外 奉其遺集 踵門求序於余
余亟受而讀之 至三四遍 茫然自失 以其見之與聞異也 及閱其卷末附記祖師書贈禪師偈五言一絶曰
　斫來無影樹 燋盡水中漚
　可笑騎牛者 騎牛更覓牛

"이는 옛 덕 높은 스님이 드리워 보여서 전해온 구절인데 서산조사께서 외워 오신 것으로 몸소 지은 것이 아닌데 특별히 선사께 주신 것이다."

선사의 전집 다섯 말 일곱 말의 율로 된 절구의 시〔五七律絶〕이백 편 남짓이 또한 오히려 이러하다. 그 도에 붙여 지은 시와 집어들고 노래한 모든 고칙〔拈頌諸則〕에도 아주 다름이 없는 것이다.

때로 탄식하는 몇 글자 그 뜻으로 인해 지은 것뿐만 아니라, 또한 평소 가슴속 생각을 곧장 그려 글자를 내린 것도 법의 말〔法語〕로 함이지 꾸며 글자를 내린 것이 아니다. 아 아 이것은 선사가 선종(禪宗)이기 때문에 문자로써 모습을 나타내지 않으려 하심이다.

이 문집으로 인해 선사가 본바탕 종지(本宗)에 뜻을 깨끗이 해 평소 기침하고 침 뱉으며 생활하는 짬에도 입을 후리어 바르게 한 뒤에 '한 두렷한 법의 모습〔一圓相〕' 지으심을 볼 수 있는 것이다.

이렇게 살피는 것을 바르게 살핌이라 하니, 이와 같이 살피지 않으면 육조(六朝) 때에 휴상인(休上人)이나 당나라 때 납자 무본 영철 등 여러 사람이 시를 잘 지어 우러름을 받아 뒷사람들이 기리어 말함에 지나지 않는 것이다.

그러니 어찌 우리 선사를 존중함이 되겠는가.

항양거사(恒陽居士) 여규형(呂圭亨)이 삼가 쓴다.8)

---

8) 始恍然悟曰 此古德垂示 傳來句子 祖師偶誦焉 非親作而特贈之也
禪師之全集五七律絶二百餘篇 亦猶是焉 其寓道之作 與拈頌諸則 無甚分別 或有 不嗟幾字者 其緣情之作 亦惟直寫胸臆平常下字 不以法語潤飾之
嗚呼 此禪師之爲禪宗 而非欲以文字標相也 因是集 而可以見禪 師之醇於本宗 而尋常咳唾之餘 及乎摑口令正之後 幷可以作一圓相也
作是觀者 名爲正觀 不如是觀 直不過六 朝時休上人 唐衲子無本靈澈 諸君 所專尙 而爲後稱述 曷足以重吾禪師歟

소요대사시집 서문〔逍遙大師詩集序〕

— 해좌산인(海左散人) 정범조(丁範祖)

시 짓는 이들은 시의 길에 깊이 들어간 것을 선의 깨달음〔禪悟〕을 얻었다고 말하지만 대개 깨달음은 불가(佛家)의 지극한 공부이다. 비록 그렇듯 시로 깨달음의 경계에 나아가는 것이 어렵지만, 세상에서 왕유(王維) 마힐(摩詰)의 시가 선의 깨달음에 가깝다 하는데 그 밖에는 그런 사람에 대해 들음이 없다.

출가한 분들의 시도 또한 그러하여 육조(六朝)에서 삼당(三唐)에 이르기까지 시를 잘한다고 부른 사람은 많았지만, 그에게 깨달은 지혜의 앎〔悟解〕이 있음을 아직 보지 못했다. 그러니 어찌 저들이 그 배움에서 아직 무슨 깨침이 있다고 하겠는가.

하루는 춘담상인(春潭上人)이 담양 옥천암에서 팔백 리 길을 쇠지팡이를 날려 나를 만나, 그 여섯 대 법의 조상(法祖)인 소요대사(逍遙大師)의 시집에 서문을 부탁하였다. 열어 보니 시는 다섯 말 일곱 말의 가락으로 쓴〔五七言律絶〕이백 편 남짓이었다.

그것은 맑고 비어 깨끗하며 이름과 말로 묘하게 비유함은 빛깔과 모습의 앞으로 벗어나 나아갔으니 대개 깨달음에 가까운 것이었다. 선사의 법의 갈레〔法派〕를 물었더니 선사는 '서산대사의 맡으로 전한〔嫡傳〕제자'라고 말했다.

"저 서산대사란 분은 일찍이 선종(禪宗)을 열어 깊은 뜻에 묘하

恒陽居士 呂圭亨謹書

게 계합하고 지혜의 살핌이 신령하고 밝으며 곁으로 육도삼략(六韜三略)의 병법에도 밝아 용사(龍蛇)의 어지러움(임진 계사가 용과 뱀의 해이니, 임진란을 뜻함)을 건졌다."

그러니 이는 만 가지 법이 한마음임을 밝게 깨닫고 견줌을 숨기는 두렷이 통한 묘함이 아니고서는 어찌 이와 같을 수 있겠는가.
법의 문(法門)에서 가사와 발우(衣鉢)는 깨달음으로써 깨달음에 전함이라 괴이함이 없음이여!
소요선사의 삼매에서 노니는 깨달음이 시의 길(詩道)에까지 미친 것이다. 선사는 다비하는 날 저녁에 사리 두 구슬이 상서를 나타내어 그것을 탑을 세워 받들었다.
오직 이 이백 여 편의 시가 두 구슬 사리 보배의 소중함에 나란히 하지 못함으로 춘담상인이 나에게 말을 빌어 겁이 다하도록 드리우려 하는 것은 마땅한 일이다.
나는 일찍이 서산대사를 위해 그 모신 전각에 글(記)을 썼는데 어찌 이 선사의 시집에만 말을 아끼겠는가. 그러나 선사는 이미 여섯 티끌 경계를 벗어났고 삼계를 뛰어나 사대(四大)를 매미 허물처럼 보는데, 이 선사께서 남기신 말(咳唾之餘)이 어찌 선사께서 남아계심과 가심이 될 수 있겠는가.
이에 춘담상인이 말했다.

"이는 실로 그렇습니다. 그러나 시는 선사의 사취이십니다. 스님께 돌아가기 벌써 이백 년 남짓 되는데, 비슷함을 구하려면 오직 자취뿐입니다. 자취로 인해 그리워하고 그리워해 받듦으로 스님께서 여기 계시는데 어찌 그만둘 수 있겠습니까."

이리 말하므로 나는 그 뜻에 감동하여 이와 같이 쓴다.
성상 19년 을묘 해좌산인 정범조 지음.9)

---

9) 詩家以深於詩道 謂得禪悟 盖悟是佛氏之極工耳 雖然詩造悟境甚難 世稱王摩詰詩近禪悟 而其餘無聞焉 緇流之詩亦然 自六朝至三唐 號能詩者衆 而未見其有悟解 豈彼於其學有未甚悟故歟
　一日春潭上人 自潭陽玉泉菴 飛錫八百里 謁余 以其六世法祖逍遙大師詩集 屬爲叙 閱之則詩止五七言 律絶二百有餘篇 而淸空澹泊 如雲過空 而月印川間 以名言妙喩 超詣色相之先 盖近於悟者也
　問師法派 則曰師是西山大師之嫡傳弟子也
　夫西山師 夙闡禪宗 妙契玄旨 慧觀靈智 旁曉韜畧 左右王師 普濟龍蛇之難 非洞悟萬法一心隨類圓通之妙 能如是哉
　法門衣鉢 以悟傳悟無怪乎 逍遙師之游戲三昧 悟及詩道也 師於茶毗之夕 雙珠現瑞 塔而奉之
　惟是二百餘篇之詩 不翅雙珠之寶重 則宜上人之乞言於余 欲垂之窮劫也 余嘗爲西山師 記其寫照之閣 今於師之集 獨靳於言乎 雖然師旣脫六塵 超三界 視四大如蜩甲 咳唾之餘 曷足爲師之有亡哉 上人曰 是固然矣 抑詩師之跡也 去吾師二百餘年之久 而求其髣髴 惟跡而已 因跡而慕 因慕而師 斯存 烏可已乎 余感其意 而爲之言如此 聖上十九年乙卯 海左散人丁範祖譔

소요당집 서〔逍遙集序〕

- 사남거사〔沙南居士〕 이윤상〔李輪祥〕

참된 아름다움은 다음처럼 말할 수 있다.

푸른 연꽃의 향은 진흙을 뒤집어써도 스스로 맑으며, 보배구슬의 비침은 방위를 따라 각기 나타난다. 지초와 난초의 지조는 깊은 골짝이라고 꽃답지 않음이 없으며, 솔과 잣나무의 마음은 한겨울이라고 빼어나지 않음이 없다.

소요대사에 이르면 오직 그 우뚝하게 빼어난 행이 볼 만한데 곧고 굳센 자태는 비록 샤카무니의 가르침을 모셨지만 유가의 도〔儒道〕 또한 그리워하였다.

대사는 세속 성이 오씨(吳氏)였고 법의 이름은 태능(太能)이니 호남 담양(潭陽)사람이다. 그 어머니가 신묘한 스님을 꿈꾸고서 태어나니 그 모습은 기이한 조짐에 맞게 빼어났다.

말할 수 있게 되자 총명함을 보이고 차츰 앎이 있게 되자 탐욕을 떠나 도의 가르침〔道訓〕을 즐겨 들었고 가엾이 여김과 어진 사랑을 베풀기 좋아하였다.

나이 열셋이 되어 백양사에 놀러 갔다 머리를 깎았다.10)

평생 한 생각으로 황벽(黃蘗)의 선(禪)을 부지런히 하여 마음을

---

10) 述夫靑蓮香而蒙泥自淸 寶珠映而隨方各現 芝蘭之操 不以幽谷而不芳 松柏之心 不以大冬而不挺 至於逍遙大師 惟其卓越之行 可見貞固之姿 釋敎雖尊 儒道亦慕
大師俗姓吳氏 法諱太能 湖南潭陽人也 阿母夢神僧聰明 稍有知 便離貪欲 樂聞道訓 好施矜慈

살피었다. 성품에 맡겨 노닐다가 자취를 멀리하여 널리 놓아 지내다 남쪽 지방을 거치며 부휴선사(浮休禪師)의 대장경의 법을 받고 서산대사(西山大師)를 뵙고 청정한 본바탕의 깊은 진리를 깨달았다.

동으로 오대산(五臺山)과 개골산(皆骨山)을 찾아 허공의 꽃에서 자비의 구름을 받들고 서로 구월산(九月山)과 묘향산(妙香山)을 거치며 보디사트바의 나무〔菩薩樹〕에 밝은 거울을 걸었다. 나라의 어지러움에 닥쳐 나라를 걱정하는 것은 그 충성스러움이 불도징(佛圖澄)이 나라에 보답하는 정성을 지났다.

땅을 골라 어버이를 장사했으니 효성스러움이 비구가 붇다를 받드는 정성보다 나았다.

나아가 신흥사(新興寺)에서는 빈 모습〔空色〕인 새 달〔新月〕을 찾아, 보고 들음 가운데 기리고 헐뜯음에 관계하지 않았고, 연곡사(燕谷寺)에서는 고요한 옛 총림을 고쳤다. 그리하여 마음과 발자취가 같이 해탈에 돌아가고, 이로 말미암아 선사 서산조사의 업〔先師之業〕을 열어 연설했고, 세존의 가르침〔世尊之敎〕을 크게 펼쳤다.

용과 코끼리 같은 덕 있는 스님들〔龍象〕이 도량에 이르렀고, 뱀과 이무기 같은 낮은 무리들도 듣고 외었으며 아낙네와 아이들도 그 이름을 알았다.11)

삼가 니르바나에 들어 교화를 다할 때에 이르자, 쇠지팡이 날려 허공 밟는 모습을 보여야 하나 다만 외짝 신을 남겨 길이 시방에

---

11) 年甫十三 遊白羊而落髮 生平一念 勤黃蘗而觀心 任性逍遙 遠跡放曠 歷于南國 受浮休大藏之經 訪乎西山 悟淸淨本原之奧
東尋五臺皆骨 捧慈雲於空中之花 西涉九月妙香 揭明鏡於菩薩之樹 臨亂憂國 忠邁圖澄報刹之誠 卜地葬親 孝優比丘供佛之悃 及天神興探空色之新月 毀譽不關於視聽 燕谷修寂滅之舊林 心跡同歸於解脫 由是開演先師之業 懋宣世尊之敎 龍象致場 蟒蛇聽誦 搢紳同社 婦孺知名

돌아갔다.

　상서로운 무지개는 산문(山門)을 환히 비치고 향내 나는 기운은 선실(禪室)에 가득 풍겼다. 하나의 신선 뼈[仙骨]는 신령함을 날려 하늘에 오르고, 두 알의 신묘한 구슬은 축원에 응해 뛰어 올랐다.

　지금까지 이백 년 남짓인데 아름다운 이름은 넘쳐 퍼지고 묘한 자취는 남아 전했으니 드러나지 않겠는가. 어쩌다 그런 것이 아니리라.

　아아 내가 냇물 샘[輞泉]정사에 노닐면서 대사의 진영을 우러러 보았는데 얼굴과 자태가 훤칠하게 빼어나 황금 연꽃이 물에서 솟구치는 듯했고 둥근 눈썹은 맑게 비치어 은은함이 보배달이 숲을 비추는 것 같아 가장 높은 법의 수레[最上乘]라 낮은 무리가 아니었다.12)

　옥천사의 춘담대사는 선사의 여섯 대 법손인데 선사를 법의 마루로 가사를 전해 입실(入室)하였다. 대사를 우러러 모시는 것은 하늘땅의 큼과 같고 태산의 북두별과 같음에 그치지 않고 남은 글들을 모아 엮어 판에 새기고자 하였다.

　그리하여 산을 내려와 걷고 걸어 나를 찾아와 가만히 책 머리글을 청했다. 정성이 이리 간절하나 내가 글이 못남을 생각하면 짓기는 실로 어려운 것이다.

　사양하지 못해 군더더기로 말하는 것이다. 시편들을 열어보니 시의 가락이 맑고 밝으며 하늘궁의 말[梵語]을 꾸며 내니 쇠와 돌이 울리는 소리가 났다. 그리하여 어딘지 알 수 없는 땅[無何之鄕]

---

12) 至若儼涅槃 化窮之時 應飛錫躡虛之擧 只遺隻履 永歸十方 瑞虹輝暎於山門 香氣藹蘙 於禪室 一箇仙骨揚靈而騰 二粒神珠 應祝而躍
　于今二百餘載 英名洋溢 竗蹟留傳 不顯乎哉 非偶然也
　嗚呼 余遊輞泉精舍 仰瞻大師影眞 容儀俊豪 怳若金蓮湧水 眉宇踈朗 隱如寶月照林 最上乘非下輩

을 내달려 허깨비 같은 땅에 아득히 넘치고, 괴로움 바다 자비의 배는 이미 말 밖의 뜻에 머물지만, 나루에 헤매는 이를 위한 보배의 뗏목〔寶筏〕은 또한 시의 남은 뜻에 통한다.

그리하여 가을 구름을 거느리고 허공을 타면 향기로운 바람은 어우러져 흐르고 봄기운을 뱉어 교화를 떨치면 법의 비〔法雨〕는 흩날린다.

이는 바로 말을 내면 글을 이루고 시를 빌어 도를 울림〔假詩鳴道〕이다.13)

그렇다면 소요의 마음은 '마음이 곧 붇다이고 붇다가 마음인 것'이니 말과 말이 '마음밖에 붇다가 없다'는 구슬의 나무요, 글자 글자가 '붇다 밖에 마음이 없다'는 우거진 숲이다.

이미 밖으로 빛나는 선〔皎禪〕과 다르고, 계(戒)는 괴이한 말을 뛰어 넘으며 또한 드날리는 스님들의 '글에 치달리는 일〔騁文章之事〕'을 뛰어난다.

드디어 이런 일로 실마리 삼아 그 시편에 머리글로 한다.

성상 19년 을묘 사남거사(沙南居士) 완산(完山) 이윤상(李輪祥) 쓰다.14)

---

13) 玉泉之春潭大師 禪師之六代法孫 宗其傳衣 得乎入室 尊仰大師者 不啻若天地之大 山斗之高 裒輯遺篇 經營鋟梓
下山跋涉 訪我殷勤 請其弁卷 誠旣勤斯 念玆拙文 贊實難矣 辭之不獲 贅而有言 啓覽雲篇 詩韻劉亮 粧出梵語 金石鏘鏗 馳騖乎無何之鄕 茫洋乎 如幻之域 苦海慈航 已泊言外之旨 迷津寶筏 亦涉詩餘之情
御秋雲而凌虛 香風藹藹 噓春氣而闡化 法雨紛紛 此乃發言成章 假詩鳴道

14) 然則逍遙之心 心卽是佛 佛卽是心 語語言言 心外無佛之珠樹 字字句句 佛外無心之叢林 旣異皎禪 戒越駭之談 亦超暢師 騁文章之事 遂爲之序 以冠其篇 聖上十九年乙卯 沙南居士完山 李輪祥書 潭陽玉泉寺刊

뒤에 붙인 글〔跋〕

- 이면휘(李勉輝)

옛날 우리선조 백헌공이 소요대사의 비문을 지어 높은 발자취가 금구 금산사(金溝 金山寺)에 우뚝하니 이는 실로 백천 세에 밝은 증거를 드리워 보임이다.

대사의 덕은 감추어져 드러나지 않고 말 세우고 글 꾸밈을 일삼음이 없었으니 사문 제자들은 이것을 한스럽게 여겼다.

춘담(春潭)이라는 스님이 있는데 대사의 여섯 대 법손이다. 그가 얼마쯤의 시편을 모아 오래 전할 길을 찾았다.

내가 살펴보니 대사의 시는 맑고도 깊고 멀어 그윽하였다. 마치 만 리 구름의 하늘 같았고 천강 물의 달과 같아 법경(法經)의 게송과 같았다.

그러니 대사의 가르침을 받드는 제자들은 들어와서는 스승의 시를 외우고 나가서는 우리 선조들의 글과 대조할 것이다. 그러면 대사의 도가 여기에서 사라지지 않을 것이니 어찌 아름답지 않겠는가.

춘담은 내가 백헌의 뒤를 이은 후손이라 하여 대사를 위해 책 뒤의 글을 구했다. 글이라 할 수는 없지만 도리에 또한 뜻밖에 그렇시 잃다 할 수 없어 산가 비문에 남긴 뜻을 외어서 그 뜻에 돌아간다.

가경 5년 경신(庚申)

영의정 백헌공의 육세 손 순창군수 이면휘가 책 뒤의 글을 쓴다.15)

3. 비문과 그 밖의 기록

소요비명과 서문〔逍遙碑銘幷序〕

- 백헌(白軒) 이경석(李景奭)

(이 비의 글과 찬문은 밑본의 책머리에 있었는데, 엮은이가 여기에 옮겨 두었다.)16)

아 옛날 서쪽으로 돌아가는 총령(葱嶺)에 외짝신의 신령한 자취를 남기고 동으로 거치는 약산(藥山)에 한 소리 묘한 자취를 전하였다. 그런데 하물며 사리를 거두어 받들었는데 부도로 이를 높이는 것을 빠뜨릴 수 있겠는가.

법의 이름은 태능(太能)으로 호남 담양(潭陽)사람이다. 가정 41년에 나니, 때는 임술의 가을 9월이었다.

어머니가 작은 글자 대승경을 꿈꾸니 그 모습이 빼어나 그 기이한 조짐에 같이 부합하였다.17)

---

15) 昔我先祖白軒 公撰逍遙大師之碑 屹然高跂於金溝金山寺 是實百千歲 垂示明證也 大師之德 藏中不露 無事乎立言而脩辭 沙門弟子 以是恨之
有春潭師 以大師六代法孫 收輯詩篇若干 謀所以壽傳之道 吾觀師之詩 淸遠玄邃 如萬里雲天 如千江水月 彷佛乎法經之偈頌 則尊奉師敎者 入而誦師之詩 外而質諸 吾先祖之文 則師之道 於是不泯 曷不美哉
春潭以吾承白軒緒餘 爲其先師 求語以跋 非敢文爲 而於理亦不偶然 謹以碑文遺意 誦而歸之
嘉慶五年庚申 領議政白軒公六世孫 行淳昌郡守 李勉輝謹跋

16) 此碑銘及像贊文 底本在卷頭 編者移置於此.

17) 粤昔西歸慈嶺 留隻履之靈蹤 東涉藥山 傳一聲之妙蹟 況當舍利之攸奉 可

백양사에서 진대사(眞師)를 의지해 열세 살에 머리를 깎았다.
　황벽(黃蘗)에게서 깊은 뜻을 따르니 억조의 사람들이 이름을 알았다. 그 호는 성품에 맡겨 노님(任性逍遙)을 인한 것이다.
　자취는 인연 따름에 섞여 널리 놓아 지내 남쪽 지방에 두루 거치어 찾아 부유선사(浮休禪師)께 대장경을 받고, 다시 서산조사(西山祖師)를 찾아 본원의 청정을 개달았다.
　금강산에 산 지 몇 년, 외로운 봉우리는 사람들의 잡아 오름 끊겼는데 옥구슬 같은 게(偈)를 한생에 말하며 밝은 거울을 걸어 비추었다.
　신흥사 제타숲의 나무(祇樹)는 복된 구역을 새로 지어 만들었고, 연곡(燕谷)의 수풀 도량(叢林)은 빼어난 경계에 옛 모습(舊觀)을 고쳤다.
　앉으면 잔나비의 산울림을 듣고, 서면 '용과 코끼리 같은 이(龍象)'들이 시냇물처럼 달려옴에 맡겼으니 그 문 채움을 빛나게 하여 성대하게 대사의 법의 방에 들었다. 영화를 사양하는 오랜 뜻은 특별한 베풂을 입었으나 거기 머물지 않고, 일을 이루는 뛰어난 재주는 큰 공을 이루었으나 거기 머물지 않았다.
　깨달음의 근원(覺源)을 깊이 찾고 미혹의 나루에 보배 뗏목을 띄우고 참된 통발(眞筌)을 크게 열며 자비의 배를 괴로움의 바다에 띄있다.18)

闕浮屠之是崇 師俗姓曰吳法諱太能 湖南潭陽人也 生於嘉靖之四十一年 時乃壬戌之高秋九月 阿孃夢而大乘小字 厥相秀而異徵同符

18) 依眞師於白羊 十三祝髮 服玄旨於黃蘗 億兆知名 號因任性而逍遙 跡混隨緣而放曠 歷叅南國 受大藏於浮休 再訪西山 悟本源之淸淨

마침에 다다라〔臨終〕 니르바나를 논하면서 말을 내려주심에 쇠지팡이를 세워 또렷하심이 평소 그대로였다.

홀연히 가시니 이 때는 기축해 11월 21일이었다. 사셨던 나이〔行年〕는 아흔에서 이태가 작고 법의 나이는 일흔에서 셋을 더했다.

방안은 향이 풍겨 향기가 짙었고 처마글씨가 빛났으며 상서로운 빛이 떨쳤다. 납자들이 몰려들어 그 수가 천이 되었으며, 법의 비〔法雨〕가 삼천계를 널리 적셨다.

신묘한 구슬〔神珠〕이 축원을 따라 뛰어 올라 다비의 불과 짝을 이루었으며, 신선의 뼈〔仙骨〕가 허공에 올라 높은 뜻을 가리키니 하나를 얻어 정토〔淨土〕에 진기한 대〔珍臺淨土〕로서 탑을 모셔 세웠다. 나머지를 보개(寶蓋)와 금산(金山)에 나누어 모시니 붇다의 사리탑을 마을과 동산〔鷄園〕에 각기 세운 것과 같다.

그 제자들이 세 해가 지나자 천리나 되는 멀리서 찾아 와 남은 슬픔 보임을 더욱 깊이하며 내 못난 글 구하는 정성이 간절하였다.

듣고서는 크게 웃었으나 어찌 긴 말을 일컬을 것인가.

이렇게 비에 쓴다〔銘〕.

없음은 본래 없음도 없는데
있음이 어찌 있음을 있게 하리

棲金剛者數載 孤峯絶攀 演玉偈於一生 明鏡揭照 神興祇樹 叙新制於福區 燕谷叢林 修舊觀於勝境
坐聽獼猴之山應 立致龍象之川奔 爛其盈門 盛矣入室 辭榮夙志 被殊錫而罔居 辦事宏才 成鉅功而弗處 深探覺源 浮寶筏於迷津 茂闡眞筌 泛慈航於苦海

사라짐은 사라짐이 아닌데
어쩌다 그렇게 그러함이 있네
앞에 목숨 됨이 아님이여
뒤에 목숨 됨인 것이니
목숨은 뉘라서 더하는가
그 있는 것이 오래도다[19]

無本無無　有何有有
滅不爲滅　偶然有偶
非壽於前　而壽於後
壽孰加焉　其存者久

---

[19] 論涅槃於臨寂 卓錫杖於垂辭 宛然其常 倏尒而化 寔惟己丑十一月二十一日也 行年九旬小二 禪臘七表加三 房櫳馥而 香氣濃簷宇晃而祥光拂 衲衣坌集 十百其人 法雨普沾三千之界
神珠應祝 躍闍毗而成雙 仙骨騰空 指高標而得 一 琭臺淨土 宜鴈塔之 分藏寶盖金山 卽鷄園而各建
其弟子等三霜奄及千里季來 把餘悲而愈深 求拙語之誠切 如聞大笑 曷稱長言 銘曰
無本無無 有何有有 滅不爲滅 偶然有偶
非壽於前 而壽於後 壽孰加焉 其存者久

소요선사찬 : 대사의 손은 하나인가 백인가

- 홍문관 교리 유하원이 쓰다[弘文校理柳河源題]

대사의 손은 하나인가 백인가
대사의 몸은 천인가 억인가
없음으로부터 있음이여
바람결의 꽃 흰 눈의 달이요
참됨으로부터 거짓 있음이여
비단무늬 흩날리는 티끌이로다
모아 말해보자
공함을 지극히 하면 실다움이니
다른 날 서쪽하늘 연꽃 대 위에
대사의 자리 몇째인지 알지 못해라

師之手一耶百耶 師之身千耶億耶
自無而有 風花雪月 自眞而假 綾綃紛墨
合而言 極空則實 他日西天蓮花塔上 不知師之座在第幾席

대사께 호 드린 일을 말한다

- 통주거사 유사형이 쓰다[通洲居士 柳士衡題]

숭정3년 봄 소요화상에게 혜감선사(慧鑑禪師)라는 호를 드렸다. 선사가 말한 남은 글을 내가 지금 판에 새기려 하나 흩어져 널리 구하지 못해 남은 한이 있어 다시 뒷사람을 기다려야 했다.

호를 드린 일은 임진의 난리에 나라를 위해 빌어준 정성과 병자년 남한산성의 서성 쌓는 일 감독한 공으로, 그 공을 기려 호를 드림이라 들었다.

그렇지만 백헌공이 지은 비의 글은 간략하여 큰 줄기를 다하지 못해 매우 안타깝다. 지금 용추사법당 대들보를 올리면서 자세히 기록해 걸었고 다시 예조(禮曹)를 살피니 효종조에 호 드린 기록이 올라 있었다.[20]

---

[20] 崇禎三年春 逍遙和尙 賜謚慧鑑禪師 述遺稿 愚今剞劂 而散佚不得博求 尙有餘恨 更俟後人 賜謚之說 以壬辰亂 爲國祈祝之誠 監築西城之功 聞有褒贈 而於白軒所著碑 畧不槪見余 甚惜之 今於龍湫法堂上樑 揭之甚詳 更考禮曹 孝宗朝賜謚之籍而揭焉

용추사 법당을 다시 지은 기록〔龍湫寺法堂重創記〕

이 절을 처음 지은 분은 실로 신양혜증(信揚惠澄)인데 문헌에 전하는 햇수가 없어 살필 수 없으니 안타깝다. 지난 임진 정유에 용사(龍蛇)의 변고가 있어 황금보전〔金殿〕과 요사(梵寮)가 온통 잿더미가 되었다.

나는 천각선덕(天覺禪德)과 함께 법의 보전(法殿)을 세웠는데 경오년 봄에 처음 시작하였고 신미년 여름에 지붕을 덮었는데 연주(連珠)로 하여금 지붕을 덮게 하고 현정(玄淨)이 단청을 맡게 했다. 또 지감(智鑑)으로 하여금 아미타불의 한 길 여섯 자의 상〔丈六像〕을 이루게 했고, 법륜(法倫)이 붇다께 공양하는 그릇〔供佛器〕을 만들게 했다. 그리하여 모든 일이 한 때에 시작되니 어쩌다 그러함이 아닌 듯했다.21)

아 아, 사람이 법의 보전을 지어 일으키고 이 도량을 이루어 바른 법을 다시 일으킬 수 있으니 여래의 바른 법이 일어나는 것은 다른 것에 있지 않고 사람에 있는 것이다.

그러나 이루어지고 무너짐은 사물의 운수요 옛과 지금은 때의 운수이다.

여러 대사의 마음은 큰 허공의 바탕이라 비어 밝고 맑고 고요해

---

21) 寺之創始者 實是信揚惠澄 而無文獻傳年載 不可考 可惜也
 徃在龍蛇之變 金殿梵寮 渾成煨燼 余與天覺禪德 營建法殿 濫觴於庚午春
 覆蕢於辛未夏 使連珠盖瓦 玄淨丹艧 又使智鑑成彌陀丈六像 法倫成供佛器
 諸 事一時就緒 似非偶然

흘러 움직이되 옮기지 않는다. 꼴 없는 밖[無形之表]을 밟고, 때 없는 앞[無時之前]으로 벗어나되, 잠깐 하늘땅에 의지하여 나고 죽음을 내려 본다. 그러니 어찌 사물의 이루고 무너짐과 때의 옛과 지금을 논하겠는가.

여러 대사들의 삶에는 법계가 한 나라[法界一刹]요 하늘땅이 한 분다이며[天地一佛] 옛과 지금이 한 꿈[古今一夢]일 뿐이다.

이 일을 돌에 새기어 다함없는 때에 드리워야 하니 이렇게 말한다.

저 산의 신령함은 하늘땅의 뿌리요
저 물의 깊음은 옛과 지금의 근원이네
그 가운데 보배 집은 하늘의 둥근 틀인데
용과 뱀의 어지러움으로 참혹하게 타버렸네
이 날 다시 세우니 우뚝함이 하늘궁전 같고
발돋움 한 듯 이 날개 하늘에 곧게 솟구쳤네
아 그 기이한 공 아득히 넓게 넘쳐 출렁이니
이 법의 집 이 공은 물처럼 멀고 산처럼 길도다[22]

---

22) 噫 人能創起法殿 成此道場 重興正法 則如來正法之興 不在於他 而在於人也 然成壞物之數也 古今時之數也
  僉師之心 乃大虛之體 空明湛寂 卽流動而不遷也 踐於無形之表 超於無時之前 暫 寄天地 藐視生死 何論物之成壞 時之古今耶 僉師分上 法界一刹 天地一佛 古今一夢耳 宜銘之 以垂無窮 銘曰

  惟山之靈 天地之根 惟水之深 古今之源
  於中寶殿 穹窿制度 龍蛇兵燹 慘矣焦土
  此日重營 儼若天宮 如跂斯翼 直聳虛空
  猗歟奇功 浩渺汪洋 此殿此功 水遠山長

```
惟山之靈  天地之根  惟水之深  古今之源
於中寶殿  穹窿制度  龍蛇兵燹  慘矣焦土
此日重營  儼若天宮  如跂斯翼  直聳虛空
猗歟奇功  浩渺汪洋  此殿此功  水遠山長
```

- 소요당집을 마쳤다〔逍遙堂集終〕

('소요당집을 마쳤다'고 한 것은 밑본에는 없는데 갑본을 베껴 쓴 엮은이가 을본을 의지해 더해 넣은 것이다.) 23)

---

23) 〔逍遙堂集終〕底本無有 甲本筆寫 編者依乙本補入

소요대사의 모습을 기린다〔像贊〕

서산조사께서 대사에게 황금 봉우리
눈 속 대의 읊조리는 노래를 주셨는데
열의 일곱 되는 단청 솜씨로는 그려낼 수 없네
황금 봉우리는 바탕이요 눈 속의 대는 성품이니
한 말로 하면 어찌 여래와 보디사트바의
그림자 비추기를 구할 것인가
'이와 같이 나는 들었나니' 여든여덟 살 황금신선의 뼈가
임술 황명 가정의 때에 일찍이 나타났다고 하네

西山師 贈師以金峯雪竹之咏 七分丹青之所莫狀
金峯是體 雪竹是性 一言蔽之 又奚求照于如來菩薩之影
如是我聞 八十八臘金仙骨 曾現于壬戌 皇明嘉靖

옮기고 평창한 이 학담(鶴潭)스님은 전남 화순에서 출생하여, 광주제일고와 서울대 법대를 졸업하였다. 1970년 대학 1학년 때 도문화상(道文和尙)을 은사로 출가하여, 대각사에서 학업과 함께 용성조사(龍城祖師)의 일세대 제자들인 동헌선사(東軒禪師) 동광선사(東侊禪師)로부터 몇 년의 선 수업을 거친 뒤 상원사, 해인사, 망월사, 봉암사, 백련사 등 제방선원에서 정진하였다. 20대에 이미 삼 년여 장좌불와의 수행을 감당하였으며, 20대 후반 법화경 아함경에서 중도의 지견을 밝혔다.

도서출판 큰수레를 통해 『육조법보단경』 등 30권에 이르는 많은 불전해석서를 발간하였으며, 2014년 한길사에서 『학담평석 아함경』 12책 20권의 방대한 해석서를 발간하였다. 2016년 사단법인 문화유산 가꾸기 푼다리카모임을 설립하여 이사장에 취임하고 우리 사회에 조화와 상생의 문화, 평화와 소통의 문화를 펼치고자 노력하고 있다.

소요태능선사를 다시 노래하다

2017년 4월 10일 초판 1쇄 발행
2021년 11월 10일 재판 1쇄 발행

저자　　소요태능선사(逍遙太能禪師)
옮기고 평창한 이　　학담(鶴潭)
펴낸이　　이경로(元默)
펴낸곳　　도서출판 푼다리카

기획 배동엽 정범도 | **편집** 오지연
홍보 박순옥 이지은 박복희
영업 김준호 김미숙
표지 선 연 김형조 | **인쇄** 신일프린팅

등록 2017년 3월 27일 제300-2017-41호
주소 (03113) 서울시 종로구 종로63마길 10
전화 02-764-3678 | **팩스** 02-3673-5741 | **이메일** daeseungsa@hanmail.net

값 30,000원
ISBN 979-11-960740-0-5 03220
* 잘못 만들어진 책은 구입한 곳에서 바꿔드립니다.